KB155977

〔증보판〕
자치통감 8

〔증보판〕

자치통감8(권043~권048)

2019년 2월 11일 개정증보판 1쇄 찍음
2019년 2월 18일 개정증보판 1쇄 펴냄

지은이 사마광
옮긴이 권중달
펴낸이 정철재

펴낸곳 도서출판 삼화
등 록 제320-2006-50호
주 소 서울 관악구 남현1길 10, 2층
전 화 02)874-8830
팩 스 02)888-8899
홈페이지 www.samhwabook.com

도서출판 삼화, 2019, Printed in Seoul Korea

ISBN 979-11-5826-358-4 (94910)
     979-11-5826-498-7 (세트)

〔증보판〕

자치통감 8

권043~권048

도서 출판 삼화

증보판《자치통감》출판에 붙여

《자치통감》을 완역해서 세상에 내놓은 다음부터 많은 독자로부터 원문도 함께 읽고 싶다는 요구가 있었다. 그러나 원문 작업이 그리 만만한 일은 아니었을 뿐만 아니라 그보다도《자치통감》에 대한 이해를 돕기 위한 책들을 정리하는 것이 먼저라고 생각하였다.

그래서 탄생한 책이《자치통감》에 실린 사론을 정리하여 해설한《자치통감사론강의》이고, 중국 역사의 전체적인 흐름을 보려는 새로운 시도가《중국분열》이며, 복잡하여 이해하기 힘들다는 위진시대를 쉽게 이해하도록 사상사적 측면에서 접근해 본 것이《위진남북조 시대를 위한 변명》이고, 황제제도의 구조적인 모습을 보기 위한 작업이《황제뽑기》였다. 그 외에도《자치통감》을 좀 더 깊이 이해하고자 하는 독자를 위하여《평설자치통감》을 집필해야 했고, 대중들을 위하여 명언을 모아 설명한《촌철활인》, 입문서《자치통감 3번 태어나다》,《생존》,《3권으로 읽는 자치통감 294》 같은 일반인들의 교양물도 출간하였다.

물론 이러한 작업을 하면서도 눈에 띄는 대로 이미 출간한 원고의 보정 작업을 계속하면서 번역문에도 조금씩 수정을 가한 부분이 있게 되었다. 이러는 동안에도 많은 독자가 원문을 볼 수 없는 아쉬움을 표하는 경우를 접하면서 이왕 이 작업을 하는 바에야 독자들에게 원문을 제공하는 것이 옳을 것 같다는 생각을 하였다.

그러나 원문을 교정 보는 작업은 그리 간단하지가 않았고 많은 시간이 필요하였다. 그러나 '자치통감 행간읽기'를 마친 독자라면 좀 더 깊이 알고자 할 것이고, 따라서 번역문과 원문이 동시에 필요할 것이라는 데까지 생각이 미쳤다. 그리하여 작업이 끝나는 대로 번역과 원문을 붙여 증보판이라는 이름으로 출간하기로 하였다.

증보판을 내는 또 다른 이유는 우리가 그동안 익숙하게 아시아의 역사를 '중국사 프레임'으로 보는 것을 깨 보고자 하는 생각도 있다. 즉 중국 문화는 아시아 문화의 중심이며 중국 문화의 동심원적 확산이 바로 아시아 문화인 것처럼 이해하였다. 그뿐만 아니라 중원 대륙의 주인은 한족(漢族)이고, 언필칭 정사라고 하는 25사가 마치 한족 왕조의 면면히 이어졌다는 오해를 풀어야 하기 때문이다.

《자치통감》은 사마광이 역사 사실을 객관적으로 정리한 역사책이다. 이 책의 집필 의도가 황제나 집정자에게 교육시키려는 것이었으므로 '있는 사실 그대로'를 전하려고 하였던 것이었다. 편견 없는 역사 사실만이 진정으로 자신을 돌아보고, 새로운 방향을 설정할 수 있기 때문이었다. 역사적 진실만이 가치가 있는 것으로 생각한 사마광은 한족(漢族)임에도 한족의 단점과 실패의 사실도 집어넬 수 있었고, 이른바 이적의 장점도 은연중에 드러나게 하였다. 그러한 점에서 《자치통감》은 '중국사'가 아니라 '아시아사'이다.

그런데 숙황(叔皇) 금(金) 왕조에 쫓기어 남쪽으로 내려온 남송의 질황(侄皇) 치하에 살았던 주희는 몰락해 가는 한족을 목도하면서 한족에게 애국심을 고취하여야 했던 당시 시대적 상황에 맞추어 역사를 혈통 중심의 정통론이라는 허구적 이념을 세워 《자치통감》을 《자치통감강목》으로 만들어 중국 중심으로 역사를 보려고 하였다. 물론 이것은 시대적 상황에서 필요하였던 것이고 이념을 주장하기 위하여 역사를 이용한 것일 뿐이다.

그런데 우리나라에서는 주자학을 정치이데올로기로 받아들이고 이념서인 《자치통감강목》을 역사라고 오도함으로써 부지불식간에 아시아 역사를 중국 중심으로 보는 왜곡된 시각이 형성되었다. 그리하여 우리도 모르는 사이에 '혈통'이라는 편견을 가지고 역사를 본 《자치통감강목》의 영향으로 500여 년간 '중국사 프레임'에 갇히게 되었고, 그 영향은 오늘에까지도 미치고 있다.

'중국사 프레임'으로 보는 아시아 역사는 중원에 있는 나라는 한족(漢族)이 중심이고, 중원의 우수한 문화가 동심원적으로 사방으로 퍼져

나가 교화시킨 것이 아시아 문화이고, 화이(華夷)는 당연히 구별되고 이적은 배척되어야 하며, 중원에 세워진 왕조가 면면히 이어져 왔다는 것을 실재하였던 현실로 받아들였던 것이다.

《자치통감》은 주희가 이념으로 가공하기 전의 원본으로 '역사를 사실 그대로 이해할 수 있는' 것이 가능하지만 아직도 《자치통감》을 '중국사'로 생각하고 있는 사람이 대부분이다. 이제부터라도 《자치통감》을 1,362년간의 '아시아 역사'로 인식하기를 바란다.

대방재(待訪齋)에서
권중달 적음

목차

권046
한기38 : 반초의 서역 정벌

권047
한기39 : 반초의 활동과 외척

권048
한기40 : 청년 화제의 죽음

❖ 황제계보도

부록

《자치통감》구성 : 총 294권 1,362년간

권차	기년 왕조	기록 기간	중 요 사 건
001~005	전국 주	기원전 403 ~256년 (148년간)	■ 주나라의 권위가 무너지고 제후국들이 통일을 위해 각축전을 벌인 전국시대.
006~008	진(秦)	기원전 255 ~207년 (49년간)	■ 전국시대에 진나라가 통일을 준비하고, 통일을 완성하였다가 망하는 과정.
009~068	한	기원전 206 ~서기 219년 (425년간)	■ 진의 해체와 유방의 한 왕조가 중국을 재 통일한 과정. ■ 황제체제의 성립과 왕망의 찬탈과정. ■ 왕망의 몰락하는 전한시대와 왕망의 멸 망과 유수의 후한이 재통일한 과정. ■ 호족들의 등장과 후한의 몰락과정.
069~078	위	220~264년 (45년간)	■ 후한의 멸망과 위·오·촉한의 삼국시대 와 위의 촉한 정벌과정.
079~118	진(晉)	265~419년 (155년간)	■ 위의 몰락과 진의 등장과 삼국 통일과정. ■ 북방 오호의 남하 북방의 분열과 진의 남 천과 남북 대결과정.
119~134	남북조 송	420~478년 (59년간)	■ 남조의 송 왕조와 북방민족이 중국 유입 하여 이룩한 남북조시대.
135~144	남북조 제	479~501년 (23년간)	■ 남조 송의 멸망과 제의 건국, 북조와의 대결과정.

권차	기년 왕조	기록 기간	중 요 사 건
145~166	남북조 양	502~556년 (55년간)	■ 남조 제의 멸망과 양의 건국, 북조와의 대결과정.
167~176	남북조 진(陳)	557~588년 (32년간)	■ 남조 양의 멸망과 진의 건국, 북조와의 대결과정.
177~184	수	589~617년 (29년간)	■ 수 왕조의 중국 재통일과 멸망과정.
185~265	당	618~907년 (290년간)	■ 당 왕조의 성립과 중국 고대문화의 완성 과정과 당말 절도사의 발호와 당의 멸망 과정.
266~271	오대 후량	908~922년 (15년간)	■ 당의 멸망과 후량의 건설 및 오대십국의 진행과정.
272~279	오대 후당	923~935년 (13년간)	■ 후량의 멸망과 후당의 건설 및 오대십국 의 진행과정.
280~285	오대 후진	936~946년 (11년간)	■ 후당의 멸망과 후진의 건설 및 오대십국 의 진행과정.
286~289	오대 후한	947~950년 (4년간)	■ 후진의 멸망과 후한의 건설 및 오대십국 의 진행과정.
290~294	오대 후주	951~959년 (9년간)	■ 후한의 멸망과 송 태조 조광윤의 등장 및 오대십국의 진행과정.

《자치통감》왕조 계통도

❖ 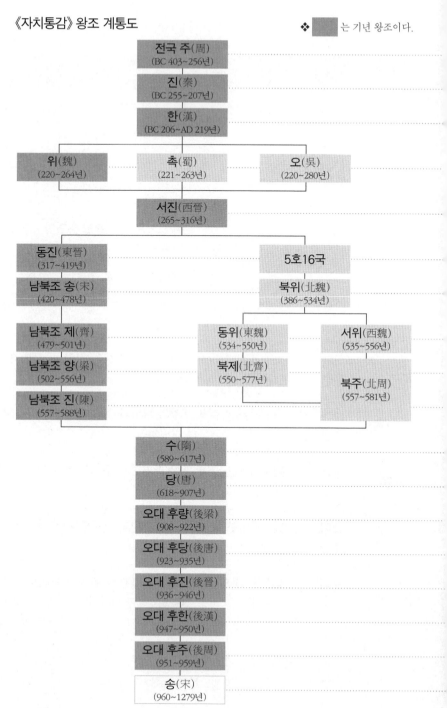 는 기년 왕조이다.

전국 주(周)
(BC 403~256년)

진(秦)
(BC 255~207년)

한(漢)
(BC 206~AD 219년)

위(魏)
(220~264년)

촉(蜀)
(221~263년)

오(吳)
(220~280년)

서진(西晉)
(265~316년)

동진(東晉)
(317~419년)

5호16국

남북조 송(宋)
(420~478년)

북위(北魏)
(386~534년)

남북조 제(齊)
(479~501년)

동위(東魏)
(534~550년)

서위(西魏)
(535~556년)

남북조 양(梁)
(502~556년)

북제(北齊)
(550~577년)

북주(北周)
(557~581년)

남북조 진(陳)
(557~588년)

수(隋)
(589~617년)

당(唐)
(618~907년)

오대 후량(後梁)
(908~922년)

오대 후당(後唐)
(923~935년)

오대 후진(後晉)
(936~946년)

오대 후한(後漢)
(947~950년)

오대 후주(後周)
(951~959년)

송(宋)
(960~1279년)

❖ **전국·진시대**(★은 기년 왕조임)

★**주**(周, ~BC 256년) **노**(魯, ~BC 249년) ★**진**(秦, ~BC 207년)
정(鄭, ~BC 375년) **송**(宋, ~BC 287년) **초**(楚, ~BC 223년)
제(齊, ~BC 221년) **진**(晉, ~BC 376년) **위**(魏, ~BC 225년)
한(韓, ~BC 230년) **조**(趙, ~BC 222년) **연**(燕, ~BC 223년)
위(衛, ~BC 209년)

❖ **5호16국시대**(★은 16국에 포함하지 않음)

■ **흉노**(匈奴)
전조(前趙·漢, 304~329년) **북량**(北涼, 397~439년) **하**(夏, 407~431년)
■ **갈**(羯)
후조(後趙, 319~350년)
■ **선비**(鮮卑)
전연(前燕, 384~409년) **후연**(後燕, 337~370년) **남연**(南燕, 398~410년)
서진(西秦, 385~431년) **남량**(南涼, 397~414년) ★**서연**(西燕, 384~394년)
★**요서**(遼西, 303~338년) ★**대**(代·魏, 315~376년)
■ **저**(氐)
성한(成漢, 302~347년) **전진**(前秦, 351~394년) **후량**(後涼, 386~403년)
★**구지**(仇池, 296~371년)
■ **강**(羌)
후진(後秦, 384~417년)
■ **한**(漢)
전량(前涼, 301~376년) **서량**(西涼, 400~420년) **북연**(北燕, 409~436년)
★**위**(魏, 350~352년) ★**후촉**(後蜀, 405~413년)

❖ **오대의 십국**

■ **십국**
전촉(前蜀, 891~925년) **후촉**(後蜀, 925~965년) **오**(吳, 892~937년)
남당(南唐, 937~975년) **오월**(吳越, 893~978년) **민**(閩, 893~945년)
초(楚, 896~951년) **남한**(南漢, 905~971년) **형남**(荊南, 907~963년)
북한(北漢, 951~979년)

《자치통감》 왕조 계통도 **15**

〔일러두기〕

· 이 책은 사마광의 《자치통감》의 고힐강(顧頡剛) 외의 표점본을 저본으로 하여 전국시대부터 오대후주시대까지의 전권(294권)을 완역한 것이다.

· 번역의 기본 원칙은 원전이 갖고 있는 통감필법의 정신을 최대한 살린다는 의미에서 직역하되 의미가 불분명한 경우는 역자의 역주로 설명했다.

· 역자가 내용과 분량을 감안하여 문단을 나누고 각 문단마다 제목을 달았다.

· 필요한 한자어는 괄호 속에 병기했다.

· 인명, 지명, 관직명 등 고유명사는 외래어 표기법을 따르지 않고 한글 발음대로 표기했다. 인명 가운데 원문에 성이 기록돼 있지 않은 것도 이해를 돕기 위해 성을 추가하였다. 지명은 괄호 속에 현재의 지명을 넣었고, 주(州)·군(郡)·현(縣) 등 행정 단위가 생략되었지만 필요한 경우 이를 추가하였다. 관직명은 길고 그 업무가 생소하고 길게 느껴질 경우 관직명 자체를 우리말로 풀어주고 원 관직명은 각주로 설명을 보충했다.

· 간지로 된 날짜는 괄호 속에 숫자로 표시했다.

· 본문의 '帝'는 '황제'로, '上'은 '황상'으로 번역했다.

· 책이름이나 출전은 《 》, 편명은 〈 〉로 했다.

· 본문에서 전후관계를 알아야 할 사건이나 내용, 용어, 고사 등 설명이 필요한 경우 각주로 설명을 보충했다.

· 독자들의 이해를 돕기 위해 각주의 설명이 다소 중복 되게 하였다.

· 주어가 생략된 경우는 해당 연도의 기준을 삼은 황제가 주어이다.

· 음은 호삼성의 음주를 따랐다.

· 사마광의 평론은 사마광이 황제에게 아뢰는 것이므로 경어체로, 사마광 이외의 평론은 사마광이 인용한 것이므로 원전의 표현의 살려 평상체로 번역했다.

· 한글로 번역하여 말뜻이 분명하지 않을 경우 〔 〕안에 한자를 넣었다.

공손술의 죽음과 그를 거부한 사람들

세조 광무황제 건무 12년(丙申, 36년)[1]

1 봄, 정월에 오한(吳漢)이 공손술의 장수 위당(魏黨)과 공손영(公孫永)을 어부진(魚涪津, 사천성 夾江縣)에서 격파하고 드디어 무양(武陽, 사천성 彭山縣)을 포위하였다. 공손술이 사위 사흥(史興)을 파견하여 이를 구원하게 하였는데, 한나라 군사들이 이들을 맞아 쳐서 격파하였고, 이어서 건위(犍爲, 사천성 宜賓縣)의 경계 지역까지 들어갔는데, 여러 현들은 모두 성을 지키고 있었다.

한나라 군사들에게 조서를 내려 곧바로 광도(廣都, 사천성 성도시의 동남쪽 20km 지점)를 빼앗고 그들의 중심부를 점거하라고 하였다. 한나라 군사들은 이에 진군하여서 광도를 공격하여 그곳을 뽑아버리고 경무장한 기병을 파견하여 성도(成都)의 시교(市橋)[2]를 태웠다.

공손술의 장수들이 두렵고 무서워서 밤낮을 가리지 않고 배반하거

---

1 이 해는 성가 용흥(成家 龍興) 12년, 한제 노방(漢帝 盧芳) 3년이다.

2 성도시에 있는 다리 이름이다.

나 흩어지니 공손술이 비록 그들의 가족을 주멸하였지만 오히려 이를 금하게 할 수 없었다. 황제가 반드시 그를 항복시키고자 하여 또 조서를 내려서 공손술을 타일렀다.

"내흡과 잠팽이 살해된 일[3]로 스스로 의심하지 마시오. 지금 때맞추어 스스로 나오면 종족은 전부 완전할 것이오. 이런 내용의 조서나 친필은 자주 얻을 수 있는 것이 아니요."

공손술은 끝내 항복할 의사가 없었다.

2 가을, 7월에 풍준(馮駿)이 강주(江州, 사천성 巴縣)를 뽑아버리고, 전융(田戎)을 잡았다.

3 황제가 오한에게 경계하여 말하였다.

"성도에 있는 10여만 명이나 되는 무리를 가볍게 볼 수 없소. 다만 광도를 점거하여 굳게 하면서 그들이 공격해오기를 기다리되 그들과 접전은 하지 마시오. 만약에 그들이 감히 공격해오지 않는다면 공은 군영을 돌려 그들을 압박하면서 그들의 힘이 피로하게 되기를 기다렸다가 공격할 수 있을 것이오."

오한은 승리의 기세를 타고 있었으므로 드디어 스스로 보병과 기병 2만여 명을 거느리고 나아가서 성도를 압박하였는데, 성에서 10여 리 정도 떨어진 장강의 북변에 군영을 마련하고 부교를 만들었으며 부장(副將)인 무위(武威)장군 유상(劉尙)에게 1만여 명을 거느리고 장강의

---

3 이 두 사람이 공손술에게 해를 입은 것은 《자치통감》 권42 건무 11년(35년)에 실려 있다.

남쪽에 주둔하게 하였으며 두 군영의 거리가 20여 리 정도였다.

황제가 이 보고를 받고 크게 놀라서 오한을 나무랐다.

"공에게 칙서를 내린 것이 천 갈래, 만 갈래인데 무슨 맘을 먹고 일을 이렇게 하여 그르치고 있는가! 이미 적을 가볍게 보고 깊이 들어갔고 또 유상과는 따로 군영을 만들어놓았으니, 위급한 일이 벌어지면 다시는 서로 연결하지 못할 것이오. 적들이 만약 병사를 보내어 공을 견제하고, 많은 무리로 유상을 공격하여 유상이 격파되면 공은 바로 실패할 것이오. 다행히 다른 일이 없으면 급히 군사를 이끌고 광도로 돌아오시오."

조서가 아직 도착하지 아니하였는데, 9월에 공손술이 과연 그의 대사도 사풍(謝豐)과 집금오 원길(袁吉)에게 무리 10만 명 정도를 거느리고 이를 나누어 20여 개의 진영을 만들게 하여서 오한을 공격하였다. 별장에게 1만여 명을 거느리고 유상을 겁박하여 서로 구원해줄 수 없게 하였다. 오한이 이들과 더불어 하루 동안 크게 싸웠으나 군사가 패하여 달아나 성 안으로 들어왔는데, 사풍이 이 기회를 통하여 그를 포위하였다.

오한은 이에 제장들을 불러서 격려하며 말하였다.

"나는 제군들과 더불어 험난한 고비를 넘고 전투를 하면서 천 리를 달려 드디어 적지에 깊숙이 들어와 그들의 성 아래에 이르렀소. 지금 유상과 두 곳이 포위되어 형세가 서로 이어지지 못하고 있어서 그 화환(禍患)을 헤아리기 어렵소. 군사를 몰래 숨겨 장강의 남쪽에 있는 유상에게로 보내 합쳐서 이들을 방어하고자 하오. 만약 같은 마음으로 힘을 한 곳으로 모아서 사람들이 스스로 싸운다면 큰 공로를 세울 수 있을 것이오. 만약 그렇게 하지 아니하여 실패하면 반드시 남는 것이 없을 것이오. 성패의 기회는 이 한 번의 싸움에 달렸소."

제장들이 모두 말하였다.

"좋습니다."

이에 병사들을 배불리 먹이고, 말에게 꼴을 먹이면서 군영을 닫아걸고 3일 동안 나가지 않다가 마침내 번기(旛旗)를 많이 내걸고, 불을 때어 연기가 끊이지 않게 하였다가 밤중에 말에 재갈을 물리고[4] 병사를 이끌고 유상의 군사와 합쳤다.

사풍 등이 이것을 깨닫지 못하고 다음날에 가서야 마침내 병사를 나누어 강의 북쪽을 막고, 스스로 병사를 거느리고 강의 남쪽을 공격하였다. 오한은 병사들을 모아서 이들을 맞아 싸웠는데, 아침부터 포시(晡時)[5]까지 계속하였고 드디어 그들을 대파하고 사풍과 원길의 목을 베었다. 이에 병사를 이끌고 광도로 돌아오고, 유상을 그곳에 머물게 하여 공손술을 막으라고 하며 이 상황을 모두 장계(狀啓)로 써서 올리면서 깊이 스스로를 견책하였다.

황제가 회답하였다.

"공이 광도로 돌아왔다니 아주 당연하고, 공손술이 반드시 감히 유상을 소략하고 공을 치지는 못할 것이오. 만약 먼저 유상을 공격한다면 공이 광도에서 50리 정도인 곳으로 모든 보병과 기병을 동원하여 가서 그들의 위험하고 곤란한 것에 적당히 대처하면 그들을 반드시 격파할 것이오."

이로부터 오한은 광도와 성도 사이에서 공손술과 싸웠는데 여덟 번

---

4 소리가 나지 않게 하려 함이었다.

5 신시(申時)를 말한다. 지금의 오후 4시경이다.

싸워서 여덟 번 승리하였고 드디어 그곳의 외곽[6]에 진을 쳤다.

장궁(臧宮)이 면죽(緜竹, 사천성 德陽縣)을 뽑아버리고, 부성(涪城, 綿陽縣)을 격파하고, 공손회(公孫恢)[7]의 목을 베었다. 다시 번(繁, 사천성 新繁縣)과 비(郫, 비현)를 공격하여 뽑아버리고 오한과 성도에서 만났다.

4   이통(李通)은 권세 있는 자리를 피하려고 해골(骸骨)[8]하기를 빌었는데, 2년 동안 계속하자 황제가 마침내 그의 대사공(大司空) 인수를 올려 보내도록 허락하고 특진의 신분으로 봉조청(奉朝請)[9]하게 하였다. 후에 유사가 황제의 아들을 책봉하도록 주청하니 황제가 이통이 가장 먼저 큰 계획을 세운 것[10]에 느끼는 바가 있어서 그날로 이통의 어린 아들 이웅(李雄)을 소릉후(召陵侯)로 책봉하였다.

5   공손술이 피곤하고 급박하여 연잠(延岑)에게 말하였다.
"일은 마땅히 어찌 해야겠소?"
연잠이 말하였다.
"남자란 마땅히 죽음 가운데서 살 길을 찾는 것이니, 앉아서 궁지에

---

6 성도의 내성과 외성의 중간을 말한다.

7 공손술의 동생이다.

8 사직하는 것을 말한다.

9 특진은 조회 때 앉는 자리가 삼공 바로 밑이며, 봉조청은 어전회의에 참가하는 것을 말한다.

10 이통이 비기로 유수가 대업을 이을 것이라고 말하였으며, 이 일은 왕망 지황 3년(22년)에 있었고, 《자치통감》 권38에 실려 있다.

몰릴 수야 있겠습니까? 재물이란 쉽게 모을 수 있는 것일 뿐이니 당연히 아낄 것이 아닙니다.”

공손술이 이에 금과 비단을 흩어서 결사대에 참여할 병사 5천여 명을 모집하여 연잠에게 배속시켰다.

연잠이 시교(市橋)에 위장하는 기치를 세우고, 북을 울리면서 도전하여 몰래 기습병을 오한군의 후방으로 보내어 오한을 격파하니 오한은 물에 빠졌다가 말꼬리를 잡고서야 나올 수 있었다. 오한의 군대는 7일간의 양식만 남아있었으므로 몰래 배를 마련하여 도망하려고 하였더니, 촉군(蜀郡) 태수인 남양(南陽) 사람 장감(張堪)이 소식을 듣고서 말을 달려 오한을 만나보고 공손술이 반드시 패할 것이니 군사를 물리는 것은 마땅하지 않다고 말하였다. 오한이 이 말을 좇아서 약점을 보이며 적에게 도전하였다.

겨울, 11월에 장궁이 함양문(咸陽門)[11]에 진을 쳤다. 무인일(18일)에 공손술이 스스로 수만 명을 거느리고 오한을 공격하고, 연잠에게 장궁을 막게 하였다. 크게 싸웠는데, 연잠이 세 번 싸워서 세 번 모두 승리하였으며, 아침부터 싸워 점심때가 되었는데도 군사들은 식사를 할 수 없어서 모두가 피곤하였다.

오한은 이 기회를 통하여 호군(護軍)인 고오(高午)와 당한(唐邯)에게 정예병사 수만 명을 거느리고 그들을 공격하게 하니 공손술의 병사들이 큰 혼란에 빠졌다. 고오가 적진 속으로 달려가서 공손술을 찔러 가슴에 상처를 내어 말에서 떨어뜨리니 주위 사람들이 그를 둘러메고 성 안으로 들어갔다. 공손술은 병사를 연잠에게 소속시키고는 그날 밤

---

11 성도 북쪽의 동쪽 귀퉁이에 있는 첫 번째 문을 말한다.

에 죽었다. 다음날 아침에 연잠이 성을 들어서 항복하였다.

신사일(21일)에 오한이 공손술의 처자의 목을 베고 공손씨(公孫氏)를 이멸시켰으며, 아울러 연잠의 가족도 전부 죽이고, 드디어 병사들을 풀어 크게 약탈하게 하고 공손술의 궁궐을 태웠다. 황제가 이 소식을 듣고 화가 나서 오한을 나무랐다.

또 유상을 꾸짖어서 말하였다.

"성이 항복하고 3일이 되자 이민(吏民)들이 따르고 복종하였고, 아이들과 노모들의 인구가 1만 명을 헤아리는데 하루아침에 병사를 풀어 놓고 멋대로 불을 놓게 하였으니 이 소식을 듣고 코가 시큰거렸다. 그대 유상은 종실의 자손이며 또한 일찍이 이직(吏職)을 수행하였었는데, 차마 어찌 이런 짓을 할 수 있는가? 우러러 하늘을 보고 굽어서 땅을 보며 새끼사슴을 놓아준 것[12]과 국물을 홀짝거리고 마신 것[13]을 볼 때 이 두 사람 가운데 누가 어진 사람인고? 정말로 적장의 목을 베고

---

12 한비자의 《설림》에 나오는 이야기이다. 맹손(孟孫)이 사냥을 하다가 어린 사슴새끼를 잡았는데 진서파(秦西巴)에게 이것을 갖고 있게 하였다. 그런데 새끼를 잃은 그 어미가 쫓아오면서 새끼를 부르자 진서파는 차마 이를 보지 못하여 새끼를 놓아주어 그 어미와 함께 하도록 하였다. 이에 맹손이 화가 나서 진서파를 쫓아냈다가 다시 그를 불러서 그 아들의 스승 노릇을 하게 하였다. 이후 이 고사는 인자한 모습의 전고(典故)가 되었다.

13 《전국책(戰國策)》에 있는 말이다. 악양(樂羊)이 장수가 되어서, 위문후(魏文侯)를 위하여 중산(中山)을 공격하였다. 중산의 주군(主君)이 그의 아들을 삶아서 그 국물을 보내주니 악양은 장막에 앉아서 그것을 후루룩 다 마셨다. 이에 문후가 저사찬(褚師贊)에게 말하였다. "악양이 나 때문에 그 아들의 고기를 먹었구나." 이에 대답하기를 "그는 아들까지도 먹어버린 사람이니 그 누군들 먹지 않겠습니까?" 그 후 중산을 함락시키자 문후는 그 공로에 대하여 상을 내렸으나, 그 마음을 의심하였다.

백성들을 조문하려는 의로움을 잃어버린 것이로다."

처음에 공손술은 광한(廣漢, 사천성 遂寧縣) 사람 이업(李業)을 징소하여 박사로 삼았는데, 이업이 병을 핑계로 나오지 아니하였다. 공손술은 그를 오게 할 수 없는 것을 수치로 생각하여 대홍려(大鴻臚) 윤융(尹融)에게 조명(詔命)을 받들고 가서 이업을 겁주라고 하였다.

"만약 일어나서 오면 공후(公侯)의 작위를 받을 것이고, 오지 아니하면 독주를 내리겠다."

윤융이 그 뜻을 비유로 전하며 말하였다.

"바야흐로 지금의 천하는 나누어져 무너지고 있는데, 누가 옳고 누가 그른지를 어찌 알아서 구구한 몸을 헤아릴 수 없는 연못에다 맡겨 시험하려고 하시오? 조정에서는 당신의 이름과 덕망을 탐하여 관직과 자리를 하나 비워놓은 지 지금껏 7년이 되었으며, 사시사철 진기한 음식을 보내서 그대를 잊지 아니하였소. 마땅히 위로는 자기를 알아주는 사람을 받들고, 아래로는 자손들을 위하여야 하며, 몸과 명예를 모두 온전하게 하면 좋은 것이 아니겠소?"

이업이 마침내 탄식하며 말하였다.

"옛 사람은 위험한 곳에는 들어가지 아니하고, 어지러운 곳에도 살지 않는다[14]고 하였으니, 이러한 이유 때문이오. 군자는 위험을 보고서 생명을 주는 것[15]인데, 이에 어찌 높은 직위와 많은 음식으로 유혹하려고 하시오?"

윤융이 말하였다.

---

14 《논어》에 나오는 말이다.

15 자장(子張)이 한 말로 《논어》에 나온다.

"마땅히 집안 식구들을 불러서 그들과 계책을 생각해보시오."

이업이 말하였다.

"장부가 마음으로 결단한 지 오래 되었는데, 어찌 처자와 상의한단 말이오!"

드디어 독약을 마시고 죽었다.

공손술은 현명한 사람을 죽였다는 말을 듣는 것이 수치스러워 사신을 보내 조문하고 제사지내게 하면서 비단 100필을 부의(賻儀)로 보냈으나, 이업의 아들 이휘(李翬)는 도망하며 사양하여 이를 받지 아니하였다.

공손술은 또 파군(巴郡, 사천성 중경시) 사람 초현(譙玄)[16]을 초빙하였는데 초현이 오지 아니하자, 역시 사자를 파견하여 독약을 가지고 가서 그를 협박하자 태수가 스스로 초현의 집에 가서 가길 권고하니 초현이 말하였다.

"뜻을 보존하고 높음이 온전하면 죽음인들 또한 어찌 한스럽겠소!"

드디어 독약을 받았다. 초현의 아들 초영(譙瑛)이 태수에게 피눈물을 흘리고 머리를 조아리면서 가산 천만 전을 바쳐 아버지의 속죄를 애원하자 태수가 요청하여 공손술이 이를 허락하였다.

공손술은 또 촉군의 왕호(王皓)와 왕가(王嘉)[17]를 징소하면서 그들이 오지 않을까 걱정하여 먼저 그의 처자를 체포하고서 사자가 왕가에

---

16 초현은 한 평제 원시 4년(4년)에 수의사자(繡衣使者)가 되어 천하를 다니면서 풍속을 살피다가 왕망이 거섭하자 사자의 수레를 버리고 집에 돌아와서 은둔하였다.

17 평제 때 왕호는 미양현령이었고, 왕가는 낭관이었다. 왕망이 황제의 자리를 찬탈하자 나란히 벼슬을 버리고 서쪽으로 돌아갔다.

게 말하였다.

"속히 채비를 하셔야 처자가 안전할 수 있을 것이오."

대답하였다.

"개나 말은 오히려 주인을 알아보는데 하물며 사람이야!"[18]

왕호는 먼저 자살하고 그 수급을 사자에게 주었다. 공손술이 화가 나서 마침내 왕호의 가족을 모두 죽였다. 왕가가 이 소식을 듣고 탄식하여 말하였다.

"그를 뒤따르리라!"

이에 사자를 마주하고서 칼에 엎어져서 죽었다.

건위(犍爲, 사천성 宜賓市) 사람 비이(費貽)는 공손술의 벼슬을 하지 않으려고 몸에 옻칠을 하여 부스럼이 나게 하고 겉으로 미친 짓을 하면서 그를 피하였다. 같은 군의 임영(任永)과 풍신(馮信)은 모두 청맹(靑盲)[19]이라는 이유를 가탁하여 징소의 명령을 사양하였다.

황제가 촉 지역을 모두 평정하고서 조서를 내려 상소(常少)를 태상으로 삼고, 장륭(張隆)[20]을 광록훈으로 추증했다. 초연은 이미 죽었으므로 중뢰(中牢)[21]의 제물을 차려서 제사지내고, 그의 가산을 그가 사는 곳을 관장하는 관청에서 돌려주도록 칙령을 내리고, 이업이 살던 거리를 표양하게 하였다. 비이와 임영, 풍신을 징소하였는데 마침 임영과

---

18 자신이 한나라의 신하인데 어떻게 옛 주인을 버리겠느냐는 뜻의 말이다.

19 눈을 뜨고도 사물을 보지 못하는 사람을 의미한다.

20 상소와 장륭은 건무 11년(35년)에 죽었고, 이 사건은 《자치통감》 권42에 실려 있다.

21 양과 돼지를 잡아 제사지내는 것을 말한다.

풍신이 병들어 죽어서 오직 비이에게만 벼슬을 주었는데, 합포(合浦) 태수까지 되었다. 황상은 공손술의 장수인 정오(程烏)와 이육(李育)은 재주가 있었으므로 모두 발탁하여 채용하였다. 이에 서부 지역에 사는 사람들은 모두 기뻐하였고, 마음을 돌리지 않는 사람이 없었다.

처음에 왕망은 광한(廣漢) 사람 문제(文齊)를 익주(益州) 태수로 삼았었는데, 문제가 농사를 짓게 하고, 병사들을 잘 다스려서 여러 이적들을 모아 항복하게 하니, 그곳이 아주 평화롭게 되었다.

공손술 시절에 문제가 험한 곳을 점거하여 굳게 지키자 공손술이 그의 처자를 잡아들이고 후작으로 책봉하도록 허락하였으나 문제가 항복하지 아니하였다. 황상이 즉위하였다는 소식을 듣고 샛길로 사자를 보내어 스스로 보고하였다. 촉 지역이 평정되자 그를 징소하여 진원(鎭遠)장군으로 삼고 성의후(成義侯)에 책봉하였다.

6   12월 신묘일(1일)에 양무(揚武)장군 마성(馬成)에게 대사공(大司空)의 업무를 대행[22]하도록 하였다.

7   이 해에 삼랑(參狼)에 사는 강족(羌族)과 여러 종족들이 무도(武都, 감숙성 成縣)를 침입하자 농서(隴西) 태수 마원(馬援)이 이를 격파하니 항복한 사람이 1만여 명이었고, 이에 농우(隴右, 감숙성의 동부 지역) 지역은 깨끗하게 안정되었다. 마원은 힘써 마음을 열어 은혜와 믿음을 베풀고 아랫사람에게 관대하였으며, 또 하급 관리에게 직책을 맡기고 다만 대체적인 것을 총괄하니, 빈객과 옛 친구들이 매일 그의 집 문에 가득하였다.

여러 부서에서 때로 밖에서 벌어진 일을 말하게 되면 마원은 번번이 말하였다.

"이런 일은 승(丞)이나 연리(掾吏)의 임무이니[23] 내가 어찌 머리 썩

─────────

22 행직이다. 임시 또는 대리직인데 정식 관직명은 행대사공사(行大司空事)이다.

23 군에는 승(丞)이 한 명, 여러 조(曹)에는 연(掾)과 사(史)가 있다. 공조사(功曹

일 만한 일이겠는가! 자못 늙은이들을 애달프게 생각하여 들놀이나 다니게 하고, 만약 큰 집안사람들이 약한 백성을 침탈하거나 부정한 관리가 명령을 좇지 않는 일이 있다면 이런 일이 바로 나 태수의 일이니라."

이웃 현에 일찍이 원수를 갚으려는 사람이 있었는데, 관리와 백성들이 놀라 강족이 반란을 일으켰다고 말하면서 백성들이 모두 도망하여 성 안으로 들어오자 적도(狄道, 감숙성 臨洮縣으로 농서군 치소가 있는 곳) 현장이 태수부(太守府)의 문에 와서 성문을 닫고 병사를 발동해주기를 청하였다.[24]

마원은 그때 빈객과 술을 마시고 있었는데, 크게 웃으며 말하였다.

"야만인들이 어찌 감히 나를 범한다는 말인가! 적도 현장(縣長)에게 관사로 돌아가 있으라고 타이르라. 정말로 두렵고 급한 일은 침상 아래에서 벌어지는 것이니라."

그 뒤에 점차 안정되자 군 안에 있던 사람들이 그에게 감복하였다.

8 조서를 내렸다.

"변방에 있는 관리가 싸우기에 역부족이면 지키고, 야만인들을 쫓되 적을 헤아려 행동하는데, 두류법(逗留法)[25]에 구애되지 않도록 하라."

史)는 공로를 선발·기록하는 일을 주관하고, 오관연(五官掾)은 공조와 여러 조의 일을 임명한다. 그 외 의조(議曹)·법조(法曹)·적조(賊曹)·결조(決曹)·금조(金曹)·창조(倉曹) 등이 있다.

24 농서군의 치소가 적도현에 있기 때문이다.

25 군사행동을 하는 중 전진이 늦어서 전진하지 않는 것으로 의심되면 두려워서 싸우지 않으려는 것으로 판단되어 목을 베는 형벌에 처한다는 한나라의 법이다.

9   산상절후(山桑節侯) 왕상(王常), 모평열후(牟平烈侯) 경황(耿況),[26] 동광성후(東光成侯)[27] 경순(耿純)이 모두 죽었다. 경황이 병을 앓고 있어서 승여(乘輿)[28]가 자주 친히 갔었으며, 다시 경감(耿弇)의 동생 경광(耿廣)과 경거(耿擧)를 모두 중랑장으로 삼았다. 경감의 형제 여섯 명[29]이 모두 청색이나 자색의 인수를 늘어뜨리고 아버지를 보살피고 의약 쓰는 시중을 드니 당시 세상에서는 이를 영광스러운 일이라고 생각하였다.

10   노방(盧芳)은 흉노, 오환과 군사를 연합하여 자주 변방을 침입하였다. 황제는 표기(驃騎)대장군 두무(杜茂) 등을 파견하여 군사를 거느리고 북방의 변방을 진수하게 하고, 비호도(飛狐道)[30]를 치소로 삼아 정장(亭鄣)을 쌓고 봉수대(烽燧臺)를 수리하고서 무릇 흉노와 오환과 크고 작은 전투를 수십, 수백 번 벌였으나, 끝내 이길 수 없었다.

11   황상이 두융(竇融)과 다섯 군의 태수[31]에게 조서를 내려 들어와서

---

26 경황은 경감의 아버지이다.

27 왕상·경황·경순은 죽은 후에 시호를 각기 절후·열후·성후로 했다. 시법(諡法)에 의하면 청렴한 경우에는 절(節)을 주고, 공로를 세우고 백성을 편안하게 해준 경우에는 열(烈)을 쓴다. 그리고 서로 도와서 끝을 잘 맺은 경우에는 성(成)을 쓴다.

28 황제가 타는 수레이지만 황제라는 단어 대신 승여라는 단어를 써서 황제를 지칭한다.

29 경감·경서(耿舒)·경국(耿國)·경광·경거·경패(耿霸)이다.

30 하북성 울현(蔚縣)의 동남쪽의 태행산맥에 있는 8대 험요(險要) 중 하나이다.

조현하게 하였다. 두융 등이 조서를 받고 가자, 관속과 빈객들이 함께 따랐는데 수레 1천여 량(輛)과 말·소·양들이 들을 덮었다. 이들은 도착하여 성문에 이르러서 인수를 바쳤다. 조서를 내려 사자를 파견하여서 후(侯)의 인수를 돌려주고 불러서 접견하며 상을 내리고 은총을 베푸니 경사가 다 진동할 정도였다. 얼마 후에 두융에게 벼슬을 주어 기주목(冀州牧, 기주는 하북성의 중부 지역)으로 삼았다.

또 양통(梁統)을 태중대부로 삼고, 고장(姑臧, 감숙성 무위현)³² 현장 공분(孔奮)을 무도(武都, 감숙성 成縣) 군승(郡丞)으로 삼았다. 고장은 하서(河西) 지방에서 가장 부유한 곳이었지만 천하가 아직 다 평정되지 아니하였고 병사들은 대부분 검소한 행동을 닦지 아니하여서 이 현에 있게 된 사람들은 몇 달이 채 되지도 않아 번번이 재물을 많이 쌓아 놓았다.³³ 공분이 4년 동안 이 직책을 맡으면서 힘써 깨끗하고 결백한 정책을 시행하자 많은 사람들의 비웃음을 사면서 기름진 곳에 살면서 스스로 윤택해질 줄 모른다고 생각하였다.

두융을 따라 들어와서 조현하게 되자, 여러 태수와 현령들의 재화를 운반하는 수레가 이어져 개천이나 못에까지도 가득하였지만 오직 공분만은 아무런 자산이 없어서 다만 한 대의 수레를 타고 길을 나섰으므로 황제가 이 때문에 그에게 상을 내렸다.

황제는 수양(睢陽) 현령 임연(任延)을 무위(武威, 감숙성 무위현) 태수

---

31 두융은 감숙성인 양주(涼州) 자사였으며 그 휘하의 다섯 군은 금성군(金城郡)·무위군·장액군(張掖郡)·주천군(酒泉郡)·돈황군(敦煌郡)이다. 이때 노방(盧芳)이 있는 일부 지역을 빼고는 모두 통일된 상태였다.

32 무위군의 도읍이 있는 곳이다.

33 병사들이 이곳에 와서 약탈을 하여 얼마 안 있어서 모두 부자가 된다는 말이다.

로 삼고, 친히 접견하며 경계하여 말하였다.

"상관(上官)을 잘 섬기고 명예를 잃지 말거라."

임연이 대답하였다.

"신이 듣기로는 충신이란 모든 사람과 화목하지 않고, 화목한 신하는 충성스러운 신하가 아니라[34] 하였습니다. 올바른 입장에 서서 공적인 일을 받드는 것이 신하의 절조(節操)입니다. 윗사람과 아랫사람이 부화뇌동한다면 폐하의 복이 되지 못합니다. 상관을 잘 섬기라 하셨지만 신은 감히 그 조칙을 받들지 못하겠습니다."

황제가 탄식하며 말하였다.

"경의 말이 옳소."

광무제 건무 13년(丁酉, 37년)[35]

1 봄, 정월 경신일(1일)에 대사도 후패(侯霸)가 죽었다.

2 무자일(29일)에 조서를 내렸다.

"각 군이나 봉국에서 특별한 맛을 가진 것을 헌납하려 하면 태관(太官)[36]에게 명하여 다시는 접수하지 말게 하라. 먼 곳에서 보내오는 맛

---

34 어떤 판본은 화(和) 자 대신 사(私) 자를 쓰고 있다. 이 경우에는 충신은 사사롭게 행동하지 아니하고 사사롭게 행동하면 충신이 아니라고 해석해야 할 것이다. 그러나 이 판본에서는 화(和)로 되어 있으므로 이를 좇았다.

35 한나라 노방(盧芳) 9년이다.

36 황실의 주방책임자를 말한다.

있는 음식은 종묘의 제사를 위한 것이면 옛날 제도와 같이 하라."

그때 다른 나라에서 명마를 바친 일이 있었는데, 하루에 1천 리를 갔으며, 또한 보검(寶劍)을 바쳤는데 그 가치는 100금(金)이었다. 조서를 내려서 보검은 기사(騎士)에게 하사하고, 말은 고차(鼓車)[37]를 끌게 하였다.

황상은 원래부터 음악 듣는 것을 좋아하지 아니하였고, 손으로 주옥(珠玉)을 잡지 아니하였다. 일찍이 사냥을 나갔다가 거가가 밤중에 돌아오는데, 상동문(上東門)[38]의 문후(門候)인 여남(汝南, 하남성 여남현) 사람 질운(郅惲)이 관문에서 막으며 문을 열지 아니하였다. 황상이 종자(從者)에게 문틈 사이로 얼굴을 보이게 하였더니 질운이 말하였다.

"불이 밝기는 하지만 너무 멉니다."

끝내 조서를 받지 아니하였다.

황상이 이에 돌려서 동중문(東中門)으로 들어왔는데, 다음날 질운이 편지를 올려서 간하였다.

"옛날에 문왕은 감히 사냥을 즐기지 아니하였으며, 오직 만민을 올바르게 하려고 하였습니다. 폐하께서 멀리 산림에서 사냥하시기를 밤에서 낮까지 계속되니 그렇게 하고서 종묘와 사직을 어떻게 하시렵니까?"

편지가 상주되자, 질운에게 베 100필을 하사하고 동중문에 있던 문후의 직위를 깎아내려서 참봉(參封, 琅邪郡에 속한 현)의 현위로 삼았다.

---

37 고차는 의장용 북을 실은 수레를 말한다. 승여나 법가가 나아가면 그 뒤에 금정(金鉦)과 황월(黃鉞), 황문고차(黃門鼓車)가 따르도록 했다.

38 낙양성은 동서남북으로 각기 상·중·하의 세 성문이 있어 모두 12개의 문이 있었다.

3 2월에 포로(捕虜)장군 마무(馬武)를 파견하여 타호하(滹沱河)에 주둔시켜 흉노에 대비하게 하였다.

4 노방이 운중(雲中, 내몽고 托克托縣)을 공격하였는데, 오래 지나도록 떨어뜨리지 못하였다. 그의 장수 수욱(隨昱)이 구원(九原, 내몽고의 포두(包頭))에 남아 지키고 있다가 노방을 위협하여서 항복해 오도록 하였다. 노방이 이 사실을 알고 10여 기병과 함께 도망하여 흉노로 들어갔고, 그 무리들은 모두 수욱에게 귀부하였으며, 수욱은 마침내 궁궐까지 와서 항복하였다. 조서를 내려서 수욱에게 벼슬을 주어 오원(五原, 내몽고 포두의 서북쪽) 태수로 삼고 전호후(鐫胡侯)로 책봉하였다.

5 주호(朱祜)[39]가 상주문을 올렸다.

"옛날에 신하 된 사람이 봉작(封爵)을 받는다 하여도 왕작(王爵)을 주지는 않습니다."

병진일(27일)에 장사왕(長沙王) 유흥(劉興), 진정왕(眞定王) 유득(劉得), 하간왕(河間王) 유소(劉邵), 중산왕(中山王) 유무(劉茂)에게 조서를 내려 모두 작위를 깎아 후(侯)[40]로 삼았다. 정사일(28일)에 조왕(趙王) 유량(劉良)을 조공(趙公)으로 삼고, 태원왕(太原王) 유장(劉章)을 제공(齊公)으로 삼고, 노왕(魯王) 유흥(劉興)을 노공(魯公)[41]으로 삼았다.

---

39 이때 주호는 건의(建義)대장군이었다.

40 유흥은 임상후(臨湘侯), 유득은 진정후(眞定侯), 유소는 낙성후(樂成侯), 유무는 군부후(單父侯)로 삼았다.

41 유량은 황제 유수의 숙부이고, 유장과 유흥은 황제 유수의 형인 유연의 아들이다. 공(公)은 공작(公爵)이다.

이때 종실과 후사가 끊긴 나라의 후작에 책봉된 사람이 무릇 137명이었다. 부평후(富平侯) 장순(張純)은 장안세(張安世)의 4세손이었는데, 왕망시대를 거치면서도 삼가 근신하며 약속을 지켜서 전에 책봉되었던 작위를 보존하였다. 건무(建武) 초기에 먼저 대궐에 온 일이 있으므로 옛날처럼 후작으로 삼았다.

이에 유사가 상주문을 올렸다.

"열후 가운데 종실이 아니면 봉국을 회복시켜 주어서는 안 됩니다."

황상이 말하였다.

"장순은 10여 년간이나 숙위를 하였으니 그의 것은 폐하지 말라."

다시 무시후(武始侯)로 책봉하고 부평의 반을 식읍으로 주었다.

6 경오일(29일)에 소가공(紹嘉公) 공안(孔安)을 송공(宋公)으로 삼고, 승휴공(承休公) 희상(姬常)을 위공(衛公)[42]으로 삼았다.

7 3월 신미일(12일)에 패군(沛郡) 태수 한흠(韓歆)을 대사도로 삼았다.

8 병자일(17일)에 대사공의 업무를 수행하였던[43] 마성(馬成)을 다시 양무(揚武)장군으로 삼았다.

9 오한이 촉 지역에서 군사를 떨치고 돌아오다가 완(宛, 하남성 南陽市)에 이르렀는데, 조서를 내려 그의 집을 지나는 길에 조상의 무덤에

---

42 전한 평제 원시(元始, 4년)에 소가공을 송공으로, 승휴공을 정공(鄭公)으로 고쳤는데 이를 위공(衛公)으로 고친 것이다.

43 행직(行職), 즉 임시직이다. 관명은 행대사공(行大司空)이다.

다녀오라면서 곡식 2만 곡을 하사하였다. 여름, 4월에 경사에 이르렀다. 이에 장군과 병사들에게 큰 잔치를 베풀고 공신들에게 식읍을 늘려주었고 봉작을 바꾸어주었는데, 그 수가 무릇 365명이었고 그 중에 외척과 은택을 입어서 책봉된 사람이 45명이었다.

등우(鄧禹)를 고밀후(高密侯)로 책봉하도록 정하고 네 현을 식읍으로 주었다. 이통(李通)을 고시후(固始侯)로 삼고, 가복(賈復)을 교동후(膠東侯)로 하고 여섯 현을 식읍으로 주었으며, 나머지 사람들에게도 각기 차등 있게 하였다. 이미 죽은 사람은 그 자손에게 봉작을 덧붙여주었고, 혹 황제의 지서(支庶)들에게도 봉작을 바꾸어주었다.

황제는 전쟁 기간이 오래 된 지라 무력 쓰는 일을 싫어하였으며, 또 천하 사람들이 피로하고 소모한 것이 많아 즐겁기를 생각하며 어깨를 쉬고 싶다는 것을 알고, 농과 촉을 평정한 다음부터는 급한 경보가 울리는 사항이 아니면 다시는 군사적인 일은 말하지 아니하였다. 황태자가 일찍이 전투에서 공격하는 일에 관해 묻자 황제가 말하였다.

"옛날 위(衛)나라의 영공(靈公)이 진을 치는 것에 관하여 묻자 공자가 대답을 아니하였다.[44] 이러한 것은 네가 미쳐서 알 바는 아니다."

등우와 가복이 황제가 무기를 뉘어두고 문치(文治)와 덕치(德治)를 수행하려고 하며, 공신들이 많은 군사를 거느리고 경사에 있기를 바라지 않음을 알고, 마침내 갑병(甲兵)을 버리고 유학을 돈독하게 하였다.

황제도 역시 생각하기를 공신들의 작위와 식읍을 완전하게 해주고자 이직(吏職)을 맡았다가 허물을 받게 하지 않으려고[45] 드디어 좌장

---

44 《논어》의 〈위령공편〉에 나오는 말이다.

45 공신들이 관직을 맡았다가 과실을 저지르게 되면 작위와 식읍을 잃게 될 수도 있다. 그러나 관직을 주지 않으면 실수할 일도 없으므로 자연히 작위와 식

군과 우장군의 관직을 없앴다. 경감 등이 역시 대장군과 장군의 인수를 바치니, 모두 열후의 지위를 가지고서 자기 집으로 돌아가게 하고, 특진[46]의 지위를 주어서 봉조청(奉朝請)하게 하였다.

등우는 속으로 하는 일을 순박하게 준비하면서 슬하의 13명의 아들들에게 각기 한 가지의 기예를 지키게 하여 규문(閨門)[47]을 정돈하고 닦으며 자손들을 가르치고 길러서 모두가 후세에 본받을 만하게 하였으며 필요한 물자는 식읍에서 나온 것을 사용하였으며, 영리 행위를 하지 아니하였다.

가복은 사람됨이 강직하고 곧았으며 대체로 절개를 크게 하고자 하였는데, 이미 사저로 돌아가게 되자 합문(閤門)에서 위엄과 중후함을 길렀다. 주호 등이 가복을 천거하여 마땅히 재상감이라고 하였으나, 황제는 바야흐로 관리에 대한 일은 삼공에게 책임을 지웠으므로 공신들은 나란히 채용하지 아니하였다. 이때 열후 가운데 오직 고밀후·고시후·교동후 등 세 후작만이 공경들과 국가 대사 논의에 참여했는데, 황제가 은혜를 베풀고 대우하는 것이 아주 두터웠다.

황제는 비록 공신들을 제어하였지만 매번 구부려서 용납하였으며, 그들의 조그만 실수는 용서하였다. 먼 곳에서 보내온 진귀한 음식은 반드시 먼저 제후들에게 두루 하사하게 하여 태관(太官)에 남긴 것이 없었다. 그러므로 모두가 그들의 복록(福祿)을 보존하였고, 주살되거나 견책을 받는 사람이 없었다.

읍을 유지하게 된다는 점을 생각한 것이다.

46 조회에 참여하는 지위이며 그 자리는 삼공 바로 밑이었다.

47 여자들이 있는 내실을 말한다.

왕조의 정비

10 　익주(益州)에서 공손술의 고사(瞽師)[48]와 교외에 있는 사당의 악기, 보거(葆車),[49] 여연(輿輦)[50]을 역참(驛站)을 통하여 보내왔는데, 이에 법물(法物)[51]들이 비로소 갖추어졌다. 이때는 전쟁이 이미 끝났고, 천하에는 특별한 일이 적어서 문서를 조달하는 일도 간단하고 적게 하려는데 힘써서 열 가지 가운데 하나만 남겨두기에 이르렀다.

11 　갑인일(25일)에 기주목(冀州牧)[52] 두융을 대사공으로 삼았다. 두융은 스스로 자기는 옛날부터 있었던 신하가 아니라고 생각하였는데, 하루아침에 들어와서 조현하고 공신들의 윗자리에 앉게 되니, 매번 조

---

48 장님 악사를 말한다.

49 수레 위를 새의 깃털이나 풀로 장식하는 것이다.

50 여(輿)는 수레의 총칭이고, 연은 사람을 태우고 가는 탈 것이다.

51 대가(大駕)가 움직일 때에 소용되는 악기, 보거, 여연 등을 말한다. 이 내용으로 보아 유수는 공손술이 사용하던 것을 가져다 쓴 것 같다.

52 기주는 하북성의 중부 지역이다.

회 때에 나아가 황제를 알현하는 태도와 말솜씨가 자기를 낮추고 공손하게 하는 것이 매우 심하였으며 황제는 이런 태도 때문에 그를 더욱 친하고 후하게 대우하였다.

두융은 조심하면서도 오래도록 스스로 편안하지가 못하여서 자주 작위를 사양하며 상소문을 올렸다.

"신 두융에게는 아들이 있는데 아침저녁으로 경서와 육예(六藝)를 가르쳤지만 천문을 보거나 참위의 기록을 보게 하지 아니하였으며 진실로 공손하고 정숙하며 일을 두려워하도록 하여 도리를 진실하게 지키게 할 것이며, 그들이 재능을 갖기를 원치 않습니다. 하물며 이들에게 어떻게 성(城)들이 이어질 정도로 큰 토지를 전해주어서 옛 제후와 왕국처럼 향유하게 해야 마땅할 것입니까?"

이어서 다시 틈을 보아 알현하게 해달라고 청하였으나, 황제가 허락하지 아니하였다.

후에 조회가 파하고 물러갈 때 맨 뒷자리에 있으니, 황제는 그가 사양하려 한다는 것을 알고서 마침내 그 주위의 사람들에게 그가 빨리 나가도록 말을 전하였다. 다른 날 만나게 되자 두융을 맞으면서 조서를 내려 말하였다.

"일전에 공이 직책을 그만두고 작토(爵土)도 돌려 바치려고 하였음을 알고 있소. 그러므로 공에게 날씨도 무덥고 하니 또한 스스로 편하게 하도록 명령한 것이오. 지금 그대를 만나보니 마땅히 다른 이야기를 해야 할 것이고, 다시는 그 말을 해서는 안 될 것이오."

두융은 감히 다시금 진정하는 요구를 하지 못하였다.

12 5월에 흉노가 하동(河東) 지역을 노략질하였다.

광무제 건무 14년(戊戌, 38년)

1   여름에 공곡왕(邛穀王) 임귀(任貴)가 사신을 보내어 지난 3년 동안
의 업적을 보고하자 바로 월수(越嶲, 사천성 西昌市) 태수로 제수하였다.

2   가을에 회계(會稽, 절강성 紹興市)에 큰 전염병이 돌았다.

3   사차왕(莎車王) 현(賢)과 선선왕(鄯善王) 안(安)[53]이 모두 사신을
보내어 공물을 바쳤다.[54] 서역 지방에서는 흉노가 가혹하게 거두어가
는 것을 고생스러워하였으므로 모두가 한나라에 소속되어 다시금 도
호(都護)를 설치해주기를 원하였다. 황상은 중국(中國)[55]이 새로이 안
정하였기에 허락하지 아니하였다.

4   태중대부 양통(梁統)이 상소문을 올렸다.
   "신이 가만히 보건대 원제(元帝) 초원 5년[56]에는 사형에서 형을 경
감하여 준 것이 34건이고, 애제(哀帝) 건평 원년[57]에는 사형에서 형을

---

53 서역에 있는 왕국으로 사차국은 신강성 사차현에, 선선국은 신강성 약강현(若
    羌縣)에 있다. 이 왕국들의 왕의 성은 알 수 없다.

54 기사로 보아서는 이 사건은 가을, 즉 7·8·9월 중에 일어난 것으로 보이나, 다
    른 판본을 보면 사(莎) 자 위에 동(冬) 자가 있는 것도 있다. 이대로라면 이 사
    건은 겨울, 즉 10·11·12월 중에 일어난 것으로 보아야 한다.

55 국호가 아니고 중원 지역에 있는 나라라는 뜻이며, 여기서는 유수의 후한이다.

56 전한시대로 기원전 44년이다.

57 전한시대로 기원전 6년이다.

경감하여 준 것이 81건이었습니다. 그 가운데 42건은 직접 자기 손으로 다른 사람을 죽인 사건인데 사형에서 1등급 감해주었습니다. 이로부터 정착되어 평상시의 기준으로 삼았으므로 범법하는 것을 가벼이 생각하여 하급 관리들이 사람 죽이는 것을 쉽게 생각합니다.

신이 듣건대, 임금으로서의 도리를 세우는 데는 인의(仁義)를 주로 해야 합니다. 인이란 다른 사람을 사랑하는 것이고, 의란 이치를 올바르게 하는 것입니다. 다른 사람을 사랑하는 것은 잔학한 일을 없애는데 힘쓰는 것이고, 이치를 바르게 하는 것은 어지러운 것을 없애는 것을 마음으로 삼는 것입니다. 형벌을 주는 데는 적정함이 있어야 하고 가볍게 처리하는 것을 채택할 수는 없습니다.

고제(高帝)께서 천명을 받고서 법령을 대략 확정하였는데,[58] 진실로 마땅한 상태를 취하였습니다. 문제(文帝)[59]는 오직 육형(肉刑)과 연좌시키는 법을 없애거나 줄였을 뿐이며,[60] 나머지는 모두 옛날 법조문을 그대로 따랐습니다. 애제와 평제(平帝)가 뒤를 잇게 되었으나 재위하였던 날짜가 짧아서 사건을 보고받고 단안을 내려야 할 일이 오히려 적었습니다.

승상 왕가(王嘉)가 가볍게 다듬고 뚫어서 먼저 돌아가신 황제들의 옛날 법률을 어그러뜨리고 없앴는데, 몇 년 사이에 100여 가지의 사안이 있었지만[61] 그 중에 혹 이치에 맞지 않았고, 백성들의 마음에 만족

---

58 고제는 입관한 후에 법률을 간략하게 하여 3조만 두었고, 후에 소하가 율(律)을 정하면서 9개 조목으로 만들었다.

59 고제는 한의 시조 유방이며 문제는 전한 5대 황제 유항(劉恒)이다.

60 연좌법을 없앤 것은 전한 문제 원년(기원전 179년)이고, 육형을 없앤 것은 13년(기원전 167년)의 일이다.

을 주지 못하였으며 삼가 국가정체(國家政體)에 아주 해가 되는 것을 표하여 다음과 같이 상주하여 올립니다. 바라건대 폐하께서 유사에게 조서를 내려 그 가운데 좋은 것을 잘 선택하셔서 바꿀 수 없는 법전을 확정하십시오.”

이 일을 공경들에게 내려 보내어 의논하게 하였다. 광록훈 두림(杜林)이 주문을 올렸다.

“위대한 한나라가 처음 일어나면서 가혹한 정치를 없애니 해내 사람들이 환영하고 기뻐하였지만 그 뒤에 이르러 점차로 법조문이 많아졌습니다.[62] 과일, 복숭아, 채소 따위를 보내는 것도 모아서 뇌물죄가 되었으니 작은 일은 의(義)를 시행하는데 방해될 것이 없지만, 대륙(大戮)의 죄가 되었습니다.

법률로 금지시킬 수 없게 되고, 명령으로 그치게 할 수도 없게 되니 위아래 사람들이 서로 숨겨주어 폐단이 아주 깊어졌습니다. 신은 어리석으나 마땅히 옛날 제도와 같이 하고 합치거나 뒤집거나 바꾸어서는 안 된다고 생각합니다.”

양통이 다시 말씀을 올렸다.

“신이 상주한 바는 형벌을 엄격하게 시행하자는 것이 아닙니다.《서경》에 말하기를 ‘백성들을 잘 다스리는 것은 형벌을 적당하게 하는데

---

61 실제 왕가는 기원전 5년 10월에 어사대부가 되었고, 기원전 4년 4월에 재상이 되었다가 기원전 2년 3월에 죽었다. 그러므로 재상에 재위하였던 기간은 2년 정도인데 몇 년이라고 표현한 것은 과장되었으며, 100여 가지를 고쳤다고 되어 있는 것도 《왕가전》이나 《형법지》에는 아무런 언급이 없는 것으로 보아 이것도 좀 과장된 듯하다.

62 노자(老子)는 법령의 조문이 많아지자 도적이 많아졌다고 하였다.

있다.'[63]고 하였는데, 적당하게 하자는 말이고, 가볍게 하지도 말고 무겁게 하지도 말자는 뜻입니다.

고조 때부터 효선제[64]에 이르기까지 해내는 잘 다스려졌다고 말하는데, 초원(初元)과 건평(建平)[65] 연간에 이르러서는 도적들이 점점 많아지게 되었으니 모두 형벌이 적당하지 않았기에 어리석은 사람들이 쉽게 범법을 하여서 그렇게 된 것입니다. 이러한 상황으로 볼 때 형벌이 가볍게 되면 도리어 큰 환난이 생겨나고, 간사한 일을 하는 사람들에게 은혜가 베풀어지면 그 해로움이 선량한 사람들에게 미칩니다."

이 일은 보류하고, 회보하지 아니하였다.

광무제 건무 15년(己亥, 39년)

1   봄, 정월 신축일(23일)에 대사도 한흠(韓歆)이 면직되었다. 한흠은 곧은 말을 좋아하여 숨기거나 꺼리는 것이 없었는데, 황제는 매번 이것을 받아들일 수 없었다. 한흠이 황상 앞에서 이 해에 기근과 흉년이 든 것을 증거로 내세우며 하늘을 가리키고 땅에 그리면서 설명하였는데, 그 말이 아주 강하고 절실하였으니 그러므로 연루되어 면직시켜 고향으로 돌아가게 한 것이다.

---

63 《상서》〈여형(呂刑)〉에 나오는 말이다.

64 전한 10대 황제인 유순(劉詢)이다.

65 초원은 전한 경제 전원년(前元年)부터 전7년까지(기원전 156~150년)이고, 건평은 전한 애제의 연호로 기원전 6년부터 3년까지이다.

황제는 오히려 화가 풀리지 않아서 다시 사자를 파견하여 그에게 책임을 묻는 조서를 내렸다. 한흠과 그의 아들 한영(韓嬰)이 모두 자살하였다. 한흠은 평소 높은 명성을 갖고 있었고 죽은 것이 그의 죄 때문이 아니어서 많은 사람들이 승복하지 아니하였다. 황제는 이에 추후로 전곡(錢穀)을 하사하여 예를 갖추어[66] 그를 장사지내게 하였다.

❖ 신 사마광이 말씀드립니다.

"옛날에 고종(高宗)이 부열(傅說)[67]에게 말하였습니다. '만약 약을 먹고도 명현(瞑眩)현상이 일어나지 않는다면 그 질병은 낫지 않는 것이오.' 무릇 절실하고 곧은 말을 하는 것은 신하에게 이익이 되는 것이 아니지만 국가에게 복이 됩니다. 이에 임금은 밤낮으로 이러한 것을 찾아야 하고, 오직 이러한 이야기를 듣지 못할까 두려워해야 합니다.

슬픈 일입니다. 광무제시대에 한흠이 곧은 말로 간하다가 죽었으니, 어찌 어질고 밝은 임금이라는 명성에 누가 되었다고 아니하겠습니까?"

2   정미일(29일)에 묘성(昴星)[68] 근처에 패성(孛星)이 나타났다.

---

66 죄를 짓고 죽었다면 장례에서 정식 절차를 밟지 못한다.
67 고종은 상(商) 왕조의 23대 황제 무정(武丁)이며, 부열은 당시의 재상이다.
68 28수(宿) 별자리 가운데 하나인데 옥사(獄事)를 주관하는 별자리이다.

3   여남(汝南, 하남성 여남현) 태수 구양흡(歐陽歙)을 대사도로 삼았다.

4   흉노의 침입이 날로 많아졌지만 주와 군에서는 이를 금지할 수 없었다. 2월에 오한을 파견하여 마성과 마무 등을 거느리고 북쪽으로 가서 흉노를 공격하게 하였으며 안문(鴈門, 산서성 右玉縣)과 대군(代郡, 산서성 陽高縣), 상곡(上谷, 하북성 懷來縣)에 있는 관리와 백성 6만여 명을 옮겨서 거용관(居庸關, 북경시 昌平縣의 북쪽)과 상산관(常山關, 하북성 唐縣의 서북쪽)의 동쪽에 살게 하여서 호족들의 노략질을 피하게 하였다.

흉노의 좌부(左部)가 드디어 다시 요새의 안쪽에 거주하게 되었고, 조정에서는 이를 걱정하여 변방의 병사를 늘리게 하였는데, 부(部)[69] 마다 수천 명이 있게 되었다.

5   여름, 4월 정사일(11일)에 황제의 아들 유보(劉輔)를 우익공(右翊公)으로 삼고, 유영(劉英)을 초공(楚公)으로 삼고, 유양(劉陽)을 동해공(東海公)으로 삼고, 유강(劉康)을 제남공(濟南公)으로 삼고, 유창(劉蒼)을 동평공(東平公)으로 삼고, 유연(劉延)을 회양공(淮陽公)으로 삼고, 유형(劉荊)을 산양공(山陽公)으로 삼고, 유형(劉衡)을 임회공(臨淮公)으로 삼고, 유언(劉焉)을 좌익공(左翊公)으로 삼고, 유경(劉京)을 낭야공(琅邪公)으로 삼았다.

계축일(17일)에 형 유연(劉縯)에게 시호를 추증하여 제무공(齊武公)

---

69 지방의 구역을 말한다. 전한시대의 무제 이후에는 천하를 13부로 나누었으며 부(部)에는 자사를 두었는데, 후한의 광무제도 이 제도를 그대로 썼다.

이라 하였고, 또 다른 형 유중(劉仲)을 노애공(魯哀公)이라 하였다. 황제는 유연의 공로와 업적이 성취되지 못하였다[70]고 생각하여 그의 두 아들 유장(劉章)과 유흥(劉興)을 길렀는데, 그들에게 베푸는 은혜와 사랑이 아주 돈독하였다. 어린 나이인 그들을 귀하게 기르면서 관리의 업무를 친히 익히게 하려고 유장에게 시험적으로 평음(平陰, 하남성 孟津縣) 현령의 직책을 대리하게[71] 하였고, 유흥에게 구지(緱氏, 하남성 偃師縣) 현령을 대리[72]하게 하였다. 그 후에 유장은 양군(梁郡, 하남성 商丘市) 태수로 올라갔고, 유흥은 홍농(弘農, 하남성 靈寶縣) 태수로 올라갔다.

---

70 회양왕 경시 원년(23년)에 유연이 죽었다. 이 기사는 《자치통감》 권39에 실려 있다.

71 수직(守職)이다. 관직명은 수평음령이다.

72 이것도 수직이다. 즉 대리직으로 관직명은 수구지령이다.

토지조사의 진행과 노방의 반란

6   황제는 천하의 개간된 농지가 대부분 사실대로 등록되지 아니하고, 또 호구와 나이가 서로 늘어나가도 하고 줄어들기도 하였으므로 이에 주와 군에게 사실대로 조사하도록 조서를 내렸다. 이에 자사와 태수는 대부분 속이고 재주를 피워서 억지로 농지를 헤아린다는 명목으로 백성들을 밭 가운데 모아놓고, 여막(廬幕)이나 촌락(村落)까지 헤아리니 백성들은 길에 나와서 울부짖었다. 어떤 경우에는 힘 있는 호우(豪右)들을 우대하고 가난하고 약한 사람들을 가혹하게 침탈하였다.

당시 여러 군에서는 각기 사자를 파견하여 업무에 관한 일을 상주하였는데, 황제가 진류(陳留, 하남성 진류현)에서 올라온 관청서류 가운데 편지가 들어있는 것을 발견하였다. 그것을 보니, '영천(潁川)과 홍농(弘農)에서는 물어볼 수 있지만, 하남(河南)과 남양(南陽)에서는 물어보아서는 안 된다.'라고 씌어 있었다.

황제가 그 관리에게 이 편지가 어디에서 온 것인지를 힐문하였는데 관리는 자복하지 않고 다만 속여서 말하였다.

"장수가(長壽街, 낙양에 있는 거리 이름)에서 이것을 습득하였습니다."

황제는 화가 났다.

그때 동해공(東海公)[73] 유양(劉陽)이 나이가 12세였는데, 장막 뒤에서 말하였다.

"그 관리는 그 군의 칙령을 받아서 마땅히 개간한 농지를 조사한 내용을 서로 비교해보고자 한 것뿐입니다."

황제가 말하였다.

"설사 그렇다고 하더라도 어떤 연고로 하남과 남양에서는 물어보면 안 된다고 하였는가?"

대답하였다.

"하남은 황제가 있는 성이어서 대부분이 가까운 신하들이 있는 곳이고 남양은 황제의 고향이어서 대부분이 가까운 친척들이 살고 있습니다. 가진 전택(田宅)이 규정을 넘어선다고 하여도 기준으로 삼을 수 없을 것입니다."

황제는 호분장(虎賁將)에게 그 관리를 힐문하게 하니 관리가 마침내 사실대로 자복하였는데, 동해공의 대답과 똑같았다. 이로부터 황상은 유양을 더욱 특별하게 아꼈다.

알자를 파견하여 이천석 장리(長吏)[74]들 가운데 아부하고, 법을 구부려 공평하게 하지 않은 자들을 사실대로 조사하게 하였다. 겨울 11월, 갑술일(1일)에 대사도 구양흡이 전에 여남 태수로 있으면서 농지 조사를 사실대로 하지 아니하고 뇌물 1천여만 전을 받았다는 죄에 걸려들어 옥에 갇혔다.

---

73 유방의 아들 유양이며, 이 사람이 태자가 되었다.

74 장급(長級) 관리, 즉 주목·태수·현령을 말한다. 보통 이천석 장리는 태수 이상이다.

구양흡은 대대로 《상서(尙書)》를 가르쳐서 8대에 걸친 박사[75]였으므로 제생들이 궁궐에 나와 구양흡을 애처롭게 보아달라고 청구하는 사람이 1천여 명이나 되었고, 심지어 스스로 머리를 깎는 사람들도 있었다. 평원(平原, 산동성 평원현) 사람 예진(禮震)은 나이가 17세였는데, 구양흡을 대신하여 죽게 해달라고 요구하였지만 황제는 끝내 용서하지 않아서 구양흡은 옥중에서 죽었다.

7　12월 경오일(27일)에 관내후(關內侯)[76] 대섭(戴涉)을 대사도로 삼았다.

8　노방이 흉노에서 다시 고류(高柳, 산서성 陽高縣)로 들어와서 살았다.

9　이 해에 표기대장군 두무(杜茂)[77]가 군리(軍吏)를 시켜 사람을 죽인 사건에 연루되어서 면직되었다. 양무(揚武)장군 마성으로 하여금 두무를 대신하게 하고 장애물과 요새를 잘 수선하여 10리마다 하나의 측후소를 설치하여 흉노에 대비케 하였다. 기도위 장감(張堪)에게 두무의 군영을 관장하게 하니 고류에서 흉노를 격파하였다.

　장감에게 벼슬을 주어 어양(漁陽, 북경시 밀운현) 태수로 삼았다. 장감

75　구양생이 복생의 《상서》를 전하고서부터 구양흡까지 8세였다.

76　후작이지만 식읍이 주어지지 않는 후작이다.

77　이때 두무는 하북성 울현(蔚縣) 동남쪽의 비호도(飛狐道)에서 방어 임무를 맡고 있었다.

이 8년간 일을 보았는데 흉노가 감히 요새에 범접하지 못하였고, 백성들에게 농사지을 것을 권하여 아주 부유하게 만들었다. 백성들이 노래하였다.

"뽕나무에는 쓸데없는 곁가지가 붙지 않았고, 보리에는 두 개의 보리 이삭이 달렸다.[78] 장군(張君)이 정치를 담당하니, 즐거움이 지탱할 수가 없을 정도가 되었구나!"

10   안평후(安平侯) 개연(蓋延)이 죽었다.

11   교지(交趾)의 미랭현(麊泠縣, 베트남 하노이시 서북 30km 지점)의 낙장(雒將)[79]의 딸 징측(徵側)은 아주 용감하였는데, 교지 태수 소정(蘇定)이 법으로 그를 옭아매니 징측이 분해하며 원망하였다.

광무제 건무 16년(庚子, 40년)

1   봄, 2월에 징측이 누이동생 징이(徵貳)와 함께 반란을 일으키자 구진(九眞, 베트남 義安縣)과 일남(日南, 베트남 탄호아), 합포(合浦, 광서

---

78 누에철에 뽕잎을 채취하는데, 번거롭게 달린 가지를 잘라내고 그 가운데 특히 좋은 것만을 남겨두어 오는 해에 뽕나무 잎이 무성하게 하며, 보리는 대체로 한 줄기에 하나의 이삭만 달리는데 두 개의 이삭이 달리는 일은 아주 드물다. 그런데 두 개의 이삭이 달린 것은 상서로운 사건이라는 뜻이다.

79 교지 지역에 군현을 아직 설치하지 않았을 때의 토지를 낙전(雒田)이라고 하였고, 백성들을 그 농지에서 농사를 지어서 먹고 살았으며, 그곳에 낙왕, 낙후를 두어 그 군현을 다스렸다. 그 현에는 낙장이 있었다.

성 합포현)에 사는 만리(蠻俚)[80]들이 모두 이에 호응하였는데, 무릇 대략 65개의 성이나 되자 스스로 나라를 세워서 왕이 되었고, 미랭(麊冷)을 도읍으로 하였다. 교지 자사와 여러 태수들은 겨우 스스로 지킬 따름이었다.

2   3월 그믐, 신축일에 일식이 있었다.

3   가을, 9월에 하남윤 장급(張伋)과 여러 군수 10여 명이 모두 농지 조사가 부실했다는 죄에 연루되어 옥에 갇혔다가 죽었다. 뒤에 가서 황상이 조용히 호분(虎賁)중랑장 마원(馬援)에게 말하였다.

"나는 매우 한스럽게도 전에 군의 태수와 봉국의 재상을 많이 죽였도다."

대답하였다.

"그들이 저지른 죄로 인하여 죽은 것인데 어찌 많다고 하십니까? 그렇다고 해도 죽은 사람은 이미 갔으니, 다시 살아올 수는 없습니다."

황상이 크게 웃었다.

4   군이나 봉국에서 여러 도적떼들이 곳곳에서 함께 일어났는데, 군과 현에서 추적하여 토벌하려 하니 도착하면 흩어졌다가 떠나면 다시 결집하였으며, 청주(靑州, 산동반도), 서주(徐州, 강소성 북부), 유주(幽州, 하북성 북부), 기주(冀州, 하북성 중부) 등 네 주에서 더욱 심하였다.

겨울, 10월에 사자를 파견하여 군과 봉국에 내려 보내어 여러 도적

---

80 리(俚)는 만족의 별호이며 오늘날에는 리인(俚人)이라고 한다.

떼들이 서로 적발해서 고치도록 하겠다고 하는 말을 들어주었는데, 다섯 명이 한 사람의 목을 함께 베면 그 죄를 면제하여 주었다. 하급 관리들이 비록 한 곳에 머물면서 도적을 쫓지 아니하거나 회피하거나 고의로 놓아주었다고 하더라도 모두 책임을 묻지 아니하였고, 도적을 체포하거나 토벌한 결과만을 받아들였다.

그 주목과 태수, 현령이나 현장으로서 그 통치 지역 내에 도적이 있었으나 체포하지 아니하였다는 죄에 연루된 사람과 또한 두려워하고 나약하여 성을 버리고 다른 사람에게 위탁한 사람에게도 모두 책임을 묻지 않았다. 다만 도적을 많이 잡았는지 적게 잡았는지를 가지고 우열을 가렸고 오직 도적을 숨겨준 사람에게만 죄를 주었다.

이에 다시 서로 쫓아가서 체포하니 도적들이 모두 해산되었고 그 우두머리를 다른 군으로 옮기고 전지에 부(賦)를 부과하고, 품급(稟給)을 받게 하여 안심하고 생업에 종사하게 하였다. 이때부터 소와 말을 방목하여도 잡아가지 아니하였고, 읍의 문을 닫지도 않았다.

5   노방과 민감(閔堪)[81]이 사신에게 항복을 받아달라고 청하였는데 황제가 노방을 대왕(代王)으로 세우고 민감을 대국(代國)의 재상으로 삼으며, 비단 2만 필을 하사하고서 그 기회를 통하여 흉노와 화목하게 하였다. 노방이 상소문을 올려 감사하고 스스로 궁궐의 뜰을 생각하며 바라본다고 진술하니 조서를 내려서 노방에게 다음해 정월에 들어와 조현하라고 회보하였다.

---

81 노방, 즉 한의 황제로 행세하는 유문백으로 이때 고류, 즉 산서성 고양현에 근거를 두고 있었다. 민감은 그의 장수이다.

처음에 흉노는 한나라가 노방을 현상금을 걸고 찾는다는 소식을 듣고 재물과 비단이 탐나서 노방을 파견하여 도리어 항복하게 하였다. 그러나 이미 노방이 스스로 귀부하여 공로를 세우고 흉노가 파견하였다는 것을 말하지 아니하였고 선우(單于)[82]가 다시금 그 계책을 세웠다고 말하기가 부끄러웠다. 그러므로 끝내 상(賞)을 내리는 일은 시행되지 못했다. 이로 말미암아 매우 한스럽게 생각하고 들어와 침입하는 일이 더욱 깊어졌다.

6   마원이 상주하여서 마땅히 옛날처럼 오수전(五銖錢)을 주조해야 한다[83]고 하여 황상이 이를 따랐다. 천하 사람들은 그것의 편리함에 의지하게 되었다.

7   노방이 들어와서 조현하려고 남쪽으로 와서 창평(昌平, 북경시 창평현)까지 이르렀는데, 중지하라는 조서를 내려 바꾸어 다음해에 조현하라고 하였다.

광무제 건무 17년(辛丑, 41년)

1   봄, 정월에 조효공(趙孝公) 유량(劉良)[84]이 죽었다.

---

82 흉노의 우두머리를 부르는 호칭이고, 이때 흉노의 선우는 난제여이다.

83 왕망 시건국 원년(9년)에 오수전을 없앤 이 사건은 《자치통감》 권37에 실려 있다.

처음에, 회현(懷縣, 하남성 武陟縣)에 사는 호족인 이자춘(李子春)의 두 손자가 사람을 죽였는데, 회현 현령 조희(趙熹)가 그들의 간사함을 끝까지 다스리자, 두 손자는 자살하였고 이자춘도 잡아 가두었다. 경사에 있는 귀한 친척들이 그를 위하여 부탁하는 사람이 수십 명이나 되었지만 조희는 끝내 말을 들어주지 않았다.

유량이 병이 들자 황상이 가서 그를 보고 그에게 하고 싶은 말을 물으니, 유량이 말하였다.

"평소 이자춘과 두텁게 잘 지냈는데, 지금 죄를 범하였고, 회현 현령 조희가 그를 죽이고자 합니다. 바라건대 그의 목숨만을 건져주십시오."

황제가 말하였다.

"관리가 법률을 받들어 수행하는데 구부리게 할 수는 없다. 그 외에 하고 싶은 다른 것을 말하라."

유량은 다시 아무 말도 하지 아니하였다. 그가 죽자 황상이 유량을 추념하여서 이자춘을 용서하고, 조희를 평원(平原, 산동성 평원현) 태수로 승진시켰다.

2   2월 그믐 을미일에 일식이 있었다.

3   여름, 4월 을묘일(2일)에 황상이 장릉(章陵, 호북성 棗陽縣)에 행차하였고, 5월 을묘일(21일)에 궁궐로 돌아왔다.

---

84 황제 유수의 숙부이다.

4 6월 계사일(29일)에 임회회공(臨淮懷公) 유형(劉衡)[85]이 죽었다.

5 요적(妖賊)[86] 이광(李廣)이 환성(皖城, 안휘성 潛山縣)을 공격하여 함락시키니, 호분중랑장 마원과 표기장군 단지(段志)를 파견하여 이를 토벌하였다. 가을, 9월에 환성을 격파하고 이광의 목을 베었다.

6 곽후(郭后)[87]가 총애를 잃자, 자주 원망하는 마음을 품었고 황상이 이에 대하여 화를 냈다. 겨울, 10월 신사일(19일)에 황후 곽씨를 폐하고 귀인 음(陰)씨[88]를 황후로 세웠다. 조서를 내렸다.

"비정상적인 일이어서 나라의 복스러운 일이 못되니 축수를 올리거나 경하하는 일을 할 수 없다."

질운(郅惲)[89]이 황제에게 말하였다.

"신이 듣건대 부부간에 좋아하는 일은 아버지라도 아들에게서 이것을 통제할 수 없는데, 하물며 신하가 임금에게서 이것을 통제할 수 있겠습니까? 이는 신하로서는 감히 말씀드릴 수 없습니다. 비록 그렇다고

---

85 유형은 황제 유수의 아들이며 임회공이었는데 죽은 후 시호를 회공(懷公)으로 했다.

86 민란의 경우에는 보통 적(賊)이라는 용어를 쓰지만 여기서는 특별히 요사스럽다는 글자를 앞에 붙인 것으로 보아 일반적인 민란이기보다는 요사스로운 행위를 통하여 사람들을 모은 경우인 것으로 보인다.

87 곽성통(郭聖通)을 말한다.

88 음려화(陰麗華)이다.

89 건무 12년(37년)에 질운은 황제가 사냥갔다가 늦게 왔을 때 성문을 열어주지 않은 사람이다. 이 사건은《자치통감》권43 정월조에 실려 있다.

하더라도 바라건대 폐하께서는 그 옳고 그른 것을 생각해보시고 천하 사람들에게 사직에 관하여 논의하는 일이 없게 하여야 할 뿐입니다."

황제가 말하였다.

"질운이 자기를 가지고 주군을 헤아려 보는 일을 잘하니 내가 반드시 주위의 것을 가지고 천하의 것을 가볍게 여기지 않는다는 것을 알 것이오."

황제는 곽후 소생의 아들인 우익공(右翊公) 유보(劉輔)를 중산왕(中山王)으로 삼고 상산군(常山郡)을 중산국에 덧붙여 주었으며, 곽후를 중산태후로 삼았다. 그 나머지 아홉 명의 국공(國公)을 모두 왕으로 삼았다.

7 갑신일(22일)에 황제가 장릉(章陵, 호북성 襄陽縣)에 행차하여 능원(陵園)과 사당을 수리하고, 옛집에서 제사지내고 전지에 있는 여막을 둘러보고 술을 차려놓고 음악을 연주하게 하면서 상을 내렸다.

그때 종실의 여러 어머니뻘[90] 되는 사람들은 술을 마시고 즐거워하면서 서로 말하였다.

"문숙(文叔)[91]은 어렸을 때 삼가서 행동하고 믿음직스러웠으며, 다른 사람과 더불어 구부러진 일을 하지 않고 오직 곧고 유순하게 행동할 뿐이더니 오늘에 마침내 이와 같이 될 수 있었다."

황제가 이 말을 듣고 크게 웃으면서 말하였다.

"내가 천하를 다스리는데, 역시 부드러운 방법으로 시행하겠습니다."

---

90 유수의 고향에 있는 백모, 숙모, 고모, 외숙모 등을 말한다.

91 황제 유수의 자이다.

12월에 장릉에서 돌아왔다.

8 이 해에 사차왕(莎車王)[92] 현(賢)이 다시 사신을 보내어 선물을 바치면서 도호(都護)를 시켜 줄 것을 청하였다. 황제는 현에게 서역(西域)도호의 인수와 수레, 깃발, 황금, 수놓은 비단을 하사하였다.

돈황(敦煌, 감숙성 돈황현) 태수 배준(裴遵)이 말씀을 올렸다.

"이적들에게는 큰 권한을 빌려주어서는 안 됩니다. 그것이 또한 여러 나라를 실망시키게 합니다."

조서를 내려서 도호의 인수를 환수하게 하고, 다시 현에게 '한(漢)대장군'이라는 인수를 하사하였다. 그의 사신이 바꾸려고 하지 않자 배준이 윽박질러서 그것을 빼앗았다.

현은 이로 말미암아서 비로소 원한을 갖기 시작하였고, 오히려 대도호(大都護)라고 사칭하면서 여러 나라에 편지를 보내니 여러 나라들이 모두 그에게 복속되었다.

9 흉노(匈奴)·선비(鮮卑)·적산(赤山)[93]에 사는 오환족들이 자주 군사를 연합하여 요새 지역으로 들어와서 관리와 백성들을 죽이고 약탈하였다. 조서를 내려 양분(襄賁, 산동성 臨沂縣) 현령 채융(祭肜)[94]을 요동(遼東, 요동성 요양시) 태수로 삼았다. 채융은 용기와 힘이 있는 사

---

92 사차왕국은 서역 지역인 지금의 신강성 사차현에 있었다.

93 요동의 서북쪽으로 수천 리 떨어진 곳에 있다.

94 호삼성이 동(肜)으로 써야 맞는다고 하였지만 원문에는 채융(祭肜)이라고 하였으므로 이를 살려 그대로 두었다. 이후로도 같다.

람이어서 야만인들이 요새 지역을 범접할 때마다 항상 사졸(士卒)들의 선봉이 되어 자주 그들을 격파하여 도주시켰다. 채옹은 채준(祭遵)의 사촌동생이다.

10　징측[95] 등이 침입하여 나라를 어지럽힌 것이 해를 거듭하며 이어지니, 장사(長沙, 호남성 장사시), 합포(合浦, 광서성 합포현), 교지(交趾, 베트남의 하노이시)[96]에 조서를 내려서 수레와 배를 갖추고 도로와 교량을 수리하며, 장애가 되는 산맥이나 계곡에 사람이 왕래하게 만들고 양곡을 저축하라고 하였다. 마원에게 관직을 주어 복파(伏波)장군으로 삼고, 부락후(扶樂侯) 유융(劉隆)을 부장(副將)으로 삼아 남쪽으로 가서 교지 지역을 치게 하였다.

광무제 건무 18년(壬寅, 42년)

1　2월에 촉군(蜀郡)의 수장(守將)[97] 사흠(史歆)이 반란을 일으켜서 태수 장목(張穆)을 공격하니, 장목은 성을 넘어서 도망하였다. 탕거(宕渠, 사천성 渠縣) 사람 양위(楊偉) 등이 군사를 일으켜서 사흠에게 호응하였다. 황제가 오한 등을 파견하여 1만여 명을 거느리고 가서 토벌하게 하였다.

---

95 교지 지역의 반란 집단의 우두머리이다.

96 징측은 교지에 머물고 있었다.

97 민병사령관에 해당한다.

2   갑인일[98]에 황상이 장안에 행차하였다가 3월에 포판(蒲坂, 산서성 永濟縣)까지 가서 후토사(后土祠)[99]에서 제사지냈다.

3   마원이 바다를 따라 나아가다가 산을 좇아 길을 깎아가며 1천여 리를 가서 낭박(浪泊, 베트남의 빈푹)에 도착하여 징측 등과 싸워 그들을 대파하였고, 뒤쫓아 가서 금계(禁谿, 베트남 빈푹)에 이르니 도적들이 마침내 흩어져 달아났다.

4   여름, 4월 갑술일(15일)에 거가[100]가 궁궐로 돌아왔다.

5   무신일[101]에 황상이 하내에 행차하였다가 무자일(29일)에 환궁하였다.

6   5월에 가뭄이 들었다.

7   노방이 창평에서부터 돌아갔는데[102] 내심 스스로 의심하고 두려워하다가 드디어 다시 반란을 일으켜 민감(閔堪)과 더불어 서로 공

---

98 2월 1일이 신유(辛酉)일이므로 2월에는 갑인일이 없다.

99 이 사당은 산서성 영하현(榮河縣)에 있다.

100 황제가 타는 수레를 말하므로 실제로는 황제가 돌아온 것이다.

101 4월 1일은 경신(庚申)일이므로 4월에는 무신일이 없다.

102 조현하기 위하여 창평까지 왔다가 오지 말라는 조서를 받고 본거지로 돌아간 것이다.

격하기를 몇 달이나 계속하였다.[103] 흉노가 수백 기병을 파견하여 노방을 맞이하고 요새를 빠져나갔다. 노방은 흉노 지역에서 10여 년간을 머물다가 병들어 죽었다.

8   오한이 광한(廣漢, 사천성 遂寧市)·파(巴, 成都市)·촉(蜀, 重慶市) 세 군의 군사를 발동하여 성도(成都)를 100여 일 동안 포위하고 있다가, 가을 7월에 이를 뽑아버리고, 사흠 등의 목을 베었다. 오한이 마침내 부선(桴船)을 타고 강[104]을 따라 파군으로 내려가니 양위 등이 두려워하여 해산하였다. 오한이 그들의 우두머리들을 죽이고, 그 무리들과 수백 집을 남군(南郡, 호북성 강릉현)과 장사로 이주시키고 돌아왔다.

9   겨울, 10월 경진일(24일)에 황상이 의성(宜城, 호북성 의성현)에 행차하였다. 돌아와서 장릉(章陵, 호북성 襄陽縣)에 제사지내고 12월에 환궁하였다.

---

103 노방은 한에 항복하여 대왕이 되었고 그의 장수 민감은 대국의 재상으로 임명하였었다.

104 부선이란 뗏목을 말하는데, 큰 것은 벌(筏)이고 작은 것은 부(桴)이다. 여기에서 강은 민강(岷江)인지 부강(涪江)인지 분명치 않다.

10 이 해에 주목(州牧) 제도를 없애고, 자사(刺史)[105]를 설치하였다.

11   오관(五官)중랑장 장순(張純)과 태복(太僕) 주부(朱浮)가 주문을 올려서 논의하였다.

"예에 보면 다른 사람의 아들이 되었다면[106] 대종(大宗)을 섬겨야 하고, 사사로운 부모를 부모의 자리에서 내려야 한다고 되어 있습니다. 마땅히 지금 황상의 친생 조부모 네 분의 사당을 철폐하고, 먼저 돌아가신 네 황제의 사당으로 대신하십시오."

대사도 대섭(戴涉) 등이 주문을 올렸다.

"원제(元帝)·성제(成帝)·애제(哀帝)·평제(平帝)의 네 사당을 세우십시오."

황상은 스스로 소목(昭穆)의 차례로 볼 때[107]에 마땅히 원제(元帝)의

---

105 주목을 설치한 것은 성제 수화(綏和) 원년(기원전 8년)으로 애제 건평(建平) 2년(기원전 5년)까지 계속되었고, 다시 자사(刺史)를 설치하였다가 원수(元壽) 2년(기원전 2년)에 다시 주목(州牧)을 두었다.

106 친부모를 떠나서 다른 사람의 양자로 들어가는 것을 말한다.

후손[108]이어야 한다고 생각하였다.

광무제 건무 19년(癸卯, 43년)

1 봄, 정월 경자일(15일)에 선제(宣帝)를 추존하여 중종(中宗)이라
고 하였다. 처음으로 소제(昭帝)와 원제(元帝)를 태묘에서 제사지내고,
성제·애제·평제는 장안에, 용릉절후(春陵節侯) 이하는 장릉(章陵)에다
모시기로 하고,[109] 장안과 장릉은 모두 태수와 현령이나 현장(縣長)이
제사를 시봉하게 하였다.

2 마원이 징측과 징이[110]의 목을 베었다.

---

107 고대의 종법제도에서 종묘 혹은 묘지에 배열하는 차례를 말하는데, 시조를
중앙에 놓고, 2세·4세·6세는 시조의 오른쪽에 배열하는데 이를 소(昭)라 하
고, 3세·5세·7세는 시조의 왼편에 배열하는데 이를 목(穆)이라고 하였다. 이
를 통하여 종족 내의 장유(長幼)와 친소(親疎)를 구별하였다. 후한을 전한의
연속으로 본다면 유수는 전한 황제의 대통을 이어야 했고, 따라서 이러한 논
의가 나타난 것이다.

108 유수는 전한 원제(元帝), 즉 유석(劉奭)의 족질(族侄)이므로 원제의 계승자가
되어야 한다고 생각하였다. 유수는 경제 때 장사왕이 된 유발(劉發)의 7세손
이다.

109 전한대에는 도읍지인 장안에 태묘가 있었는데, 후한대에는 낙양에 두었다.
그러므로 광무제 고조가 한나라 원제의 황통을 잇는다고 하였기 때문에 이
를 태묘에 안치한 것이다. 이에 비하여 전한 성제는 유수의 형제 항열이고, 애
제는 부친 항열이고, 평제는 조부 항열이어서 이을 수 없다. 그래서 전한의 도
읍인 장안에 그대로 두었다. 또 광무제의 고조부인 용릉절후 유매(劉買) 이
하의 사가의 종묘는 장릉에 그대로 두었다.

3   요적인 선신(單臣)[111]과 전진(傳鎭) 등이 서로 모여 원무성(原武城, 하남성 鞏縣의 남쪽)에 들어와서 스스로 장군이라고 불렀다. 태중대부 장궁(臧宮)에게 조서를 내려 군사를 거느리고 이를 포위하게 하고 자주 공격하였지만 떨어뜨리지 못하였고, 사졸들은 죽거나 다쳤다.

황제가 공경들과 제후왕들을 불러 방략을 물으니, 모두 말하였다.

"의당 많은 상(賞)을 내걸고 그를 구매[112]하십시오."

동해왕 유양(劉陽)이 홀로 말하였다.

"요사스러운 무격(巫覡)이 겁을 주고 있어서 그 형세는 오래갈 수 없으니, 그 가운데는 반드시 후회하고 도망하려는 사람이 있을 것입니다. 다만 밖에서 포위하고 급하게 굴기 때문에 도망할 수 없을 뿐입니다. 마땅히 조금 느슨하게 하여 도망할 수 있게 하시고, 도망하게 된다면 한 명의 정장(亭長)이면 충분히 잡을 수 있을 것입니다."

황제는 그럴 것이라고 생각하고, 바로 장궁에게 포위망을 철수하여 도적들을 느슨하게 하라 하니 도적들의 무리들이 나누어져 흩어졌다. 여름, 4월에 원무를 뽑아버리고, 선신과 전진 등의 목을 베었다.

4   마원이 나아가서 징측의 나머지 무리인 도양(都陽) 등을 공격하였는데, 거풍(居風, 베트남 응이아 옌 부근)에 이르러서 이들을 항복하게 하니, 교남(嶠南, 오령산맥 이남 지역) 지방이 모두 평정되었다. 마원은

---

110 교지 지역에서 반란을 일으킨 여자들로, 자매이다.

111 單의 음은 '단'인데, 單于의 경우에는 善(선)이라고 단 호삼성의 음주에 따라 여기서는 '선'으로 읽는다.

112 현상금을 걸고 잡으라는 말이다.

월(越) 사람들을 옛 제도로 분명하게 밝혀 단속하니, 그 이후로는 낙월(駱越, 월 지역의 銅鼓 지역) 사람들은 마 장군이 정한 규정을 받들어 시행하였다.

5 윤월(윤4월) 무신일(25일)에 조(趙)·제(齊)·노(魯)의 세 공작[113]을 올려서 모두 왕으로 삼았다.

6 곽 황후가 이미 폐위되고 나니 태자[114] 유강(劉彊)이 속으로 스스로 불안해하였다. 질운(郅惲)이 태자에게 유세하였다.

"의심을 받는 자리에 오래 머문다면 위로는 효도를 어기게 될 것이고, 아래로는 위태한 일이 가까이 올 것입니다. 태자의 자리를 사양하고 어머니를 봉양하는 것만 못합니다."

태자가 이 말에 따라 자주 주위 사람들과 제왕들을 통하여 그의 간절함과 정성을 진술하며, 번국(藩國)에 살기를 원하였다.

황상이 차마 그렇게 하지 못하고 늦추고 돌려보낸 것이 몇 년이었다. 6월 무신일(26일)에 조서를 내렸다.

"《춘추》의 큰 뜻[115]에는 아들을 세울 때는 귀한가의 여부를 가지고

---

113 조공은 유허(劉栩), 제공은 유장(劉章), 노공은 유흥(劉興)이다.

114 곽태후의 소생이었다.

115 《춘추》〈공양전〉에 보면 '적자(嫡子)를 세울 때는 장자를 세우되 똑똑한 것을 기준으로 삼지 않으며, 아들을 세울 때는 어머니 신분의 귀한 정도를 가지고 세우는 것이되 나이를 기준으로 하지 않는다. 어머니가 귀한 신분이면 아들도 귀하게 되는 것이니, 아들은 어머니 때문에 귀하게 되며, 어머니는 아들로 인하여 귀하게 된다.'고 되어 있다. 그런데 지금까지 태자였던 유강의 어머니

서 한다고 하였다. 동해왕 유양은 황후의 아들이므로 마땅히 대통을 이어야 할 것이다. 황태자 유강(劉彊)이 겸양하여 물러가서 번국에 머물겠다고 고집하고 있으니, 부자의 정을 가지고 이를 오래 어기기가 어려웠다. 그래서 유강을 동해왕으로 삼고, 유양을 세워서 황태자로 삼되 이름을 유장(劉莊)으로 고친다."

❖ 원굉(袁宏)[116]이 평론하였습니다.

"무릇 태자를 세우는 것은 종실의 적통(嫡統)을 중하게 생각하여 백성들의 마음을 하나로 하기 위함이니, 만약 천하에 대하여 대죄를 범한 일이 없다면 바꿀 수 없다. 세조(世祖)[117]가 한나라의 제업(帝業)을 중흥시켰으니 마땅히 정도(正道)를 존중하여 후대의 모범이 되도록 하여야 했다.

지금 태자의 덕스러움을 보면 밖으로 아직 흠결이 드러나지 않았고, 속으로 총애함이 이미 많은데 적자가 그 지위를 옮겼으니 실수한 것이라고 말할 수 있다. 그러나 동해왕은 번국으로 돌아가서 겸손하고 공경하는 마음은 밝게 드러났고 명제(明帝)[118]가 제

는 황후에서 쫓겨났으므로 태자인 유강의 신분도 떨어졌으며, 귀인의 아들이었다가 어머니가 황후가 된 유양(劉陽)은 어머니의 신분이 상승되는 것에 따라서 신분이 상승된 셈이다.

116 진(晉)나라시대의 사람으로《삼국명신송(三國名臣頌)》,《후한기(後漢紀)》,《죽림명사전(竹林名士傳)》같은 책을 지었다.

117 유수의 묘호이다.

118 유장을 말한다.

통(帝統)을 이어받아서 우애의 정리는 더욱 돈독하였다. 비록 장유(長幼)의 자리가 바뀌었다 하나 세우고 폐위한 것이 같지 않으니, 부자와 형제에게 있는 지극한 본성에는 틈이 없었다. 무릇 삼대의 도를 가지고 여기에 맞추어 본다 하여도 또한 무엇이 허물이 되겠는가?"

7   황제가 태자의 외삼촌 음식(陰識)에게 집금오의 직책을 대리[119] 하게 하고, 음흥(陰興)을 위위로 삼아서 모두가 태자를 보필하여 인도하게 하였다. 음식은 성정이 충직하고 후덕한 사람이어서 들어가서는 비록 심하게 올바름을 논의하였으나, 빈객들과 말할 때에는 일찍이 나라에 관한 일은 언급하지 아니하였다. 황제가 그를 존경하고 중히 생각하여 항상 음식을 가리키면서 모범으로 삼으라고 귀척들에게 경계하고 주위 사람들에게 격려하며 다그쳤다.

음흥은 비록 현명한 사람을 예의로 대하고, 베풀기를 좋아하였지만, 그의 문하에 유협(遊俠)들을 두지 않았고, 같은 군 출신의 장종(張宗)과 상곡(上谷, 하북성 懷萊縣) 사람 선우포(鮮于襃)와는 서로 사이가 좋지 아니한데도 그들이 유용할 것이라는 것을 알고, 오히려 그들의 장점을 칭찬하여 황제에게 연결되게 하였다. 친구인 장사(張汜)와 두금(杜禽)은 음흥과 아주 잘 지냈지만 겉은 화려하지만 실속이 적어 모두 재물을 가지고 사적으로 도와주었지만 끝내 황제에게 말하지 아니하였다. 이러한 일로 세상에서는 그의 충성스러움을 칭찬하였다.

황상이 패국(沛國, 안휘성 濉溪縣) 사람 환영(桓榮)을 의랑(議郎)으로

---

119 수직(守職)으로 다른 직책을 맡아 처리하는 대리직이다. 관명은 수집금오이다.

삼아서 태자에게 경을 가르치게 하였다. 거가가 태학에 행차하여 여러 박사들을 모아놓고 그 앞에서 논란을 벌이도록 하였는데, 환영은 경의 (經義)를 분명히 구별하여 밝혔지만 매번 예로써 양보하니 서로가 복종하였으며, 말 잘하는 것을 가지고 다른 사람에게 이기려고 하지 않으니 유자(儒者)들이 그를 따라 갈 수 없자 특별히 상을 내렸다.

또 제생(諸生)들에게 조서를 내려 아가(雅歌)와 격경(擊磬)[120]을 하루 종일 연주시킨 다음에 마치라고 하였다. 황제가 좌중랑장인 여남(汝南, 하남성 여남현) 사람 종흥(鐘興)으로 하여금 황태자와 종실의 제후들에게 《춘추》를 가르치게 하였고, 종흥에게 관내후의 작위를 주었다.

종흥은 공로를 세우지 못하였다는 이유로 사양하니 황제가 말하였다.

"그대가 태자와 여러 왕후들을 가르치니, 큰 공로가 아니겠소?"

종흥이 말하였다.

"신의 스승은 소부(少府) 정공(丁恭)입니다."

이에 정공을 책봉하였더니, 종흥은 끝내 고사하여 받지 아니하였다.

8　　진류(陳留, 하남성 진류현) 사람 동선(董宣)을 낙양 현령으로 삼았다. 호양(湖陽)공주[121]의 집에 있는 창두(蒼頭)[122]가 대낮에 사람을 죽이고 공주의 집에 숨어 있어서 관리들이 잡을 수 없었다. 공주가 밖으

───────

120 아가는 유학의 내용을 가사로 하여 만든 우아한 음악이고, 격경을 석경(石磬)이라는 악기를 연주하는 것이다.

121 황제 유수의 누나 유황(劉黃)을 말한다.

122 머리에 푸른 두건을 쓴 사람 즉, 노복을 말한다.

로 나오게 되어 노복이 참승(驂乘)[123]하였는데 동선은 하문(夏門, 낙양성 서북쪽에 있는 문)의 정자에서 그를 기다리다 수레가 머물자 말에 가까이 가서 칼로 땅에 그림을 그려가며 큰 소리로 공주의 잘못을 헤아리고 노복을 질책하여 수레에서 내리게 하고 이어서 쳐 죽였다.

공주는 바로 궁궐로 돌아가서 황제에게 이를 호소하니, 황제가 크게 화를 내면서 동선을 불러서 채찍으로 쳐서 그를 죽이려고 하였다. 동선이 머리를 조아리며 말하였다.

"바라건대 한 마디만 하고 죽게 하여 주십시오."

황제가 말하였다.

"무슨 말을 하려는가?"

동선이 말하였다.

"폐하께서 성스러운 덕을 가지고 중흥하셨는데, 노복을 멋대로 놓아두어 사람을 죽였다면 장차 어떻게 천하를 다스리겠습니까? 신이 채찍을 기다리지 않고 자살할 수 있기를 청합니다."

그리고 바로 머리를 기둥에 부딪치니 피가 흘러서 얼굴을 덮었다.

황제는 소황문(小黃門)[124]에게 그를 붙잡게 하였다. 동선으로 하여금 머리를 조아려 공주에게 사과하게 하였으나, 동선은 이를 따르지 않았고, 강제로 그를 머리를 숙이게 하였지만 두 손으로 땅을 짚고 구부리려고 하지 않았다. 공주가 말하였다.

"문숙(文叔)[125]이 백의를 입고 있을 때 도망한 사람을 감춰주고 죽

---

123 주인을 모시고 수레에 같이 타는 사람을 말한다.

124 황궁의 하급 호위시종관이다.

125 황제 유수의 자이다. 호양공주는 황제의 누이이기 때문에 황제의 자를 불렀다.

을죄를 진 사람을 숨겨주었어도 관리들이 감히 문 앞에 오지도 못하였소. 지금 천자가 되었는데도 그 위엄이 한 명의 현령에게도 시행될 수 없다는 말이오?"

황제는 웃으며 말하였다.

"천자는 백의를 입은 사람과 같지 않습니다."

이어서 칙령을 내렸다.

"저 목이 뻣뻣한 현령을 내보내라."

그리고 30만 전을 상으로 내려주었다. 동선은 상금을 모두 여러 관리들에게 나누어주었다. 이로부터 호강(豪强)들을 체포하거나 칠 수 있었으니, 경사(京師, 낙양)에서는 벌벌 떨거나 두려워하지 않는 사람이 없었다.[126]

9   9월 임신일(21일)에 황상이 남양(南陽)에 행차하였다. 나아가서 여남(汝南, 하남성 여남현)의 남돈현(南頓縣, 하남성 項城縣)에 있는 전사(傳舍)까지 행차하여서 연회를 베풀고 관리와 백성들에게 상을 내리고 남돈현의 전조(田租)를 1년간 면제하게 하였다.

부로(父老)들이 앞으로 나와서 머리를 조아리며 말하였다.

"황고(皇考)[127]께서 여기에 사신 지 오래 되었으므로 폐하께서는 관청의 상황을 잘 알고 계셔서 매번 오실 때마다 번번이 두터운 은혜를 베풀어주셨는데, 바라건대 10년을 면제하여 주십시오."

---

126 황제의 누이인 호양공주에게도 굴복하지 않았으므로 강한 힘을 가진 호족이라도 그 보다는 못하였으니 자연히 법을 지키게 된 것이다.

127 황제 유수의 아버지 유흠(劉欽)이 과거에 남돈 현령을 지냈다.

황제가 말하였다.

"황제의 자리는 천하의 중요한 자리여서 항상 일을 다 감당할 수 없을까 두려워하면서 하루를 지내고 다시 하루를 보내고 있소. 어찌 감히 멀리 10년까지 기약해 줄 수 있다는 말이오."

관리와 백성들이 또 말하였다.

"폐하께서 실제로는 이를 애석하게 여기고 계시면서 어찌 이렇게 말씀을 겸손하게 하십니까?"

황제가 크게 웃고 1년을 늘려 면제하여 주었다. 나아가서 회양(淮陽, 하남성 회양현)과 양(梁, 하남성 商丘縣), 패(沛, 안휘성 濉溪縣)에까지 행차하였다.

10   서남(西南) 지역에 사는 이적[128]인 동잠(棟蠶)이 반란을 일으키고 장리를 살해하니 무위(武威)장군 유상(劉尙)에게 조서를 내려서 그들을 토벌하게 하였다. 가는 길에 월수(越嶲, 사천성 西昌市)를 지나게 되었는데, 공곡왕(邛穀王) 임귀(任貴)가 유상이 남쪽 변방을 평정하면 그 위엄과 법이 반드시 그곳에도 시행될 것이고, 이미 그렇게 되면 자기가 멋대로 행동할 수 없게 될까 두려워하여 바로 군사를 모아 군영을 만들고, 독이 든 술을 많이 만들어 먼저 유상의 군사들을 위로하고 술에 중독 되게 한 다음에 유상을 습격하고자 하였다.

유상은 그들의 모의를 알고, 바로 군사를 나누어 먼저 공도(邛都)[129]를 점거하고 드디어 임귀를 엄습하여 목을 베었다.

---

128 사천성 서부와 남부 일대에 사는 이적을 말한다.

129 월수군의 치소가 있는 곳이다.

주변 이적의 문제들

광무제 건무 20년(甲辰, 44년)

1   봄, 2월 무자일(10일)에 거가가 궁궐로 돌아왔다.

2   여름, 4월 경진일(3일)에 대사도 대섭(戴涉)이 고의로 태창령 해
섭(奚涉)에게 죄를 뒤집어씌운 죄에 연루되어 옥에 내려 보냈다가 죽
였다. 황제는 삼공의 직책은 서로 연결되어 있다 하여 대사공 두융도
면직시켰다.

3   광평충후(廣平忠侯)[130] 오한의 병이 위독하여 거가가 친히 가서
말하고 싶은 것에 대하여 물으니 대답하였다.
　"신은 어리석어서 아는 것이 없지만 오직 폐하께서 신중하게 처리하
셔서 사면하는 일이 없으시기를 원할 뿐입니다."

---

130 오한은 광평후인데 죽은 후에 충후라는 시호가 주어졌다. 여기서는 오한이
　　죽을 때를 기록하였으므로 시호까지 함께 썼다.

5월 신해일(4일)에 오한이 죽었다. 조서를 내려 대장군 곽광(霍光)[131]의 장례와 같은 수준으로 장사지내라고 하였다.

오한의 성격은 강하고 힘이 있었으며, 매번 정벌을 쫓아다닐 때마다, 황제가 편안하게 되기 전에는 항상 옆에서 서 있었다. 제장들이 전쟁이 불리한 것을 보고 혹 대부분 두려워하여 평상심을 잃었을 때에도 오한의 의기는 태연자약하면서 바야흐로 무기를 정돈하고 다듬으며 관리와 병사들을 격려하고 고양시켰다.

황제가 때로는 사람을 파견하여 대사마[132]가 무엇을 하고 있는가를 보고 오게 하면 돌아와서 말하길 바야흐로 싸우고 공격하는 도구를 수리하고 있다고 하니 이에 감탄하여 말하였다.

"오공은 내 마음을 조금씩 든든하게 만드는데, 위엄 있는 모습이 하나의 국가를 대적할만하다."

매번 출정할 때마다 아침에 조서를 받으면 저녁에 이끌어 길에 오르며, 처음이라도 행장을 꾸릴 시간을 따로 갖지 않았다. 조정에 있을 때에도 삼가며 살피고 조심하는 것이 모습에서 드러났다. 오한이 일찍이 출정할 때 그의 처가 후방에서 농지를 사들이는 일을 하였더니 오한이 돌아와서 그녀를 나무라며 말하였다.

"군사가 밖에 있고 관리와 병사들은 먹을 것이 부족한데, 어찌하여 전택(田宅)을 사들인다는 말이오."

드디어 이것을 다 나누어서 형제와 외가(外家)에 주었다. 그러므로

---

131 전한 선제 때 대장군이다. 곽광은 선제 지절(地節) 2년(기원전 68년)에 죽었으며, 이에 대한 일은 《자치통감》 권24에 기록되어 있다.

132 오한의 직책이 대사마였으므로 오한을 가리킨다.

자기의 임무와 직책을 수행할 수 있었고, 그의 공명이 끝까지 갔다.

4   흉노가 상당(上黨, 산서성 長子縣)과 천수(天水, 감숙성 甘谷縣)를 침입하였다가 마침내 부풍(扶風, 장안시 서쪽)에까지 이르렀다.

5   황제가 풍질(風疾)로 눈이 아물거렸는데 그 병이 심해지자 음흥에게 시중업무를 관장하게[133] 하고 운대광실(雲臺廣室)[134]에서 고명(顧命)[135]을 받게 하였다. 마침 질병이 조금 낫게 되자 음흥을 불러서 보고 오한을 대신하여 대사마로 삼으려고 하였다. 음흥은 머리를 조아리며 눈물까지 흘리면서 고사하며 말하였다.

"신은 감히 이 몸을 아낄 생각은 없습니다마는 진실로 성스러운 덕을 훼손시킬 것이므로 이 직책을 억지로 무릅쓸 수가 없습니다."

지성스러운 생각이 속으로부터 우러나오자 주위 사람들을 감동시켰고 황제도 드디어 그의 요구를 들어주었다.

태자태부 장담(張湛)은 곽후(郭后)가 폐위된 뒤로 병을 핑계로 조회에 나오지 아니하였는데, 황제가 그를 억지로 일으켜서 사도로 삼으려고 하였더니 장담이 진실로 질병이 심하다며 사양하여 다시 조정의 일을 맡길 수 없자 마침내 그를 파직시켰다.

6월 경인일(14일)에 광한(廣漢) 태수인 하내(河內, 사천성 遂寧縣) 사람 채무(蔡茂)를 대사도로 삼고, 태복 주부(朱浮)를 대사공으로 삼았

---

133 영직이고, 관직명은 영시중이다.

134 황궁의 전각 중에 운대전이 있는데 그 전각 안에 있는 넓은 내실을 말한다.

135 임금이 죽을 때 유언으로 뒷일을 부탁하는 것을 말한다.

다. 임진일(16일)에 좌(左)중랑장 유융(劉隆)을 표기장군으로 삼아 대사마의 일을 대행하게[136] 하였다.

6   을미일(19일)에 중산왕(中山王) 유보(劉輔)를 옮겨 패왕(沛王)으로 삼았다. 곽황(郭況)[137]을 대홍려(大鴻臚)로 삼고, 황제는 자주 그의 집에 행차하여 상으로 금과 비단을 내렸는데, 풍성하기가 비할 데 없어서 경사에서는 곽황의 집을 '금혈(金穴)'[138]이라고 불렀다.

7   가을, 9월에 마원이 교지로부터 돌아오자 평릉(平陵, 섬서성 함양시의 동북쪽) 사람 맹기(孟冀)가 그를 영접하고 위로하였다. 마원이 말하였다.

"바야흐로 지금 흉노와 오환 족속들이 아직도 북쪽 변새를 소란스럽게 하니 스스로 이들을 공격하겠다고 요청하고 싶소. 남자로 태어나 변새의 들에서 마땅히 죽어 시체는 말가죽으로 싸서 장사지내져야 할 뿐인데, 어찌 침상에 누워 아녀자의 손 안에 있어야 하겠소?"

맹기가 말하였다.

"알만합니다. 열사(烈士)가 된 사람은 마땅히 그러해야 할 것이오."

---

136 행직(行職), 즉 본직을 갖고 있으면서 다른 직책을 겸하여 처리하게 한 것이다. 당대(唐代)와 송대(宋代)에는 하급직으로 상급직을 겸하는 것을 수(守)라 하였고, 상급직으로 하급직을 겸하는 것을 행(行)이라 하였지만 한대(漢代)에는 분명하지 않은 것 같다.

137 유보는 전 황후인 곽후의 소생이고 곽홍은 그의 오빠이다. 이는 유수가 전처를 위로하고자 한 것이며, 이때 곽홍의 집에는 가동이 400명이었다.

138 금으로 만든 소굴이라는 뜻이다.

8   겨울, 10월 갑오일(20일)에 황상이 노(魯, 산동성 曲阜)·동해(東海, 산동성 郯城)·초(楚, 강소성 銅山縣)·패국(沛國, 안휘성 濉溪縣)에 행차하였다.

9   12월에 흉노가 천수와 부풍, 상당군을 노략질하였다.

10   임인일(28일)에 거가가 환궁하였다.

11   마원이 스스로 흉노를 공격하겠다고 청하니 황제가 이를 허락하고, 출정하여 양국(襄國, 하북성 邢台縣)에 가서 주둔하게 하고 백관들에게 조서를 내려 조도(祖道)139를 지내도록 하였다. 마원은 황문랑(黃門郞) 양송(梁松)과 두고(竇固)140에게 말하였다.

"무릇 사람은 부귀하게 되었다가 마땅히 다시 천하게 될 수도 있소. 만약에 경들이 다시금 천하게 되고 싶지 않거든 높은 지위에 있을 때 스스로를 굳건히 지키시오. 힘써 이 하찮은 날을 생각해 보시오."

양송은 양통(梁統)의 아들이고, 두고는 두우(竇友)의 아들이다.

12   유상(劉尙)141이 군사를 진격시켜서 동잠(棟蠶)142 등과 계속하여 싸웠는데, 그들을 모두 격파하였다.

---

139 길을 떠나는 사람을 위하여 지내는 제사이다.

140 두 사람은 모두 마원의 후배이다.

141 무위장군이다.

142 서남쪽에 있는 이족의 반란세력이다.

광무제 건무 21년(乙巳, 45년)

1 봄, 정월에 추격하여 불위(不韋, 운남성 保山縣)에 이르러 동잠 사람들의 우두머리의 목을 베니 서남 지방의 이적들이 모두 평정되었다.[143]

2 오환과 흉노, 선비족이 군사를 연합하여 노략질하니 대군(代郡, 산서성 陽高縣)의 동부 지역이 특히 심하게 오환족의 해를 입었다. 그들이 거주하고 머무는 곳은 요새에서 가까워 아침에 주거지를 출발하면 저녁이면 한나라의 성곽이 있는 곳에 이르게 되어 다섯 군[144]의 백성들은 집집마다 그들의 해를 받았고, 군과 현이 파괴되기에 이르렀고, 백성들은 흩어지고 도망하여 변방은 쓸쓸하고 처량하게 되어 다시는 사람의 흔적이 없게 되었다.

가을, 8월에 황제가 마원과 알자를 파견하여 나누어 보루와 요새를 쌓게 하고, 조금씩 군과 현을 일으켜 세웠는데, 간혹 태수와 현령, 현장만을 미리 임명해놓고 인민을 불러 모으게 하였다. 오환족은 상곡(上谷, 하북성 懷來縣)의 요새 밖에 있는 백산(白山)[145] 사람들로 강하고 부유하였는데, 마원이 3천 기병을 거느리고 그들을 공격하였으나, 아무런 공로를 세우지 못하고 돌아왔다.

3 선비족 1만여 기병이 요동(遼東, 요동성 遼陽市)을 노략질하니 태

---

143 유상의 이야기이다.

144 대군·상곡군·어양군·우북평군·요서군을 말한다.

145 지금의 어느 곳인지 불분명하다.

수 채융(祭肜)[146]이 수천 명을 이끌고 이들을 맞아서 공격하였는데, 스스로 갑옷을 입고 그들의 진지 속으로 들어가니, 야만인들이 대거 도 망가다가 물에 빠져 죽은 사람이 반을 넘었고 드디어 끝까지 쫓아가서 요새 지역 밖에까지 갔다. 야만인들이 급하여 모두 무기를 버리고 맨몸 으로 흩어져서 달아났다. 이 이후로 선비족들은 떨며 두려워하였고, 채 융을 꺼려 감히 다시는 요새를 넘보지 아니하였다.

4   겨울에 흉노가 상곡과 중산(中山, 하북성 定縣)을 노략질하였다.

5   사차왕(莎車王)[147] 현(賢)이 차츰차츰 교만하고 횡포하여져서 서 역 지역을 겸병하려고 자주 여러 나라를 공격하고 부세(賦稅)를 무겁 게 요구하니 여러 나라들이 근심하고 두려워하였다. 차사전왕국(車師 前王國, 신강성 투루판현), 선선국(鄯善國, 나포호수 근처), 언기국(焉耆國, 신강성 언기현) 등 열여덟 나라에서 모두 아들을 보내어 입시(入侍)하게 하고 그들의 진기한 보배를 바쳤는데, 그들을 접견하자 모두 눈물을 흘 리며 머리를 조아리면서 도호(都護)를 보내주기를 원하였다.

황제는 중국이 평정된 초기였고, 북방의 변경 지역이 아직은 다 항 복하지 아니하였으므로 입시하려고 온 자들을 모두 돌려보내고 이들 에게 후한 상을 내렸다.

여러 나라들은 도호를 보내지 않을 것이며, 입시하려던 자들도 모두

---

146 다른 곳에서는 채동(祭肜)으로 기록하였다. 《자치통감》에서 肜과 肜은 혼동 되고 있는데, 필사과정에서 나타난 착각으로 보인다.
147 사차국은 신강성 사차현에 있었다.

돌아온다는 소식을 듣자 크게 근심하고 두려워하다가 마침내 돈황(敦煌) 태수에게 격문을 보냈다.

"바라건대 시자(侍子)를 머물게 하여 사차국에 보여주시고, 시자들이 한나라에 머물러 있는 것을 보이면 도호를 곧 내보낼 것이라고 말하여 그들이 또한 군사 활동을 멈추게 해주기를 바랍니다."

배준(裴遵)[148]이 이 상황을 보고하니 황제가 이를 허락하였다.

광무제 건무 22년(丙午, 46년)

1   봄, 윤정월 병술일(19일)에 황상이 장안(長安)에 행차하였다. 그리고 2월 기사[149]일에 낙양으로 돌아왔다.

2   여름, 5월 그믐, 을미일에 일식이 있었다.

3   가을, 9월 무진일(5일)에 지진이 있었다.

4   겨울, 10월 임자일(19일)에 대사공 주부(朱浮)가 면직되었다. 계축일(20일)에 광록훈 두림(杜林)을 대사공으로 삼았다.

애초에 진류(陳留, 하남성 진류현) 사람 유곤(劉昆)이 강릉(江陵, 호북

---

148 돈황 태수이다.

149 2월 1일이 정유(丁酉)일이므로 2월에는 기사(己巳)일이 없다. 만약 기사가 을사(乙巳)의 잘못이라면 이날은 2월 9일이다.

성 강릉현) 현령이었는데, 강릉현에 화재가 일어나자 유곤이 불을 향하여 머리를 조아렸더니 불이 곧 꺼졌다. 그가 뒤에 홍농(弘農, 하남성 靈寶縣) 태수가 되었는데, 호랑이들이 모두 새끼를 업고 황하를 건너서 가버렸다. 황제가 이 소식을 듣고 기이하게 생각하다가 유곤을 징소하여 두림을 대신해 광록훈으로 삼았다.

황제가 유곤에게 물었다.

"전에 강릉에 있을 때 바람을 반대로 불게 하여서 불을 끄더니, 뒤에 홍농 태수가 되자 호랑이가 북쪽으로 가려고 황하를 건넜다고 하였는데, 어떤 덕정을 베풀어서 이런 일이 있게 된 것이오?"

대답하였다.

"우연일 뿐입니다."

주위 사람들이 모두 웃었는데 황제는 탄복하여 말하였다.

"이것이 바로 어른스러운 사람의 말이로구나!"

돌아보면서 여러 책(策)[150]에 기록하라고 명령하였다.

5   이 해에 청주(青州, 산동반도)에 황충의 해가 있었다.

6   흉노의 선우 난제여(欒提輿)[151]가 죽고, 그의 아들인 좌현왕(左賢王) 난제오달제후(欒提烏達鞮侯)[152]가 섰다가 이 사람도 또 죽자 동생

---

150 책이란 간책(簡策)을 말하는데, 이때에 황제의 책서는 길이가 2척(尺)이며, 여기서는 사책(史策)을 말하는 것이다.

151 흉노의 20대 선우이다.

152 난제오달제후로 흉노의 21대 선우이다.

인 좌현왕 난제포노(欒提蒲奴)[153]가 섰다. 흉노의 땅에는 계속하여 몇 해 동안 가뭄과 황충이 나돌아서 붉은 땅이 수 천리나 되었고, 사람과 가축이 기근과 역질로 죽어 없어진 것이 반을 넘었다.

선우는 한나라에서 그들의 피폐한 틈을 이용할까 두려워하여 마침내 사자를 파견하여 어양(漁陽, 북경의 密雲縣)까지 와서 화친하기를 요구하였다. 황제가 중랑장 이무(李茂)를 파견하여 회보하도록 명령하였다.

7   오환족은 흉노가 약해진 틈을 타 이들을 쳐서 깨뜨리니 북쪽으로 수천 리를 옮겨갔고, 막남(幕南)[154]의 땅은 텅 비었다. 여러 변방에 있는 군의 정후(亭候)와 이졸들에게 조서를 내려서 폐백(幣帛)을 가지고 오환족을 불러 항복하게 하였다.

8   서역의 여러 나라에서 입시하러 온 자들이 돈황에 오래 머무르게 되자 모두 근심하며 도망하여 돌아갈 생각을 하였다. 사차왕 현은 도호가 오지 않은 것을 알고 선선국을 공격하여 격파하고, 구자왕(龜玆王)[155]을 공격하여 죽였다.

선선왕 안(安)이 편지를 보냈다.

"바라건대 다시금 아들을 보내어 입시하고자 하오며, 다시 도호를 보내주시기를 청합니다. 도호가 나오지 않으면 정말로 흉노에게 몰리게 됩니다."

---

153 흉노의 22대 선우이다.

154 막남(漠南)과 같은 말로 고비사막의 남쪽을 말한다.

155 구자국은 신강성 고차(庫車)현에 있었다.

황제가 회보하였다.

"지금은 사자나 많은 군사를 내보낼 수 없으니 만약 여러 나라의 힘을 마음대로 쓸 수 없다면 동쪽으로 가든, 서쪽으로 가든, 남북 어디로 가든, 스스로가 결정하시오."

이에 선선국과 차사국은 다시 흉노에게 귀부하였다.

❖ 반고(班固)[156]가 평론하였습니다.

"효무제(孝武帝)시대에는 흉노를 제압하려고 기도하면서, 그들이 아울러 서쪽 나라들을 좇아서 남쪽의 강족(羌族)들과 우호관계를 맺을까 걱정하여 마침내 표문을 올려서 '하곡(河曲)[157]에 네 군[158]을 늘어놓고, 옥문관(玉門關)을 열어 서역과 통교하면서 흉노의 오른쪽 어깨가 되는 부분을 끊고, 남쪽의 강족과 월지(月氏)를 떨어뜨려놓겠다.'고 하였더니, 선우는 원조 받을 곳을 잃게 되었으며, 이로 말미암아 멀리 달아나 숨게 되어 사막의 남쪽에는 흉노의 왕정이 없었다.

바로 문제(文帝)와 경제(景帝)의 조용한 시기를 만났을 때는 백성들이 5세[159] 동안 길러졌기에 재력에 여유가 있었고, 병사와 전

---

156 《한서》의 저자이다.

157 황하의 흐름이 구부러져 있는 지대를 말한다.

158 무위군·장액군·주천군·돈황군이다.

159 전한시대의 고조 유방(高祖 劉邦), 혜제 유영(惠帝 劉盈), 고후 여치(高后 呂雉), 문제 유항(劉恒), 경제 유계(劉啓)를 말한다.

마(戰馬)도 강성하였으니 그러므로 능히 서포(犀布)와 대모(瑇瑁)를 볼 수 있었고, 주애(珠厓, 해남도 琼山縣) 등 일곱 군을 세웠다. 구장(蒟醬)[160]과 죽장(竹杖)을 느껴보려고 장가(牂柯, 귀주성 平越縣)와 월수(越巂, 사천성 西昌市)를 개척하였다. 또한 천마(天馬)와 포도(葡萄)가 있다는 소식을 듣고 대완(大宛, 타시겐트)과 안식(安息, 푸허라에 있었던 서역의 국가)과 통교를 하였으니, 이로부터 다른 지방의 기이한 물건들이 사방에서 몰려들었다.

이에 원유(園囿)를 열고 궁실을 넓히며 휘장을 성대하게 달고, 아름다운 복장을 입고 놀면서 주지육림(酒池肉林)[161]을 만들어놓고 사방의 이적들에게서 온 손님들을 먹였고, '어룡(魚龍)'과 '각저(角抵)'[162]의 놀이를 만들어 그들에게 보여주었다. 뇌물을 남겨 보내주면서 만 리까지 받들고 나아가기도 하니 이를 위한 호위 군사의 비용은 다 계산할 수 없었다.

용도가 부족하기에 이르자 마침내 술을 전매하고, 염철을 독점 관리하며 백금을 주조하고 가죽화폐를 만들었다. 수레를 타거나 배를 타는 것에도 세금을 매겼고, 육축(六畜)에도 조(租)를 받으니, 백성들의 힘은 모자라게 되고 재물은 써서 고갈되었으며, 이로 인하여 흉년이 들고, 도적들이 함께 일어나니 도로는 막혀버렸고, 직지사자(直指使者)[163]가 비로소 나타나게 되어 수놓은 옷을

---

160 식사를 하는 반찬으로, 장을 만들었다.

161 전설로, 은나라 주(紂)가 술로 연못을 만들고 고기를 숲처럼 쌓아 두었다는 것인데, 술과 고기가 무척 많다는 것을 형용한 것이다.

162 여룡은 마술과 같은 놀이이고, 각저는 기예를 말한다.

입고, 부월(斧鉞)을 가지고 군과 봉국에서 목 베는 일을 시행하니, 그런 다음에야 비로소 이를 이겼다. 이리하여 말년에는 드디어 윤대(輪臺, 신강성 윤태현)의 땅을 버리고 애통하는 조서를 내리게 되었으니, 어찌 어질고 성스러운 황제가 후회할 바가 아니겠는가?

또한 서역과 통교하였지만 가까운 곳은 용퇴(龍堆, 감숙성 돈황에서 150km 지점에 있는 곳으로 백용퇴라고도 함)이고 먼 곳은 총령(蔥嶺, 파밀고원과 카라코룬산맥 전부)인데, 이곳에는 신열(身熱), 두통(頭痛), 현도(懸度) 같은 액난(阨難)이 퍼졌으며, 회남자(淮南子)와 두흠(杜欽), 양웅(揚雄)의 논평을 보면 이들은 모두 하늘과 땅이 경계를 만들어서 지역을 구별해놓았고, 안과 밖을 떼어놓았다고 생각하였다.

서역의 여러 나라에도 각기 그들대로 군장을 갖고 있으며, 병사는 많지만 나뉘어져서 약하니 통일할 수 없었고, 비록 흉노에 소속되었다고 하지만 서로 가까이 귀부한 것은 아니다. 흉노는 그들의 말이나 가축, 모직물을 얻을 수는 있지만 통솔하여 이들과 더불어 진퇴를 같이 할 수는 없다.

한나라와 사이가 벌어져 갈라져 있으며 길도 또한 머니, 이를 얻는다 하여도 이익 될 것이 없고, 이를 버린다 하여도 손해될 것이 없고, 창성한 덕(德)이 우리에게 있으면 저들에게서 빼앗을 것이 없다.

그러므로 건무(建武) 이래로 서역 사람들은 한나라의 위엄 있는 덕을 생각하고 모두가 즐겨 속으로 복속하고자 하여 자주 사신을

---

163 도둑을 체포하기 위해 파견한 사자이다.

파견하고 한나라에 인질을 남겨두며 도호를 보내달라고 청하였다.

성상[164]께서는 고금을 멀리 내다보시고, 그때그때 적당하게 처리하면서 사양하고 아직은 허락하지 않았다. 비록 대우(大禹)께서 서융(西戎)을 잘 대하고, 주공(周公)은 백치(白雉)를 돌려보냈으며, 태종(太宗)은 천리마를 물리쳤는데, 뜻으로 보면 이러한 것들을 다 포함하고 있다."*

---

164 후한 광무제 유수를 말한다.

이족들의 문제

세조 광무황제 건무 23년(丁未, 47년)

1 봄, 정월에 남군(南郡, 호북성 강릉현)의 만족들이 반란을 일으키니 무위장군 유상(劉尚)을 파견하여 이들을 토벌하여 격파하였다.[1]

2 여름, 5월 정묘일(7일)에 대사도 채무(蔡茂)가 죽었다.

3 가을, 8월 병술일[2]에 대사공 두림(杜林)이 죽었다.

4 9월 신미일(13일)에 진류(陳留) 사람 옥황(玉況)[3]을 대사도로 삼

---

1 두우(杜佑)는 당시 남군 도산(南郡 潳山)에서 만이(蠻夷)들이 반란을 일으키자 유상에게 이를 토벌하게 하고 7천여 명을 강하(江夏)의 경계 지역으로 옮겨 살게 하였는데, 후에 이들을 면중만이(沔中蠻夷)라고 불렀다.

2 8월 1일은 기축(己丑)일이므로 8월 중에는 병술일이 없다. 다만 병술(丙戌)이 병진(丙辰)의 잘못이라면 이날은 28일이다.

3 자는 문백(文伯)인데 진류 태수로 있다가 대사도로 승진한 것이다.

왔다.

5 　겨울, 10월 병신일(9일)에 태복 장순(張純)을 대사공으로 삼았다.

6 　무릉(武陵, 호남성 常德市)[4]에 사는 만족의 정부(精夫)[5] 상단정(相單程) 등이 반란을 일으키자 유상을 파견하여 군사 1만여 명을 발동하고, 원수(沅水)를 거슬러 올라가 무계(武谿, 호남성 沅陵縣의 서쪽)로 들어가서 이를 치게 하였다. 유상은 적을 가볍게 보고 깊이 들어갔는데, 만족이 험한 지세를 타고서 이들을 맞아 싸우니 유상의 군대가 하나같이 모두 죽었다.

7 　처음에 흉노의 선우인 난제여(欒提輿)[6]의 동생이며 우곡려왕(右谷蠡王)인 난제지아사(欒提知牙師)가 순서대로 좌현왕이 되었는데, 좌현왕은 차례로 당연히 선우가 되어야 했다. 그런데 선우는 그의 아들에게 물려주고 싶어 드디어 난제지아사를 살해하였다. 오주류(烏珠留) 선우[7]에게는 아들이 있었는데, 이름이 난제비(欒提比)로 우욱건일축왕(右薁鞬日逐王)이 되어 남쪽의 8부(部)를 거느리고 있었다.

　난제비는 난제지아사가 죽은 것을 보고 원망하는 말을 내뱉었다.

　"형제 관계를 가지고 이를 말한다면 우곡려왕이 다음에 마땅히 선우

4 　전국시대에 검중군(黔中郡)이라 불리던 곳이다.

5 　장사(長沙)와 무릉 지역에 사는 만이(蠻夷)들은 우두머리를 정부라고 불렀다.

6 　흉노의 20대 선우이다.

7 　흉노의 19대 선우이다. 이 사람이 죽자 난제여가 선우가 되었다.

가 되어야 하고, 아들 관계로 말하면 내가 전 선우의 장자이니 내가 마땅히 선우가 되어야 한다."[8]

드디어 속으로 시기하고, 두려운 마음을 가지게 되어 정회(庭會)[9]에 드물게 참석하였다.

선우는 이를 의심하고 마침내 두 골도후(骨都侯)를 파견하여 난제비가 거느린 부의 병사들을 감독하고 관리하게 하였다. 선우에 난제포노(欒提浦奴)[10]가 세워지자, 난제비는 더욱 원한을 갖게 되어 비밀리에 한인(漢人) 곽형(郭衡)을 파견하여 흉노의 지도(地圖)를 받들어 서하(西河) 태수에게 가게하고, 속으로 귀부하게 해달라고 청구하였다.

두 골도후가 자못 그 속뜻을 알아차리고, 마침 5월 용사(龍祠)[11]에서 선우에게 권고하여 난제비를 죽이게 하였다. 난제비의 동생 점장왕(漸將王)이 선우의 장막에 있다가 이 소식을 듣고, 말을 달려 난제비에게 보고하였다. 난제비는 드디어 8부의 병사 4~5만 명을 모으고, 두 골도

---

8 흉노의 14대 호한사(呼韓邪) 선우인 난제계산(欒提稽狦)이 자손들은 형이 죽으면 동생이 뒤를 잇게 하라고 유언을 남겼다. 그런데 20대 선우 난제여가 동생을 죽이고 아들을 세웠으니 이것은 조상의 유언을 위반한 것이다. 만약 선우의 자리를 동생에게 전하지 아니하고 아들에게 전해주는 것이라면 난제여에게는 절대로 순서가 오지 않고, 난제비가 19대 오주류약제 선우 난제지(欒提知)의 장자이므로 난제비가 계승할 차례라는 것이다.

9 왕정에서의 모임이다. 흉노는 매년 정월에 각부의 왕들이 모두 선우의 왕정에 모였다.

10 흉노의 22대 선우이며 난제여(欒提輿)의 아들이다.

11 흉노는 매년 정월·5월·9월 술일(戌日)에 제천(祭天)대회를 여는데, 이때 왕작(王爵)을 가진 사람은 모두 용성(龍城, 내몽고 寶昌縣)에 모여 제사에 출석하도록 되어 있다.

후가 돌아오기를 기다려 그를 죽이고자 하였다. 골도후들이 도착하여 또 그 음모를 알고서 도망쳐 달아났다. 선우는 1만 명의 기병을 파견하여 이를 치다가 난제비의 무리가 많은 것을 보고서 감히 진격하지 못하고 돌아갔다.

8   이 해에 격후(鬲侯) 주호(朱祜)가 죽었다. 주호의 사람됨은 소박하고 곧으며 유학을 숭상하였다. 장군이 되어서는 대부분 항복을 받았는데, 이기고서 성읍을 안정시키는 것을 근본으로 삼았지 사람의 수급으로 공로를 세우려 하지 아니하였다. 또한 사졸들에게는 백성들을 노략질하지 못하게 금지하고 제한하였으나 군인들은 방종하기를 즐겼으므로 대부분이 이것 때문에 그를 원망하였다.

광무제 건무 24년(戊申, 48년)

1   봄, 정월 을해일(19일)에 천하에 사면하였다.

2   흉노 8부의 대인들이 함께 논의하여서 일축왕 난제비를 추대하여 호한야(呼韓邪) 선우[12]로 삼고, 오원(五原, 내몽고 包頭市의 서북쪽)의 요새 지대로 사람을 파견하여 영원히 번속(藩屬)이 되고 울타리 역할을 하여 북쪽 야만인들을 막기를 원한다고 하였다.

───────

12 난제비는 23대 선우인데, 그의 조상인 14대 호한야 선우의 이름을 또 쓴 것이다.

이 일을 공경들에게 내려 보내니 의논하는 자들이 모두 생각하였다. "천하가 평정된 초기인지라 중국[13]은 텅 비어 있고, 이적(夷狄)의 생각이 진짜인지 거짓인지 알기 어려우므로 허락할 수 없다."

오관(五官)중랑장 경국(耿國)만이 홀로 생각하였다.

"마땅히 효선제(孝宣帝)[14]가 옛날에 하신 것처럼 이를 받아들여서 동쪽으로 선비(鮮卑)족을 막게 하고, 북쪽으로 흉노에 대항하며, 사이(四夷)들을 이끌고 권고하여 변방에 있는 군을 완전히 회복시켜야 합니다."

황제는 이 말을 좇았다.

3   가을, 7월에 무릉(武陵, 호남성 常德市)에 사는 만족들이 임원(臨沅)[15]을 침구하였다. 알자 이숭(李嵩)과 중산(中山, 하북성 정현) 태수 마성(馬成)을 파견하여 이를 토벌하게 하였으나 이기지 못하였다. 마원(馬援)이 가겠다고 청하였는데, 황제는 그가 연로한 것이 걱정되어 허락하지 아니하니 마원이 말하였다.

"신은 아직도 갑옷을 입고 말을 탈 수 있습니다."

황제는 그에게 시험해 보이도록 하였다.

마원이 말안장에 올라 사방을 둘러보며 임무를 감당할 수 있음을 보여주자 황제는 웃으며 말하였다.

---

13 중원 지역에 있는 나라라는 말로, 여기서는 후한을 말한다.

14 전한시대 10대 황제인 유순(劉詢)을 말하며, 이 사건은 선제 감로(甘露), 황룡(黃龍) 연간에 있었던 일로 《자치통감》 권27에 실려 있다.

15 임원은 무릉군의 군 소재지가 있는 곳이다.

"이 노인장이 참으로 용감하도다!"

드디어 마원을 파견하여 중랑장인 마무(馬武)와 경서(耿舒) 등을 인솔하여 4만여 명을 거느리고 오계(五溪)[16]를 정벌하게 하였다.

마원이 친구 두음(杜愔)에게 말하였다.

"나는 두터운 은혜를 입었고, 나이는 이미 죽을 때가 되었기에 항상 나라일로 죽게 되지 못할까 걱정하였소. 지금 원하는 바를 얻었으니, 기쁜 마음으로 눈을 감게 되었지만 다만 귀한 집 어른들의 아들 가운데 어떤 사람은 내 주위에 있고, 어떤 사람은 일에 참여하게 되어 부서를 조절하기가 특히 어려우니 염려가 되어 다만 이게 싫을 뿐이오."

4 겨울, 10월에 흉노의 일축왕 난제비가 스스로 남선우[17]가 되고 나서 사신을 보내어 궁궐까지 와서 번속이 되어 한나라의 신하를 칭하겠다고 하였다. 황상이 이 일을 낭릉후(朗陵侯) 장궁(臧宮)에게 물었다. 장궁이 말하였다.

"흉노는 주리고 역질이 들어 나뉘어 다투고 있는데, 신이 바라건대 5천 명의 기병을 얻어 공로를 세울 수 있게 해주시기를 바랍니다."

황제가 웃으면서 말하였다.

"그대는 늘 이기는 사람이니 그대와 함께 적에 관하여 생각해보기는 어려울 것 같소. 내가 지금 좀 스스로 이를 생각해 볼 것이오."

---

16 무릉군 안에 있는 다섯 개의 시내를 말한다. 웅계(熊溪)·낭계(郎溪)·유계(酉溪)·무계(無溪)·진계(辰溪) 등인데 모두 무릉 지역의 만족들이 사는 곳이다.

17 흉노의 23대 선우이다.

광무제 건무 25년(己酉, 49년)

1　봄, 정월에 요동의 요새 밖에 있는 맥인(貊人)들이 변경을 침입하니, 태수 채융(祭肜)이 이들을 불러서 항복시켰다. 채융은 또 재물과 이익으로 선비(鮮卑)족의 대도호 편하(偏何)를 어루만져주면서 받아들이고, 다른 종족들을 초치하게 하였더니 꼬리에 꼬리를 물면서 요새에까지 닿게 되었다.

채융이 말하였다.

"공로를 세우고 싶다는 뜻을 보이려면 마땅히 돌아가서 흉노를 쳐그 우두머리의 목을 베어서 보내와야 마침내 믿을 수 있을 뿐이오."

편하 등이 즉시 흉노를 치고 참수한 것이 2천여 급이었는데 수급을 가지고서 요동군으로 왔다. 그 후 매년 서로 공격하였는데 번번이 수급을 보내와서 상을 받았다.

이로부터 흉노가 쇠약해지자 변경에서는 노략질로 인한 놀랄 일은 없어졌고, 선비와 오환족들도 나란히 들어와서 조공을 바쳤다. 채융은 사람됨이 소박하고 중후하며 강하였는데, 이적들을 은혜와 믿음으로 어루만지니 모두가 그를 두려워하면서도 아꼈으며, 죽을힘을 다하였다.

2　남선우가 동생 좌현왕 난제막(欒提莫)을 파견하여 병사 1만여 명을 거느리고 북선우의 동생 욱건좌현왕(奧鞬左賢王)을 공격하여 산 채로 체포하니, 북선우는 놀라고 두려워하여 1천여 리 뒤로 물러났다. 북부의 욱건(奧鞬)골도후와 우골도후가 무리 3만여 명을 인솔하고 남선우에게 귀부하였다. 3월에 남선우는 다시 사자를 파견하여 궁궐에 와

서 공물을 바쳤고, 사자가 감호해주기를 청구하고, 사자를 보내어 옛 약속[18]을 다듬었다.

3   그믐 무신일(29일)에 일식이 있었다.

---

18 전한 선제(宣帝) 때 맺은 화약을 말한다.

남만족 정벌에서 참소 받는 마원

4   마원의 군사가 임향(臨鄕, 호남성 武陵縣)에 도착하여 만이의 병사를 격파하여 참수하거나 붙잡은 것이 2천여 명이었다.

애초에 마원은 일찍이 병을 앓고 있었는데, 호분(虎賁)중랑장 양송(梁松)이 그에게 안부를 물으러 와 침상 아래에서 홀로 절을 하니 마원이 답례를 하지 아니하였다. 양송이 간 다음에 아들들이 물었다.

"양백손(梁伯孫)은 황제의 사위여서[19] 조정에서 귀중하게 여기는 사람이고, 공경과 그 이하 사람들 가운데 그를 거리끼지 않는 사람이 없는데 대인께서는 어찌 홀로 예의를 차리지 않습니까?"

마원이 말하였다.

"나는 양송의 아버지 친구이니 비록 고귀한 신분이라고 하나 어찌 그 질서를 잃을 수가 있겠는가?"

마원의 조카 마엄(馬嚴)과 마돈(馬敦)이 나란히 모두 풍자하여 비난하는 말을 하기를 좋아하고, 경솔한 유협(遊俠)들과 왕래하자 마원이

---

19 자(字)가 양송인 백손은 황제의 딸 무음(舞陰)공주와 결혼하였으므로 황제의 사위이다.

전에 교지에 있을 때 보냈던 편지를 돌려보내며 그들을 타일렀다.

"나는 너희들이 다른 사람의 허물을 듣는 것을 마치 부모의 이름을 듣는 것처럼 하여서 귀로는 들을 수 있지만 입으로는 말할 수 없기를 바란다.[20] 다른 사람의 장점과 단점을 논의하기 좋아하고, 제멋대로 정치와 법도를 시비하는데 이런 일은 내가 몹시 싫어한다. 설사 죽는다고 하여도 자손들 가운데 이런 행동을 하는 자가 있다는 말을 듣지 않기를 원한다.

용백고(龍伯高)는 두텁고 중후하며 두루 신중하여서 입으로는 구별하는 말을 하는 일이 없으며, 겸손하고 절약하고 청렴하고 공정하며 위엄이 있어서 내가 그를 아끼고 중히 생각하니, 너희들이 그를 본받기 바란다. 두계량(杜季良)은 호방한 의협심을 가져서 옳은 일을 좋아하며 남의 걱정을 걱정하고, 남의 즐거움을 즐거워하니 아버지 상을 당하였을 때 손님들이 달려왔는데, 여러 군(郡)에서 거의 다 왔는데, 나는 그를 아끼고 중히 생각하지만 너희들이 본받기를 원치 않는다.

용백고를 본받으려 하다가 그렇게 되지 못하면 오히려 삼가고 근신하는 선비가 될 수 있어서 이른바 '백조를 조각하다가 완성 못하면 오히려 오리[21] 비슷하게 된다.'는 경우가 되겠지만, 두계량을 본받으려고 하다가 그렇게 되지 못하면 천하의 경박한 사람으로 빠져버리게 되니, 이른바 '호랑이를 그리다가 제대로 못 그리게 되면 오히려 개처럼 된

---

20 이는 고대의 피휘법(避諱法)이다. 신하가 황제의 이름을 부를 수 없는 것과 마찬가지로 자손은 그 아버지의 이름자를 입 밖에 낼 수 없다. 심지어는 글자는 다르지만 음이라도 부모의 이름자와 같으면 입으로 내뱉을 수 없었다.

21 보통 오리는 압(鴨)이라 하는데, 이는 집오리로 높이 날지 못한다. 그런데 이 경우에는 목(鶩)이라 하여 야생 오리로 높이 날 수 있는 것을 말한다.

다.'는 경우가 된다."

용백고라는 사람은 산도(山都, 호북성 襄陽縣의 서북쪽) 현장 용술(龍述)이고, 두계량이라는 사람은 월기(越騎)교위의 사마인 두보(杜保)인데 모두 경조(京兆, 섬서성 西安市) 사람이다.

마침 두보에게 원한을 가진 사람이 편지를 올려서 소송하였다.

"두보가 들뜨고 경박한 짓을 행하고 여러 사람을 혼란하게 하고, 많은 무리를 현혹시키자 복파(伏波)장군[22]이 만 리나 떨어져 있는 곳에서 편지를 돌려보내 그 조카들에게 경계를 삼게 하였습니다. 양송과 두고가 이 사람들과 교제하고 연결하니 그들의 경박하고 거짓된 것을 부채질하여 제하(諸夏)[23]를 어그러뜨리고 혼란하게 만들 것입니다."

편지가 상주되니 황제가 양송과 두고를 불러 나무라고, 그 소송을 제기한 편지와 마원이 경계하였던 편지를 그들에게 보이자 양송과 두고는 머리를 조아리다가 피를 흘릴 정도가 되어서야 겨우 면죄될 수 있었다. 조서를 내려서 두보의 관직을 면직시키고 용술을 발탁하여 영릉(零陵, 호남성 영릉현) 태수로 삼았다.[24]

마원이 무릉(武陵) 지역의 만족을 토벌하게 되어 군사들이 하준(下雋, 호남성 沅陵縣의 동북쪽)에 도착하여 보니 들어갈 수 있는 길이 두 갈래였다. 호두(壺頭, 원릉현의 동쪽에 있는 산)에서부터 들어가면 길은 가깝지만 물길이 험난하고, 충(充, 호남성 常德市의 경계 지역)에서부터 들어가면 길은 평탄하지만 운송로가 멀었다.

---

22 마원은 이때 복파장군이었다.

23 중원 지역을 말한다.

24 양송은 이로부터 마원에게 원한을 갖게 되었다.

경서(耿舒)는 충에서부터 들어가는 길을 좋고 싶었다. 그러나 마원은 날짜를 허비하고 양식을 소비하는 일이라고 여겨, 호두로부터 들어가서 그들의 목을 조이면 충에 있는 적은 스스로 격파되게 하는 것만 못하다고 생각하였다. 그래서 이런 문제를 다 적어서 올리니 황제가 마원의 계책을 좋았다.

나아가서 호두에 군영을 마련하였는데, 적들이 높은 곳에 올라가서 장애물을 이용하여 방어하였고, 물살이 빨라서 배를 타고 올라 갈 수 없었다. 더위가 심하여 사졸들은 대부분 역질에 걸려서 죽었고, 마원도 병에 걸리니 이에 강안(江岸)을 뚫어 방[25]을 만들어 더위를 피하였다. 적들이 매번 험한 지역으로 올라와서 북을 치면 마원이 번번이 발을 질질 끌면서 이 상황을 보니, 주위 사람들 가운데 그의 장한 뜻을 보고 애달파하며 눈물을 흘리지 않는 사람이 없었다.

경서는 그의 형인 호치후(好畤侯) 경감(耿弇)에게 편지를 보냈다.

"전에 저 경서가 편지를 올려서 마땅히 먼저 충(充) 지역을 공격하여야 한다고 했는데, 비록 양식을 운반하기 어렵다고 하지만 병사와 말을 이용할 수 있고, 군인이 수만 명이나 되니, 다투어 앞서 나아가 분투하기를 바랐을 것입니다. 지금 호두에서는 결국 전진할 수 없어서 대중들이 장차 죽음의 길로 갈 것을 걱정하여 우울해 하고 있으니, 진실로 가슴 아프고 애석합니다.

전에 임향(臨鄕, 호남성 무릉현)에 이르러서 적들이 아무 연고없이 스스로 이르렀으니 만약 밤에 이곳을 공격하였더라면 바로 다 없앨 수 있었을 텐데, 복파장군[26]이 마치 서역(西域)의 호족 상인들처럼 한 곳

---

25 호두산 옆에 하나의 석굴이 있는데, 이것이 마원이 뚫은 것이라고 전한다.

에 이르러 머물러 있었으니 이로써 이로움을 잃었습니다. 지금 결과적으로 질병이 돌게 되었으니, 모두 저 경서가 한 말과 같게 되었습니다."

경감이 이 편지를 받아 이것을 상주하였더니 황제가 이에 양송(梁松)에게 역에서 전거(傳車)를 타고 가서 마원을 문책하고 이어서 그 대신 군사를 감독하게 하였다.

마침 마원이 죽자, 양송이 이를 이용하여 여러 가지를 얽어매어서 마원을 함정에 넣었다. 황제가 크게 화를 내고, 마원의 신식후(新息侯)의 인수를 추가로 거둬들였다. 애초 마원이 교지에 있으면서 항상 의이(薏苡)[27]라는 열매를 먹었는데, 몸을 가볍게 할 수 있었고 한기를 막아주었으므로 군대가 돌아올 때에도 이것을 한 수레나 싣고 왔다. 그가 죽자 어떤 사람이 편지를 올려서 그 일을 참소하길 '전에 싣고 온 것이 모두 진주와 무늬가 새겨진 물소의 뿔이라.'고 하였다. 황제는 더욱 화가 났다.

마원의 처자들은 두렵고 떨려서 감히 영구를 조상들의 묘역에 장사지내지 못하고, 묘역의 서쪽에 대강대강 장사지냈으며, 빈객들과 옛 친구들도 감히 조문하러 모이지 못하였다. 마엄(馬嚴)[28]과 마원의 처자는 풀로 만든 끈으로 스스로를 묶은 다음 서로 줄을 이어서 대궐에 나아가 죄 받기를 청하였다. 황제가 이에 양송의 편지를 내보이고, 비로소 연루된 사실을 알게 되었으며, 억울함을 호소하는 편지를 전후로 여섯 차례나 올렸는데, 그 말씨가 아주 애절하였다.

---

26 마원이다.

27 율무인데, 화본과(禾本科)에 속하는 과실로 타원형으로 되어 있다.

28 마원의 조카이다.

전에 운양(雲陽, 섬서성 淳化縣) 현령이었던 부풍(扶風) 사람 주발(朱勃)이 궁궐에 나아가서 편지를 올렸다.

"가만히 보건대, 옛날 복파장군 마원은 서주(西州, 감숙성의 동부 지역)에서 발탁되면서부터 성스러운 황제의 의로움을 흠모하여 관문의 험난한 곳을 누비면서 만 번의 죽을 고비를 당하며 농(隴, 감숙성 臨洮縣)·기(冀, 감숙성 甘谷縣)[29] 지역을 경략했는데, 그 지모는 샘솟는 물과 같고, 그 형세는 원통을 굴리는 것 같아서 군사를 움직이면 공로를 세웠고, 군사가 진격하면 번번이 이겼습니다.

선령(先零)[30] 부락을 주살할 때 날던 화살에 종아리가 꿰뚫리기도 하였고,[31] 교지로 출정하여서는 처자와 생이별을 하였습니다.[32] 중간에 다시 남쪽을 토벌하러 가서 즉시 임향을 함락시키니 이미 군사적으로 공로를 세웠지만 끝을 보지 못하고 죽었습니다. 관리와 병사들이 비록 돌림병에 걸렸다고 하지만 마원이 혼자만 살아남지 않았습니다.

무릇 전쟁이란 혹 오래 버티다가 공로를 세우기도 하고 혹 속전을 하다가 패하기도 하며, 깊이 진입했다고 하여 반드시 승리하는 것도 아니며, 전진하지 않는 것이 반드시 잘못된 것은 아닌데, 사람의 정리로 보면 어찌 오래 뚝 떨어진 곳에 주둔하다가 살아서 돌아오지 않는 것을 좋아하겠습니까?

---

29 기는 외효(隗囂)의 근거지였다.

30 강족들이 사는 곳이다.

31 건무 11년(35년)에 일어난 일로,《자치통감》 권42에 실려 있다.

32 교지를 정벌한 사건은 건무 18·19·20년(41·42·43년)의 일로,《자치통감》 권43에 실려 있다.

오직 마원은 조정을 22년간이나 섬겼고, 북쪽으로는 요새 지대와 사막으로 나아갔었고, 남쪽으로는 강과 바다를 건너가서 해로운 기운을 무릅쓰고 군사작전을 하다가 죽었는데, 그 이름도 없어지고 작위도 끊겼으며 작토(爵土)도 후손에게 전해지지 않고 있습니다. 해내에서는 그가 지은 허물을 알지 못하고, 많은 사람들은 그가 훼손시켰다는 것을 듣지 못하였는데, 그의 가속들은 문을 걸어 잠그고 있으며, 장사지내는 것도 선영의 묘역으로 돌아가지 못하였고, 원망함과 시기함이 동시에 일어나게 되니 종친들은 두려워서 떨고 있습니다. 죽은 사람은 스스로 자기의 이야기를 열거할 수 없고, 살아있는 사람은 그를 위하여 소송을 하지 못하니 신은 가만히 이를 가슴 아프게 생각합니다.

무릇 밝은 임금이란 상주는 일은 후하게 하고, 벌주는 일은 간단히 처리하였으니, 고조(高祖)는 일찍이 진평(陳平)에게 금 4만 근을 주어 초(楚)나라 군사들을 이간시키라고 하면서 그 돈이 나가고 들어가는 것에 대하여 묻지를 않았는데,[33] 어찌 다시 전곡(錢穀) 같은 것을 가지고 의심한단 말입니까?

바라건대 공경들에게 이 문제를 내려 보내 마원의 공로와 죄를 공평하게 평가하게 하시어 마땅히 끊을 것은 끊고, 이을 것을 잇게 하여 해내 사람들의 바람을 만족시켜 주십시오."

황제의 속마음이 조금 풀어졌다.

애초 주발은 나이 12살 때 《시경》과 《서경》을 암송하였으며, 항상 마원의 형 마황(馬況)을 찾아 문후(問候)를 드렸는데, 그 말씨가 조용하고 우아하여서 마원이 공부로 재량하여 그를 보면 자신이 부족한 것

---

33 이 사건은 고제 3년(기원전 204년)의 일로, 《자치통감》 권10에 실려 있다.

같았다. 마황이 그의 뜻을 알고서 마침내 술자리를 마련하고 마원을 위로하며 말하였다.

"주발은 그릇이 작아서 빨리 성공하였는데 이로써 지혜를 소진하였을 뿐이다. 끝내 너를 좇아서 공부하게 될 것이니 두려워하지 말거라!"

주발은 나이 20살이 못되어서 우부풍(右扶風)에서 청하여 위성(渭城, 섬서성 함양시)의 현재(縣宰)³⁴를 시수(試守)³⁵하게 하였다. 마원이 장군이 되고 후작에 봉해지게 되었는데도 주발의 지위는 현령에 불과하였다. 마원은 후에 가서 비록 귀하게 되었지만 항상 옛날의 은혜를 베푼 정리를 가졌었고, 그를 낮추고 모욕하면서 대우하였지만 주발은 더욱 몸소 친하게 지냈다. 마원이 참소를 받았어도 오직 주발만은 무사히 끝을 마칠 수 있었다.

알자인 남양(南陽, 하남성 남양시) 사람 종균(宗均)³⁶이 마원의 군대를 감독하였는데, 마원은 이미 죽었고 군사들 가운데 역질로 죽은 사람이 반을 넘었으며, 만족들 역시 주리고 지쳤다. 종균이 이에 제장들과 논의하여 말하였다.

"지금 길은 멀리 떨어져 있고, 병사들은 병이 났으므로 싸울 수가 없으니, 임시로 승제(承制)³⁷하여 저들을 항복하게 하고자 하는데, 어떻

---

34 현의 재상에 해당하는 직책이다.

35 시(試)는 시험적으로 일을 시킨다는 뜻이고 수(守)는 대리한다는 말이므로, 임시직책으로 시수 1년을 수행하는 것이다. 이를 잘 수행하면 정식 직책을 받게 되고, 그 봉록도 전부를 받는다.

36 어떤 판본에는 성이 송(宋)으로 되어 있으나 종(宗)이 맞다.

37 황제의 명(命)을 제(制)라고 하는데, 황제의 명령 범위 안에서 조치를 취하는 것을 승제라고 한다. 이 경우는 실제 승제하지 못하면서 승제한 것으로 조치

소?"

제장들은 모두 땅에 엎드려 감히 대답하지 못하였다.

종균이 말하였다.

"무릇 충신이 밖에 나와서 국가를 편안하게 할 수 있다면 이를 전횡하여도 괜찮을 것이오."

이에 황제의 명령이라고 고쳐서 복파장군의 사마(司馬)였던 여충(呂种)을 임시 원릉(沅陵) 현장[38]으로 삼고 여충에게 조서를 받들고 야만인들의 진영으로 들어가서 은혜를 베풀고 믿음을 주겠다고 말하게 하며, 그 기회를 통하여 군사를 인솔하여 그의 뒤를 좇게 하였다.

만이들은 놀라고 두려워서 겨울, 10월에 함께 그들의 큰 우두머리의 목을 베고 항복하였다. 이에 종균이 적의 진영으로 들어가서 그 무리들을 흐트러뜨려 본래 소속되어 있던 군으로 돌려보내고, 장리(長吏)[39]들을 두고 돌아오니 많은 만이들은 드디어 평정되었다. 종균이 미처 도착하지도 않았는데, 우선 교제(矯制)[40]한 죄를 스스로 탄핵하였다. 황상이 그의 공로를 가상하게 생각하고 환영하며 금백(金帛)을 하사하고 그의 집을 지나오면서 조상의 무덤에 성묘하도록 하였다.[41]

하겠다는 것이다.

38 임시로 업무를 관장하게 하는 수직(守職)으로 직함은 수원릉장이다.

39 장급(長級) 관리, 즉 현령·태수·주목 등을 말한다.

40 황제의 명령인 제서(制書)를 허락 없이 고치거나 위조한 것을 말한다.

41 이 시대의 사절은 황제에게 결과를 보고하기 전에는 자기 집으로 돌아갈 수 없었다. 따라서 이러한 조치는 일종의 영광이었다.

5   이 해에 요서(遼西) 지역의 오환부족의 대인 학단(郝旦) 등이 그
무리를 이끌고 속으로 귀속하겠다고 하여 조서를 내려 오환족의 거수
(渠帥)를 후(侯)·왕(王)·군장(君長)으로 책봉한 사람이 81명이나 되었
고, 요새의 안쪽에 거주하게 하며 변방에 있는 여러 군에 널리 퍼져있
게 하면서 동족을 불러들이게 하고 그들에게 옷과 먹을 것을 주게 하
며, 드디어 한나라를 위하여 정탐하는 척후가 되어 흉노와 선비족을 치
는 것을 돕게 하였다.

그때 사마연(司馬掾) 반표(班彪)가 말씀을 올렸다.

"오환족은 천성이 가볍고 교활하여 노략질하고 도적질하기를 좋아
하니, 만약 오랜 동안 방종하도록 내버려두면서 전체적으로 관리하는
사람을 없이한다면 반드시 다시 그곳에 사는 사람들을 약탈하게 될 것
입니다. 단지 투항한 자들을 주관하는 연리(掾吏)에게 위임해놓기만
한다면 아마도 통제할 수 없을까 걱정입니다.

신은 어리석으나 의당 오환교위를 다시 두어야 진실로 그들을 불러
모아두는데 유익할 것이며, 국가의 변방에 대한 염려를 덜 것이라고 생
각합니다."

황제가 이 말을 따랐고, 이에 비로소 다시 상곡(上谷, 하북성 懷來縣)
과 영성(甯城, 하북성 宣化縣)에 교위를 두고 진영과 관부를 개설하고
아울러 선비족에 대하여 상을 내리는 일과 인질에 관한 일을 관장하게
하고 세시로 호시(互市)⁴²를 하게 하였다.

---

42 변경 지역에서 이민족과 서로 물건을 교환하게 하는 변경 무역을 말한다.

유화책으로 가는 흉노 대책

광무제 건무 26년(庚戌, 50년)

1   정월에 조서를 내려 백관들의 봉록을 올렸는데 1천 석 이상의 관직을 가진 자의 봉록은 옛 서경(西京)[43]시대보다 감소하였고, 600석 이하의 관직은 옛날 직질보다 증가하였다.

2   처음으로 수릉(壽陵)[44]을 만들었다. 황제가 말하였다.

"옛날에 제왕의 장례는 모두 도자기 인형과 와기(瓦器), 나무로 만든 수레와 풀로 만든 말들로 지내서 후세 사람들이 그 장소를 알 수 없었다.[45] 태종(太宗)은 사람의 출생과 사망의 의미를 알았고, 경제(景帝)[46]는 효도를 준수하는 분이어서 천하가 뒤집혀도 패릉(霸陵)만은

---

43 전한의 수도는 장안, 후한의 수도는 낙양인데, 장안은 낙양의 서쪽에 위치한다. 그러므로 후한대에 서경이란 전한시대를 의미한다.

44 황제의 능을 만들 때 처음에는 그 능의 명호가 아직 정해지지 않았으므로 장구(長久)의 의미를 가진 수릉이라고 불렀다.

45 부장품들이 썩어서 후대에 찾아볼 수 없게 된 것을 말한다.

홀로 완전하게 남아 있게 하여서 그 복을 받고 있으니[47] 어찌 아름답지 아니한가?

지금 만들고 있는 부지는 2~3경(頃)에 불과하고, 산의 언덕이나 제 방이나 연못이 없고 땅을 잘라서 물이 잘 흐르게 하였을 뿐이다. 나라 가 바꾸어 일어나게 된 다음에는 능이 언덕과 같게 될 것이다.”

3   조서를 내려 중랑장 단침(段彬)[48]과 부교위(副校尉) 왕욱(王郁) 을 파견하여 남흉노[49]에 사신으로 가게 하여 그의 왕정을 세우게 하 였는데, 오원(五原, 내몽고 包頭의 서북쪽)의 서쪽 요새에서 80리 떨어져 있었다. 사자는 선우에게 엎드려 절하며 황제의 조서를 받게 하였는데, 선우가 잠시 고개를 돌려 쳐다보고 잠시 있다가 마침내 절하고 칭신(稱 臣)하였다.

절을 마치자, 통역자에게 사자를 이해시키게 하였다.

“선우가 새로 자리에 오른지라 진실로 주위 사람들을 부끄러워하고 있으니,[50] 바라건대 사자는 여러 무리들 앞에서는 굽히는 모습을 보이

---

46 태종은 전한 문제 유항(劉恒)이며 경제는 전한 6대 황제 유계(劉啓)이다.

47 패릉은 문제의 묘로 경제가 만들었다. 적미(赤眉)가 반란을 일으켜서 장안을 차지하자 전한시대의 황제의 능묘는 다 파헤쳐져서 부장품인 금은과 재보를 가 져갔지만 패릉만은 파내지 못하였다. 이 사건은 건무 2년(26년)의 일로《자치 통감》권40에 기록되어 있다.

48 호삼성은 彬은 축림(丑林)의 번자라고 하였으므로 ‘침’으로 읽어야 하고 어떤 판본에는 침(郴)으로 되어 있다.

49 23대 선우인 난제비(欒提比)를 말한다.

50 선우가 한의 사자에게 절하는 것을 선우 주위 사람들이 보았기에 부끄럽다는 것이다.

지 않게 해주십시오."

조서를 내려 남선우가 운중(雲中, 내몽고 托克托縣)으로 들어와 살겠다는 말을 들어주고 비로소 사흉노(使匈奴)중랑장을 설치하여 병사를 거느리고 그들을 호위하게 하였다.

4 여름에 남선우가 포로로 잡은 북로(北虜)인 욱건(奧鞬) 좌현왕(左賢王)이 그 무리와 남부의 다섯 골도후(骨都侯)[51]등 도합 3만여 명을 거느리고 배반하고 돌아갔는데, 북쪽의 왕정과 3백여 리 정도 떨어진 곳에 스스로 세워 선우가 되었다. 한 달 정도 지나자 매일 서로 공격하다가 다섯 골도후는 모두 죽고, 좌현왕은 자살하였으며, 여러 골도후의 아들이 각기 병사를 가지고 스스로를 지켰다.

5 가을에 남선우가 아들을 파견하여 입시(入侍)[52]하게 하였다. 조서를 내려서 선우에게 관대(冠帶)와 새수(璽綬), 거마(車馬), 금백(金帛), 갑병(甲兵), 집기(什器)를 하사하였다. 또 하동(河東) 지역의 미비(米糒)[53] 2만5천 곡과 소와 양 3만6천 마리를 그들에게 공급하였다. 중랑장에게 감형 받은 자 50명[54]을 거느리고 선우가 있는 곳으로 따

---

51 골도후는 흉노의 대장(隊長)에 해당하는 직책으로 한씨(韓氏)골도후, 당우(當于)골도후, 호연(呼衍)골도후, 낭씨(郎氏)골도후, 속자(粟藉)골도후가 있다.

52 용어 자체로는 들어가서 황제를 모신다는 말이지만 실제는 인질의 의미를 갖는다.

53 미는 쌀이고 비는 말린 밥을 말하는데, 이는 군대가 행군할 때 사용하는 양식이다.

54 50명으로 이 일을 감당하기에는 너무 적은 수이다 아마도 오십(五十)은 오천

라가서 소송하는 일에 참여하고 그들의 움직임을 살피게 하였다.

선우는 연말이 되면 번번이 사자를 파견하여 상주문을 받들고 입시하는 아들을 보내어 입조(入朝)하였으며, 한나라에서는 알자를 파견하여 전에 입시하였던 아들을 호송하여 선우의 왕정으로 돌려보냈는데, 선우와 연지(閼氏),[55] 좌현왕, 우현왕 이하의 사람들에게 비단과 색깔 있는 비단을 합하여 1만 필을 하사하였으며 해마다 늘 그러하였다.

이에 운중(雲中, 내몽고 托克托縣), 오원(五原, 내몽고 包頭市 서북쪽), 삭방(朔方, 내몽고 伊盟의 서북부), 북지(北地, 감숙성 中寧縣), 정양(定襄, 산서성 右玉縣 남쪽), 안문(鴈門, 산서성 代縣), 상곡(上谷, 하북성 懷來縣), 대(代, 산서성 陽高縣) 등 여덟 군에 사는 백성들을 그들이 본래 살던 땅으로 돌아가게 하였다.

알자를 파견하여 감형 받은 죄인들을 나누어 거느리고 가서 성곽을 보수하고, 중원 지역에 사는 변방에 사는 백성을 찾아내어 여러 현으로 돌아가게 하였는데, 모두에게 장비와 돈을 하사하고 양식을 운반해 주었다. 그때 성곽들은 언덕과 같은 빈 터만 있었기에 땅을 다 정리하고 다시 만들었는데, 황상이 이에 전에 이곳으로 백성들을 옮긴 것[56]을 후회하였다.

6   겨울에 남흉노의 다섯 골도후의 아들들이 다시 그의 무리 3천 명

(五千)의 잘못이 아닌가 생각되나 확인할 수 없다.

55 선우의 황후를 호칭하는 말이다.

56 백성들을 이곳으로 옮긴 일은 건무 15년(39년)의 일로,《자치통감》권43에 실려 있다.

을 거느리고 남부로 귀부하니, 북선우가 기병으로 하여금 추격하게 하여서 그 무리를 모두 붙잡았다. 남선우가 병사를 파견하여 이들을 막았는데, 이들과 맞서 전투를 하였으나 불리하게 되자, 이에 다시 선우에게 조서를 내려서 서하(西河)의 미직(美稷)으로 옮겨 살도록 하였고, 이를 통하여 단침(段彬)과 왕욱(王郁)으로 하여금 서하에 머물면서 이들을 옹호하게 하고, 서하의 장사(長史)에게 명령을 내려서 매년 기병 2천 명과 감형 받은 자 5백 명을 거느리고 중랑장을 도와 선우를 호위하게 하였는데, 겨울에는 주둔하였다가 여름에는 해제하였으며 이 뒤로부터는 늘 이처럼 하였다.

남선우[57]가 이미 서하 지역에 살게 되자 역시 여러 부(部)의 왕을 두고 한나라를 도와 북지·삭방·오원·운중·정양·안문·대군을 방어하니, 모두 자기 부의 무리를 이끌고 군현의 탐정과 순찰하는 자들의 눈과 귀가 되어주었다.

북선우[58]는 자못 떨리고 두려워서 포로로 잡은 한나라 백성들을 돌려보내며 호의를 보였으며, 노략질하는 병사들이 남부로 내려와서 정후(亭候)[59]를 지날 때마다 번번이 사과하며 말하였다.

"스스로 도망친 야만인인 욱건일축왕(薁鞬日逐王)을 공격할 뿐, 감히 한나라 백성들을 범하지는 않겠습니다."

---

57 남흉노의 23대 선우인 난제비(欒提比)를 말한다.

58 북흉노의 22대 선우인 난제포노(欒提蒲奴)를 말한다.

59 변방 지역에 설치한 군사 기지이다.

광무제 건무 27년(辛亥, 51년)

1   여름, 4월 무오일(21일)에 대사도 옥황(玉況)이 죽었다.

2   5월 정축일(11일)에 조서를 내려 사도(司徒)와 사공(司空)의 명칭에서 나란히 대(大) 자를 없애고, 대사마를 고쳐 태위(太尉)로 하였다. 표기대장군이며 행(行)대사마[60]인 유륭(劉隆)을 이날로 파직시키고, 태복(太僕) 조희(趙憙)를 태위로 삼고 대사농 풍근(馮勤)을 사도로 삼았다.

3   북흉노에서 사자를 파견하여 무위(武威, 감숙성 무위현)까지 와서 화친하기를 청하니, 황제가 공경들을 조정으로 불러서 의논하게 하였는데, 결정을 보지 못하였다. 황태자가 말하였다.

"남선우가 새로 귀부하자 북쪽의 야만인들이 정벌을 두려워하여서 귀 기울여 들으며 앞 다투어 의로움에 귀부하려고 할 뿐입니다. 지금은 아직 출병할 수도 없는데, 도리어 다시 북쪽 야만인들과 왕래를 한다면, 신은 남흉노[61]가 장차 두 마음을 품고, 북쪽 야만인들의 항복한 자도 또한 다시 안 올까 걱정입니다."

황제가 그러할 것이라고 생각하고, 무위 태수에게 그들의 사자를 받아들이지 말도록 통고하였다.

---

60 행직으로 행대사마란 임시로 대사마의 직책을 수행하는 사람이라는 뜻이다.
61 북흉노 선우는 22대 선우이고, 남흉노의 선우는 23대 선우이다.

4 　낭릉후(朗陵侯) 장궁(臧宮)과 양허후(揚虛侯) 마무(馬武)가 편지를 올려서 말하였다.

"흉노는 이익을 탐하며 예의와 신의를 갖고 있지 않으니, 궁색하게 되면 머리를 조아리고, 편안하면 침략하여 도적질을 합니다. 야만인들은 지금 사람과 가축이 역병에 걸려 죽고, 가뭄과 황충으로 땅이 붉게 되었으며, 피로하고 고단하며 힘이 모자라 중국의 한 군도 감당하지 못하니 만 리에 걸쳐 있는 죽을 목숨들이 폐하의 손에 달려 있습니다. 복된 일은 다시 오지 않고, 시절도 혹 바뀌어 기회를 잃는 것이니 어찌 마땅히 문덕을 굳게 지킨다고 하여 무력에 관한 일을 버려야 하겠습니까?[62]

지금 장군들에게 요새 지역으로 나아가도록 명령하시고 현상금을 후하게 내거시고, 고구려와 오환, 선비족들에게 그 왼쪽을 공격하도록 타이르십시오. 하서(河西) 지역의 네 군[63]과 천수(天水)와 농서(隴西)의 강족과 호족을 발동하시어 그 오른쪽을 치십시오. 이와 같이 한다면 북쪽의 야만인들이 멸망되는 데는 불과 몇 년밖에 안 걸릴 것입니다.

신은 폐하께서 어질고 은혜를 베푸시는 분이어서 차마 못 할까 걱정이 되며, 꾀를 내는 신하도 여우와 같이 의심하여 만세 동안이나 가는 돌에 새길 공로를 성스러운 세대에 세우지 못할까 걱정됩니다."

조서를 내려서 회답하였다.

"《황석공기(黃石公記)》[64]에서 말하였소. '부드러워야 강한 것을 제압

---

62 《춘추좌전》에는 큰 복은 다시 오지 않는다는 말이 있고, 괴통(蒯通)은 시절이란 얻기는 어려워도 잃기는 쉽다고 하였는데, 이와 비슷한 말이다.

63 무위군·장액군·주천군·돈황군이다.

할 수 있고, 약하여야 센 것을 제압할 수 있다. 가까운데 있는 것을 버리고 먼 곳에 있는 것을 도모하는 사람은 수고를 하지만 아무런 공로를 세우지 못한다. 먼 곳의 것을 버리고 가까이 있는 것을 도모하는 사람은 편안하게 지내지면서 끝을 보게 된다. 그러므로 이르기를 땅을 넓히려고 힘쓰는 자는 스스로 피로해지고, 덕을 넓히려고 힘쓰는 자는 강하게 되며, 자신이 가지고 있는 것을 가지는 자는 편안하게 되고, 다른 사람이 가진 것을 탐하는 자는 잔학해진다. 잔학하고 없애버리려는 정치는 비록 성공한 것 같아도 반드시 실패한다.'고 하였다.

지금 나라에는 훌륭한 정치가 시행되지 않고, 재이와 변고가 쉬지를 않아서 백성들은 놀라고 당황해 하며, 사람들은 스스로를 보존하지 못하는데, 또다시 먼 곳에 있는 변방 밖의 일을 하고자 하겠는가?

공자가 말하였소. '나는 계손씨(季孫氏)가 저지른 우환이 전유(顓臾)에게만 있는 것이 아니다.'[65] 또한 북적(北狄)은 오히려 강성하니 둔전을 하면서 경비할 것이며, 전하는 이야기는 늘 대부분 사실을 갖추지 못하였소. 진실로 천하의 반을 들어서라도 큰 도적을 멸망시킬 수만 있다면 어찌 지극히 원하지 않겠소? 진실로 그때가 아니니 백성들을 쉬게 하는 것만 못하오."

이로부터 제장들은 감히 다시 군사에 관한 일을 말하는 자가 없었다.

---

64 황석공은 전한시대 장량이 하비(下邳)의 이상(圯上)에서 만난 노인으로 이 책을 편저하였다.

65 《논어》에 나오는 말이다.

5　황상이 조희(趙熹)에게 장구한 계책을 물으니, 조희가 제왕(諸王)들을 그들의 봉국으로 보내라고 요청하였다. 겨울에 황상이 처음으로 노왕(魯王) 유흥(劉興)과 제왕(齊王) 유석(劉石)을 그들의 봉국으로 보냈다.

6　이 해에 황제의 외삼촌인 수장공후(壽張恭侯)[66] 번굉(樊宏)이 죽었다. 번굉의 사람됨은 겸손하고 부드러우며 두려워하고 신중하여 조회를 할 때면 번번이 때맞추어 먼저 도착하여 부복하고서 할 일을 기다렸다. 조치할 것들을 상주할 때에는 손수 글씨를 썼으며 초본은 훼손하여 깎았다.[67] 공개된 조회에서 질문이 그에게 돌아오면 감히 여러 사람들이 있는 곳에서 대답하지 아니하였다.

종족들이 그의 감화에 물들어서 아직 일찍이 법을 어기는 일이 없었

---

66 수장현은 동평국(東平國)에 소속되었는데, 유수의 외삼촌 번굉이 이곳의 수장후였다. 그가 죽자 시호를 경후(敬侯)로 하였으나, 사마광은 경(敬) 자는 송(宋)나라의 피휘자(避諱字)이어서 이를 공후(恭侯)로 바꾸어 기록하였다.

67 이때까지는 종이가 발명되지 않아서 목간이나 죽간에 글씨를 썼다.

다. 황제도 그를 대단히 중하게 여겼다. 그는 병이 들어서 어렵게 되자 유언을 남겨 박장(薄葬)[68]을 치르도록 하고, 어느 하나라도 부장품을 사용하는 일이 없게 하였다. 관구(棺柩)를 한 번 장사지내면 당연히 다시 볼 수 없지만 만약에 부패하면 효성스러운 자녀들의 마음을 다치게 한다고 생각하여 부인과는 같은 무덤의 다른 혈(穴)에 장사지내게 하였다.

황제는 그의 명령이 훌륭하다고 하여 백관들에게 편지를 보였는데, 이 기회에 말하였다.

"지금 수장후의 뜻을 좇지 않는다면 그의 덕을 드러내지 못할 것이다. 또한 만세(萬世)[69]가 지난 뒤에 나도 그 방식대로 하고 싶다."

광무제 건무 28년(壬子, 52년)

1   봄, 정월 기사일[70]에 노왕(魯王) 유흥을 옮겨서 북해왕(北海王)으로 삼고, 노 지역을 동해국(東海國)에 덧붙여 주었다. 황제는 동해왕 유강(劉彊)[71]이 오가면서 예의를 지켰으니 그런고로 우대하여 큰 봉토를

---

68 장사지낼 때 사용하는 관곽·부장품·수레 등을 호화롭게 하지 않는 것을 말한다.

69 만세란 1만 세대란 뜻이므로 1세대를 30년으로 잡는다면 30만 년을 말한다. 그러나 황제에게는 죽는다는 말 대신 '만세 뒤'라고 표현하여 죽은 다음을 의미했다.

70 정월 1일이 계사(癸巳)일이므로 정월에는 기사일이 없다. 만약에 기사(己巳)가 을사(乙巳)의 잘못이라면 13일이다.

내려서 29개 현을 식읍으로 하였으며, 호분(虎賁)[72]과 정두(旌頭)를 하사하고 종거(鍾虡)[73]의 음악을 진설하고 승여(乘輿)[74]를 모방하여 쓰도록 하였다.

2 여름, 6월 정묘일(7일)에 패태후(沛太后) 곽(郭)씨[75]가 죽었다.

3 애초에 마원의 조카사위 왕반(王磐)은 평아후(平阿侯) 왕인(王仁)의 아들이었다. 왕망(王莽)이 실패하자 왕반은 부유한 재산을 가지고 유협(遊俠)이 되어 장강과 회하 사이에서 이름을 날렸다.

후에 경사로 와서 노닐며 여러 귀한 친척들과 벗으로 잘 사귀었는데 마원이 생질 조훈(曹訓)에게 말하였다.

"왕씨는 망한 성이어서 자석(子石)[76]은 마땅히 울타리를 쳐 스스로를 지켜야 되겠는데 도리어 경사의 장자(長者)[77]들과 어울려 지내면

---

71 유수의 장남으로 황태자가 되었다가 스스로 번국(藩國)으로 가겠다고 하여 동해왕에 책봉되었던 사람이다.

72 호분은 호위하는 기병으로 1천500명인데, 모자에 새의 깃털을 달았다.

73 거는 종(鍾)이나 경(磬)을 달아놓는 나무시렁을 말한다.

74 황제나 제후가 타는 수레를 말한다.

75 광무제 유수의 곽황후로 황자 유강을 낳았는데, 광무 17년에 폐위되어 중산왕태후가 되었다. 20년에 중산왕 유보(劉輔)를 패왕(沛王)으로 삼았으므로 곽씨는 패태후가 되었다.

76 왕반의 자이다.

77 일반적으로 장자란 어른스런 사람을 일컫는 말이며, 호삼성의 주에는 장자란 호협(豪俠)이라고 하는 의견도 있으나 여러 귀척일 뿐이라고 하였다.

서 기운을 쓰며 멋대로 행동하며 많은 사람들을 업신여기고 기를 꺾었으니, 그는 반드시 실패할 것이다."

그 후 1년여 만에 왕반이 사건에 연루되어 죽자 왕반의 아들 왕숙(王肅)이 다시 왕후들의 저택에 드나들었다.

그때에는 금하여 못하게 하는 일이 오히려 적었었기 때문에 제왕들은 모두 경사에 있으면서 경쟁적으로 명예를 얻고자 하여 유사(游士)를 초대하였다. 마원이 사마 여충(呂种)에게 말하였다.

"건무(建武)[78] 연간의 처음에 명목은 천하를 다시 세운다고 하였었지만 이제부터는 마땅히 국내가 나날이 안정되어야 할 뿐이오. 다만 국가[79]의 여러 아들들이 나란히 장성하였는데, 옛날의 금지 조항들이[80] 아직도 세워지지 않았음을 걱정하니, 만약 빈객들과 많은 왕래를 하게 된다면 큰 옥사가 일어날 것이오. 경들은 이를 경계하고 신중히 하시오."

이에 이르러서 어떤 사람이 편지를 올려서 왕숙 등이 주살 당한 집안의 사람을 받아들여서 제왕들의 빈객으로 삼았으니, 어떤 사건을 통하여 혼란이 생길 수 있을 것을 염려한다고 고해바쳤다.

마침 경시(更始)의 아들인 수광후(壽光侯) 유리(劉鯉)가 패왕(沛王)[81]에게 총애를 받자 유분자(劉盆子)를 원망하고 빈객과 결탁하여

---

78 광무제의 연호이다.

79 황제를 지칭하는 말이다.

80 전한시대에 여러 왕들에게 내려진 금지 조항으로, 제후와 왕자들이 빈객들과 교통하는 것을 허락하지 않았다.

81 패왕은 유보(劉輔)이다.

옛 식후(式侯)[82]였던 유공(劉恭)을 죽였다. 황제는 화가 났고, 패왕은 이에 연루되어 조옥(詔獄)[83]에 갇혔다가 3일 만에야 마침내 풀려났다. 이로 인하여 군현에 조서를 내려 여러 왕들의 빈객을 잡아들이라고 하였으며, 또한 서로서로 끌어들여서 죽은 사람이 1천 명이나 되었다. 여충도 또 그 화를 입었는데, 처형되기에 이르자 탄식하여 말하였다.

"마 장군은 정말로 귀신같은 사람이로다!"

4 가을, 8월 무인일(19일)에 동해왕 유강(劉彊)과 패왕 유보, 초왕 (楚王) 유영(劉英), 제남왕(濟南王) 유강(劉康), 회양왕(淮陽王) 유연(劉延)이 처음 그들의 봉국으로 갔다.

5 황상이 여러 신하들을 많이 모이게 하고 물었다.

"누가 태자[84]를 가르칠 수 있겠소?"

여러 신하들은 황상이 바라는 뜻을 이어받아서 모두가 말하였다.

"태자의 외삼촌으로 집금오인 원록후(原鹿侯) 음식(陰識)이 좋습니다."

박사 장일(張佚)이 정색하며 말하였다.

"지금 폐하께서 태자를 세우신 것이 음씨(陰氏)를 위해서입니까, 천하를 위해서입니까? 음씨를 위한 것이라면 음후(陰侯)가 좋습니다. 천

---

82 유분자의 형이다.

83 황제의 명에 따라 죄인을 신문하는 것을 말하며 죄인을 가둔 옥사를 가리키기도 한다.

84 태자는 유장(劉莊)이다.

하를 위한 것이라면 진실로 마땅히 천하의 현명한 인재를 채용하여야 할 것입니다."

황제가 훌륭하다고 칭찬하면서 말하였다.

"스승을 두고자 함은 태자를 보필하고자 함이다. 지금 박사는 짐을 바로 잡는 것도 어려워하지 않았는데, 하물며 태자인 경우에서이랴!"

바로 장일에게 벼슬을 주어 태자태부(太子太傅)로 삼고, 박사 환영 (桓榮)을 태자소부(太子少傅)로 삼으며, 치거(輜車)와 승마(乘馬)를 하사하였다.

환영은 제생들을 많이 모아놓고, 거마와 인수를 벌려놓고 말하였다.

"오늘 은혜를 입은 것은 고서(古書)를 공부하였던 힘이었으니 부지런히 하지 않을 수 있겠는가!"

6   북흉노가 사신을 파견하여 말과 가죽옷을 진공(進貢)하면서 다시금 화친하기를 빌고, 아울러 음악을 가르쳐달라고 청하였으며, 또한 서역 여러 나라의 흉노 손님들을 거느리고 함께 공물을 바치면서 알현하기를 구하였다.

황제는 이 문제를 삼부(三府)[85]에 내려 보내어 응답할 마땅한 내용을 의논하게 하였더니, 사도부의 연리[86] 반표(班彪)가 말하였다.

"신이 듣건대 효선황제(孝宣皇帝)[87]께서 변방에 있는 군수와 군위에게 칙령을 내리셔서 이르기를, '흉노는 큰 나라이지만 바꾸고 속이는

---

85 태위부(太尉府)·사도부(司徒府)·사공부(司空府)를 말한다.

86 사도, 즉 재상의 비서에 해당하는 관직이다.

87 전한 10대 황제 유순(劉詢)이다.

일이 많으므로 교제를 하면서 그들의 진정(眞情)을 알아낸다면 적을 퇴각시키고 막을 수 있지만 그들을 응대하면서 그 술수에 말려들게 되면 도리어 경솔하게 속는다.'고 하였습니다.

지금 북선우[88]는 남선우[89]가 와서 귀부한 것을 보고 그 나라를 도모할까봐 두려워하고 있고, 그런고로 자주 화친하기를 빌고 있습니다. 또한 소나 말을 멀리까지 몰고 와서 한나라와 합동으로 저자를 열면서 이름난 왕을 거듭 파견하고 진공하여 바치는 것이 많은데, 이는 모두 밖으로 그들이 부강함을 보여서 속이고자 함입니다.

신이 보건대 그들이 바치는 것이 더욱 중해지고 있으니, 그 나라는 더욱 텅텅 비어 있음을 알겠습니다. 귀부하여 화친하자는 것이 더욱 자주 있으니, 그들이 두려워하는 것이 더욱 많아진 것입니다. 그러나 지금은 아직 남선우를 도와주지 않았으니, 역시 북선우를 단절해서는 안 되며, 기미(羈縻)[90]의 의미로 보아 예의상 회답을 하지 않을 수 없습니다. 자못 상을 내릴 수 있는데 대략 그들이 헌납한 것에 상당하게 하고, 회보하는 답장에 쓰는 말씨는 반드시 적절해야 할 것으로 생각합니다.

지금 초안을 작성하여 아울러 올립니다. '선우는 한나라의 은혜를 잊지 못하고 선조들이 옛날에 약조[91]한 것을 생각하여 화친을 맺어서 자신을 돕고 나라를 편안히 하고자 하였으니 그 계책과 의논한 내용이 아주 높으며 선우를 위하여 이를 가상히 생각한다. 과거 흉노들은 자주

---

88 22대 선우 난제포노(欒提蒲奴)이다.

89 23대 선우 난제비(欒提比)이다.

90 중국의 주변국에 대한 외교정책이다.

91 전한 평제 원시 2년(2년)에 있었다.

어그러지고 혼란스러워져 호한야(呼韓邪) 선우와 질지(郅支) 선우가 서로 원수가 되어 틈이 벌어졌지만 효선제께서 나란히 구원하고 보호하였던 은혜를 입었던 고로 각기 시자(侍子)를 파견하여 번신(藩臣)을 칭하고 요새를 보호하였다.

그 후에 질지 선우는 분한 눈물을 흘리며 황제의 은택을 스스로 끊었으나, 호한야 선우는 귀부하여 가까이하며 충성스러움과 효성스러움이 드러났다. 한나라가 질지 선우를 멸망시키고, 드디어 나라를 보존하여 후손에게 이어서 전해주기에 이르러서 자손들이 대대로 계승하였다. 지금 남선우가 무리를 이끌고 남쪽으로 내려와 요새가 있는 곳에서 명령에 귀의하겠다고 하면서, 스스로 호한야의 적장자이므로 차례로 보아 당연히 선우로 세워져야 하나, 침탈되어 직책을 잃었다며 시기하고 의심하여 서로 등을 지고 자주 우리의 군사를 청하며 장차 돌아가서 북선우의 왕정(王庭)을 소탕하겠다고 하니 그 계책과 꾀하는 것이 분분하여 이르지 않는 곳이 없다.

오직 이 말을 생각해보니 한쪽 말만 들을 수 없고, 또한 북선우도 매년 공물을 바치면서 화친하기를 청하였으니 그러므로 거절하고 아직 허락하지 아니한 것은 장차 선우가 충효의 의미를 이룩하기를 바라는 것이었다. 한나라가 위엄과 신의를 가지고 만국을 전체적으로 통솔하는 것은 마치 해와 달이 비추는 것과 같으니, 모두가 신첩(臣妾)이어서 다른 풍속을 가진 백만족(百蠻族)도 뜻으로는 가깝거나 먼 것이 없고 복종하고 순종하는 자에게는 포상하고, 배반하여 거스르는 자에게는 목을 베어 벌을 주는 것이니 선악의 본보기는 호한야 선우와 질지 선우의 경우가 바로 그것이다.

지금 선우는 화친을 하려고 하는데, 그 정성이 이미 도달하였으니, 어찌 서역 여러 나라를 인솔하여 함께 와서 진공하고 알현하고자 하는 것을 의심하겠는가? 서역에 있는 나라들이 흉노에 속하였든 한나라에 속하였든 무엇이 다르겠는가? 선우는 자주 군사를 연합하여 난을 일으켜 나라 안이 텅 비고 재물도 다 소모되었다. 공물이란 왕래하는 예의 일 뿐인데, 왜 반드시 말과 가죽옷을 바쳤는가?

지금 잡증(雜繒)⁹² 5백 필과 활과 화살을 넣어두는 활집 하나, 화살 4발을 싸서 선우에게 준다. 또한 말을 바친 좌골도후(左骨都侯)와 우곡려왕(右谷蠡王)에게는 잡증 각기 4백 필과 참마검(斬馬劍)⁹³ 한 개씩을 하사한다.

선우가 전에 말하기를 '먼저 돌아가신 황제 시절에 호한야 선우에게 하사한 피리와 비파, 공후(空侯)가 모두 못쓰게 되었으니 바라건대 다시 하사하여 주십시오.'라고 하였지만, 생각하건대 선우의 나라는 아직도 안정되지 않고 바야흐로 군사 활동을 엄히 하고 있어서 싸우고 공격하는데 힘쓰고 있으니, 피리와 비파의 쓰임이 좋은 활과 예리한 칼만 못할 것이므로 이를 싸지 아니하였다.

짐이 작은 물건을 아끼려고 그리한 것은 아니니 선우에게 편하고 마땅히 있어야 할 것 가운데 바라는 것은 역전(驛傳)을 통하여 보고하라.'"

황제가 이것을 모두 받아들여 따랐다.

---

92 여러 종류의 명주 제품을 말한다.

93 말의 목을 베는 칼로 지휘관의 상징이다.

봉선의 시행

광무제 건무 29년(癸丑, 53년)

1   봄, 2월 초하루 정사일에 일식이 있었다.

광무제 건무 30년(甲寅, 54년)

1   봄, 2월에 거가가 동부 지역을 순행하였다. 여러 신하들이 말씀을
올렸다.

"즉위한 지 30년이 되셨으니 의당 태산(泰山)에 가서 봉선(封禪)[94]
을 하셔야 합니다."

조서를 내려 말하였다.

"즉위한 지 30년이지만 백성들이 원망하는 기색이 뱃속에 가득한데,

---

94 역성혁명으로 나라를 얻은 왕은 태산에 올라 단을 쌓고 하늘에 제사지내는
데, 이것이 봉(封)이고, 태산 아래 양보(梁父)에 땅을 깎고 지신에게 제사지내
는 것을 선(禪)이라고 하며, 이 둘을 합쳐서 봉선이라고 한다.

'내가 누구를 속이겠으며 하늘을 속인단 말인가!' 또 '일찍이 태산은 임방(林放)⁹⁵만도 못하다.'고 하였는데, 무슨 일로 72대(代)⁹⁶를 내려온 기록들을 더럽히겠는가? 만약 군현이나 멀리서 관리를 파견하여 축수하는 말을 올리며 텅 빈 아름다움으로 겉으로만 번지르르하게 칭찬한다면, 반드시 곤형(髡刑)⁹⁷에 처해 둔전을 하게 할 것이다."

이에 여러 신하들은 다시는 감히 말을 못하였다.

갑자일(13일)에 황상이 노(魯)의 제남(濟南)에 행차하였고, 윤달(윤 3월) 계축일(3일)에 궁궐로 돌아왔다.

2   패성(孛星)이 자미궁(紫微宮) 별자리에 나타났다.

3   여름, 4월 무자일(9일)에 좌익왕(左翊王) 유언(劉焉)을 옮겨서 중산왕(中山王)으로 삼았다.

4   5월에 홍수가 있었다.

5   가을, 7월 정유일⁹⁸에 황상이 노(魯) 지역에 행차하였다가 겨울, 11월 정유일⁹⁹에 궁궐로 돌아왔다.

---

95 임방은 공자의 제자 가운데 한 사람이다. 이는 태산에 있는 신이 공자의 제자인 임방만도 못하다는 말이다.

96 장자(莊子)가 말하기를 역성을 하여 왕이 되어 양보에 가서 선을 한 사람이 72대이고 돌에다 새긴 곳이 1천800여 곳이라 하였다.

97 머리를 깎는 형벌이다.

98 7월 1일은 기유(己酉)일이므로 7월 중에는 정유일이 없다.

6   교동강후(膠東剛侯) 가복(賈復)[100]이 죽었다. 가복은 정벌에 나서면 일찍이 패한 일이 없었고, 자주 제장들과 함께 포위를 무너뜨리고 급한 상황을 구해냈으며, 몸에 12군데의 상처를 입었다. 황제는 가복이 용감하게 적진 깊숙이 들어갔기 때문에 그에게 원정을 보내는 일이 적었지만 그의 용기와 절개를 장하게 생각하여 항상 자기를 따르도록 하였으니, 그러므로 가복은 한쪽 지역에서의 공훈을 세우는 일이 적었다. 제장들이 공로를 세운 것과 정벌한 것이 관해 토론할 때마다 가복은 일찍이 말을 하지 아니하였지만 황제가 번번이 말하였다.

"가군의 공로는 내 스스로가 안다."

광무제 건무 31년(乙卯, 55년)

1   여름, 5월에 홍수가 있었다.

2   그믐 계유일에 일식이 있었다.

3   황충의 재해가 있었다.

4   경조(京兆)의 연리[101] 제오륜(第五倫)[102]이 장안의 시장을 관장하

---

99 11월 1일이 정미(丁未)일이므로 11월에는 정유일이 없다.

100 가복은 교동후였는데, 죽자 시호를 강후로 하였다. 시법(諡法)에 의하면 전에 저지른 허물을 보완할 수 있었던 사람에게 강(剛)을 쓰지만, 이 경우에는 다만 가복이 강(剛)한 성격을 가졌으므로 직접 이를 시호로 한 것이다.

며 공평하고 염치와 절개가 있어서 시장에는 간사하거나 억울한 일이 없게 되었다.

매번 조서를 읽을 때마다 항상 탄식하며 말하였다.

"이 분은 성스러운 군주이시다. 한 번만 알현하면 결판이 날 텐데."

같은 급의 동료들이 이를 비웃으며 말하였다.

"너는 장령(將領)[103]에게 유세하여도 오히려 떨어뜨릴 수 없는데, 어찌 능히 만승[104]을 움직일 수 있을 것인가?"

제오륜이 말하였다.

"아직 자기를 알아주는 자를 만나지 못하였고 길이 다른 이유일 뿐이오."

그 뒤에 그는 효렴(孝廉)으로 천거되어 회양왕(淮陽王)의 의공장(醫工長)[105]에 보임되었다.

광무제 중원 원년(丙辰, 56년)

1 봄, 정월에 회양왕이 들어와서 조근(朝覲)하였는데, 제오륜도 수

---

101 일반 관리(官吏) 가운데 정관(正官)을 말하며, 부관(副官)은 속(屬)이라고 한다.

102 제오는 복성(複姓)이다. 원래는 제(齊) 지역의 전씨(田氏)였는데 원릉(園陵)으로 귀양 간 사람이 많아 순서에 따라 성을 붙여 제오라고 하였다.

103 주(州)의 장(將)이다.

104 황제를 말한다.

105 회양왕은 유연(劉延)이고, 의공장이란 의약을 주관하는 책임자이다.

행하는 관속으로 황제를 알현할 수 있었다. 황제가 정사에 관해 묻자, 제오륜은 이 기회를 이용하여 응수하여 대답하였고 황제는 크게 기뻐하였다. 다음날 다시 특별히 불러들여서 그와 더불어 저녁까지 이야기를 하였다.

황제가 제오륜에게 말하였다.

"듣건대 경이 관리 노릇을 하면서 장인의 볼기를 쳤고, 사촌형의 밥그릇보다 크게 하지 않았다고 하는데 정녕 이러한 일이 있었는가?"

대답하였다.

"신은 세 번 처를 얻었는데 모두가 아버지가 없는 사람이었습니다.[106] 어려서 배고프고 혼란한 시대를 만나 실로 감히 망령스럽게 다른 사람의 밥보다 많이 먹지 않았습니다. 많은 사람들은 신을 어리석고 꽉 막혔다고 하지만 이러한 연유로 그러한 말이 생겼을 뿐입니다."

황제가 크게 웃었다.

제오륜을 부이(扶夷, 호남성 武岡縣) 현장으로 삼더니 그가 관부에 아직 도착하지도 않았는데, 추가로 회계(會稽, 절강성 紹興市) 태수로 임명하였다. 정치를 깨끗하게 하고 혜택을 많이 주어 백성들이 그를 아꼈다.

2   황상이 《하도회창부(河圖會昌符)》[107]에 있는 '적유지구(赤劉之九) 회명대종(會命岱宗)'[108]라는 글귀를 읽었다. 황상은 이 글로 감동

---

106 간접적으로 볼기를 칠 장인이 없었다고 대답한 것이다.

107 책이름이다. 책제목으로 보아 '하도 낙서라는 예언서가 어떻게 효력을 발생할 수 있는가'를 적은 것으로 보인다.

108 적(赤)은 붉다는 뜻으로 유방의 고사에 적사(赤蛇)의 아들로 백사(白蛇)를 죽였다는 내용이 있으므로 한(漢) 왕조를 상징하는 색깔이다. 유(劉)는 유씨

을 받아 마침내 호분(虎賁)중랑장 양송(梁松) 등에게 조서를 내려《하락참문(河雒讖文)》[109]을 조사하여 살피게 하였는데, 9세(世)가 되어 봉선(封禪)을 해야 했던 것이 36번이나 있었다고 말하였다. 이에 장순(張純) 등이 다시 봉선하기를 주청하였고, 황상은 이에 허락하였다.

유사에게 조서를 내려 원봉(元封)[110] 시절의 옛일을 찾게 하여 보니, 마땅히 네모난 돌로 단을 쌓고 옥검(玉檢)과 금니(金泥)[111]를 사용하여야 했다. 황상은 돌을 다듬는 것이 어려워서 효무제(孝武帝)가 사용하였던 옛날 봉석(封石)을 이용하고 그 속에 옥첩(玉牒)을 넣어두자고 하

를 말하는 것이며, 구(九)는 9세대를 말한다. 대종(岱宗)은 산 가운데 제일 어른 격인 태산을 가리킨다. 달리 보면 대(岱)는 시작의 뜻이고 종(宗)은 장(長)의 뜻이므로 대종은 만물이 시작하며 음양이 교대하는 것이며 이는 오악(五嶽)의 어른이라는 말이 된다. 이를 구태여 해석한다면 '붉은색을 존중하는 유씨의 한 왕조에서는 9세대가 되면 태산에서 그 천명을 모은다.'는 것이다.

109 하도(河圖)와 낙서(洛書)에 나오는 참위(讖緯), 즉 예언에 관한 글을 모아둔 책이름으로 짐작된다.

110 전한 무제 때의 연호이다. 무제가 태산에 봉선을 하였기 때문에 연호를 원봉으로 바꾼 것이다. 이때가 원봉 원년(기원전 110년)이며,《자치통감》권20에 실려 있다.

111 원봉 연간 무제가 봉선한 고사가 있다. 이때 네모난 돌을 겹겹이 쌓아 단 가운데 두는데, 모두가 사방 5척(尺)이었다. 또 옥(玉)으로 된 첩서(牒書)를 네모난 돌에 감추어 두는데, 첩서(牒書)의 두께는 5촌(寸)이고, 길이는 1척3촌, 너비는 5촌이었고, 옥으로 만든 봉합이 있었다. 또 돌로 만든 봉합, 즉 석검(石檢) 10매를 사용하는데, 돌의 옆에 늘어놓았다. 동서로 각기 3개, 남북으로 각기 2개씩인데, 모두가 길이는 5척이고 너비는 3척이며, 두께는 7촌이었다. 검중(檢中), 즉 봉합함 속에는 세 곳에 글자를 새겼는데, 깊이가 4촌이고 사방 5촌이었으며, 뚜껑이 있었다. 검(檢), 즉 봉합은 금으로 다섯 번 둘레를 새겼는데, 수은과 금을 가지고 가루를 만들어 썼다.

였다. 양송 등이 다투듯 안 된다고 하여 마침내 석공에게 명령하여 완전한 청석(靑石)을 가져오라 하고 반드시 오색 돌을 가져올 필요는 없다고 하였다.

정묘일(28일)에 거가가 동쪽으로 순행을 떠났고, 2월 기묘일(10일)에 노 지역에 행차하였으며 나아가서 태산(泰山)에 행차하였다. 신묘일(22일) 새벽에 요제(燎祭)를 지내고 태산 아래 남쪽에서 하늘에 제사지내면서 여러 신들에게도 모두 종사(從祀)를 지냈는데, 주악은 남교(南郊)에서 사용한 것과 똑같이 하였다.

일을 끝내고 아침 식사 때에 이르러 천자가 연(輦)을 타고 산으로 올라갔는데, 점심때가 조금 지나서 산꼭대기에 도착하여 옷을 갈아입었다. 포시(晡時)¹¹²에 제단에 올라서 북쪽으로 향하여 서니, 상서령이 옥첩(玉牒)과 옥검(玉檢)¹¹³을 받들고 왔는데 천자는 1촌2푼의 인새를 사용하여 친히 이를 봉인하였고, 마치자 태상(太常)이 추기(騶騎) 2천여 명에게 명령을 내려 단 위에 있는 네모난 돌을 들어내게 하고 상서령이 옥첩을 그 속에 감추고 나서 다시 돌로 덮는 일을 마치자, 상서령은 5촌 크기의 인새로 석검(石檢)¹¹⁴을 봉인하였다.

일을 끝마치고 천자는 두 번 절하였다. 여러 신하들이 만세를 부르고 마침내 다시 길을 내려왔다. 밤중이 된 다음에야 황상은 마침내 산 아래에 도착하였고, 백관은 다음날 아침에야 끝마쳤다.

---

112 신시(申時)로 오후 3시에서 5시 사이이다.

113 여기에는 신선에게 올리는 글이 쓰여 있다.

114 검(檢)은 봉합이라는 말인데, 이것은 금실을 다섯 번 두르고 수은과 금을 진흙같이 만들어서, 이것으로 틈이 없도록 봉합하였다.

갑오일(25일)에 양음(梁陰)[115]에서 지신(地神)에게 선제(禪祭)를 지냈는데, 고후(高后)를 배향하고 산천의 여러 신들에게도 종사(從祀)를 지냈으며, 원시(元始)[116] 연간에 북교(北郊)에서 옛날에 제사지낸 일과 같이 진행하였다.

3   3월 무진일(30일)에 사공 장순(張純)이 죽었다.

4   여름, 4월 계유일(5일)에 황제의 거가가 궁궐로 돌아왔고, 기묘일(11일)에 천하에 사면하고 기원을 고쳤다.

---

115 양보산(梁父山)의 북쪽 기슭을 말한다.
116 전한 평제(平帝)의 연호이다.

도참을 좋아한 광무제

5 황상이 장안에 행차하였다가 5월 을축일(28일)에 환궁했다.

6 6월 신묘일(24일)에 태복(太僕) 풍방(馮魴)을 사공으로 삼았다.

7 을미일(28일)에 사도 풍근(馮勤)이 죽었다.

8 경사에서 예천(醴泉)[117]이 용솟음쳐 나왔고 또한 붉은 풀[118]이 물가에서 자랐다. 군과 봉국에서 빈번하게 감로(甘露)가 내렸다는 소식을 올려 보냈다. 여러 신하들이 주문으로 말하였다.

"영험한 물건들이 여전히 강림하고 있으니, 마땅히 태사(太史)에게 모아서 기록하게 하여 후세에 전하십시오."

---

117 이아(爾雅)에 단비가 때맞추어 내리고 만물이 즐거워하는 것을 예천이라고 하였다.

118 상서로운 풀로 알려져 있다. 《대대례(大戴禮)》를 보면 주초(朱草)는 하루에 한 잎씩 생겨나다가 15일이 지난 뒤에는 하루에 한 잎씩 떨어지는데 이런 일이 반복된다고 하였다.

황제는 이를 받아들이지 않았다.

황제는 스스로 덕이 없다고 겸손해 하면서 군과 봉국에서 올려 보낸 것을 번번이 억누르고 감당하려 아니하였으니 그러므로 사관이 기록한 것은 아주 적었다.

9   가을, 군과 봉국 가운데 세 곳에서 황충의 재해가 있었다.

10   겨울, 10월 신미일(6일)에 사예교위인 동래(東萊, 산동성 掖縣) 사람 이흔(李訢)을 사도로 삼았다.

11   갑신일(19일)에 사공에게 고조의 사당에 고유제를 지내게 하고, 박(薄)태후[119]의 존호를 올려 고황후라고 하고, 지신단(地神壇)에 배향하여 제사를 받게 하였다. 여(呂)태후의 사당을 묘원(墓園)으로 옮기고 사계절에 제사를 올렸다.[120]

12   11월 그믐 갑자일에 일식이 있었다.

13   이 해에 명당(明堂)과 영대(靈臺), 벽옹(辟雍)[121]의 공사를 시작하

---

119 전한 문제(文帝) 유항(劉恒)의 어머니이다.

120 여태후가 거의 유씨를 위태롭게 하였기 때문이다.

121 이곳은 모두 신성한 곳이다.《한관의(漢官儀)》에 의하면, 명당은 평성문(平城門)에서 2리 떨어져 있으며, 천자가 평성문을 나가서 먼저 명당을 거쳐 교사(郊祀)를 한다고 하였고, 또 벽옹은 명당에서 300보 떨어져 있는데, 거가가 벽옹을 나갈 때에는 북문으로 들어오며, 3월과 9월에는 그 안에서 향사례를

고 천하에 도참(圖讖)을 선포하였다.

애초 황상은《적복부(赤伏符)》를 가지고 황제의 자리에 올랐는데[122] 이로 말미암아 도참에 나온 글을 믿고 사용하였으며, 많은 경우 이것으로 혐의가 있는 문제를 판결하였다. 급사중 환담(桓譚)이 상소문을 올려서 간하였다.

"무릇 사람의 정리란 보이는 일은 소홀히 하고, 이상한 소문을 귀하게 생각합니다. 먼저 돌아가신 왕들이 기술한 것을 보건대, 모두 인의(仁義)와 정도(正道)를 근본으로 삼았고, 기이하고 이상하며 허망한 일을 갖지 않았습니다.

대개 천도(天道)와 성명(性命)은 성인도 말하기를 곤란해 하는 것이어서 자공(子貢) 이후부터는 그러한 이야기를 들을 수가 없었는데[123] 하물며 후세의 공부가 적은 유자(儒者)가 이것에 능통할 수 있었겠습니까? 지금 여러 교묘한 지혜와 작은 재주를 가진 자들과 술수를 공부한 자들이 그림과 글씨를 늘리고 보태어 참기(讖記)라고 고쳐 부르면서 속이고 현혹하며 탐욕으로 비뚤어져서 인주(人主)를 오도하니 어찌 이를 누르고 멀리하지 않을 수 있겠습니까?

신 환담이 엎드려 아뢰건대, 폐하께서 방사(方士)들이 하는 황백(黃白)의 술법[124]을 끝까지 알아보게 하신 것은 아주 현명하신 일입니다.

행한다. 벽옹은 물로 그 주위를 둘러싸서 보는 사람을 절제한다고 하였다. 또《한궁궐소(漢宮闕疏)》에는 영대는 높이가 3장(丈)이고 12개의 문이 있으며, 평창문 바로 남쪽에 큰 길의 동쪽이 명당이고, 서쪽이 영대라고 되어 있다.

122 이 사건은 건무 원년(25년)의 일로,《자치통감》권40에 실려 있다.

123《논어》를 보면, 자공이 '부자(夫子)께서 성(性)과 천도(天道)를 말하신 것을 들어볼 수 없었다.'고 하였다.

그러나 마침내 도참의 기록을 청납(聽納)하시려고 하신다니 왜 또 그르치시려 하십니까? 그 일이 비록 때로는 맞았다고 하지만 그것은 비유하건대 마치 점을 치면 우연히 맞는 것과 같습니다.

폐하께서 마땅히 분명하게 들으시어 성스러운 뜻을 드러내시고, 여러 가지 작고 구부러진 학설을 막으시며 오경[125]의 올바른 뜻을 서술하게 하십시오."

상소문이 상주되니, 황제가 기뻐하지 아니하였다.

영대를 지을 곳을 모여서 의논하는데, 황제가 환담에게 말하였다.

"내가 도참으로 이 문제를 결정하고자 하는데 어떠한가?"

환담은 아무 말을 하지 않고 한참 있다가 말하였다.

"신은 도참서를 읽지 않았습니다."

황제가 그 이유를 물었더니 환담은 도참이 경전이 아니라고 극언을 하였다.

황제가 몹시 화가 나서 말하였다.

"환담이 성인을 비방하고 법을 무시했으니 잡아 내려서 그 목을 쳐라."

환담이 머리를 조아려 피가 흘러내렸고, 한참 뒤에야 마침내 화가 풀렸다. 내보내어 육안(六安, 안휘성 육안현)의 군승(郡丞)[126]으로 삼았는데, 가는 도중에 길에서 죽었다.

---

124 연금술(鍊金術)을 말한다.

125 《시경》, 《서경》, 《예기》, 《역경》, 《춘추》이다.

126 군승은 군 태수의 비서장에 해당하는 직책이다.

❖ 범엽(范曄)[127]이 평론하였습니다.

"환담은 도참이 좋지 않다고 하다가 유배를 가다가 죽었고, 정
흥(鄭興)[128]은 겸손한 말을 함으로써 겨우 죽음을 면했으며, 가규
(賈逵)[129]는 도참에 나온 글에 덧붙여 해석을 하여 최상으로 귀하
게 드러났었다. 그 시대의 군주가 이러한 것으로 학술을 논평하였
으니, 슬픈 일이다."

가규는 부풍(扶風, 장안시 서쪽) 사람이다.[130]

14   남선우 난제비(欒提比)가 죽고, 동생인 좌현왕 난제막(欒提莫)[131]
이 자리를 이어받아 구부우제(丘浮尤鞮) 선우가 되었다. 황제는 사신
을 파견하여 새서(璽書)를 품고 가서 인새와 인수를 주고 의관과 채색
비단을 하사하였다. 이후로는 끝내 늘 있는 일이 되었다.

---

127 《후한서》를 찬술한 역사가이다.

128 정흥은 건무 7년(31년)에 도참으로 교사(郊祀)하는 문제에 관해 광무제로부
터 질문을 받았는데, 도참으로 결정하지 않는다고 대답하였다가 간신히 풀려
났다. 이는 《자치통감》 권42에 실려 있다.

129 가규는 광무제 다음에 등극한 명제(明帝) 유장(劉庄) 때 도참을 근거로 유
(劉)씨가 요(堯)임금의 후예라고 하여 대단한 신임을 받았던 인물이다.

130 가규는 다음 황제인 명제 때의 사람이지만 범엽의 평론에 가규가 등장하자
이를 해설하려고 써놓은 것이다.

131 난제비는 23대 선우이고, 난제막은 24대 선우이다.

광무제 중원 2년(丁巳, 57년)

1   봄, 정월 신미일(8일)에 처음으로 북교(北郊)를 세워서 후토(后土)
에 제사를 지냈다.

2   2월 무술일(5일)에 황제가 남궁의 전전에서 붕어하였는데, 나이
는 62세였다. 광무제는 매일 아침에 조회를 열어 살폈으며, 정오가 지
나서야 파하였는데, 자주 공경과 낭장(郎將)들을 불러 경학과 이치를
이야기하며 토론하였고, 밤이 되어서야 잠자리에 들었다.

황태자는 황제가 부지런히 노력하고 게으르지 않는 것을 보고, 틈을
타서 간하였다.

"폐하께서는 우(禹)임금과 탕(湯)임금의 밝으심을 가지셨지만 그러
나 황제(黃帝)와 노자(老子)가 가진 보양하는 복을 잃으셨으니, 바라건
대 정신을 좀 아끼시고 즐겁게 지내시면서 스스로 편안히 하십시오."

황제가 말하였다.

"나는 스스로 이러한 것을 즐기니 피곤하지 않다."

비록 정벌로 큰 업적을 이루었고 천하가 이미 평정되었지만 마침내
공신들을 물리치고 문인관리를 나오게 하여 정체(政體)를 밝고 신중하
게 하고, 권력의 기강을 전체적으로 관장하였으며, 때를 헤아려 힘을
쟀기 때문에 일을 하여서 허물된 일이 없었던 연고로 앞선 왕조의 매
서운 업적을 회복하고 몸소 태평시대를 이룩하였다.

태위 조희(曹熹)가 장사지내는 일을 관장하였다. 그때는 왕망의 난
을 거치면서 옛날의 전고(典故)가 남아있지 않아서 황태자와 여러 친
왕들이 섞여 한 자리에 앉았으며, 번국의 관속들이 궁성(宮省)을 출입

하여서 백관들과 아무런 구별이 없었다.

조희는 정색을 하고 전각의 계단에 서서 칼을 가로 잡고, 여러 친왕들을 부축하여 내려오게 하여 높고 낮음을 분명히 하였다. 알자를 파견하여 봉국의 관속들을 호송하여 그들의 현으로 가서 머물게 하고, 여러 친왕들도 그들의 저택[132]으로 가 있게 하였으며, 오직 아침과 포시(晡時)[133]에만 들어와서 곡을 할 수 있게 하라고 주문을 올렸다. 예의를 정돈시키고 궁문의 수위[134]를 엄격하게 하니 안팎이 숙연해졌다.

---

132 수도인 낙양에는 각 봉국에서 저택을 마련하여 두었다.

133 신시(申時)로 오후 3~5시이다.

134 한대의 궁전 문에는 매 문마다 사마 한 명을 두어 지키게 하였으며, 그 녹질은 1천 석이었는데 이를 사마전문이라고 하였다.

명제시대의 개막

3 태자가 황제 자리에 올랐으며,[135] 황후를 높여 황태후[136]라 하였다.

4 산양왕(山羊王) 유형(劉荊)이 와서 곡을 하는데 슬픈 기색이 없고, 비서(飛書)[137]를 만들어서 창두(蒼頭)[138]를 시켜 대홍려(大鴻臚) 곽황(郭況)[139]의 편지라고 사칭하여 동해왕(東海王) 유강(劉彊)[140]에게 보냈는데, 말하기를 '그는 죄 없이 폐출 당했고, 곽후(郭后)도 쫓겨나 욕을 당했다. 동쪽으로 돌아가서 병사를 일으켜 천하를 빼앗으라.'고 권고하였다. 또 말하였다.

---

135 황제에 오른 유장(劉莊)의 나이는 30세였다.

136 음려화(陰麗華)이다.

137 익명의 편지를 말한다.

138 머리에 푸른 끈을 동여맨 사람이라는 말로 관직이 없는 종복이다.

139 태자였다가 동해왕이 된 유강의 외삼촌이다.

140 유수의 태자였다가 생모 곽후의 일로 인해 동해왕이 되었다.

"고조(高祖)는 정장(亭長)의 신분으로 일어나셨고, 폐하[141]께서는 백수(白水, 호북성 襄陽縣)[142]에서 나라를 일으키셨는데, 하물며 왕께서야 원래 폐하의 장자이시고 부주(副主)[143]임에서이랴! 마땅히 가을의 서릿발이 되시고 함거에 갇힌 양이 되지[144] 마십시오. 인주(人主)가 붕망(崩亡)하시고 나면, 여염집의 졸개들도 오히려 도적이 되어 바라는 것을 얻고자 하는데, 어찌 하물며 왕께서야!"

유강이 편지를 열어보고 황공하고 두려워서 바로 그 사자를 붙잡아 두고 편지를 봉함하여 올려 보냈다. 명제는 유형이 친동생[145]이라 그 일을 비밀에 붙이고 유형을 내보내어 하남궁(河南宮)에 머물게 하였다.

5   3월 정묘일(5일)에 광무황제(光武皇帝)를 원릉에 장사지냈다.

6   여름, 4월 병진일(24일)에 조서를 내려 말하였다.

"바야흐로 지금 위로는 천자가 없고,[146] 아래로는 방백(方伯)이 없어서 마치 깊은 물을 건너려는데 배가 없는 것과 같다. 무릇 만승의 자리는 매우 중한데 장자(壯者)의 생각이 가벼울까 염려하니 실로 품덕

---

141 여기서는 죽은 유수(劉秀)를 말한다.

142 용릉현(舂陵縣)인데 원래는 백수현(白水縣)이었다.

143 두 번째 주인이라는 말인데 그전에는 태자를 부주라고 불렀다.

144 서릿발은 만물을 조용히 제압하지만 함거에 갇힌 양이 다른 사람에게 통제 받음을 말한다.

145 유형은 명제와 같이 음후의 소생이다.

146 명제가 즉위하였으나 아버지인 광무제 유수의 죽음을 이렇게 표현한 것이다.

을 갖춘 사람에게 소자(小子)[147]를 도와달라고 의뢰해야 하겠소. 고밀후(高密侯) 등우(鄧禹)는 으뜸 공신 가운데 으뜸이고, 동평왕 유창(劉蒼)은 관대하고 박학하며 꾀가 있다. 그러니 등우를 태부(太傅)로 삼고, 유창을 표기장군으로 삼는다."

유창이 간절히 사양하였으나 황제는 허락하지 아니하였다.

또한 표기장군에게 조서를 내려 장사(長史)를 두고, 연사(掾史)는 40명으로 하고, 지위는 삼공의 위로 하였다. 유창이 일찍이 서조연(西曹掾)인 제국(齊國) 사람 오량(吳良)을 추천하니 황제가 말하였다.

"현명한 사람을 추천하여 나라를 돕는 것은 재상의 직분이오. 소하(蕭何)가 한신(韓信)을 천거하고서는 단을 만들고 관직을 제수하였는데, 다시 시험할 필요가 없으니 지금 오량을 의랑으로 삼겠소."

7   처음에 소당(燒當)[148] 강족(羌族)의 우두머리 전량(滇良)이 선령(先零) 부락을 공격하여 깨뜨리고 그 땅을 빼앗아 거주하였다. 전량이 죽고 아들 전오(滇吾)가 뒤를 잇고 나서 귀부한 부락이 도리어 강성하게 되었다. 가을에 전오와 동생 전안(滇岸)이 무리를 이끌고 농서(隴西, 감숙성 臨洮縣) 지역을 노략질하여 태수 유우(劉盱)를 윤가(允街, 감숙성 평번시)에서 패배시키니 이에 요새를 지키던 여러 강족들이 모두 배반하였다.

알자 장홍(張鴻)에게 조서를 내려 여러 군의 병사들을 관장하고 가

---

147 이때 이미 30세인 명제는 겸손하게 소장(少壯) 또는 소자(小子)라고 표현하였다.

148 서강(西羌) 부족이다.

서 그들을 치라고 하였는데, 윤오(允吾, 감숙성 皋蘭縣)에서 싸웠지만 장흥의 군사들이 패하여 죽었다. 겨울, 11월에 다시 중랑장 두고(竇固)를 파견하여 포로(捕虜)장군 마무(馬武) 등 두 장군과 4만 명을 감독하여 이들을 토벌하게 하였다.

8   이 해에 남선우 난제막(欒提莫)이 죽었고, 동생 난제한(欒提汗)이 뒤를 이어서 이벌어노제(伊伐於盧鞮) 선우[149]가 되었다.

현종 효명황제[150] 영평 원년(戊午, 58년)

1   봄, 정월에 황제는 공경 이하의 관원을 인솔하고 원릉에 가서 조회를 하였는데, 원단일에 치루는 조회의 예식과 같게 하였다. 승여(乘輿)[151]는 신위에 절하고 물러나서 동상(東廂)에 앉았다. 시위관들은 모두 신위의 뒤에 있었고, 태관이 식물(食物)을 올리고, 태상이 음악을 연주하였다. 군국에서 올라온 계리(計吏)[152]가 차례로 앞에 나와서 신헌

---

149 25대 선우이다.

150 광무제의 넷째 아들로 건무 4년(28년)에 태어났는데 이름을 유양(劉陽)에서 유장(劉莊)으로 고쳤고, 건무 19년(43년)에 태자, 중원 원년(56년)에 황제가 되었다.

151 여란 바퀴가 없는 의식용으로 만들어진 수레이지만 승여란 황제가 타는 수레이고 실제로는 황제를 가리킨다.

152 계산과 장부를 담당하는 관리를 말하는데, 이들은 인사(人事)·호구(戶口)·부세(賦稅)를 기록한다. 각 군이나 봉국에서는 매년 지난 1년간의 계부(計簿)를 중앙정부에 보고하게 되어 있다.

(神軒)를 마주하고 그 군의 곡식의 값과 백성들의 질고(疾苦)를 보고하였다. 이 이후에는 이러한 방법이 상례화 되었다.

2   여름, 5월에 고밀원후(高密元侯)[153] 등우가 죽었다.

3   동해공왕(東海恭王)[154] 유강(劉彊)이 병이 들자 황상은 사자와 태의를 파견하여 병을 돌보게 하였는데, 역과 역 사이를 달리는 말이 끊이지 아니하였다. 패왕(沛王) 유보(劉輔)와 제남왕(濟南王) 유강(劉康), 회양왕(淮陽王) 유연(劉延)이 노(魯)[155]로 가서 그의 병을 돌보도록 조서를 내렸다.

무인일(22일)에 유강이 죽었는데 죽음을 앞에 두고 편지를 올려 은혜에 감사하며 말하였다.

"저의 몸은 이미 단명하게 되었는데, 외롭고 약한 남은 가족[156]들이 다시금 황태후와 폐하께 염려를 끼쳐드리게 되니 진실로 슬프고 진실로 부끄럽습니다. 아들 유정(劉政)이 어린아이라 외람되게도 신의 뒤를 이어받는다면 반드시 이를 온전하고 이롭게 할 것 같지 않으니, 바라건대 동해군(東海郡)[157]으로 돌아가게 하여 주십시오.

---

153 등우는 고밀후였는데, 죽고 나서 시호를 원후로 하였다. 시법에서 의를 행하고 백성을 즐겁게 한 경우에 원(元)이라고 한다고 되어 있다.

154 유강은 동해왕인데, 죽고 나서 시호로 공왕이라고 하였다.

155 동해국의 도읍이 산동성 곡부현이므로 옛날의 노(魯) 지역이었다.

156 원문에 '고약(孤弱)'으로 되어 있는데 아버지가 없는 사람을 고, 남편이 없는 여자를 약이라 하므로 아버지가 없는 아들과 남편이 죽은 부인을 말한다.

157 원래 동해국이 있던 산동성 담성현(郯城縣)이다. 노 지역은 추가로 식읍을

지금 천하 사람들이 새로이 큰 근심거리를 입고 있는데,[158] 오직 폐하께서 황태후를 더욱 공양하시고, 자주 어찬을 올리십시오. 신 유강은 지치고 열등하여 말로는 속뜻을 다 표현할 수 없습니다마는 바라건대 아울러 여러 친왕들에게도 감사를 드리고 싶으며, 뜻하지 않게 영원히 다시 만나 뵙지 못하겠습니다."

황제는 편지를 보고 비통해 하였고, 태후를 좇아서 진문정(津門亭)[159]에 나아가 애통함을 드러냈으며, 대사공에게 부절을 가지고 장례절차를 처리하게 하였고, 특별한 예의를 보냈으며, 초왕(楚王) 유영(劉英), 조왕(趙王) 유허(劉栩), 북해왕(北海王) 유흥(劉興)과 경사의 친척들에게 조서를 내려 모두 장례에 참석하게 하였다.

황제는 유강이 아주 겸손하고 검약한 것을 추념하여 화려한 장례를 치러 그의 뜻을 어기고 싶지 않아서 이에 특별히 조서를 내려 말하였다.

"장례 때 함께 매장하는 물건은 간략하게 줄이도록 힘쓰고, 수의는 몸을 가리면 족하고, 모차(茅車)와 와기(瓦器)[160]는 물건을 본래의 제도보다 줄여서 왕이 탁월하게 독행(獨行)을 행하였던 뜻을 드러내도록 하라."

확대시켜 줄 때에 포함시켰던 것이다. 그러므로 여기서는 식읍을 줄여달라는 말이다.

158 광무제가 죽은 것을 말한다.

159 낙양성 서쪽에 있는 문으로 진문이라고 하였고, 그 밖에 정(亭)이 하나 있었는데, 이를 진문정이라고 하였다.

160 모차는 지붕을 풀로 이어서 만든 영구를 실은 수레이고, 와기는 부장품을 말한다.

장작대장(將作大匠)¹⁶¹에게 그곳에 머무르며 능침과 사당을 짓게
하였다.

4   가을, 7월에 마무 등이 소당의 강족을 쳐서 대파하니 나머지들은
모두 항복하고 흩어졌다.

5   산양왕(山陽王) 유형(劉荊)이 사사로이 별점을 잘 보는 사람을 맞
아 함께 모의하여 천하에 변고가 있기를 바랐는데, 황제가 이 소식을
듣고, 유형을 광릉왕(廣陵王)으로 옮겨 책봉하고 그를 봉국으로 가게
하였다.¹⁶²

6   요동 태수 채융(祭肜)이 편하(偏何)에게 적산(赤山)의 오환족을 토
벌하게 하여 그들을 대파하고 우두머리의 목을 베었다. 요새 밖에서는
놀라고 두려워하여 서쪽 무위(武威, 감숙성 무위현)에서부터 동쪽 현토
(玄菟, 요녕성 瀋陽市)까지 모두 와서 귀부하니 들에서 먼지와 바람이 일
지 않아.¹⁶³ 마침내 변경에 연이어 주둔하던 군사를 모두 철수시켰다.

7   동평왕(東平王) 유창(劉蒼)은 한 왕조를 중흥시킨 이후 30여 년이
지나 사방에 걱정거리가 없어졌으므로 의당 예악(禮樂)을 정비하여야

---

161 공사를 담당하는 직책이다.

162 산양국은 낙양에서 110리 정도 떨어진 하남성 수무현에 있고, 광릉국은 낙
   양에서 750리 정도 떨어진 강소성 양주시에 있다.

163 전쟁이 없었다는 표현이다. 전쟁이 나면 군마가 움직여서 먼지와 바람이 인다.

한다고 생각하여서 마침내 공경들과 함께 남교와 북교, 관면(冠冕)과 거복(車服)제도를 정하였고, 광무제(光武帝)의 사당에 올리는 음악과 팔일무(八佾舞)[164]의 인원수를 의논하여 이를 올렸다.

8   호치민후(好畤愍侯)[165] 경감(耿弇)이 죽었다.

---

164 일(佾)은 무용할 때의 열을 말하는데, 천자가 있는 자리에서는 8일(佾) 즉, 64명이 무용을 하도록 되어 있다.

165 경감은 호치후였는데, 죽은 다음 시호를 민후라 하였다. 민(愍)이라는 시호는 나라가 걱정을 만났을 때 붙이는데 이때 광무제가 죽었으므로 민후라고 붙였다.

효명제 영평 2년(己未, 59년)

1   봄, 정월 신미일(19일)에 명당(明堂)에서 광무황제를 으뜸으로 높
이는 제사를 지냈는데, 황제와 공경열후들이 처음으로 제정한 관면(冠
冕)과 옥패(玉佩)[166]를 입고 행사를 치렀다. 제례를 마치고 영대에 올
라 구름모양[167]을 바라보았으며, 천하에 사면하였다.

2   3월에 벽옹(辟雍)[168]에 임석하여 처음으로 대사례(大射禮)[169]를
거행하였다.

────────

166 황제는 통천관(通天冠), 왕후(王侯)는 원유관(遠游冠), 3공과 후작(侯爵)은
   진현관(進賢冠)을 썼는데, 관모(官帽) 위에는 세 개의 수량(竪梁)을 달았고,
   경대부상서(卿大夫尙書) 박사(博士)는 관모에 두 개의 수량(竪梁)을 달았으며,
   천석 이하 하급관리들은 관모에 한 개의 수량(竪梁)을 달았다. 옥패도 황제는
   백옥(白玉), 왕후는 흑옥(黑玉), 경대부는 창옥(蒼玉), 작위 계승자는 유옥(瑜
   玉)을 패용하였다.

167 구름의 모양을 보고 한재나 수재 등 재변을 점칠 수 있다고 생각하였다.

168 국립대학에 해당한다.

 겨울, 10월 임자일(5일)에 황상이 벽옹에 행차하여 처음으로 양로예(養老禮)[170]를 치렀는데, 이궁(李躬)을 삼로(三老)로 삼고, 환영(桓榮)을 오경(五更)[171]으로 삼았다. 삼로는 모두 좋은 저포(苧布)로 된 도포를 입었고, 진현관(進賢冠)을 쓰고 옥장(玉杖)[172]을 들었다. 오경도 또한 이와 같았지만 지팡이를 짚지는 않았다.

 승여가 벽옹의 예전(禮殿)에 도착하여 동상(東廂)에 앉아서 사자를 파견, 안거(安車)[173]로 삼로와 오경을 태학(太學)의 강당으로 모셨는데, 천자가 문 앞에서 이들을 영접하고 서로 예를 교환하였다. 조계(阼階)[174]에서부터 이들을 인도하니 삼로는 빈계(賓階)[175]에서부터 올라갔는데 계단에 올라가자 천자가 예법대로 읍(揖)하였다.

 삼로가 계단에 오른 다음에 동쪽을 향해 서니, 삼공이 궤안(几案)을 차려놓고, 9경이 신발을 바르게 놓았으며, 천자는 친히 소매를 걷고 제사지낸 고기를 자르고 간장을 집어서 이들에게 드리고 나서 잔을 잡아

---

169 군왕이 제사지내기 전에 활쏘기 시합을 통하여 똑똑한 사람을 선발, 제사에 참여하게 하였다.

170 노인을 공경하는 뜻을 나타내는 의식이다.

171 고대의 군왕들은 삼로와 오경을 두어 부형과 같은 예의로 존경하였다. 즉, 국가의 원로에 해당하는 사람이다.

172 진현관은 옛날 치포관(緇布冠)으로 문유(文儒)들이 쓰는 것이며, 앞부분의 높이는 3촌이고 길이는 8촌이었다. 옥장은 윗부분에 옥으로 조각한 반구(班鳩)를 붙인 지팡이이다.

173 말 한 마리가 끄는 작은 수레이다.

174 동쪽 계단을 말하는데, 고대에는 주인이 손님을 맞이할 때 주인은 동쪽 계단으로, 손님은 서쪽 계단으로 올라갔다.

175 손님이 오르는 계단, 즉 서쪽 계단이다.

술로 입가심을 권하였는데 경(鯁)에 걸리지 말기를 먼저 축수하고, 밥이 목메지 않기를 뒤에 축수하였다. 오경은 남쪽으로 향하여 앉았고, 삼공이 음식을 올렸는데 그 예도 또한 같았다.

예를 마치자 환영과 그의 제자를 이끌어 강당으로 오르게 하였다. 황상이 스스로 강설하였고, 여러 유자들은 앞에서 경전을 들고 어려운 부분을 물었다. 관대진신(冠帶縉紳)[176]을 한 자들로 교문(橋門)[177]을 둘러쌌고 보고들은 사람이 대략 억만 명을 헤아렸다.[178]

이에 조서를 내려 환영에게 관내후(關內侯)의 작위를 하사하였다. 삼로와 오경에게는 모두 2천 석의 녹봉으로 종신토록 그 몸을 봉양하게 하였다. 천하에 삼로주(三老酒)를 내렸는데, 한사람에게 술 1석과 고기 40근이었다.

황상은 태자 때부터 환영에게서 《상서(尙書)》를 배웠고, 황제의 자리에 올라서도 여전히 환영을 스승의 예로써 존경하였다. 일찍이 태상부(太常府)에 행차하여 환영을 동면(東面)[179]에 앉게 하고 궤안(几案)과 옥장을 두게 하였으며, 백관들과 환영의 문생 수백 명을 모아놓고 황상은 친히 스스로 경서를 잡고 있었다. 제생들 가운데 어떤 사람은 자리를 피하여 어려움을 드러냈으나,[180] 황제는 겸손하게 말하였다.

---

176 관은 모자, 대는 허리띠이며, 진신은 허리띠를 맬 때 끼우는 홀을 말하므로 관대와 진신을 입은 사람들, 즉 관리나 선비들을 말한다.

177 벽옹의 네 문 밖에는 개울이 있어서 그곳에는 다리가 있었는데 보는 사람들은 모두 그 다리 밖에서 구경하였다.

178 사람의 숫자가 많다는 것을 표현한 것이다.

179 주인이 앉는 자리이다.

180 황제가 친히 참석하였으므로 황제와 같이 앉을 수 없어서 자리를 피한 것이다.

"태사(太師)께서 여기 계시오."

다 마치고나서 태관(太官)에서 공급하였던 것을 모두 태상의 집에 하사하였다.

환영이 병으로 아플 때마다 황제는 번번이 사자를 보내 문안을 드리게 하였는데, 태관과 태의가 길에서 서로 쳐다볼 수 있을 정도였다. 위독해지자 은혜에 감사하는 상소문을 올리고 작위와 식읍을 양보하여 반납하였다. 황제는 그 집에 행차하여 기거하는 상황을 물었는데, 골목에 들어서자 수레에서 내려 경서를 가지고 앞으로 가서 환영을 위무하며 눈물을 흘렸고, 책상·휘장·칼·의복을 하사하고 오래 머물다가 떠났다. 이로부터 제후와 장군, 대부들이 병문안을 오면서 다시는 수레를 타고 문 앞에 이르지 아니하였고, 모두가 침상 아래서 절을 하였다.

환영이 죽으니 황제는 친히 복장을 상복으로 바꾸어 입고 장례식에 임석하여 영구를 보내고, 수산(首山, 하남성 偃師縣의 서북쪽)의 남쪽에 무덤을 쓰도록 하사하였다. 아들 환욱(桓郁)이 마땅히 뒤를 이어야 하나 형의 아들 환범(桓汎)에게 양보하였다. 황제가 이를 허락하지 않자 마침내 환욱은 책봉하는 작위를 받았으나 모든 조세 수입은 그에게 주었다. 황제는 환욱을 시중으로 삼았다.

3   황상은 중산왕(中山王) 유언(劉焉)이 곽(郭)태후[181]의 어린 아들이었고, 태후[182]가 더욱 그를 아꼈기 때문에 그만이 홀로 경사에 머물러 있게 하였다가 이때에 이르러 비로소 여러 왕들과 더불어 그의 봉

---

181 유수의 첫 번째 황후로 폐출되었다.
182 유수의 두 번째 황후로 현 황제의 모후인 음려화(陰麗華)이다.

국으로 갔는데, 호분위사(虎賁衛士)와 관기(官騎)를 하사하였고, 은혜와 총애가 특히 두터워서 그 혼자만[183] 경사를 왕래할 수 있게 하였다.

황제는 음태후와 곽후의 자식들을 예의로 대우하는데 매사 반드시 고르게 하였다. 이들은 자주 상을 받았고, 은총이 모두에게 두터웠다.

4   갑자일(17일)에 황상이 장안에 행차하였다. 11월 갑신일(7일)에 사자를 파견하여 소하(蕭何)와 곽광(霍光)의 묘에 가서 중뢰(中牢)[184]의 제사를 지내게 하였는데, 황제가 그곳을 지나면서 그들의 묘에 경의를 표하였다. 앞으로 나아가 하동(河東, 산서성 夏縣)에 행차하였다가 계묘일(26일)에 궁궐로 돌아왔다.

5   12월에 호강(護羌)교위 두림(竇林)이 속이고 재물을 탐오한 죄에 연루되어 옥에 갇혔다가 죽었다. 두림이라는 사람은 두융(竇融)의 5촌 조카이다. 이에 두씨 집안에는 한 명의 삼공[185]과 두 명의 후작,[186] 공주와 혼인한 사람이 세 명,[187] 2천 석의 녹봉을 받는 사람 네 명[188]이

---

183 다른 왕들은 마음대로 경사에 올 수 없었다.

184 양과 돼지 한 마리씩을 제물로 지내는 제사를 말한다.

185 두융이다.

186 두융은 안풍후(安豊侯)이고, 두융의 동생 두우(竇友)는 현친후(顯親侯)이다.

187 두우의 아들 두고(竇固)는 유수의 딸 온양(溫陽)공주에게, 두융의 장자 두목(竇穆)은 내황(內黃)공주에게, 두목의 아들 두훈(竇勛)은 유강(劉強)의 딸 비양(沘陽)공주에게 각각 장가갔다.

188 두우와 두목이 성문(城門)교위를 지냈고, 두림(竇林)은 호강(護羌)교위, 두고(竇固)는 중랑장(中郎將)이었다.

한 시기에 있었다. 할아버지부터 손자에 이르기까지 관청건물[189]과 저택들이 경사에서는 서로 바라볼 정도였으며, 황제의 친척이나 공신 가운데서도 이들과 비교할 수 있는 사람들이 없었다.

두림이 주살되기에 이르자 황제는 자주 조서를 내려 두융을 나무랐고, 두융은 두려워서 해골(骸骨)[190]하기를 청하였으며, 조령을 내려 집에 가서 몸의 병을 돌보라고 하였다.

---

189 벼슬이 높은 사람은 관부를 열 수 있으므로 이들 가운데 관부를 여는 사람이 있었다.

190 해골은 원래 죽은 사람의 뼈를 말하는 것이지만 관직을 가진 사람이 관직에서 물러나는 것도 해골이라고 한다. 옛날에는 관직을 갖는다는 것은 제왕의 소유물이라는 의미를 갖고 있는데, 관직을 그만두는 것은 제왕의 소유에서 떨어져서 죽는 것과 같은 의미로 이해되었기 때문이다.

후덕한 황후와 경박한 황제

6　이 해에 처음으로 오교(五郊)에서 기(氣)를 맞아들였다.[191]

7　신양후(新陽侯) 음취(陰就)의 아들 음풍(陰豐)이 역읍(酈邑)공주를 모셨다.[192] 공주는 교만하고 투기가 심하였기에 음풍이 그를 죽였다가 주살되었고, 부모도 모두 자살하였다.

8　남선우 난제한(欒提汗)[193]이 죽고, 선우 난제비(欒提比)[194]의 아

---

191 오교란 동서남북에 중앙을 포함한 다섯을 말하며, 입춘일에는 동교(東郊)에서 봄을 맞으며 청제(青帝)에게 제사지내고, 입하(立夏)일에는 남교(南郊)에서 여름을 맞이하며 적제(赤帝)에게 제사지내고, 입추(立秋)가 되기 18일 전에는 중앙제단에서 천신(天神)을 맞이하며 황제(黃帝)와 후토신(后土神)에게 제사지내며, 입추일에는 서교(西郊)에서 가을을 맞이하며 백제(白帝)에게 제사지내고, 입동일에는 북교(北郊)에서 겨울을 맞이하면서 흑제(黑帝)에게 제사지낸다.

192 역읍공주는 유수의 딸 유수(劉綬)인데, 일반적으로 남자가 여자를 맞아 결혼하는 것을 취(娶) 자를 쓰지만 공주를 아내로 맞이할 때에는 상(尙) 자를 쓴다.

193 25대 선우이다.

들 난제적(欒提適)이 뒤를 이어서 혜동시축후제(醯僮尸逐侯鞮)[195] 선우가 되었다.

효명제 영평 3년(庚申, 60년)

1 봄, 2월 갑인일(9일)에 태위 조희와 사도 이흔(李訢)이 면직되었다. 병진일(11일)에 좌풍익(左馮翊, 섬서성 高陵縣) 곽단(郭丹)[196]을 사도로 삼고, 기미일(14일)에는 남양(南陽, 하남성 남양시) 태수 우연(虞延)을 태위로 삼았다.

2 갑자일(19일)에 귀인 마(馬)씨를 세워 황후로 삼았고, 황제의 아들 유달(劉炟)을 태자로 삼았다.

황후는 마원의 딸인데, 광무제시대에 뽑혀 태자궁으로 들어왔으며 음후(陰后)를 잘 시봉하였고, 같은 반열에 있는 사람들을 맞이하면서도 예의를 잘 갖추어서 위아래 사람들이 이러한 것을 편안하게 생각하니, 드디어 특별한 총애를 받았다. 황제가 즉위하자 귀인[197]이 되었다.

그때 황후의 전 어머니 언니의 딸인 가(賈)씨도 또한 뽑혀 들어와서 황제의 아들 유달을 낳았다. 황제는 황후에게서 아들이 없었기 때문에

---

194 23대 선우이다.

195 26대 선우이다.

196 곽단은 좌풍익 태수인데 태수가 생략되었다.

197 후한의 편제에 의하면 귀인은 황후 바로 아래의 1급 후궁이다.

이를 기르도록 명령하며 말하였다.

"사람이란 반드시 스스로 아들을 낳아야 하는 것은 아니며, 다만 아끼고 기르는 것이 지극하지 않을까만 걱정하는 것이오."

황후는 이에 마음을 다하여 양육하였는데, 수고하고 마음을 쓰는 것이 자기가 낳은 아이에게 하는 것보다 더하였다.

태자 역시 효성스러운 성격에 순박하고 돈독하여 모자간의 자애로움에 처음부터 끝까지 실오라기 하나와 같은 틈도 없었다. 황후는 항상 황제의 후사가 널리 퍼지지 않아서 주위 사람을 추천하여 가게 하면서도 마치 아직도 부족한 것처럼 걱정하였다. 후궁 가운데 나아가서 알현하는 사람이 있게 되면 매번 위로하며 받아들였고, 만약에 자주 총애를 받아서 불러들인 사람이 있으면 번번이 더욱 융성하게 대우했다.

유사가 장추궁(長秋宮)[198]을 세우라는 주청을 하자 황제가 아직 아무 말도 하지 않았는데 황태후가 말하였다.

"마귀인의 덕은 후궁 가운데 제일이니 바로 그 사람이어야 하오."

황후는 이미 궁궐에서 황후의 자리에 있게 되고서도 더욱 스스로 겸손하고 정숙하였으며 책읽기를 좋아하였다. 항상 널따란 비단옷을 입었고, 치마에는 끝동을 달지 않았다. 초하루와 보름에는 여러 후궁과 공주 등의 여인들이 문안을 드리겠다고 청하였는데. 황후의 옷이 성글고 거친 것을 보고, 무늬가 있는 비단옷이라고 생각하였다가 다가가서 보고는 마침내 웃었다.

황후가 말하였다.

"이 비단은 특히 염색을 하기에 매우 적당하였던 고로 이것을 사용

---

198 황후궁의 명칭을 장추궁이라고 하였다.

한 것뿐이오."

여러 신하들이 상주한 일 가운데 결론을 내리기 어려운 일이 있으면 황제는 자주 황후에게 물었고, 황후는 번번이 분석하고 해설하면서 이치에 따라 각기 그 실정에 맞도록 하였지만 그러나 집안의 사사로운 일로 정사에 간여한 일은 없었다. 황제는 이로 말미암아 총애하고 공경하였는데, 처음부터 끝까지 조금도 줄어들지 아니하였다.

3 황제가 한나라를 중흥시킨 공신들을 생각하고 마침내 28명의 장군들의 초상을 남궁운대(南宮雲臺)의 벽에 그려놓게 하였는데, 등우(鄧禹)가 첫째이고, 다음으로 마성(馬成), 오한(吳漢), 왕량(王梁), 가복(賈復), 진준(陳俊), 경감(耿弇), 두무(杜茂), 구순(寇恂), 부준(傅俊), 잠팽(岑彭), 견담(堅鐔), 풍이(馮異), 왕패(王霸), 주호(朱祜), 임광(任光), 채준(祭遵), 이충(李忠), 경단(景丹), 만수(萬脩), 개연(蓋延), 비융(邳肜), 요기(銚期), 유식(劉植), 경순(耿純), 장궁(臧宮), 마무(馬武), 유융(劉隆)이었다. 또한 왕상(王常), 이통(李通), 두융(竇融), 탁무(卓茂)를 더하니 모두 합하여 32인이었다. 마원은 초방(椒房)[199]의 부친이어서 홀로 여기에 들어가지 않았다.

4 여름, 4월 신유일(17일)에 황제의 아들 유건(劉建)을 책봉하여 천승왕(千乘王)으로 삼고, 유선(劉羨)을 광평왕(廣平王)으로 책봉하였다.

5 6월 정묘일(24일)에 천선성(天船星)[200]의 북쪽에 패성이 나타났다.

---

199 황후가 거처하는 곳으로 황후를 지칭한다.

6   황제는 북궁을 크게 짓기 시작하였다. 그때 가뭄이 들어서 상서복
야인 회계(會稽, 절강성 紹興市) 사람 종리의(鍾離意)가 궁궐에 나아가
관을 벗고 상소하였다.

"옛날 성탕(成湯)임금은 한재를 만나자 여섯 가지 일로 스스로에게
책임을 물었습니다. '정치를 하면서 절제하지 않았는가? 백성들을 아
프게 하였는가? 궁궐을 새로 지었는가? 여자 알자[201]가 성행하였는
가? 뇌물이 횡행하였는가? 참언하는 소인들이 창궐하였는가?'[202]

가만히 북궁을 크게 짓는 것을 보니 백성들이 농사지을 때를 잃을
것[203]입니다. 예로부터 궁실이 좁은 것은 고통이 아니었고, 다만 백성
들이 안녕하지 못할까 하는 것이 근심거리였으니 마땅히 또한 이를 중
시시켜서 하늘의 마음에 응답하십시오."

황제가 책(策)에다 조서를 써서 회보하였다.

"탕임금의 여섯 가지의 일을 인용하고 보니, 허물이 나 한 사람에게
있구나. 관을 쓰고 신을 신고 죄를 청하지도 마라."

또 대장(大匠)에게 칙령을 내려 여러 궁궐을 짓는 것을 중지하고 급

---

200 진(晉) 천문지(天文志)에 의하면 대릉(大陵)의 여덟 개의 별은 위북(胃北)에
   있는데 또 북쪽으로 9번째의 별이 천선이며, 다른 말로 주성(舟星)이라고 하
   는데 건널 수 없게 하기 위한 것이다.

201 황제의 심부름을 담당하는 직책인데, 필요에 따라서 여자도 이 직책에 채용
   되었다.

202 《제왕기(帝王記)》에 '성탕이 큰 가뭄이 7년이나 들자 재계(齋戒)하고 머리를
   자르고 손톱을 깎아 자기를 희생하여 상림의 사(社)에서 기도하면서 여섯 가
   지 항목을 가지고 자책(自責)하였다.'고 되어 있다.

203 백성들은 봄부터 가을까지 농사를 짓기 때문에 보통 부역은 농한기를 통해
   실시한다.

하지 않은 것을 줄이라고 하였다. 조서를 내려 공경과 백관들에게 사과의 말을 전하니 드디어 때맞추어 비가 내렸다.

종리의가 전초(全椒, 안휘성 전초현) 현장 유평(劉平)을 천거하였더니, 조서를 내려 징소하여 의랑으로 제수하였다. 유평은 전초에 있으면서 정치를 통해 은혜를 베풀었고, 백성들은 혹 재산을 늘렸으면 바로 부세(賦稅)를 냈으며, 혹은 나이를 줄여서라도 부역에 나왔다. 자사와 태수가 소관부서를 순시하였는데, 감옥에는 갇혀있는 사람이 없었고, 사람들은 스스로 그가 있어야 할 가장 적당한 곳에 있었으므로, 물을 것이 무엇인지를 알지 못하자 다만 조서만 읽고서 가버렸다.[204]

황제의 성격은 좁고 세세히 살펴 눈과 귀로 숨겨진 것을 들추어내는 것을 밝은 것이라고 생각하니, 공경과 대신들이 자주 모함을 받고 훼손을 당하는 경우가 있었고, 가까이 있는 신하들과 상서 이하의 사람들에게도 물건을 던지거나 밀어버리는 일이 있었다.

늘 일로 낭관(郎官) 약숭(藥崧)에게 화를 내면서 지팡이로 그를 쳤는데, 약숭이 도망하여 침상 아래로 들어가 버리니 황제가 화가 나서 **빠른** 목소리로 말하였다.

"낭관은 나오라!"

약숭이 이에 말하였다.

"천자는 목목(穆穆)하시고 제후는 황황(煌煌)하시다[205]고 하는데,

---

204 가장 좋은 정치란 사람마다 각기 자기가 꼭 있어야 할 자리를 차지하게 하는 것[名得其所]인데, 종리의가 다스린 군이 이와 같아서 순시하던 사람이 더 이상 물어볼 내용이 없어서 그냥 돌아간 것이다.

205 《예기(禮記)》〈곡례(曲禮)〉에 있는 글로 목목과 황황은 모두 행동과 용모가 정지한 모습을 말하는 것이라고 하기도 하고 혹은 목목은 미(美)이며, 황황은

아직 군주가 일어나서 스스로 낭관을 때렸다는 말을 듣지 못했습니다."

황제가 이에 그를 용서하였다.

이때 조정에서는 두려워서 떨지 않는 사람이 없었으며 다투어 엄격하고 절실하게 처리하여 주살되거나 책임을 지지 않으려고 하였지만 종리의만이 홀로 감히 간쟁하였고, 자주 조서를 봉함하여 황제에게 돌려보냈으며, 신하들이 허물이 있으면 바로 이를 구하여 풀어주었다.

마침 이상한 변고가 나타나게 되자 상소하였다.

"폐하께서는 귀신을 존경하고 두려워하시고, 백성들을 걱정하고 긍휼히 대하시는데, 천기가 아직 고르지 못하여 추위와 더위가 철에 따른 절기를 어기는 것은 그 허물이 여러 신하들이 교화를 제대로 선포하여 자기 직책을 잘 다스리지 못하며 가혹하고 각박하게 처리하는 것을 습관으로 하고 있고, 백관들은 서로 가까이 하려고 하는 마음이 없으며, 관리와 백성들은 화합하려는 뜻을 갖고 있지 않은데서 화합하는 기운에 역행하도록 감응되어서 천재가 나타나게 되었습니다.

백성들을 덕으로는 이길 수 있어도 힘으로는 복종시키기 어려우니, 《녹명(鹿鳴)》의 시[206]를 보면 반드시 연회를 열고 즐거워하는 것을 말하고 있는데, '사람과 신의 마음이 화합하게 되고 그런 다음에 천기가 고르게 된다.'고 하였습니다. 바라건대 폐하께서 성스러운 덕을 내리시어 형벌을 느슨하게 하시고, 시절의 기운에 따라서 음양을 조화롭게 하십시오."

황제는 그때 바로 채택하지는 않았지만 그러나 그의 지극한 정성을

성(盛)이라고 하기도 한다.

206 《시경(詩經)》의 〈녹명편〉을 말한다.

알고 끝까지 그를 아끼며 두텁게 대하였다.

7   가을, 8월 무진일(25일)에 조서를 내려 태악관(太樂官)을 고쳐 태여(太予)라고 하였는데, 도참서²⁰⁷에 나오는 글을 이용하였다.

8   그믐, 임신일에 일식이 있었다. 조서를 내려서 말하였다.

"옛날 초나라의 장왕(莊王)은 나라에 재해가 없게 되자 이를 경계로 삼고 두려워했으며,²⁰⁸ 노나라 애공(哀公) 때에는 화가 커졌지만 하늘이 견책하는 징조를 내리지 않았소.²⁰⁹ 지금 움직이고 변화가 있으니²¹⁰ 만약에 오히려 구원할 수 있다면 유사는 부지런히 그 자신의 직분을 다하기에 힘써 생각하고 덕이 없는 나를 광정(匡正)하시오."

9   겨울, 10월 갑자일(22일)에 거가가 황태후를 좇아서 장릉(章陵)²¹¹에 행차하였다. 형주(荊州, 호남성 常德市) 자사 곽하(郭賀)는 관

---

207 《상서선기검(尙書璇璣鈐)》을 말한다. 여기에 '유제한출 덕흡작악 왈여(有帝漢出 德洽作樂 曰予)'라고 되어 있으니, '제왕이 한수(漢水)에서 나와서 덕이 흡족하여 음악을 만들었다는 것이 여(予)이다.'라고 한 것이다.

208 《설원(說苑)》에 있는 말이다. 초 장왕은 하늘이나 땅에서 아무런 재변이 일어나지 않자 '하늘이 나를 잊고 있다는 말인가?'라고 하면서 자기의 허물을 살피려는 태도를 가졌다.

209 춘추시대 노나라의 18대 애공시대는 정치가 문란하였다. 이러한 상황으로 볼 때 당연히 일식이 있어서 경고를 보내야 하지만 아무런 일도 없었다. 이는 하늘이 경고를 하여도 소용이 없다고 인정한 것이다.

210 일식을 말한다.

211 호북성 조양현(棗陽縣)에 유수와 그의 아버지, 할아버지 등 3대의 무덤이 있다.

직을 수행하면서 특별한 치적을 쌓았기에 황상이 삼공의 복장을 하사하였는데, 보불(黼黻)과 면류(冕旒)²¹²를 갖춘 의복이었다. 칙령을 내려 소관부서를 다닐 때에 수레의 앞에 달린 포장을 치워 백성들이 그의 용모와 복장을 보게 하여 그가 덕을 가지고 있음을 표창하게 하였다. 무진일(26일)에 장릉에서 돌아왔다.

10   이 해에 경사와 군국의 일곱 군데에서 홍수가 났다.

11   사차왕(莎車王)²¹³ 현(賢)이 군사적 위엄을 가지고 가서 우전(于闐)과 대완(大宛), 규색(嬀塞)²¹⁴ 왕국을 압박하여 탈취하고, 그의 장수들에게 그곳을 지키게 하였다. 우전국 사람들이 그의 장수 군덕(君德)을 죽이고, 대인(大人) 휴막패(休莫霸)를 세워서 왕으로 삼았는데, 현은 여러 나라의 군사 수만 명을 인솔하고 그를 쳤지만 휴막패에게 대패하여 몸만 빠져 달아나서 돌아갔다.

휴막패는 전진하여 사차국을 포위하였다가 떠도는 화살에 맞아 죽었으며 우전국 사람들이 다시 그의 형의 아들 광덕(廣德)을 세워서 왕으로 삼으니, 광덕은 동생 인(仁)에게 현을 공격하게 하였다. 광덕의 아버지는 먼저 사차국에 구속되었었는데, 현이 마침내 그의 아버지를 돌려보내고 그의 딸을 광덕의 처로 삼게 하여 이들과 화친하였다.*

---

212 보불은 옷의 반은 청색, 반은 흑색으로 도끼무늬를 수놓고, 다시 두 개의 기(己)를 수놓은 것이다. 면류는 7개의 술을 앞뒤로 늘어뜨린 모자를 말한다.

213 사거국은 지금의 신강성 사거현(莎車縣)에 위치한다.

214 우전국은 신강성 화전현(和田縣)이고, 대완국은 귀산성(貴山城) 즉 지금의 중앙아시아에 있는 카산사이이며, 규색국의 위치는 자세하지 않다.

```
┌─────────────────────────────────┐
│      변화하는 흉노의 사정과 대처      │
└─────────────────────────────────┘
```

현종 효명황제 영평 4년(辛酉, 61년)

1   봄, 황제가 가까운 곳에 나가 성과 집들을 둘러보고서 끝내 하내[1]
에서 교렵(校獵)[2]을 하고자 하였는데 동평왕(東平王) 유창(劉蒼)이 편
지를 올려 간하자 황제가 상주문을 보고 바로 궁궐로 돌아왔다.

2   가을, 9월 무인일(12일)에 천승애왕(千乘哀王) 유건(劉建)[3]이 죽
었는데, 아들이 없어서 봉국을 없앴다.

3   겨울, 10월 을묘일(19일)에 사도 곽단(郭丹)과 사공 풍방(馮魴)이
면직되었고, 하남윤인 패국(沛國, 안휘성 濉溪縣) 사람 범천(范遷)을 사
도로 삼고, 태복 복공(伏恭)을 사공으로 삼았다. 복공은 복담(伏湛)의

---

1 낙양에서 북쪽으로 120리에 떨어진 곳에 위치해 있다.

2 울타리를 쳐놓고 사냥하는 것을 말한다.

3 유양(劉陽)의 아들로 승천왕이었는데 죽은 후 시호를 애왕이라 했다.

조카이다.

4   능향후(能鄕侯) 양송(梁松)이 원망하며 비서(飛書)[4]를 매달아놓고 비방하였다는 죄에 연루되어 옥에 갇혔다가 죽었다.

애초 황상이 태자였을 때 태중대부 정흥(鄭興)의 아들 정중(鄭衆)이 경서에 통달하였다 하여 이름이 알려졌는데, 태자가 산양왕(山陽王) 유형(劉荊)에게 양송을 통하여 비단을 보내게 하여 그를 초청하니 정중이 말하였다.

"태자는 저군(儲君)[5]이시니 밖으로 교제할 필요가 없으십니다. 한나라에는 예부터 금지하고 있는 것이 있는데, 번왕(藩王)은 마땅히 사사롭게 빈객과 왕래하는 것이 아니라고 하였습니다."

양송이 말하였다.

"어른의 뜻을 거스를 수 없는 것이오."

정중이 말하였다.

"법으로 금지하는 것을 범하여 죄를 짓는 것이 올바른 것을 지키다가 죽는 것만 못합니다."

끝내 가지 않았다. 양송이 실패하자[6] 빈객들은 대부분이 이에 연좌

---

4   글을 쓴 사람의 이름이 없는 편지로, 주로 다른 사람을 비방할 때 쓴다.

5   저(儲)는 부이(副貳)이므로 저군이란 부임금, 부황제이다. 따라서 황제의 뒤를 이을 태자이다.

6   양송은 광무제 유수의 사위로 마원이 아플 때 문병을 갔는데, 마원이 양송을 친구의 아들이라 하여 부마의 예를 갖추지 아니하였는데, 이 일로 후에 양송이 마원을 모함하는 편지를 올려서 죽게 했다. 이 사건은《자치통감》권 40 광무제 건무 원년(25년)조에 실려 있으며 결국 이번에도 비서로 비난하다가 오히려 죽게 된 것이다.

되었으나, 오직 정중만이 이러한 말썽에 물들지 않았다.

5   우전왕(于寘王) 광덕(廣德)이 여러 나라의 병사 3만 명을 거느리고 사차국(莎車國)을 공격하여 사차왕 현(賢)을 유인하여 죽이고 그 나라를 병탄하였다. 흉노[7]가 여러 나라의 병사를 발동하여 우전국을 포위하니 광덕이 항복을 받아달라고 청하였다. 흉노가 현의 인질로 왔던 아들 부거징(不居徵)을 세워서 사차왕으로 삼았는데, 광덕이 또 그를 공격하여 죽이자 다시 그의 동생 제려(齊黎)를 세워 사차왕으로 하였다.

6   동평왕(東平王) 유창(劉蒼)이 황제와 아주 가까운 사람[8]이어서 스스로 정치를 보필하였는데, 그 명성과 기대가 날로 중요해지자 마음속으로 스스로 편안하지 아니하여 전후 여러 차례 상소문을 올려서 말하였다.

"한나라가 건국된 이후 종실의 자제가 공경의 자리에 있은 적이 없었습니다. 빌건대 표기장군[9]의 인수를 올리고 물러나서 번국으로 가게 해주십시오."

그 말씨가 몹시 간절하여 황제가 이에 유창에게 번국으로 돌아가도록 허락하였으나, 장군의 인수를 올리는 것은 허락하지 아니하였다.

---

7 북흉노였을 것이다.

8 모두 음(陰)태후의 소생으로 황제 유장(劉莊)과 친형제이다.

9 명제가 정사년(丁巳, 57년) 2월에 광무제 유수의 뒤를 이어 황제가 되고, 4월에 유창을 표기장군으로 삼았다. 이 사실은 《자치통감》 권44에 실려 있다.

효명제 영평 5년(壬戌, 62년)

1   봄, 2월에 유창이 파직되어 번국으로 돌아갔다. 황제는 표기장군부의 장사(長史)를 동평국(東平國) 태부로 삼고, 연리(掾吏)¹⁰를 중대부(中大夫)로 삼고, 영사(令史)를 왕부의 낭(郞)으로 삼았으며, 5천만 전과 포 10만 필을 더 하사하였다.¹¹

2   겨울, 10월에 황상이 업성에 행차하였다가 이달에 궁궐로 돌아왔다.

3   11월에 북흉노가 오원(五原, 내몽고 包頭市 서북쪽)에 침구하였고, 12월에 운중(雲中, 내몽고 托克托市)에 침구하였는데, 남선우¹²가 이를 쳐서 물리쳤다.

4   이 해에 내군(內郡)¹³에서 변방 출신 백성들을 찾아내어 보내면서 이사할 돈을 내려주었는데, 한 사람당 2만 전이었다.

5   안풍대후(安豐戴侯)¹⁴ 두융(竇融)이 나이가 많았는데, 자손들이

---

10 고대에는 속관(屬官)을 통칭 연리(掾吏)라고 하였다.

11 황제는 동평왕 유창을 위하여 연사를 40명 두게 하였다. 왕국의 태부는 2천석, 중대부는 600석, 낭은 200석이다.

12 26대 선우 난제적(欒提適)이다.

13 중원 지역에 위치한 군을 말한다.

교만하고 방종하여 불법을 저지르는 일이 많았다. 큰아들 두목(寶穆)은 내황(內黃)공주[15]를 모시고 사는데, 음(陰)태후의 조서라고 날조하여 육안후(六安侯)[16] 유우(劉盱)에게 부인을 내보내고 자기의 딸을 처로 삼게 하였다.

유우의 처가에서 편지를 올려 이 상황에 대해 말하니 황제가 크게 화가 나서 두목 등의 관직을 모두 면직시켰다. 여러 두씨들 가운데 낭이(郎吏)였던 사람들도 모두 가속을 거느리고 고향[17]으로 돌아가게 하고 단지 두융만이 홀로 경사에 남게 하였는데, 두융은 얼마 후에 죽었다.

몇 년 후 두목 등이 다시 어떤 사건에 연루되어 아들 두훈(寶勳)과 두선(寶宣)이 모두 하옥되었다가 죽었다. 오랜 시간이 지난 후 조서를 내려 두융의 부인과 어린 손자 한 사람만 돌아와서 낙양(雒陽)에 살게 하였다.

효명제 영평 6년(癸亥, 63년)

1   봄, 2월에 왕락산(王雒山)에서 보정(寶鼎)[18]이 나와 이를 바쳤다.

---

14 안풍후 두융이 죽자 시호를 대후라 하였는데, 《자치통감》에서는 작위를 가진 사람의 죽음에 관한 기사를 쓸 때에는 시호를 함께 썼다.

15 내황현은 위군(魏郡)에 속한다.

16 전한시대에 육안은 왕국이었는데 후한 대에는 후국이 되었다.

17 두융의 고향은 평릉(平陵), 즉 섬서성 함양시이다.

18 〈명제(明帝) 본기〉에 의하면 왕락산은 여강군(廬江郡)에 있다고 되어 있으며, 보정이란 보배가 되는 세 발 달린 솥을 말한다.

여름, 4월 갑자일(7일)에 조서를 내려서 말하였다.

"상서로운 물건이 내려오는 것은 덕 있는 사람에게 감응한 것이다. 바야흐로 지금의 정치와 교화는 대부분 한쪽으로 치우쳐 있는데 어찌 이러한 상황에 이르렀겠는가? 《주역》에서 이르기를 '정(鼎)은 삼공(三公)을 상징한다.'[19]고 하였으니, 공경들이 자기 직책을 받들어 그 이치에 맞게 하였다는 것인가? 그래서 삼공에게는 비단 50필을 내리고, 9경과 이천석 관리들에게는 그 반씩을 하사한다.

먼저 돌아가신 황제께서는 조서를 내리셔서 '성(聖)' 자를 써서 편지를 올리지 못하게 하였는데,[20] 최근의 장주(章奏)에는 자못 들뜬 말이 많다. 지금부터 만약 지나치게 헛된 칭찬을 한 것이 있으면 상서는 마땅히 모두 억제하고 살펴보지 말아야 하는 것이니, 아첨하는 사람들로 인하여 웃음거리가 되지 않게 함을 보이라."

2   겨울, 10월에 황상이 노(魯)에 행차하였다. 12월에 돌아오다가 양성(陽城, 하남성 登封縣)에 행차하였으며 임오일(29일)에 궁궐로 돌아왔다.

3   이 해에 남선우 난제적(欒提適)[21]이 죽고, 선우 난제막(欒提莫)[22]의 아들 난제소(欒提蘇)가 뒤를 이어 구제거림제(丘除車林鞮) 선우[23]

---

19 정(鼎)은 발이 셋이므로 삼공에 대비시킨 것이다.

20 이 사건은 《자치통감》 권42, 광무 건무 7년(31년)조에 보인다.

21 26대 선우이다.

22 24대 선우이다.

23 27대 선우이다.

가 되었다. 몇 달 뒤에 다시 죽으니, 선우 난제적의 동생 난제장(欒提長)이 뒤를 이어 호야시축후제(湖邪尸逐侯鞮) 선우[24]가 되었다.

효명제 영평 7년(甲子, 64년)

1   봄, 정월 계묘일(20일)에 황태후 음(陰)씨가 붕어하였다. 2월 경신일(8일)에 광열(光烈)황후[25]를 장사지냈다.

2   북흉노가 오히려 강성하여져서 자주 변경 지대를 침입하더니 사신을 파견하여 합동으로 저자를 열자고 요구하였다. 황상은 그들과 통교를 하여서 다시는 노략질하지 않게 되기를 바라며 이를 허락하였다.

3   동해국(東海國, 산동성 郯城縣)의 재상 종균(宗均)을 상서령으로 삼았다. 애초 종균은 구강(九江, 안휘성 壽縣) 태수였는데, 5일에 한 번씩 사무를 처리하였고, 연·사(掾·史)들이 하는 일을 모두 생략하게 하고, 독우(督郵)[26]들이 나가는 것을 그만두고 부내(府內)에 있게 하니, 속현에서는 일이 없었고 백성들도 편안하게 생업에 종사하였다.

---

24 28대 선우이다.

25 전한시대 황후들의 시호는 황제의 시호를 따랐는데, 후한시대 음태후부터는 한 글자를 더 붙였다. 따라서 광무제 유수의 황후인 음후를 광열황후로 하였다. 시법(諡法)에 의하면 열은 덕을 가지고 대업을 준수하였다는 뜻이다.

26 일반 관리들 가운데 정관(正官)을 연리(掾吏)라 하고, 부관(副官)을 연사(掾史)라 하며, 군에는 5부 독우를 두어서 속현을 감찰하게 하였다.

구강에서는 옛날에 호랑이의 횡포가 심하여서 늘 사람을 모집하여 함정을 설치하였지만 오히려 다치고 해를 입는 일이 많았다. 종균이 속현에 공문을 보내서 말하였다.

"무릇 장강과 회하에 맹수가 있는 것은 마치 북쪽에 닭이나 돼지가 있는 것과 같은데, 오늘날 백성들에게 해가 되는 것은 그 허물이 잔혹한 관리에게 있는 것이고, 부지런히 수고스럽게 엿보다가 호랑이를 잡으려는 것은 근본적으로 백성들을 걱정하거나 긍휼히 생각하여서가 아니다. 그러니 간사하고 탐욕스러운 관리들을 물리치기에 힘쓰고, 충성스럽고 착한 사람이 앞으로 나와서 일하게 할 생각을 한다면 한꺼번에 함정을 없앨 수 있고 세금을 없앨 수 있을 것이다."

그 후 호랑이 때문에 있었던 걱정거리는 다시는 없었다.

황제가 종균의 명성을 듣고서 그를 추기(樞機)[27]에 임용했다. 종균이 다른 사람에게 말하였다.

"국가[28]는 법조문을 잘 아는 사람과 청렴한 관리를 좋아하시면서 간사한 사람들을 충분히 금지시킬 수 있다고 생각한다. 그러나 법조문을 잘 아는 관리는 속이게 되고, 청렴한 관리는 자기 한 몸만을 깨끗이 하려고 할 뿐이니, 백성들이 흩어지고 도망하거나 도적에게서 해를 입는 데는 아무런 도움을 주지 못한다.

나 종균은 머리를 조아려 이 문제를 가지고 논쟁할 것이지만, 적당한 때에 고치지 못하고 오래된다면 장차 스스로 고통을 당하게 될 것

---

27 추기란 중요한 기틀이 되는 업무를 장악하고 있는 직책으로 여기서는 종균을 상서령으로 임명하였으므로 상서령이 추기의 직책이다.

28 황제를 이렇게 간접적으로 지칭한 것이다.

이기에 말할 뿐이다."

이 말과 같은 일이 있기 전에 마침 사예교위로 옮겨졌다. 후에 황상은 그가 한 말을 듣고, 추가로 그를 훌륭하다고 생각하였다.

효명제 영평 8년(乙丑, 65년)

1   봄, 정월 기묘일(2일)에 사도 범천(范遷)이 죽었다.

2   3월 신묘일[29]에 태위 우연(虞延)을 사도로 삼았고, 위위 조희(趙熹)를 태위의 업무를 수행[30]하게 하였다.

3   월기(越騎)사마 정중(鄭衆)이 북흉노에 사신으로 갔는데, 선우[31]가 정중으로 하여금 그에게 절하게 하려고 하였지만 정중이 굴복하지 않았다. 선우는 그를 둘러싸고 지키면서 문을 폐쇄하고 물과 불을 공급하지 않았다. 정중이 칼을 뽑아 스스로 죽기로 맹세하니 선우가 두려워서 중지하고 이에 다시 사신을 보내어 정중을 따라서 경사로 돌아왔다.

처음에 대사농 경국(耿國)이 말씀을 올렸다.

"마땅히 도요(度遼)장군을 두어 오원(五原, 내몽고 包頭의 서북쪽)에 주둔하게 하여 남흉노가 도망하는 것을 막아야 합니다."

---

29 3월 1일이 정미(丁未)일이므로 3월에는 신묘일이 없다.

30 이는 행직으로 관명은 행태위사(行太尉事)인데, 태위대리에 해당한다.

31 이때 북흉노의 선우가 누구인지 확실치 않다.

조정에서는 이 의견을 따르지 아니하였다.

남흉노의 수복골도후(須卜骨都侯)[32] 등은 한나라와 북쪽의 야만인들이 사신을 교환한 것을 알고, 속으로 의심하고 원망하는 생각을 품고 배반하고자 비밀리에 사람을 시켜 북흉노에 보내어 군사를 파견하면 그들을 맞이하게 하였다.

정중이 요새 지역 밖으로 나오니, 이상한 낌새가 있어서 의심하였다. 틈새를 보면서 기다리고 있다가 과연 수복골도후의 사자를 잡았다. 이에 말씀을 올렸다.

"의당 다시 대장을 두어 두 야만인들이 연락하는 것을 막아야 합니다."

이로 말미암아 처음으로 도요영(度遼營)을 설치하고 중랑장 오당(吳棠)에게 도요장군의 일을 수행하게 하였고,[33] 여양(黎陽, 하남성 浚縣)의 호아영(虎牙營)에 있는 병사를 거느리고 오원(五原)의 만백(曼柏, 오원에서 서북쪽으로 40㎞쯤 떨어진 盆店)에 주둔하게 하였다.

---

32 흉노 선우의 성은 난제(欒提)이고, 그 외에 세력 있는 성으로는 수복(須卜)·호연(呼衍)·입림(立林)·난(蘭) 등이 있다. 그러나 이들도 결혼관계로 상당한 정치 세력을 형성하고 있다.

33 행직, 즉 대리직이다. 관직명은 행도요장군사이다.

불교의 수입과 화평의 세월

4   가을에 군과 봉국 열네 곳에서 홍수가 났다.

5   겨울, 10월에 북궁[34]이 완성되었다.

6   병자일(14일)에 죽을죄를 져서 옥에 갇혀 있는 죄수를 모집하여 도요영(度遼營)[35]에 가게 하였는데, 죄지은 망명자들을 각기 차등 있게 속죄시키도록 하였다.

   초왕(楚王) 유영(劉英)[36]이 황겸(黃縑)과 백환(白紈)[37]을 받들고서 봉국의 재상에게 가서 말하였다.

   "번국의 보신(輔臣)에 의탁 되어서 허물과 악함이 자꾸 쌓였는데, 큰

---

34 명제 영평 3년(60년)에 공사를 시작하였고, 이는 《자치통감》 권44에 실려 있다.

35 사형수 중에서 군사를 모집한 것이고, 일정한 과정을 거쳐서 사형을 사면하는 것이다.

36 황제인 유장의 동생이다.

37 모두 비단이다.

은혜를 받고 있음을 기뻐하여 비단을 받들어 보내드려서 허물과 죄를 사해 받고자 합니다."

봉국의 재상이 이를 보고하니 조서를 내려서 회보하였다.

"초왕은 황제(黃帝)와 노자(老子)의 미언(微言)을 외우고, 부도(浮屠)[38]의 인자함을 숭상하여 깨끗하게 재계(齋戒)하면서 석 달이나 보내며 신(神)과 맹세를 하였는데, 무슨 혐의가 있어서 마땅히 후회할만한 일이 있겠는가? 그 속죄를 위하여 보낸 것을 돌려보내어 포색(蒲塞)과 상문(桑門)[39]의 성찬(盛饌)을 마련하는데 도움이 되게 하라."

처음에 황제는 서역에 신(神)이 있는데, 그 이름을 불(佛)이라 한다는 보고를 받고, 이에 사신을 파견, 천축국(天竺國)[40]에 가게 하여 그 도(道)를 구하고, 책과 사문(沙門)[41]을 얻어오도록 하였다.

그 책에서는 대개 허무(虛無)를 으뜸으로 삼고, 자비를 베풀어 죽이지 않는 것을 귀하게 생각하였다. 사람이 죽어도 정신은 없어지지 아니하고 있다가 다시 형체인 몸을 받는다고 생각하였다. 살아있을 때 행하였던 선과 악은 모두 그에 따른 응보(應報)를 받는 것이므로 귀하게 생각하는 것은 정신을 수련하는 것이며, 끝에는 부처가 되기에 이른다는

---

38 불(佛), 즉 부처의 다른 말이다.

39 포색은 오계(五戒)를 받은 사람인데 범어로는 우바새이고, 상문은 사문(沙門)과 같은 말로 수도자(修道者)인데, 범어로는 사문나이고 당(唐)대의 말로는 깨달은 자를 말한다.

40 전한시대에 장건이 대하(大夏)에 사신으로 갔는데, 그 옆에 신독국(身毒國)이 있다고 전하였다. 신독국은 다른 말로 천축국이고, 지금의 인도이다.

41 불교에서 수행을 아주 잘한 사람을 사문이라고 하는데, 한대(漢代)의 말로는 식(息)이다. 즉 일체의 생각을 쉬고 무위 상태에 있는 사람이다.

것이다. 또 넓고 큰 말씀을 하면서 어리석은 속인들에게 권유하였다.

그 도에 정통한 사람을 사문이라고 불렀는데, 이에 중국에 처음으로 그 법술이 전해졌으며,[42] 그 형상을 그림으로 그려놓았는데, 왕공(王公)과 귀인(貴人) 가운데 다만 초왕 유영(劉英)만이 제일 먼저 그를 좋아하였다.

7 그믐 임인일(30일)에 일식이 있었는데 개기식이었다. 여러 관청에 조서를 내려서 자기가 맡은 일을 부지런히 처리하라고 격려하면서 극단적인 직언을 하되 꺼리지 말라고 하였다. 이에 일정한 직위에 있는 사람들은 모두 봉사(封事)[43]를 올려서 각기 정치의 득과 실을 말하였는데, 황제가 그 장주문들을 보고 나서 깊이 자신에게 허물을 돌리고, 올라온 장주문들을 백관들에게 보였다.

조서를 내려 말하였다.

---

42 이보다 먼저 전한 애제 원수 원년(기원전 2년)에 박사제자 진경헌(秦景憲)이 대월지왕(大月氏王)의 사신 이존(伊存)이 입으로 불경을 전하는 것을 들은 바 있어 중국에서는 이에 관한 소식을 듣고 있었지만 믿지는 않았다고 한다. 그 다음에 명제가 밤 꿈에 금으로 된 사람의 정수리에서 흰 빛이 났는데, 날아와 궁궐의 뜰에 왔으므로 신하들에게 물었더니 부의(傅毅)가 부처라고 대답하였던 것이다. 그때 황제는 채음(蔡愔)을 천축국에 사신으로 보내어 부처의 모습을 그리고 사문인 섭마등(攝摩騰), 축법란(竺法蘭)과 함께 낙양으로 돌아왔다. 이때부터 중국에는 사문이 무릎을 꿇고 절하는 법이 생겨났다. 채음이 돌아올 때 백마(白馬)에 불교경전을 싣고 왔고, 이어 낙성(洛城)의 옹관(雍關) 서쪽에 백마사(白馬寺)를 지었다. 원굉의《한기(漢記)》에 이에 관한 내용이 자세히 기록되어 있다고 한다.

43 황제에게 올리는 주장(奏狀)을 봉함하여서 다른 사람은 볼 수 없고 황제만이 볼 수 있도록 하여 올리는 것이다.

"여러 신료들이 말한 것은 모두 짐의 허물이오. 백성들이 억울한 일을 당하여도 순리대로 처리할 수 없고, 관리가 교활하고 속여도 이를 금할 수가 없소. 백성들의 힘을 가벼이 사용하여 궁실을 수선하고, 출입[44]하는 데에도 절도가 없으며, 기뻐하고 성내는 것이 지나치오. 앞에 있었던 경계할만한 일을 오래도록 살피니 무섭고 두렵소. 다만 나의 덕이 적어서 오래도록 게으르게 될까 두려울 뿐이오."

8   북흉노가 비록 사신을 파견하여서 입공(入貢)하였지만 침입하여 노략질하는 것을 쉬지 않았으므로 변방에 있는 성에서는 낮에도 문을 닫아걸었다.

황제가 사신을 파견하여 그들이 사신을 보낸 것에 대하여 회보 하는 문제를 논의하였는데 정중(鄭衆)이 상소하여 간하였다.

"신이 듣건대, 북선우가 우리 한나라의 사자를 오게 하는 까닭은 남선우의 무리들을 이간시켜서 36개 나라[45] 사람들의 마음을 굳게 만들고자 함입니다. 또 한나라와 화친하고 있다는 것을 내세우면서 이웃에 있는 적들에게 과시하여 서역 나라들 가운데 귀화하려는 자들이 여우처럼 의심하도록 하고, 마음속으로 한나라 땅을 생각하는 사람들이 중국의 땅에 절망하게 하려고 할 뿐입니다.

한나라의 사자가 이미 도착하기만 하여도 바로 오만하고 자신감을 갖습니다. 만약 다시 이를 파견한다면 야만인들은 반드시 자신들의 계책대로 되었다고 생각할 것이며, 그 나라의 여러 신하들 가운데 그들의

---

44 조세를 거두어들이고, 이것을 지출하는 것을 말한다.

45 전한 무제가 서역을 개척하였을 때 한에 귀부한 나라들이다.

논의를 공박하려고 하는 사람도 다시는 감히 말을 못하게 될 것입니다. 이와 같이 되면 남흉노의 왕정은 동요될 것이고, 오환(烏桓)도 마음이 떠날 것입니다.

남선우는 한나라 땅에 오래 살았기 때문에 형편과 세력을 두루 알고 있어서 만약에 나뉘어 떠나고 흩어지면 도리어 변방 지역이 해를 입게 될 것입니다. 지금 다행스럽게도 도요(度遼)장군에 속한 무리들이 북방 변새에서 위엄을 날리고 있으니, 비록 회답하는 사신을 보내지 않는다고 하여도 감히 걱정거리를 만들지는 못할 것입니다."

황제는 좇지 아니하였다.

다시 정중을 파견하여 가게 하니 정중이 이 기회를 통하여 말씀을 올렸다.

"신은 전에 명령을 받들고 사자로 가서 흉노에게 절을 하지 아니하였는데, 선우가 한을 품고 병사를 보내서 신을 포위하였었습니다. 지금 다시 명령을 받들고 가게 된다면 반드시 제가 꺾이게 될 것인데, 신은 진실로 위대한 한나라의 부절을 가지고 가서 털 가죽옷 입은 사람[46]에게 홀로 절할 수는 없습니다. 만약에 흉노가 끝내 신을 복종시킨다면 장차 위대한 한나라의 강함에 누를 끼칠 것입니다."

황제는 이 말을 듣지 않았다.

정중은 부득이하여 이미 출발하였으나, 길에서 계속 편지를 올려 이 문제를 가지고 고집스럽게 논쟁을 하였다. 조서를 내려 정중을 심히 나무라고 뒤쫓아 가서 돌아오게 하여 정위에게 가두게 하였다가 사면을

---

46 흉노를 가리키는 말이다. 흉노는 가축을 길러 잡아먹고, 그 가죽으로 옷을 해 입고, 털로 짠 이불을 덮고 잔다.

내려 집으로 돌아가게 했다. 그 후에 황제는 흉노에서 온 사람에게서 정중이 선우와 예의문제를 가지고 다투었던 상황을 듣고 마침내 다시 정중을 불러서 군사마(軍司馬)로 삼았다.

효명제 영평 9년(丙寅, 66년)

1   여름, 4월 갑진일[47]에 사예교위와 부자사(部刺史)[48]에게 조서를 내려, 매년 묵수(墨綬)[49]를 찬 장리(長吏)로서 3년 이상 되었고, 치적의 상황이 우수한 사람 각 한 명을 각 지역의 연말 보고서와 함께 올려보내게 하고 특히 치적을 이루지 못한 사람도 보고하게 하였다.

2   이 해에 대풍이 들었다.

3   황제의 아들 유공(劉恭)에게 명호(名號)를 하사하여 영수왕(靈壽王)이라 하고, 유당(劉黨)의 명호를 중희왕(重熹王)이라고 하였는데, 아직 국읍(國邑)[50]을 갖게 하지는 않았다.

---

47 4월 1일은 신미일이므로 4월 중에는 갑진일이 없다. 만약 갑진(甲辰)이 갑술(甲戌)의 잘못이라면 4월 4일이다.

48 주의 자사를 말한다. 후한대에는 13개의 주부(州部)를 설치하였다.

49 관리의 인새에 달아둔 끈인데, 한대에는 현령(縣令) 이하 600석의 녹봉을 받는 관리들은 검은색의 묵수를 찼다. 따라서 여기서는 현령 이하 600석의 관리 이상을 말한다.

50 제후왕으로 임명되면 그 제후국의 치소를 갖게 하는데, 이것이 국읍이다.

4   황제가 유학을 숭상하여 황태자와 여러 왕후들에서부터 대신들의 자제와 공신들의 자손에 이르기까지 경전을 공부하지 않는 사람이 없었다. 또 외척인 번(樊)씨·곽(郭)씨·음(陰)씨·마(馬)씨의 여러 아들들을 위하여 남궁(南宮)에 학교를 세웠는데, 이를 '사성소후(四姓小侯)'[51]라고 하였다.

5경의 스승을 두고 고명하고 능력 있는 사람을 찾아 뽑아서 그들에게 수업을 하게 하였다. 기문(期門)에서부터 우림(羽林)[52]의 무사들에 이르기까지 모두 《효경장구(孝經章句)》를 능통하게 하였다. 흉노도 역시 자제를 파견하여 학교에 들여보냈다.

5   광릉왕(廣陵王) 유형(劉荊)이 다시 관상쟁이를 불러서 말하였다.

"나의 모습이 먼저 돌아가신 황제와 흡사한데, 먼저 돌아가신 황제께서는 30살에 천하를 얻으셨느니라.[53] 내가 지금 30살이니 군사를 일으킬 수 있겠는가?"

관상쟁이가 관리에게 가서 이 사실을 고발하였다. 유형이 무섭고 두려워서 자진하여 감옥에 들어가니 황제가 은혜를 베풀었으며, 그 사건을 끝까지 조사하지 아니하였지만 조서를 내려 신하들과 관리나 백성을 소속시킬 수 없고, 오직 조부(租賦) 받아먹는 일만을 옛날 그대로 하게 하였다. 그의 봉국의 재상과 중위(中尉)에게 삼가 그를 숙위(宿衛)

---

51 소후란 열후에 책봉되지 않았으나 열후 정도의 귀한 대접을 받는 사람에게 붙인 일종의 별명이다.

52 기문은 무기를 들고 출입하며 호위하는 관직이고, 우림은 황제의 시위군이다.

53 유수는 건무 원년(25년)에 즉위하였는데, 이때 31세였다.

하게 하였다.

유형은 또 무격(巫覡)에게 제사지내게 하고, 저주하는 기도를 하게 하였다. 장수(長水)교위⁵⁴ 번조(樊儵) 등에게 조서를 내려 여러 사람을 섞어 그 옥사를 처리하게 하였는데 사건의 조사를 마치고 유형을 죽이라고 주청하였다. 황제가 화를 내며 말하였다.

"여러 경들은 나의 동생인 연고로 그를 죽이고자 하지만, 나의 아들이라면 경들이 감히 이렇게 하겠소?"

번조가 대답하였다.

"천하는 고제의 천하이지 폐하의 천하가 아닙니다.《춘추》의 의미를 보면 임금이나 부모에게는 시역(弑逆)을 할 수 없으며, 시역한다면 반드시 죽이게 되어 있습니다.⁵⁵ 신들은 유형이 같은 어머니를 둔 동생이고, 폐하께서 성스러운 마음을 남기고 측은한 마음을 덧붙이고 계시기에 그러므로 감히 청할 뿐입니다. 폐하의 아들이었다고 해도 신들은 오로지 주살했을 뿐입니다.⁵⁶"

황제는 탄식하며 이 대답을 훌륭하다고 하였다. 번조는 번굉(樊宏)의 아들이다.

---

54 외국 출신으로 구성된 군대의 지휘관에 해당하는 직책이다.

55 《춘추공양전》에 나온다.

56 황제에게 보고하지 않고 바로 주살했을 것이라는 말이다.

초왕 유영의 반란 사건

효명제 영평 10년(丁卯, 67년)

1 봄, 2월 광릉사왕(廣陵思王)[57] 유형이 자살하니 그 봉국을 없앴다.

2 여름, 4월 무자일(24일)에 천하에 사면하였다.

3 윤월 갑오일[58]에 황상이 남양(南陽, 하남성 남양시)에 행차하여 교관(校官)제자[59]를 불러 아악(雅樂)을 작곡하게 하였는데,《녹명(鹿鳴)》[60]을 연주하니, 황제가 스스로 훈(塤)과 지(篪)[61]를 연주하여 이에 화

---

57 광릉왕 유형이 두 번이나 반역을 꾀하려다 적발되었는데, 주살하라는 상주
   문이 올라갔지만 명제가 죽이려고 하지 않았다. 그런 과정에서 유형이 자살
   하자 그의 시호를 사왕으로 한 것이다. 시법에 의하면 과거의 허물을 추후에
   후회하는 경우 사(思)라고 하였다.

58 이 기사의 바로 전 기사가 4월이므로 이 기사는 윤4월로 보아야 할 것 같지
   만 실제로 이 사건은 윤10월에 일어난 것이므로 이날은 윤10월 3일이다.

59 교(校)는 학교를 말하므로, 지방학교 학생이다.

답하여 손님들을 즐겁게 하였다. 돌아오다가 남돈(南頓, 하남성 項城縣)에 행차하였다. 겨울, 12월 갑오일(4일)에 궁궐로 돌아왔다.

4   애초에 능양후(陵陽侯) 정침(丁綝)이 죽었는데, 아들 정홍(丁鴻)이 당연히 봉국을 세습 받아야 했지만 편지를 올려 병이 들었다고 하면서 봉국을 동생 정성(丁盛)에게 양보하겠다고 하였으나 회답해주지 않았다. 이미 장사를 다 지내고 나서 무덤가의 여막(廬幕)에다 체질(衰絰)[62]을 걸어놓고 도망갔다.

친구인 구강(九江, 안휘성 壽縣) 사람 포준(鮑駿)이 동해(東海, 산동성 郯城縣)에서 정홍을 만나자 나무라면서 말하였다.

"옛날 백이(伯夷)와 오찰(吳札)[63]은 어지러운 세상에서 임시방편의 방법을 시행하였으니, 그런 고로 그의 뜻을 펼칠 수가 있었을 뿐이오. 《춘추》의 대의를 보면 집안일로 제왕이 해야 할 일을 폐지시키지 않는다고 하였소. 지금 그대는 형제간의 사사로운 은정으로 아버지의 없어지지 않는 기업을 끊어놓았으니 옳은 일이오?"

정홍이 느껴서 깨달아 눈물을 흘렸고, 이에 그의 봉국으로 돌아왔다. 포준은 이어서 편지를 올려 정홍이 경을 많이 공부하고 지극한 행실을 가졌다고 추천하였더니, 황상이 정홍을 징소하여 시중으로 삼았다.

---

60 《시경》의 편명이다.

61 훈은 도기로 만든 생황(笙簧)이고, 지는 대나무로 만든 피리이다.

62 상복에 사용하는 마포(麻布) 조각을 말한다.

63 백이는 은나라 고죽국(孤竹國)의 합법적인 후계자인데 그의 아버지가 죽자 동생 숙제(叔齊)에게 물려주었고, 오찰은 오나라 왕의 어린 아들이었는데, 그의 아버지가 죽자 형들이 그에게 왕위를 주려고 하자 강하게 이를 거절하였다.

효명제 영평 11년(戊寅, 68년)

1 　봄, 정월에 동평왕(東平王) 유창(劉蒼)과 여러 왕들이 모두 와서 조현(朝見)하고, 한 달 이상을 지내다가 봉국으로 돌아갔다. 황제는 그들을 환송하고 궁궐로 돌아와서 슬퍼하며 마음에 품고 생각하다가 이에 사신을 시켜 손수 쓴 조서를 동평국의 중부(中傅)[64]에게 하사하며 말하였다.

　"이별하고 나서 홀로 앉아 있으니 즐겁지 아니하고 이어 수레에 올라 돌아오면서 수레의 가로 막대기에 엎드려 읊조리고, 눈을 들어 바라보며 생각에 잠기니 실로 나의 마음이 괴롭다. '채숙(采菽)'[65]을 암송하기에 이르니 탄식은 더욱 늘어만 간다.

　전에 동평왕에게 '집에 있으면서 무엇이 제일 즐거운가?'라고 물었더니, 왕이 '착한 일 하는 것이 제일 즐겁습니다.'라고 말하였다. 그 말이 대단히 큰말이지만 그의 허리둘레에 걸 맞는 것이다.[66] 지금 열후들의 인새 19매(枚)를 보내니, 여러 왕자 가운데 다섯 살 이상으로 나아가 절을 할 수 있는 자는 모두 이것을 차고 있게 하라."

효명제 영평 12년(己巳, 69년)

---

64 봉국의 왕실 교사이다.

65 《시경》의 〈소아〉에 있는 시이다.

66 유창은 살이 찌고 허리가 굵어서 보통사람이 차는 허리띠로 열 둘레나 되었는데, 그의 배포도 허리 크기만큼 크다는 의미이다.

1 　봄, 애뢰왕(哀牢王)⁶⁷ 유모(柳貌)가 그의 백성 5만여 호를 인솔하고 복종하여 따르겠다고 하여서 그 땅에 애뢰(哀牢, 운남성 保山縣)·박남(博南, 永平縣) 두 현을 두었다. 처음으로 박남산으로 가는 길을 뚫어 난창수(蘭倉水)를 건너게 하려고 하니, 행인들이 공사하는 사람들이 이를 고생스러워 하여 노래로 지어서 불렀다.

"한나라의 덕은 넓기도 하지! 빈복(賓服)하지 않는 곳⁶⁸까지 개발하는구나! 난창수를 건너게 만든 것은 다른 사람⁶⁹을 위한 것이겠지."

2 　처음 평제 때⁷⁰ 황하와 변하(汴河)⁷¹의 제방이 터지고 무너졌는데, 오래도록 수리하지 아니하였다. 건무(建武) 10년에 광무제가 이를 수리하고자 하였는데, 준의(浚議, 하남성 개봉시) 현령 악준(樂俊)이 말씀을 올려 백성들이 새로운 전쟁을 만났으니 아직 공사를 일으키기에는 적당하지 않다고 하여서 이를 중지하였다.

그 후에 변거(汴渠)가 동쪽으로 깎아 들어가서 날로 달로 조금씩 넓어지니 연주(兗州, 산동성 서부)와 예주(豫州, 하남성)⁷²의 백성들이 원망하고 탄식하면서 현관(縣官)⁷³에서는 항상 다른 공사를 일으키고 백

---

67 운남성 남부에 있는 왕국이다.

68 만족(蠻族)들이 사는 지역을 말한다.

69 개발하는 사람이 아닌 사람, 즉 빈복하지 않는 지역 사람들을 말한다.

70 전한 평제 때이다. 평제는 애제의 뒤를 이어 황제가 되었고, 그 원시 원년은 1년이다.

71 물길이 자주 바뀌는 하천이다. 하남성 형양에서 동쪽으로 흐르다가 산동성 하택현에서 남쪽으로 꺾이어 회하로 들어간다.

72 모두 그 하류 지역이며, 수로가 수없이 변하였다.

성들에게 급한 공사를 먼저 하지 않는다고 생각하였다.

때마침 낙랑의 왕경(王景)을 치수할 수 있는 사람이라고 추천하자, 여름, 4월에 조서를 내려 병졸 수십만 명을 징발하고 왕경을 파견하여 장작(將作)알자 왕오(王吳)와 함께 변거의 제방을 수축하라고 하니 형양(滎陽, 하남성 형양현)의 동쪽에서 천승(千乘, 산동성 高苑縣)의 바다 입구까지 1천여 리였는데, 십리마다 수문(水門)을 하나씩 세워서 물이 돌아서 흘러가도록 하니 다시는 제방이 무너지거나 물이 새는 걱정거리가 없어졌다. 왕경이 비록 공사비를 줄였지만 무려 1백억[74] 전이나 되었다.

3   가을, 7월 을해일(24일)에 사공 복공(伏恭)이 파직되었다. 을미일[75]에 대사농 모융(牟融)을 사공으로 삼았다.

4   이때 천하는 편안하였고, 사람들에게는 요역[76]이 없었으며, 해마다 풍년이 들어서 백성들은 부유하여 곡식은 1곡에 30전이었고, 소와 양이 들을 덮었다.

---

73 관청 또는 황제를 가리키는 말이다.

74 이때의 수의 개념은 요즈음과 달랐는데, 호삼성은 10만을 억이라고 한다고 주석하였으므로 1천만 전이다.

75 7월 1일은 임자(壬子)일이므로 7월 중에는 을미일이 없다. 보통 乙과 己는 필사 과정에서 착오가 많이 생기는 점에 비추어 기미(己未)의 잘못으로 본다면 7월 8일이 된다. 그러나 파직한 다음에 임명했을 것이므로 이 또한 적절치 않다.

76 백성들이 국가에 부담하는 노역이다. 1년에 일정한 날수를 노역에 동원하였다.

효명제 영평 13년(庚午, 70년)

1 여름, 4월에 변거가 완성되자 황하와 변하가 나뉘어 흐르게 되었는데, 옛 물길을 회복시킨 것이다.[77] 신사일(4일)에 황제가 형양까지 행차하여 하거(河渠)를 순행하였고, 드디어 황하를 건너서 태행산(太行山)에 올랐다가 상당(上黨, 산서성 長子縣)에 행차하였고, 임인일(25일)에 궁궐로 돌아왔다.

2 겨울, 10월 그믐 임진일(30일)에 일식이 있었다.

3 초왕(楚王) 유영(劉英)[78]이 방사(方士)와 더불어 금으로 된 거북과 옥으로 된 학을 만들고 그 위에 글자를 새겨서 부서(符瑞)[79]로 삼았다. 남자인 연광(燕廣)이 유영과 어양(漁陽, 북경시 밀운현)의 왕평(王平), 안충(顔忠) 등이 그림을 그리고 글을 지어 반역을 꾀하고 있다고 고해바쳤다. 이 사건을 아래로 내려 보내 조사하게 하였다.
   유사가 상주문을 올렸다.
   "유영이 대역부도하니 청컨대 그를 주살하십시오."
   황제는 가까운 사람에게는 친하게 대하여야 했으므로 차마 처리하지 못하였다.[80] 11월에 유영을 폐위시키고 단양(丹陽)의 경현(涇縣, 안

---

77 황하와 변하의 제방이 터져서 변하의 물이 동쪽으로 가서 황하와 합쳐졌는데 제방인 변거가 완성되어 황하는 동쪽으로 흘러서 바다로 들어갔고, 변하는 동남쪽으로 흘러서 사수(泗水)로 들어간다.

78 황제의 배다른 형제인데, 어머니는 허미인(許美人)이었다.

79 상서로운 부적을 말한다.

휘성 경현)으로 귀양 보내면서 탕목읍(湯沐邑)[81]으로 500호를 하사하였다. 그의 아들과 딸 가운데 후와 공주였던 자의 식읍은 옛날과 같게 하였다. 허(許)태후[82]는 인새와 인수를 올려 바치지 말게 하였고, 초궁(楚宮)에 머물러 살게 하였다.

　이보다 먼저 사사로이 유영의 음모를 사도 우연(虞延)에게 고해바친 자가 있었지만 우연은 유영이 번왕이나 친척 가운데 아주 가까운 사이이므로 말처럼 그렇지 않을 것이라고 생각하였다. 유영의 사건이 발각되자 조서를 내려 우연을 심하게 나무랐다.

효명제 영평 14년(辛未, 71년)

1　봄, 3월 갑술일(3일)에 우연이 자살하였다. 태상(太常) 주택(周澤)에게 사도 업무를 대리하게 하였다[83]가 얼마 후에 다시 태상으로 삼았다. 여름, 4월 정사일(16일)에 거록(鉅鹿, 하북성 平鄕縣) 태수인 남양(南陽) 사람 형목(邢穆)을 사도로 삼았다.

80　유교의 친친주의를 말한다. 유영은 황제와 형제간이고, 유교를 독신한 황제는 유교의 친친주의를 지켜야 했다.

81　탕목읍이란 그 읍에서 나오는 조세를 목욕비용으로 사용하라는 의미에서 만든 제도이다. 유영을 제후에서 폐위하고 귀양 보내면서 탕목읍을 준 것이다.

82　초왕 유영의 어머니는 초국의 태후였다. 그러나 아들이 죄를 저질러 인수를 바치면 평민이 된다.

83　행직(行職), 즉 임시직으로 관직명은 행사도사이다.

2   초왕 유영이 단양(丹陽)에 이르러서 자살하였다. 조서를 내려 제후에 해당하는 예를 갖추어 경현(涇縣)에 장사지내게 하였다. 연광을 절간후(折姦侯)에 책봉하였다.

이때 초국의 옥사를 끝까지 처리하였는데, 드디어 몇 해나 계속되게 되었다. 그들이 말하는 것이 서로 연결되어 경사에 사는 친척과 여러 후들에서부터 여러 주군의 호걸들과 사건을 심사한 관리들까지 아부하였다는 죄에 걸려 죽거나 귀양 간 자가 천 명을 헤아렸으며, 감옥에 갇힌 자는 무려 수천 명이었다.

처음에 번조(樊鯈)의 동생 번유(樊鮪)가 아들 번상(樊賞)을 위하여 초왕 유영의 딸과 혼인하게 해달라고 요구하였는데, 번조가 이 소식을 듣고 중지시키며 말하였다.

"건무(建武) 연간에 우리 집안은 모두 영광스러운 총애를 받아서 한 집안에서 다섯 명의 후[84]가 나왔다. 당시 특진[85]께서 한 말씀 하시기를 '딸은 왕에게 시집보낼 수 있고, 아들은 공주를 아내로 모실 수 있다. 다만 귀하게 되고 총애를 받는 것이 지나치게 융성하면 바로 화근이나 걱정거리가 된다. 그러므로 그리하지 않도록 하라.'고 하셨다. 또한 너는 하나밖에 없는 아들을 어찌하여 초나라에 버리려고 하는가?"[86]

---

84 번조의 아버지이며 유수의 장인인 번굉(樊宏)은 수장후(壽張侯), 번굉의 동생 번단(樊丹)은 사양후(射陽侯), 번굉의 조카 번심(樊甚)은 현향후(玄鄕侯), 번굉의 사촌형 번충(樊忠)은 갱부후(更父侯), 번굉의 아들 번무(樊茂)는 평망후(平望侯)이다.

85 특진은 조정에서 특별한 예우를 받도록 되어 있다. 여기서 특진은 번조의 아버지 번굉을 말한다.

86 아들을 초나라 유영의 딸에게 장가들이는 경우 초를 버리는 것과 같다는 의미이다.

번유는 이 말을 따르지 아니하였다.

초왕의 사건이 발각되자, 번조는 이미 죽었는데 황상은 번조가 근신하고 공경하는 모습을 갖고 있음을 추념하였으니 그러므로 그의 여러 아들들 모두 이 사건에 연좌시키지 아니하였다.

유영이 몰래 천하의 이름난 선비들과 소통하였는데, 황상이 그 기록을 얻어서 보니 그 속에는 오군(吳郡, 강소성 오현) 태수 윤흥(尹興)의 이름도 있었다. 이에 윤흥과 그의 연사(掾史) 5백여 명을 징소하여 정위에게 보내어 조사받게 하였다.

여러 관리들 중 취조를 이기지 못하고 죽은 자가 반을 넘었지만 오직 문하연(門下掾) 육속(陸續)과 주부(主簿) 양굉(梁宏), 공조사(功曹史) 사훈(駟勳)은 다섯 가지의 혹독한 고문[87]을 받아서 살이 다 뭉그러졌지만 끝내 다른 말을 하지 않았다. 육속의 어머니가 오(吳)에서 낙양으로 와서 밥을 지어 육속에게 제공하였다. 비록 고문을 받았지만 말씨와 얼굴빛을 일찍이 바꾼 일이 없었던 육속은 식사를 마주하자 슬퍼서 흐르는 눈물을 스스로 주체할 수 없었다.

감옥을 관리하는 사자가 그 연고를 물었더니 육속이 말하였다.

"어머니가 이곳에 오셨는데 뵐 수 없으니 그래서 슬퍼하는 것이오."

물었다.

"어떻게 그것을 아는가?"

육속이 말하였다.

"어머니는 고기를 썰더라도 아직까지 한 번도 네모반듯하게 하지 않

---

87 채찍질, 몽둥이질, 벌겋게 달군 쇠로 지지기, 양다리를 가는 줄로 묶기, 굵은 줄로 묶어 매달기 등 다섯 가지이다.

은 적이 없었고, 파를 자르더라도 길이를 헤아렸으니, 그러므로 압니다."

사자가 이 상황을 보고하였더니 황상이 이에 윤흥 등을 사면하여 종신 금고형에 처하였다.

안충(顔忠)과 왕평(王平)이 진술하면서 수향후(隧鄕侯) 경건(耿建)과 낭릉후(朗陵侯) 장신(臧信), 호택후(濩澤侯) 등리(鄧鯉), 곡성후(曲成侯) 유건(劉建)을 끌어들였다. 경건 등은 일찍이 안충과 왕평을 만나본 일조차 없다고 말하였다.

이때 황상이 몹시 화가 나 있어서 관리들이 모두 무섭고 두려워서 여러 연루자들을 모두 그 함정에 집어넣고, 감히 정을 주거나 용서하자고 하는 사람이 없었다. 시어사(侍御史) 한랑(寒朗)[88]이 그들의 억울함을 마음 아파하면서 시험적으로 경건 등의 물색[89]을 가지고 다만 안충과 왕평에게 물었더니 두 사람이 갑자기 아무런 대답을 못하였다. 한랑은 그들이 거짓말을 하고 있다는 것을 알고 마침내 말씀을 올렸다.

"경건 등은 아무런 간사한 짓을 한 일이 없는데 오로지 안충과 왕평이 무고를 하였습니다. 천하에는 죄가 없다고 의심되는 자가 이와 같이 많은 것 같습니다."

황제가 말하였다.

"바로 이와 같다면 안충과 왕평이 어떤 연고로 그들을 끌어들였는가?"

---

88 범엽의 《후한서》에는 한(寒)으로 되어 있고, 원굉의 《한기》에는 건(騫)으로 되어 있는 바, 이것이 성(姓)이므로 건(騫)으로 하여야 할 것 같으나, 성보(姓譜)에는 한(寒)을 성으로 쓴 경우가 있다.

89 형상을 그린 그림을 말한다.

대답하였다.

"안충과 왕평은 스스로도 자기들이 범한 것이 대역부도하다는 것을 알고 있습니다. 그러므로 많은 사람을 헛되이 끌어들여서 자기들이 죄 없음을 밝히고 싶었을 것입니다."

황제가 말하였다.

"바로 이와 같았다면 어찌하여 일찍 상주문을 올리지 않았는가?"

대답하였다.

"신은 아마도 해내에 따로 그들의 간사한 짓을 들추어낼 사람이 있을 걸로 생각하였습니다."

황제가 화가 나서 말하였다.

"이 관리가 양다리를 걸치고 있군."

내려 보내서 그에게 매질을 하도록 재촉하였다.

주위 사람들이 바야흐로 그를 끌어내리려고 하는데, 한랑이 말하였다.

"바라건대 말 한마디만 하고서 죽겠습니다."

황제가 말하였다.

"누구와 함께 이 상주문을 썼는가?"

대답하였다.

"신이 혼자 이것을 지었습니다."

황상이 말하였다.

"어찌하여 삼부(三府)[90]와 더불어 상의하지 않았는가?"

대답하였다.

"신은 제 자신이 반드시 멸족되어야 할 것을 알았기 때문에 감히 많

---

90 삼공 즉, 사도부(司徒府)·사공부(司空府)·태위부(太尉府)를 말한다.

은 사람에게 더러운 물을 들이지 못하였습니다."

황상이 말하였다.

"어떠한 연고로 멸족이 될 것인가?"

대답하였다.

"신이 이 사건을 1년이나 조사하였지만 간악한 진상을 끝까지 드러내지 못하면서 도리어 죄인의 억울함을 호소하려 하였으니 그러므로 마땅히 멸족될 것을 알았습니다. 그러나 신이 말하는 까닭은 진실로 폐하께서 깨닫기를 바랄 뿐이었습니다.

신이 이 사건의 죄수를 신문하면서 보니, 모두가 이 대역사건을 싫어한다고 말하였습니다. 신하 된 사람도 마땅히 똑같이 싫어하였지만, 지금 죄에서 벗어나게 하는 것이 범죄자에 집어넣는 것만 못하였던 것은 뒷날 책임지지 않기 위해서였습니다.

이리하여서 한 명을 심문하면 열 명에게 연결되고, 열 명을 조사하면 1백 명에게 연결됩니다. 또 공경들이 조회할 때 폐하께서 그 얻는 점과 잃는 점을 물으시니, 모두 오래 무릎을 꿇고 있다가 말하기를 '옛 제도에 대죄는 그 화가 9족에 미치도록 되어 있습니다. 폐하께서 큰 은혜를 내리시어 한 몸에게만 그치셨으니 천하 사람들에겐 참으로 다행한 일입니다.'라고 합니다.

그들이 집으로 돌아가서는 비록 입으로는 말을 하지 않는다고 하여도 천장을 바라보고 가만히 탄식을 하니, 억울한 사람이 많다는 것을 모르는 것은 아니지만 아무도 감히 폐하의 말씀을 어길 사람이 없습니다. 신이 말씀을 드리고 나니 진실로 죽어도 후회함이 없을 것입니다."

황제가 속으로 화가 풀어지니 조서를 내려 한랑을 내보내게 하였다. 그 뒤 이틀이 지나 거가[91]가 스스로 낙양의 감옥으로 가서 죄수들의 상황을 살피고, 심리하여 1천 명을 내보냈다. 그때 가뭄이 들었었는데 바로 큰 비가 내렸다. 마(馬)황후도 역시 초왕에 관한 옥사는 남용되었으므로 그 기회를 이용하여 황제에게 이를 말하니 황제는 착잡한 마음으로 깨닫는 바가 있어서 밤에 일어나 방황하였고, 이로 말미암아서 감형되거나 용서된 것이 많았다.

임성(任城, 산동성 제녕현) 현령인 여남(汝南, 하남성 여남현) 사람 원안(袁安)이 초군(楚郡) 태수로 승진하였는데, 군에 도착하여 군부(郡府)에 들어가지 아니하고 먼저 초왕 유영의 옥사를 살펴보고, 분명한 증거가 없는 사람을 조사하여 줄지어 이들을 내보내겠다고 상신하였다.

부승(府丞)과 연사(掾史)들이 모두 머리를 조아리며 다투어 생각하였다.

"반란을 일으킨 자에게 아부하는 것은 법으로는 같은 죄이니 안 됩니다."

원안이 말하였다.

"만약에 맞지 않는 일이라면 나 태수가 스스로 이에 연좌되어야 할 것이고, 그대들에게는 미치게 하지 않을 것이다."

이에 분별하여서 모두 상주하였다. 황제가 감동하여 깨닫고 바로 허락한다는 회보를 내리니, 나오게 된 사람이 400여 집이나 되었다.

---

91 황제의 수레이지만 황제를 가리킨다.

3 　여름, 5월에 옛 광릉왕(廣陵王) 유형(劉荊)[92]의 아들 유원수(劉元壽)를 책봉하여 광릉후로 삼고, 여섯 현을 식읍으로 주었다. 또 두융(竇融)의 손자 두가(竇嘉)를 책봉하여 안풍후(安豊侯)로 삼았다.[93]

4 　처음으로 수릉(壽陵)[94]을 만들기 시작하였는데, 제(制)[95]를 내려 말하였다.

---

92 유형은 역모 사건을 일으켰고, 명제 영평 10년(丁卯, 67년) 봄, 2월에 자살하여 그 봉국이 없어졌는데, 이를 되살려 후국(侯國)으로 한 것이다.

93 명제 영평 5년(62년)에 두융의 아들이 교만하게 굴다가 모두 파직되었고, 두목 등은 다시 어떤 사건에 연루되어 그의 아들 두훈(竇勳)과 두선(竇宣)이 모두 하옥되었다가 죽었으며 오래 있다가 조서를 내려 두융의 부인과 어린 손자 한 사람만 돌아와 낙양(雒陽)에 살게 하였던 일이 있다.

94 현 황제인 명제 유장(劉莊)의 분묘를 미리 만드는 것이다. 보통 황제가 살아 있을 때 죽은 다음에 묻힐 능침을 만드는데 황제가 죽지 아니하여 능침의 이름을 지을 수 없으므로 다만 이 무덤에 들어갈 황제가 오래 살라는 의미로 수릉이라고 불렀다.

95 황제의 명을 말한다.

"물이 잘 흐르게 할 뿐 봉분을 크게 만들지 마라. 만년이 지난 다음 [96]에 땅을 쓸고 제사지낼 때 물 한 그릇과 포(脯)와 비(糒)[97]만 진설할 뿐이다. 백일이 지난 다음에는 오직 사시에만 전(奠)을 올려라. 이졸 몇 명만 두어서 소제를 하게 하라. 감히 크게 짓고자 하는 자가 있으면 종묘에 관한 일을 멋대로 논의한 자로 처리하라."[98]

효명제 영평 15년(壬申, 72년)

1 봄, 2월 경자일(4일)에 황상이 동쪽으로 순행을 떠났다. 계해일 (27일)에 하비(下邳, 강소성 비현)에서 밭을 갈았다.[99] 3월에 노(魯)에 가서 공자의 고택에 행차하였고, 친히 강당에 나아가서 황태자와 여러 왕들에게 경전을 강론하라고 명령하였다. 또 동평(東平, 산동성 동평현)과 대량(大梁, 하남성 개봉시)에 행차하였다. 여름, 4월 경자일(5일)에 궁궐로 돌아왔다.

---

96 죽은 뒤라는 말을 표현한 말이다. '죽음'이란 단어의 사용을 터부시하여 사용 하지 않은 것이다.

97 포는 마른 고기이고, 비는 마른 양식이다.

98 전한시대 여후 때 고조 유방의 능묘와 제사에 대하여 관원들이 끊임없이 이 의를 제기하여 황실의 묘제를 멋대로 논의하는 사람은 참수하겠다고 하였다. 원제 유석(劉奭) 때 이 규정을 철폐하였다가 성제 유오(劉驁) 때 이를 다시 회 복시켰다.

99 황제가 농사를 권장하기 위하여 시행한 행사이다.

2   황제의 아들 유공(劉恭)을 책봉하여 거록왕(鉅鹿王)으로 삼고, 유당(劉黨)을 낙성왕(樂成王)으로 삼고, 유연(劉衍)을 하비왕(下邳王)으로 삼고, 유창(劉暢)을 여남왕(汝南王)으로 삼고, 유병(劉昞)을 상산왕(常山王)으로 삼고, 유장(劉長)을 제음왕(濟陰王)으로 삼았다. 황제가 친히 그 봉국의 강역을 정하였는데, 잘라서 초(楚)와 회양(淮陽)을 반으로 하게 하였다.

마후(馬后)가 말하였다.

"여러 아들들의 봉지(封地)가 몇 현 정도이니 제도로 보아서도 역시 검소하지 아니합니까?"

황제가 말하였다.

"나의 아들이 어찌 먼저 돌아가신 황제의 아들들과 같아야 한단 말이오. 매년 2천만 전(錢)이면 충분할 것이오."

3   을사일(10일)에 천하에 사면하였다.

4   알자복야 경병(耿秉)이 자주 말씀을 올려서 흉노를 공격하게 해달라고 청하였는데, 황상은 현친후(顯親侯) 두고(竇固)가 일찍이 그의 큰아버지 두융(竇融)을 좇아 하서(河西)에 살았었음으로 변방의 일에 대하여 명확하게 알고 있기 때문에 마침내 경병과 두고에게 태복 채융(祭肜)과 호분(虎賁) 중랑장 마료(馬廖), 하박후(下博侯) 유장(劉張), 호치후(好畤侯) 경충(耿忠) 등과 함께 이를 의논하게 하였다.

경병이 말하였다.

"옛날에 흉노들이 활 쏘는 무리들을 원조하였고, 옷깃을 왼쪽으로 여미는 족속과 합병하였으니 그런고로 잡아서 제어할 수 없었습니다.

효무제께서 이미 하서 지역의 네 군[100]과 거연(居延, 감숙성 북방에 있는 거연해)과 삭방(朔方, 내몽고 이맹의 서북쪽)을 얻으시니, 야만인들은 그들의 군사를 기를 수 있는 비옥한 땅을 잃었으며, 강족과 호족은 분리되었습니다. 오직 서역 지역만이 잠시 다시 내속(內屬)되었을 뿐입니다. 그러므로 호한야(呼韓邪) 선우[101]가 요새 지역에서 섬기게 해달라고 청하였으니 그 형세를 타기가 쉬웠습니다.

지금 남선우의 형세가 비슷합니다. 그러나 서역은 아직도 내속하지 아니하였고, 북쪽의 야만인들도 아직은 틈을 보이지 않고 있습니다. 신의 어리석은 생각이지만 마땅히 먼저 백산(白山, 天山)을 공격하여서 이오(伊吾, 신강성 哈密縣)를 얻고, 차사(車師, 신강성 투루판)를 격파하고, 오손(烏孫, 신강성 이녕시)의 여러 나라와 사절을 교환하여 그들의 오른쪽 어깨를 끊어야 합니다. 이오도 역시 흉노의 남호연(南呼衍)의 일부이니, 이들을 격파하여 다시 그들의 왼쪽 뿔을 꺾고 그런 다음에 흉노를 공격할 수 있을 것입니다."

황상은 그 말이 훌륭하다고 하였다.

의논하였던 자들 가운데 어떤 사람이 말하였다.

"지금 병사가 백산으로 나아가면 흉노는 반드시 병사를 합쳐서 서로 도울 것이니 또한 마땅히 동쪽을 나누어 그 무리들을 분리시켜야 할 것입니다."

황상이 이 말을 좇았다.

12월에 경병을 부마(駙馬)도위로 삼고, 두고를 봉거(奉車)도위로 삼

---

100 무위군·주천군·장액군·돈황군이다.

101 흉노의 14대 선우이다.

았다. 기(騎)도위[102] 진팽(秦彭)을 경병의 부관으로 삼고, 경충을 두고
의 부이로 삼았는데, 모두 종사(從事)와 사마(司馬)를 두고 나아가 양
주(涼州)에 주둔하게 하였다. 경병은 경국(耿國)의 아들이고, 경충은
경감(耿弇)의 아들이며, 마료는 마원(馬援)의 아들이다.

효명제 영평 16년(癸酉, 73년)

1   봄, 2월에 채융(祭肜)[103]과 도요장군 오당(吳棠)을 파견하여 하동
(河東, 산서성 하현), 서하(西河, 산서성 이석현) 지역의 강족과 호족, 남선
우의 병사 1만 1천 기병을 거느리고 고궐(高闕, 陰山)의 요새를 나갔다.
두고와 경충은 주천(酒泉)·돈황(敦煌)·장액(張掖)의 갑졸과 노수(盧
水, 靑海湖 부근)의 강족과 호족의 1만 2천 기병을 인솔하여 주천의 요새
로 나갔다. 경병과 진팽은 무위(武威)·농서(隴西, 감숙성 임조현)·천수
(天水, 감숙성 감곡현)에서 모집한 병사와 강족과 호족 1만 기병을 인솔
하여 장액의 거연(감숙성 북방의 거연해를 말한다) 요새로 나갔다. 기도위
내묘(來苗)와 호오환(護烏桓)교위 문목(文穆)은 태원(太原, 산서성 태원
시)·안문(雁門, 산서성 대현)·대군(섬서성 綏德縣)·상곡(上谷, 하북성 회래
현)·어양(漁陽, 북경시 밀운현)·우북평(右北平, 하북성 풍윤현)·정양군(定
襄郡, 산서성 우옥현의 남쪽)의 병사와 오환과 선비족의 1만 1천 기병을

---

102 부마도위·봉거도위·기도위는 모두 무제가 설치한 것인데, 봉거도위는 수레
    를 관장하고, 부마도위는 천자의 부마(副馬)를 관장하였다.

103 이때 채융은 태복(太僕)이었다.

거느리고 평성(平城, 산서성 대동시)의 요새로 나아가서 북흉노를 정벌하였다.

두고와 경충은 천산(天山)에 이르러 호연왕(呼衍王)을 치고 목을 벤 것이 1천여 급이었다. 뒤쫓아 가서 포류해(蒲類海, 신강성 동북쪽의 파리곤호)에 이르러 이오노(伊吾盧)의 땅을 빼앗고, 의화(宜禾)도위를 두고, 관리와 군사를 머물게 하고 이오노성에서 주둔하면서 농사짓게 하였다. 경병과 진팽은 흉림왕(匈林王)[104]을 공격하고 사막 600여 리를 건너서 삼목루산(三木樓山)까지 갔다가 돌아왔다.

내묘와 문목이 흉하수(匈河水)에 이르렀으나 야만인들이 모두 달아나서 아무런 수확을 얻지 못하였다. 채융과 남흉노의 좌현왕 난제신(欒提信)은 서로 사이가 좋지 않아서 고궐(高闕, 음산)에 있는 요새를 벗어나서 900리를 갔다가 작은 산 하나를 찾았는데, 난제신이 이것이 탁야산(涿邪山, 몽고 남쪽 경계 지역에 있는 쿠얼반차칸산)이라고 망령되게 거짓말을 하여 야만인들을 보지도 못하고 돌아왔다.

채융과 오당은 두려워서 군사를 나약한 상태로 머물게 하였다는 죄에 연루되어 하옥되었다가 면직되었다. 채융은 스스로 공로를 세우지 못한 것을 한스럽게 생각하여 감옥에서 나와 며칠 만에 피를 토하고 죽었다. 죽기에 앞서 아들에게 말하였다.

"나는 나라의 두터운 은혜를 받아서 부름을 받들었다가 직책을 완수하지 못하였으니, 몸은 죽더라도 진실로 부끄럽고 한스럽다. 의로 보아 공로를 세우지 않고 상을 받을 수는 없다. 내가 죽은 후에 너는 얻은 것을 장부에 적어 이를 바치고 네 자신은 스스로 군둔(軍屯) 지역으로 가

---

104 구림왕(句林王)의 오자일 수가 있다.

서 죽음을 무릅쓰고 앞장서서 나의 마음에 부응하여라."

그가 죽고 나서 그의 아들 채봉(蔡邕)이 상소문을 올려 이 모든 유언을 진술하였다. 황제는 채옹을 아주 중히 생각하고 있었기에 바야흐로 다시 임용하려고 하였는데, 이 소식을 듣고 크게 놀라서 오래 탄식하였다.

오환과 선비족들은 경사에 와서 조하할 때마다 항상 채옹의 무덤에 가서 배알하고 하늘을 우러러보며 눈물을 흘렸다.[105] 요동 지역의 관리와 백성들이 사당을 세우고 사계절마다 제사지냈다. 두고만이 홀로 공로를 세웠으므로 특진[106]의 지위를 덧붙여 주었다.

두고는 가사마(假司馬)[107] 반초(班超)와 종사(從事)[108] 곽순(郭恂)에게 함께 서역에 사신으로 가게 하였다. 반초가 가다가 선선국(鄯善國, 羅布泊 호반에 있음)에 이르렀는데, 선선왕 광(廣)이 반초를 받드는 예의와 공경하는 태도가 잘 갖추어져 있었으나 나중에는 홀연히 이 태도가 소홀해지고 게을러졌다.

반초가 그 관속들에게 말하였다.

"정녕 광의 예의가 속으로 엷어졌다고 느끼는가?"

관속들이 말하였다.

---

105 채옹이 전에 요동 태수를 지내면서 이들에게 위엄을 보였기 때문이며, 이 사건은 명제 영평 원년(58년)에 있었다.

106 조정에서의 위치가 삼공의 아래이다.

107 대장군의 군영에는 5부(部)를 두는데, 부마다 교위(校尉) 1인과 군사마(軍司馬) 1인을 두었다. 또 군가사마(軍假司馬)를 두었는데, 이는 군사마의 부이(副貳)직이다.

108 일종의 참모관에 해당하는 직책이다.

"호인(胡人)들이 늘 같은 태도를 오래 지키지 못하는 때문이지 다른 이유는 없습니다."

반초가 말하였다.

"이는 반드시 북쪽 야만인들의 사자가 왔을 것이고, 여우처럼 의심하며 어느 곳을 좇을까 알지 못하는 이유일 것이다. 밝은 사람은 아직 움이 트지 않는 싹을 볼 수 있는데, 하물며 이미 그 태도가 드러났음에야!"

이에 시중을 들고 있는 호인을 불러 그를 속여서 말하였다.

"흉노의 사자가 온 지 며칠이 되었는데, 지금 어디에 있는가?"

시중드는 호인이 황공해 하면서 말하였다.

"이미 도착한 지 3일이 되었고, 여기서 30리 떨어진 곳에 있습니다."

반초는 시중드는 호인을 가두고 그의 관리와 병사 36명을 모두 모아 함께 술을 마시다 술이 달아오르자 그때를 이용하여 몹시 화를 내면서 말하였다.

"경들은 나와 함께 이 먼 곳까지 왔고, 지금 야만인들의 사자가 이곳에 도착한 지 며칠이 되자 왕인 광이 우리에게 예의와 공경하는 태도를 버렸다. 만약 선선 사람들에게 명령하여 우리 무리들을 잡아서 흉노에게 보낸다면 우리 해골은 오랫동안 시랑(豺狼)의 먹이가 되고 말 것인데, 이를 어찌하겠소?"

관속들이 모두 말하였다.

"지금 위태롭고 망할 처지에 놓여 있으니, 죽건 살건 사마(司馬)[109]의 말씀을 좇겠소."

반초가 말하였다.

---

[109] 반초가 가사마이지만 대화에서는 '가' 자를 빼고 그냥 사마라고 했다.

"호랑이 굴에 들어가지 않으면 호랑이를 못 잡는 법이다. 지금의 계책은 단지 밤을 이용하여 불로써 야만인을 공격하여 저들에게 우리의 숫자가 얼마나 되는지를 모르게 하는 것이고, 반드시 많이 놀라고 두렵게 하여 전부 없애버릴 수 있을 것이오. 이 야만인들을 없애버리면 선선 사람들은 간담이 서늘해질 것이니, 공로는 이루고 일을 완수할 것이오."

무리들이 말하였다.

"마땅히 종사(從事)¹¹⁰와 이를 의논해야 합니다."

반초가 화가 나서 말하였다.

"길흉의 문제가 오늘 일에 달려 있다. 종사는 속된 문관(文官)이니 이 이야기를 들으면 반드시 놀라서 모의한 것을 누설할 것인데 죽어서도 이름을 남기는 바 없다면 장한 병사가 아니다."

무리들이 말하였다.

"훌륭한 말씀이오."

이른 밤에 반초는 드디어 관리와 병사들을 거느리고 야만인들의 진영으로 달려갔다. 마침 하늘에서 큰바람이 불자, 반초는 열 명에게 북을 가지고 야만인들의 막사 뒤에 숨어 있게 하고 약속하여 말하였다.

"불이 타는 것이 보이거든 모두 북을 울리면서 소리를 크게 지르라. 나머지 사람들은 모두 무기와 노(弩)를 가지고 문을 끼고 매복해 있으라."

반초는 마침내 바람을 좇아서 멋대로 불을 놓았고, 앞뒤에서 북을 울리니 야만인들이 놀라 혼란스러워지자 반초는 손으로 세 사람을 때

---

110 종사의 직을 갖고 있는 곽순을 말한다.

려죽였고, 관리와 병사들이 목을 벤 것이 그 사자와 종사(從士) 30여 급이었으며, 나머지 무리 1백 명 가량은 모두 불에 타서 죽었다. 다음 날 마침내 돌아와서 곽순(郭恂)에게 이 사실을 고하니 곽순이 크게 놀랐다. 이미 그의 얼굴빛이 움직이기에 반초는 그 속뜻을 알아차리고 손을 들어 말하였다.

"연(掾)[111]께서 비록 그곳에 가지 않으셨다고 하여도 이 반초가 무슨 마음으로 홀로 이 공로를 다 차지하겠습니까?"

곽순이 마침내 기뻐하였다.

반초가 이에 선선왕 광을 불러서 야만인들 사자의 머리를 보여주니, 온 나라가 다 놀라고 두려워하였다. 반초는 한나라의 위엄과 덕을 가지고 말하였다.

"지금 이후로는 다시는 북쪽의 야만인들과 통교하지 마시오."

광은 머리를 조아리며 말하였다.

"바라건대 한나라에 소속되겠으며 두 마음을 품지 않겠습니다."

마침내 그의 아들을 받아들여 인질로 삼았다.

돌아와서 두고에게 말하니 두고는 크게 기뻐하면서 반초의 공로와 전과를 다 기록하여 올리면서 아울러 다시 사신을 선발하여 서역에 보내기를 요구하였다. 황제가 말하였다.

"관리 가운데 반초 같은 사람이 있다면 어찌 파견하지 않겠는가? 다시 선발하시오. 지금 반초를 군사마(軍司馬)로 삼아 앞서 세운 공로를 끝까지 수행하게 하라."

두고는 다시 반초를 우전국(于窴國, 신강성 和田縣에 있었다)에 사신

---

111 곽순의 직위는 종사인데 이 직위는 연리(掾吏)에 속한다.

으로 보내며 병사를 더 늘려주려고 하였지만 반초는 단지 본래 데리고 갔던 36명만을 거느리고 가기를 원하면서 말하였다.

"우전국은 큰 나라이고 여기서 먼데 지금 수백 명을 거느리고 간다고 한들 우리의 힘을 강하게 하는 데는 도움이 되지 못합니다. 만약에 좋지 않은 일이 벌어지면 더욱 거추장스러울 뿐입니다."

이때 우전국왕 광덕(廣德)이 남부 지역(대고비 사막의 남쪽을 말함)에서 대단히 왕성한 기세를 갖고 있고, 흉노가 사신을 파견하여 그 나라를 감호하고 있었다. 반초가 이미 우전국에 이르렀는데, 광덕이 갖추는 예의가 속으로는 아주 소홀하였다.

또한 그 풍속은 무격(巫覡)을 믿었는데, 무격이 말하였다.

"신이 노하였다. 어찌하여 한나라를 향하려고 하는가? 한나라의 사신은 과마(騧馬)[112]를 타고 왔으니, 급히 이것을 빼앗아서 나에게 제사를 지내라."

광덕은 그 나라의 재상 사래비(私來比)를 반초에게 보내어 말을 달라고 청하였다.

반초는 비밀리에 그 상황을 알았고 회보하여 이를 허락하였지만 무격이 스스로 와서 말을 가져가게 하였다. 잠시 후에 무격이 도착하자 반초는 즉각 그의 머리를 베고 사래비를 잡아 가두고 채찍으로 수백 대를 때렸다. 무격의 머리를 광덕에게 보내면서 그를 나무랐다.

광덕은 평소 반초가 선선국에서 흉노의 사자를 주멸시켰다는 소문을 듣고 있었으므로 크게 두려워하면서 즉시 흉노의 사자를 죽이고 항복하였다. 반초는 그 왕과 이하 사람들에게 많은 상을 내려주고 이어서

---

112 노란 털과 검은 털이 섞인 말이다.

그들을 누르면서 위로도 하였다. 이에 여러 나라들은 모두 아들을 인질로 보내어 입시(入侍)하게 하니 서역 지역과 한나라의 왕래가 끊긴 지 65년간[113]이었는데 이때에 이르러 다시 왕래하게 되었다. 반초는 반표(班彪)의 아들이다.

---

113 왕망 천봉 3년(16년)에 언기국(焉耆國)에서 왕준(王駿)을 살해하고 나서 서역(西域)과의 왕래가 끊겼다.

2   회양왕(淮陽王) 유연(劉延)¹¹⁴은 성격이 교만하고 사치한데 아랫사람을 만나면 엄격하고 매서웠다. 어떤 사람이 편지를 올려서 고발하였다.

"유연이 희형(姬兄)¹¹⁵인 사엄(謝弇)과 자형인 한광(韓光)과 더불어 간사하고 교활한 사람들을 초대하여 도참서를 만들고 제사지내며 황상을 저주하고 있습니다."

이 사건을 내려 보내어 조사하게 하였다.

5월 계축일(20일)에 사엄과 한광, 사도 형목(邢穆)이 모두 연루되어 죽었고, 이와 관련되어 죽거나 귀양 간 사람이 아주 많았다.

3   그믐 무오일(30일)에 일식이 있었다.

4   6월 병인일(8일)에 대사농인 서하(西河, 산서성 이석현) 사람 왕민

---

114 황제 명제의 이복동생이다.

115 유연의 희첩(姬妾)의 오빠를 말한다.

(王敏)을 사도로 삼았다.

5   유사가 회양왕 유연을 주살하라고 주청하였다. 황상은 유연의 죄
가 초왕(楚王) 유영(劉英)보다는 가볍다고 하여, 가을, 7월에 유연을 옮
겨 부릉왕(阜陵王)[116]으로 삼고 식읍으로 두 현을 주었다.

6   이 해에 북흉노가 대거 운중(雲中, 내몽고 탁극탁현)에 들어오자 운
중 태수 염범(廉范)이 이를 막았는데, 관리들은 무리가 적기 때문에 이
웃 군에 편지를 보내 구원을 청하고자 하였지만 염범이 이를 허락하지
않았다. 마침 해가 저물자 염범이 군사(軍士)들에게 명령하여 각기 두
개의 횃불을 엇갈려 들게 하고, 세 군데에 불을 붙여 군영 속에 별처럼
늘어 놓게 하였다.[117]

  야만인들은 한나라의 구원병이 도착한 것으로 여기고 크게 놀랐으
며, 아침이 되기를 기다려서 물러가려고 하였다. 염범은 욕식(蓐食)[118]
을 하게 하고 새벽에 그들이 있는 곳으로 달려가서 참수한 것이 수백
급이 되니 야만인들이 스스로 넘어지고 서로 밟혀서 죽은 사람이 1천
여 명이었다. 이로 말미암아서 감히 다시는 운중을 향해 오지 못하였
다. 염범은 염단(廉丹)[119]의 손자이다.

---

116 부릉은 안휘성 전초현(全椒縣)이다.

117 적들에게 군사가 많은 것처럼 보이게 하려는 의도에서였다.

118 아침 일찍 일어나 잠자리에서 요를 치우지 않고 그대로 식사를 하는 것이다.

119 염단은 왕망의 신 왕조의 대장군이었다. 이에 관한 기사는 지황 3년(22년)에
   실려 있다.

효명제 영평 17년(甲戌, 74년)

1   봄, 정월에 황상이 마땅히 원릉(原陵)[120]을 배알해야 했는데, 밤중에 꿈에 먼저 돌아가신 황제와 태후(太后)가 살아있을 때처럼 즐겁게 지내는 것을 보았으며 그러고서 잠에서 깨어나자 슬픔으로 잠을 잘 수가 없어서 바로 달력을 들추어보니 다음날 아침이 길일이었으므로 마침내 백관을 인솔하고 원릉으로 올라갔다.

그날 능에 있는 나무에 감로(甘露)가 내렸는데, 황제는 백관들에게 명령을 내려 채취하여 제물로 올리게 하였다. 모임이 끝나자 황제는 자리 앞에 있는 어상(御床)에 엎드려 태후의 거울 상자를 보고 가슴이 찡하고 슬픔이 북받쳐 눈물을 흘리고, 지택(脂澤)[121]과 장신구를 바꾸게 하였다.[122] 좌우 사람들이 모두 눈물을 흘리며 황제를 우러러볼 수가 없었다.

2   북해경왕(北海敬王) 유목(劉睦)[123]이 죽었다. 유목은 어려서부터 공부를 좋아하였는데, 광무제와 황상이 모두 그를 아꼈다. 일찍이 중대부(中大夫)[124]를 파견, 경사에 가서 조하(朝賀)하게 하면서 그를 불러

---

120 광무제 유수의 능침이다.

121 화장에 필요한 것들을 말한다.

122 삼대(三代) 이전에는 묘에 가서 제사지내는 제도가 없었다. 진(秦)나라시대에 이르자 부잣집에서는 묘 옆에 집을 짓고 살아있을 때와 똑같이 물건을 배치하여 두었다. 그리하여 능침(陵寢)이라는 말이 생기게 된 것이다.

123 광무제 유수의 형 유중(劉仲)의 손자이고 북해왕 유흥(劉興)의 아들로 뒤를 이었다가 죽자 경왕이라는 시호를 준 것이다.

서 말하였다.

"조정에 갔을 때 과인에 관하여 묻거든 대부는 무슨 말로 대답하겠소?"

사자로 갈 사람이 말하였다.

"대왕께서는 충성스럽고, 효성스럽고, 인자하고, 똑똑한 사람을 존경하고, 선비를 좋아하십니다. 신이 감히 사실대로 대답하지 않겠습니까?"

유목이 말하였다.

"아! 그대가 나를 위험하게 하겠구먼! 이러한 말은 고(孤)[125]가 어렸을 때 나아가서 행하던 것이오. 대부는 '고가 작위를 이어받은 이후로는 뜻과 생각이 쇠퇴하고 게으르며 음악과 여색을 즐기며 개나 말을 좋아합니다.'고 대답하여야 마침내 서로 아껴주는 것이오."

지혜롭고 염려하고 두려워하고 신중함이 이와 같았다.[126]

3   2월 을사일[127]에 사도 왕민(王敏)이 죽었다.

4   3월 계축일(29일)에 여남(汝南, 하남성 여남현) 태수 포욱(鮑昱)을 사도로 삼았다. 포욱은 포영(鮑永)의 아들이다.

---

124 제후왕국의 관직으로 경사에서 왕의 사자와 벽옥(璧玉)을 받들고 조하하는 일을 맡는다.

125 제후가 자기를 낮추어 지칭하는 말이다.

126 당시 번왕에 대하여서는 법은 자못 준엄하였으므로 권력에 관심을 가지거나 똑똑하게 보이면 위험하였다. 유목의 염려가 여기까지 이르렀다.

127 2월 1일은 을묘(乙卯)일이므로 2월 중에는 을사일이 없다.

5   익주(益州) 자사 양국(梁國, 하남성 상구시)의 주보(朱輔)가 한나라
의 덕을 선전하여 보이고, 위엄으로 먼 곳에 있는 이적들을 품었지만
문산(汶山, 岷山)의 서쪽에서부터는 전 시대에 가본 일이 없었고, 정삭
(正朔)[128]도 그들에게 주지 아니하였는데, 백랑(白狼)·반목(槃木)[129]
등 1백여 국이 모두 자기 종족을 들어 신하가 되겠다고 하면서 공물을
바쳤다.

백랑왕 당추(唐菆)가 시 세 편을 지어서 한나라의 덕을 칭송하니, 주
보는 건위군(犍爲郡, 사천성 팽산현) 연리 유공(由恭)에게 이를 번역하
여 바치게 하였다.

6   처음에 구자왕(龜茲王)[130] 건(建)은 흉노족에게 세워졌는데, 야
만인들의 위엄을 믿고 의지하여 북도(北道, 大戈壁 사막의 북쪽)를 점거
하고서 소륵왕(疏勒王)[131]을 공격하여 죽이고, 그 신하인 두제(兜題)를
세워 소륵왕으로 삼았다. 반초는 샛길로 소륵국에 이르렀는데, 두제가
사는 곳인 반탁성(槃橐城)에서 90리 정도 떨어진 지점까지 가서 거꾸
로 관리인 전려(田慮)를 파견하여 먼저 가서 그들을 항복시키게 하였
다. 전려에게 칙령을 내려 말하였다.

"두제는 본래 소륵 종족이 아니니, 이 나라 사람들은 반드시 그의 명

---

128 정삭은 달력이다. 과거에 달력을 이웃나라에 나누어주어 중국의 세력을 표
    현했다.

129 현재의 지명은 정확치 않다.

130 구자국은 신강 고차현(庫車縣)에 있다.

131 소륵국은 신강 소륵현에 있다.

령을 듣지 않을 것이며 만약 바로 항복하지 않는다면 그를 체포해도 좋다."

전려가 그곳에 벌써 도착하였는데, 두제는 전려의 일행이 경무장을 하여 약하다고 보고 특별히 항복할 뜻이 전혀 없었다.

전려는 그들의 무방비 상태를 이용하여 마침내 앞으로 나아가 두제를 겁주어 포박하니, 주위 사람들이 의외의 일이 벌어지자 모두 놀라고 두려워서 달아났다. 전려가 바로 말을 달려 반초에게 보고하니 반초가 그곳에 가서 소륵국의 장군과 관리를 모두 불러들여 구자국이 무도(無道)하였던 상황을 이야기하고, 이어서 그들의 옛 왕의 형의 아들 충(忠)을 왕으로 세웠더니[132] 그 나라 사람들이 크게 기뻐하였다.

반초는 충과 그 관속들에게 물었다.

"두제를 당장 죽여야 하겠는가? 살려서 그를 보내주어야겠는가?"

모두 말하였다.

"마땅히 그를 죽여야 합니다."

반초가 말하였다.

"이 사람을 죽인들 일을 하는 데는 아무런 이익이 없으니 마땅히 구자국이 우리 한나라의 위엄과 덕화(德化)를 알게 하여야겠소."

드디어 그를 풀어주어 보냈다.

7   여름, 5월 무자일(5일)에 공경과 백관들이 황제의 위엄과 덕화가 먼 곳의 사람들도 품어주자, 상서로운 물건들이 감응하여 나타났다고

---

132 원굉의 《한기》에는 옛 왕의 가까운 친속들을 찾아보고 그 형인 유륵(楡勒)을 찾아내서 이를 세우고 이름을 충이라고 바꾸었다고 되어 있다.

하여서 모두 조당(朝堂)에 모여 술잔을 받들어 축수하였다.

제(制)를 내려 말하였다.

"하늘이 내려주는 신성한 물건이란 왕 된 자에게 감응한 것이다. 멀리 사는 사람들이 덕화를 사모하는 것은 실제로 덕을 갖고 있음으로 말미암은 것인데, 짐은 텅 비고 얄팍하니 어찌 이러한 것을 누리겠는가? 오직 고조(高祖)와 광무제(光武帝)의 성스러운 덕을 입은 바이니 감히 사양하지 못하며 그 공경하는 마음으로 술잔을 드니 태상은 길일을 택하여 책서를 써서 종묘에 고하게 하라."

이로 인하여 은혜를 더욱 확대하여서 백성들에게 작위와 곡식을 차등 있게 하사하였다.

8   겨울, 11월에 봉거(奉車)도위 두고(竇固)와 부마(駙馬)도위 경병(耿秉), 기(騎)도위 유장(劉張)을 파견하여 돈황(敦煌, 감숙성 돈황현)과 곤륜(昆侖)의 요새로 나아가 서역(西域)을 치게 하였다. 경병과 유장은 모두 자기들의 부(符)와 전(傳)[133]을 떼서 두고에게 위촉하니 군사가 1만4천 기병을 합쳐서 포류해(蒲類海, 파리쿤호)에 있는 백산(白山)에서 야만인들을 격파하고 드디어 차사(車師)까지 진격하였다.

차사국의 전왕(前王)은 바로 후왕(後王)[134]의 아들인데, 그들의 왕

---

133 부(符)는 군사를 움직일 수 있는 병부(兵符)를 말하고, 전(傳)은 통행증과 같은 것으로 증백에다 두 줄로 글씨를 써서 나누어 그 하나를 갖고 있다가 관문을 출입할 때 이를 합쳐 보아 맞으면 통과시키는 것이다. 장수는 이것을 갖고 있는데 이를 떼서 두고에게 맡긴 것은 군사를 맡긴 것과 같다.

134 차사국 전왕은 신강성 투루판에 있고 차사국 후왕은 신강성 기태현(奇台縣)에 있었다.

정은 서로 5백여 리 가량 떨어져 있었다.[135] 두고는 후왕이 있는 곳까지 가기에는 길이 멀고 산골짜기도 깊었으며, 사졸들은 춥고 고생스러워서 전왕이 있는 곳을 공격하고자 하였다. 경병은 먼저 후왕이 있는 곳으로 가서 힘을 합하여 본거지를 처리하면 전왕은 스스로 항복할 것이라고 생각하였다.

두고가 아직 결정을 내리지 않았는데, 경병이 몸을 떨치며 일어나서 말하였다.

"청컨대 앞장서 나가게 해주십시오."

마침내 말에 올라 병사를 이끌고 북쪽으로 들어갔고 많은 군사들이 부득이하여 함께 전진하였는데, 참수한 것이 수천 급이었다. 후왕 안득(安得)은 놀라고 두려워하여 뛰어서 문을 나가서 경병을 영접하고, 모자를 벗고, 말의 다리를 끌어안고 항복하니 경병은 그를 거느리고 두고에게 갔다. 그들의 전왕도 또한 귀부하였고 드디어 차사국을 평정하고 돌아왔다.

이에 두고는 다시 서역도호(西域都護)와 무·기(戊·己)교위[136]를 두도록 주문을 올렸다. 진목(陳睦)을 도호로 삼고, 사마 경공(耿恭)은 무

---

135 두 곳 간의 거리는 120km인데, 중간에 해발 5천m 이상 되는 천산(天山)산맥이 놓여있다.

136 선제는 도호를 두었고, 원제는 무교위와 기교위를 두었었는데, 왕망의 어지러움으로 인해 서역이 중국과 끊어지자 두지 못하다가 서역과 연락이 되어 다시 설치한 것이다. 무기교위의 무기가 어떠한 의미인가에 관하여 몇 가지 설이 있다. 그 중 하나는 갑을병정하는 10갑(甲) 가운데 무기는 방위가 없고 중앙을 의미하는 것이므로 교위로서 어느 한정된 지역에만 근무하는 다른 교위와는 달리 필요에 따라서 수시로 근무 장소를 옮길 수 있는 교위라고 한다. 이 설이 가장 합리적인 설명으로 보인다.

(戊)교위가 되어서 후왕부의 금포성(金蒲城, 신강 기태현 서북쪽)에 주둔하고, 알자 관총(關寵)은 기교위가 되어 전왕부의 유중성(柳中城, 신강성 투루판현 동남쪽)에 주둔하였는데 주둔군을 각기 수백 명을 두었다. 경공은 경황(耿況)의 손자이다.

효명제 영평 18년(乙亥, 75년)

1   봄, 2월에 두고(竇固) 등에게 조서를 내려 군사 활동을 그만두고 경사로 돌아오게 하였다.[137]

2   북선우는 좌록려왕(左鹿蠡王)을 파견하여 2만 기병을 인솔하여 차사국을 공격하니 경공(耿恭)이 사마를 파견하여 병사 3백 명을 거느리고 가서 그들을 구원했으나 모두 죽자 흉노는 드디어 차사국의 후왕(後王) 안득(安得)을 격파하고 죽인 다음에 금포성(金蒲城, 신강성 奇台縣의 서북쪽)을 공격하였다.

경공이 화살에 독약을 바르고 흉노들에게 말하였다.

"한나라에서 사용하는 신(神)의 화살에 맞아 상처를 입은 사람에게는 반드시 이상한 일이 벌어질 것이다."

야만인들 가운데 화살에 맞은 사람이 그 상처를 보니 상처가 모두 뭉그러져 있었으므로 크게 놀랐다.

마침 하늘에서 폭풍우가 몰아치자 비가 내리는 것을 좇아서 그들을

---

137 서역 정벌의 중지를 의미한다.

쳐 아주 많은 사람들을 살상하였다. 흉노는 떨며 두려워서 서로 말하였다.

"한나라의 군사들은 정말 귀신같으니 정말로 두렵다."

드디어 그들은 해산하고 떠났다.

3 여름, 6월 기미일(12일)에 태미성(太微星)[138] 자리에 패성(孛星)이 나타났다.

4 경공은 소륵성(疏勒城)[139] 옆에 시냇물이 있어서 이를 굳게 지킬 수 있을 것으로 보고, 병사를 이끌고 이곳을 점거하였다. 가을, 7월에 흉노들이 다시 쳐들어와 공격하면서 이 시냇물을 장악하여 끊어버렸다. 경공은 성 안에 우물을 팠는데, 15장(丈)이나 파내려가도 물을 얻지 못하니 관리와 백성들이 목이 말라 견딜 수 없게 되자, 말의 배설물을 대나무 조롱에 담아서 거기에서 나오는 물을 먹기에 이르렀다.

경공은 몸소 병사를 이끌고 우물 파는 흙을 날랐는데, 잠시 후 샘물이 솟아나오자 많은 무리들이 모두 만세를 불렀다. 이에 관리와 병사들에게 물을 퍼 올려서 야만인들에게 보이게 하니, 야만인들은 생각 못한 일이라 귀신같은 일로 여기고 마침내 군사를 이끌고 가버렸다.

---

138 북두칠성의 귀퉁이에 있는 별로 옛 사람들은 이것을 천자의 조정으로 생각하였다.

139 정확한 현재의 위치를 알 수 없다. 다만 신강성 기태현에 있었던 차사후국의 영토 안에 있었을 것으로 보인다. 소륵왕국과는 서남방쪽으로 1천250㎞ 떨어져 있으며, 그 사이에는 천산(天山)과 대과벽(大戈壁) 사막이 있다.

명제의 죽음과 장제의 등극

5   8월 임자일(6일)에 황제가 동궁(東宮)의 전전(前殿)에서 붕어하니 향년 48세였다. 유언으로 조서를 내렸다.

"따로 침묘(寢廟)[140]를 만들지 말고, 위패(位牌)를 광열(光烈)[141]황후가 전에 옷을 갈아입던 별실에 안치하라."

황제는 건무(建武) 황제[142]가 만든 제도를 높이 받들면서 바꾼 것이 없었으며 후비(后妃) 집안의 사람들은 작위를 얻거나 정치를 하지 못하였다. 관도(館陶)공주[143]가 그의 아들을 낭관을 시켜달라고 청구하였으나 허락하지 아니하였고 1천만 전을 하사하면서 여러 신하들에게 말하였다.

"낭관은 위로는 하늘의 열수(宿)[144]에 대응하는 관직이어서, 나아가

---

140 황제의 주검과 위패를 두기 위한 곳이다.

141 죽은 명제의 어머니이며 광무제의 황후 시호이다.

142 명제의 아버지 후한 광무제가 건무를 연호로 사용하였으므로 광무제를 가리킨다.

143 광무제 유수의 딸이며 명제의 누이인 유홍부(劉紅夫)로 한광(韓光)에게 시집갔다.

게 되면 백 리를 다스려야 하는 것이니 만약에 그 직책에 적당한 사람을 찾아내지 아니하면 백성들이 그로 인한 재앙을 받게 되는 것이오. 이리하여서 이러한 일[145]을 어렵다고 한 것이오."

공거(公車)[146]에서 반지일(反支日)[147]에는 장주문(章奏文)을 받지 않았는데 황제가 이 소식을 듣고 이상하게 생각하며 말하였다.

"백성들이 농사짓고 뽕나무 키우는 것을 폐하면서까지 먼 곳에서 궁궐로 왔는데, 다시금 금기하는 날짜에 얽매이게 되었으니, 어찌 정치하는 뜻이라 하겠는가?"

이에 마침내 그 제도를 없앴다.

상서 염장(閻章)의 두 누이동생이 귀인(貴人)[148]이었는데, 염장은 정력적으로 일하여 옛 전범을 모두 이해하였고, 장기간 일을 담당하였으므로 마땅히 중요한 직책으로 승진시켜야 했지만 황제는 후궁의 친척이라고 하여 끝내 채용하지 아니하였다. 이리하여서 관리는 그 직무에 적당한 사람을 채용하게 되었고 백성들은 그의 직업을 즐겼으며, 먼

---

144 별자리를 말한다. 《사기》에서 이르기를 '태미궁의 뒤에 25개의 별이 있는데 이것이 낭관의 위치이다.'라고 하였다.

145 관직을 주는 일을 말한다.

146 궁정관리처에 해당하는 기관이다.

147 예부터 반지일은 흉하다고 알려져 있다. 옛 간지(干支)를 사용하여 날짜를 계산하였는데, 초하루가 술(戌)이나 해(亥)일인 경우에는 초1일이 반지일이고, 초하루가 신(申)·유(酉)일인 경우는 초2일이 반지일이며, 초하루가 오(午)·미(未)일인 경우에는 초3일이 반지일이다. 또 초하루가 진(辰)·사(巳)일인 경우에는 초4일이 반지일이고, 초하루가 인(寅)·묘(卯)일이면 초5일이 반지일이고, 초하루가 자(子)·축(丑)일이면 초6일이 반지일이다.

148 황제의 1급 후궁이다.

곳에 있건 가까운 곳에 있건 모두 두려워하고 복종하였으며 호구는 많이 늘어났다.

6   태자[149]가 즉위하니 나이는 18세였다. 황후를 높여 황태후로 하였다.

명제(明帝)[150]가 붕어하고 나서 처음에는 마(馬)[151]씨 형제가 다투어 궁궐로 들어오려고 하였다. 북궁(北宮)의 위사령(衛士令)[152] 양인(楊仁)이 갑옷을 입고 창을 잡고서 궁문의 경위를 엄하게 챙기니 사람들이 감히 가볍게 궁으로 들어가는 사람이 없었다.

여러 마씨들이 마침내 함께 장제(章帝)에게 양인을 참소하였는데, 그가 대단히 준엄하고 각박하였다고 말하였지만 황제가 그의 충성심을 알아차리고 더욱 그를 잘 대하면서 십방(什邡, 사천성 십방현) 현령으로 삼았다.

7   임술일(26일)에 효명황제(孝明皇帝)를 현절능(顯節陵, 하남성 낙양시 서북쪽)에 장사지냈다.

8   겨울, 10월 정미일(2일)에 천하에 사면하였다.

---

149 죽은 명제의 아들 유달(劉炟)로 장제(章帝)이다.

150 유장이 죽은 후 시호를 명제라고 했다.

151 명제의 황후인 마씨를 말한다.

152 낙양에는 남·북궁이 있었는데, 이 궁에는 각 위사 수백 명과 위사령 한 명을 두었다.

9   조서를 내려서 행태위사(行太尉事)[153]인 절향후(節鄕侯) 조희(趙熹)를 태부로 삼고, 사공 모융(牟融)을 태위로 삼았는데, 나란히 녹상서사(錄尙書事)[154]를 겸직하게 하였다.

10   11월, 무술일(25일)에 촉군(蜀郡, 사천성 성도시) 태수 제오륜(第五倫)[155]을 사공으로 삼았다. 제오륜은 군(郡)에 재직하면서 공정하고 청렴하였으며, 추천한 관리는 대부분 그 직책을 감당하기에 적당하였으니 그러므로 황제가 멀리 있는 군에서 불러다가 이를 등용하였다.[156]

11   언기국(焉耆國, 신강성 언기현)과 구자국(龜玆國, 신강성 고차현)이 도호 진목(陳睦)[157]을 공격하여 죽이고, 북흉노의 군사들은 유중성(柳中城, 신강성 토로번의 서남쪽 70㎞ 지점)에서 관총(關寵)[158]을 포위하였다. 마침 중원에 있는 나라에서 대상(大喪)[159]이 있자 구원병이 이르지 아니하였고, 차사국(車師國)은 다시 배반하여 흉노와 더불어 공동으로

---

153 태위의 업무를 수행한다는 의미의 직책이다. 이는 행직으로 태위의 대리직이다.

154 상서성에서 하는 일을 관장하는 직책이다. 상서령은 아니다.

155 제오는 성이며, 복성(復姓)이다.

156 촉군은 낙양에서 서쪽으로 3천100리 떨어져 있는데, 이러한 일은 당시로서는 대단히 영광스러운 일이었다.

157 서역 도호였다.

158 기(己)교위이다.

159 명제의 죽음을 말한다.

경공(耿恭)[160]을 공격하였다.

경공은 사나운 병사들을 인솔하여서 이들을 막았는데, 몇 달이 지나자 식량이 다 떨어져서 곤궁하게 되니 이에 갑옷이나 활에 붙어 있는 가죽을 삶아서 먹었다. 경공과 사졸들은 진실로 생사를 같이 하였고 그러므로 두 마음을 가진 사람이 없었지만 조금씩 죽어서 남은 사람은 몇 십 명 정도였다.

선우는 경공이 이미 곤란하게 된 것을 알고서 반드시 이들을 항복시키자 사신을 보내어 경공을 부르며 말하였다.

"만약에 항복할 것 같으면 마땅히 책봉하여 백옥왕(白屋王)[161]으로 삼아 여자를 주어 처로 삼게 하겠다."

경공은 그 사자를 유인하여 성 위로 데리고 가서 손으로 쳐서 그를 죽이고 이를 성 위에서 불태웠다. 선우는 크게 화가 나서 더욱 많은 군사를 보태어 경공을 포위하였지만 떨어뜨리지 못하였다.

관총이 편지를 올려 구원을 청구하니 조서를 내려 공경들에게 회의를 하게 하였는데, 사공 제오륜은 당연히 구원해서는 안 될 것이라고 생각하였다. 사도 포욱(鮑昱)이 말하였다.

"지금 다른 사람에게 위험하고 어려운 지경에 있게 하고서 재빨리 이를 포기한다면 밖으로는 만이(蠻夷)들의 횡포를 내버려두는 것이고, 안으로는 죽음과 어려움을 당한 신하들의 마음을 해치는 것입니다. 진실로 일시적인 방편을 쓰게 하여야 뒤에 가서 변방의 일이 없게 하는 것이 가능합니다. 흉노가 만약 다시 요새를 침범하여 노략질을 한다면

---

160 무(戊)교위이다.

161 오적(五狄) 가운데 백옥(白屋)이라는 종족이 있다.

폐하께서 장차 어떻게 장수들을 부리시려고 하십니까?

또한 두 부[162]의 병사들이 줄어들어 각기 수십 명뿐인데, 흉노가 이들을 포위하고 열흘이 지나도 떨어뜨리지 못하였으니, 이는 그들이 숫자는 적고 약하지만 힘을 다한 결과입니다. 돈황(敦煌)과 주천(酒泉) 태수에게 명령을 내려 각기 정예기병 2천 명씩 거느리고 깃발을 많이 벌려놓으면서 배나 빨리 길을 달려가 그들의 급한 사정을 구원하게 할 수 있습니다. 흉노는 피곤이 극도에 달한 병사들이니 반드시 감당하지 못할 것이고, 40일 동안이면 충분히 다시 요새로 돌아올 수 있을 것입니다."

황제가 그렇겠다고 생각하였다.

마침내 정서(征西)장군 경병(耿秉)을 파견, 주천에 주둔하게 하여 행태수사(行太守事)[163]로 임명하였고, 주천 태수 단팽(段彭)을 파견하여 알자 왕몽(王蒙)과 황보원(皇甫援)과 함께 장액(張掖)과 주천, 돈황 세 군과 선선국(鄯善國)의 병사 도합 7천여 명을 징발하여 그들을 구원하게 하였다.

12   그믐, 갑진일에 일식이 있었다.

13   태후(太后)[164]의 형제인 호분(虎賁)중랑 마료(馬廖)와 황문랑 마방(馬防), 마광(馬光)은 명제의 시대가 끝날 때까지 일찍이 관직을 옮

---

162 경공과 광총이 거느리는 군부대를 말한다.

163 행직, 즉 대리직이다. 임시로 태수의 업무를 수행하게 한 것이다.

164 명제의 황후이며, 현재 황제인 장제의 어머니이다.

긴 일이 없었다.[165] 황제는 마료를 위위(衛尉)로 삼고, 마방을 중랑장으로 삼았으며, 마광을 월기(越騎)교위로 삼았다. 마료 등은 온몸을 기울여서 사람들과 교제하고 연결을 맺었으므로 관개(冠蓋)[166]를 한 인사들은 다투어 그곳으로 달려갔다.

　제오륜이 상소문을 올렸다.

　"신이 듣건대 《서경》에 이르기를 '신하는 위엄을 세우지도 말고 복을 주는 일도 하지 마라. 그 해로움은 너의 집안을 해치고 너의 나라에 흉한 일을 가져온다.'[167]고 하였습니다. 근세에 광열(光烈)황후[168]께서는 비록 우애가 하늘에 이를 정도였지만 음씨(陰氏)를 억눌러 덜어내고 권세를 빌려주지 않았습니다.

　그 후에 양씨와 두씨[169] 집안에서 서로 범법하였으므로 명제가 즉위하여 결국에는 대부분 이들을 죽였습니다. 이로부터 낙양에는 다시는 권력을 가진 인척이 없게 되었고, 편지로 기록하며 청탁하는 일은 하나같이 모두 단절되었습니다.[170] 또 여러 외척들에게 타일러 말하기를 '자기 몸을 고생시키면서 다른 선비들을 기다리는 것이 나라를 위하여 일 하는 것만 못하다. 물동이를 이고 하늘을 바라본다고 하여도 일은

---

165 진급을 시키지 아니하였다는 말이다.

166 관(冠)은 모자를 말하고 개(蓋)는 수레의 포장이다. 따라서 관(冠)을 쓸 정도의 신분이나 수레를 탈만한 신분의 사람들을 일컫는다.

167 《상서》〈홍범편〉에 실린 말이다.

168 광무제의 황후 음씨를 말한다.

169 양송(梁松)과 두목(竇穆) 등을 말한다.

170 양송과 두목 등의 경우를 말한다.

두 가지를 다할 수 없다.'라고 하였습니다.

지금 의논하는 자들이 다시 마씨를 끄집어서 말하고 있습니다. 가만히 듣건대 위위 마료는 포(布) 3천 필을 사용하고, 성문(城門)교위 마방은 3백만 전을 사용하여 사사로이 삼보(三輔) 지역에 있는 사람들에게 의관을 공급하였는데, 아는 사람이건 모르는 사람이건 보내주지 않은 사람이 없다고 합니다. 또한 듣건대 납일(臘日)[171]에도 역시 낙양에 있는 사람에게 각기 5천 전씩 보냈다고 합니다. 월기교위 마광은 납일에 양 3백 마리, 쌀 4백 곡, 고기 5천 근을 사용했습니다.

신이 어리석으나 이는 경전의 대의에 부응하는 것이 아니어서 황공하지만 감히 보고를 드리지 않을 수 없습니다. 폐하께서는 마음속으로 그들을 후하게 대우하고 싶으시지만 또한 마땅히 그들을 편안하게 하려는 것입니다. 신이 지금 이것을 말하는 것은 진실로 위로는 폐하께 충성을 다하고 아래로는 태후의 집안을 온전히 하고자 하여서입니다."

14   이 해에 경사와 연주(兗州)·예주(豫州)·서주(徐州)에 큰 가뭄이 들었다.＊

---

171 음력 12월 8일이다.

권46

한기38

반초의 서역 정벌

각박한 형리와 관대한 정책의 요구

숙종 효장황제 건초 원년(丙子, 76년)

1　봄, 정월에 연주·예주·서주 등 세 주에 조서를 내려 주린 백성들에게 곡식을 내려주라고 하였다. 황상이 사도 포욱(鮑昱)에게 물었다.

"어떻게 하여야 한재를 소멸시키고 정상으로 회복시킬 수 있겠소?"

대답하였다.

"폐하께서 처음으로 천위(天位)[1]를 밟으셨는데, 비록 실수하신 것이 있다고 하여도 아직은 이상한 기운이 이를 수는 없었을 것입니다. 신이 전에 여남(汝南, 하남성 여남현) 태수였을 때 초나라에서 벌어진 사건[2]을 주관하여 처리하였는데, 그 사건에 연루된 사람이 1천여 명이나 되었지만 아마도 모두 그 죄를 지은 사람에 해당할 수는 없었을 것입니다.

1　황제의 자리를 말한다.

2　후한 명제 13년(70년)에 있었던 초왕 유영(劉英)의 모반 사건을 말한다. 이때 포욱이 이 사건을 주관하여 처리하였다. 이 사건은 《자치통감》 권45에 실려 있다.

무릇 큰 옥사가 한 번 일어나면 억울하게 죄를 뒤집어 쓴 사람이 반을 넘습니다. 또 여러 귀양 가는 사람들은 골육 간에 헤어지게 되니, 외로운 영혼은 제사를 받지도 못합니다. 마땅히 그들을 모두 돌려보내어 집으로 가게 하시고 금고를 면제해주셔서 죽은 자든 산 자든 간에 자기들이 있어야 할 곳을 얻는다면 화합하는 기운이 이를 수 있을 것입니다."

황제가 그 말을 받아들였다.

교서랑(校書郎)[3] 양종(楊終)이 상소문을 올렸다.

"최근 북쪽으로 흉노를 정벌하고 서쪽으로 36개국을 개척하여서 백성들은 빈번하게 해마다 역역(力役)을 부담하고, 물건을 운반하는데도 번거롭고 비용을 많이 쓰게 되었습니다. 근심하고 곤궁해진 백성들이 충분히 천지를 감동시킬 것이니 폐하께서는 의당 유념하여 살피시기를 바랍니다."

황제가 그 장주문을 내려 보내니 제오륜도 역시 양종의 주장에 동의하였다.

모융(牟融)과 포욱이 모두 말하였다.

"효성스러운 아들은 아버지가 가신 길을 고치지 않는데,[4] 흉노를 정벌하고 서역에 주둔하여 지키게 한 것은 먼저 돌아가신 황제께서 해놓으신 것이니, 마땅히 돌려서 다르게 해서는 안 됩니다."

양종이 다시 상소문을 올렸다.

"진(秦)나라가 장성을 쌓느라 부역을 번거롭게 일으켰는데, 호해(胡

---

3 국립도서관에 해당하는 난대(蘭臺)에 소속된 관직이다.

4 《논어》에 나오는 말이다.

亥)가 고치지를 않았지만 갑자기 사해(四海)를 망하게 하였습니다. 옛날 효원제(孝元帝)는 주애군(珠厓郡)을 포기하였고,[5] 광무제는 서역과의 관계를 끊어버리고[6] 개린(介鱗)[7]을 가지고 우리의 의상과 바꾸지를 않았습니다.

노(魯)나라 문공(文公)[8]이 천대(泉臺)를 헐어버렸는데,《춘추》에서 이를 비난하여 말하기를 '선조가 이것을 만들었는데, 자신이 이것을 훼손시키는 것은 살지 않는 것만 못할 뿐이다.'고 하였습니다. 그리하는 것은 백성들에게 아무런 방해가 되지 않았기 때문입니다.

양공(襄公)[9]이 삼군(三軍)을 만들었는데, 소공(昭公)[10]이 이것을 버리자, 군자들이 그가 옛날처럼 한 것을 큰일 하였다고 하였으니, 이는 버리지 않는다면 백성들에게 해를 끼치게 된다고 여긴 것입니다. 지금 이오(伊吾, 신강성 합밀현)에서의 전역(戰役)과 누란(樓蘭)[11]에서의 둔전병들은 오랫동안 귀향하지 못하였으니 하늘의 뜻이 아닙니다."

황제가 이 의견을 좇았다.

---

5 전한 원제 초원 2년(기원전 47년)에 있었던 일로《자치통감》권28에 실려 있다.

6 후한 광무제 건무 22년(46년)에 있었던 일로《자치통감》권43에 실려 있다.

7 야만인들이 입는 옷을 낮추어 부르는 말이다.

8 춘추시대 노나라 20대 군주이다.

9 노나라 24대 군주이다.

10 양공의 아들로 춘추시대 노나라 26대 군주이다.

11 누란국은 후한 명제 영평 16년(73년)에 선선국으로 바꼈는데, 나포박 호수 근처이다.

2 병인일(23일)에 조서를 내렸다.

"이천석의 관리들은 농업과 잠업을 힘써 권고하라. 죄가 사형에 해당하는 것이 아니면 가을까지 기다렸다가 조사하라. 유사는 뽑아 천거하는 일을 분명하고 신중하게 하여 온유하고 양호한 사람이 나아가게하고, 탐욕이 있고 교활한 자를 물리치며, 절기에 순응하여 억울한 옥사를 처리하라."

이때에는 영평시대의 옛 일을 이어받았으므로 관리들의 정사는 엄격하고 각박하게 처리하는 것을 숭상하여서 상서가 일을 결정할 때에는 대부분 중벌을 내리는 쪽에 가까웠다.

상서인 패국(沛國, 안휘성 수계현) 사람 진총(陳寵)이 황제가 새로 즉위하였으니, 마땅히 전 시대에 있었던 가혹한 습관을 바꾸어야 한다고 생각하여 이에 상소문을 올렸다.

"신이 듣건대, '선왕(先王)[12]들의 정치는 상을 주되 지나치지 아니하였고 벌을 내리되 남용하지 아니하였으며, 그것이 부득이하게 준다고 하여도 차라리 상을 지나치게 줄지언정 벌을 남발하는 일은 없었다.'[13] 고 합니다. 과거에 옥사의 처리는 대단히 엄격하고 분명하였는데 간사하고 사특한 사람들을 위엄으로 징계하기 위해서였습니다. 간사하고 사특함이 이미 없어진 다음에는 반드시 이들을 관대함으로 구제해야 마땅합니다.

폐하께서 즉위하시고 나서 대체적으로 이러한 뜻을 가지시고 자주 여러 신료들에게 조서를 내리셔서 온화한 방법을 널리 숭상하였습니

---

12 역사에 나오는 유명한 왕을 말한다.

13 《춘추좌전》에 나오는 말로 채(蔡)나라의 대부 성자(聲子)의 말이다.

다. 그러나 유사들은 아직도 모두가 이 뜻을 받들어 잇지 못하고 오히려 심하게 각박한 것을 숭상하고 있습니다. 옥사를 결정하는 사람이 태장을 때려 고통을 주는 혹독하고 매운 방법을 쓰는 일을 급히 서두르고 있으며, 법률을 집행하는 사람이 무고하고 속이며 남용이 가능한 법조문에 마음이 복잡하게 되거나 혹은 공적인 일을 통하여 사적인 일을 실행하면서 위엄을 보이거나 복을 내려주는 일을 멋대로 합니다.

무릇 정치를 한다는 것은 마치 금슬(琴瑟)을 조절하는 것과 같아서 대현(大絃)을 너무 급하게 잡아당기면 소현(小絃)이 끊어지는 것과 같습니다.[14] 폐하께서는 마땅히 선왕의 도를 융성하게 하시고, 번거롭고 가혹한 법을 없애 몽둥이로 매 맞는 고초를 가볍게 하여 많은 생명들을 구제하시고 지극한 은덕을 온전하게 널리 베푸셔서 하늘의 마음을 받드십시오."

황제는 진총의 말을 깊이 받아들이고 매사에 관대하고 후덕하게 처리하기에 힘썼다.

3   주천(酒泉) 태수 단팽(段彭) 등의 군사가 유중(柳中, 신강성 투르판현 서남쪽 70㎞ 지점)에 모여 차사국(車師國)을 치면서 교하성(交河城, 신강성 투르판현 서북쪽 5㎞ 지점)을 공격하여 참수한 것이 3천800급이고, 산 사람을 사로잡은 것이 3천여 명이었다. 북흉노는 놀라서 달아났고,

---

14 금슬은 모두 현악기로 거문고 종류이다. 이에 관하여서는 《신서(新序)》에 나와 있다. 장손(臧孫)은 노나라 대부인데, 자공(子貢)이 그를 비난하여 말하기를 '무릇 정치란 금슬을 펼치는 것과 같아서 큰 줄을 급하게 잡아당기면 작은 줄이 끊어진다. 그러므로 벌을 제대로 주면 간사한 일이 그치고 상을 제대로 주면 아래 사람들이 기뻐한다.'고 하였다.

차사국은 다시 항복하였다. 마침 관총(關寵)[15]이 죽자 알자 왕몽(王蒙) 등은 병사를 이끌고 돌아오려고 하였는데, 경공(耿恭)[16]의 군리(軍吏) 범강(范羌)이 그때 그 부대에 있다가[17] 경공을 맞이하자고 굳게 요청하였다.

제장들이 감히 전진하려고 하지 않자, 마침내 군사 2천 명을 나누어 범강에게 주고 산의 북쪽 길로 가서 경공을 맞이하게 하였는데, 한 길이 넘게 내린 큰 눈을 만나서 군사들이 겨우 도착할 수 있었다. 성 안에서는 밤중에 군사와 말들의 소리를 듣고 야만인들이 온 것으로 생각하여 크게 놀랐다.

범강이 멀리 대고 소리쳤다.

"나는 범강이오. 한나라에서 군사를 파견하여 교위(校尉)를 맞이하게 하였을 뿐입니다."

성 안에 있던 사람들은 모두 만세를 불렀다. 문을 열고 서로 붙잡고 눈물을 흘렸다. 다음날 드디어 이들은 서로 의지하면서 모두 귀환하였다.

야만인들의 군사들이 이들을 뒤쫓아서 한편으로는 싸우고 또 한편으로는 행군하여서 관리와 병사들은 평소 굶주리고 피곤하였다. 소륵성(疏勒城)을 출발하였을 때에는 아직도 26명이 있었지만 길을 오는 도중에 죽어서 3월에 옥문관(玉門關, 감숙성 돈황현의 서북쪽, 신강성과 감

---

15 기(己)교위였다.

16 무(戊)도위였다.

17 이때 무교위 경공이 범강을 돈황에 보내어 병사들의 겨울 복장을 받아오게 하였으므로 왕몽의 군사들과 함께 요새 지역을 나갔다.

숙성의 경계지역)에 이르렀을 때에는 남은 사람이 오직 13인이었으며, 의복과 신발은 뚫어지고 찢어졌으며, 그 형체와 얼굴은 비쩍 말랐다.

중랑장 정중(鄭衆)[18]이 경공 이하 여러 사람들을 위하여 목욕을 하게 하고 의관을 바꾸어 주고 상소문을 올렸다.

"경공이 단조로운 군사로 외롭게 성을 지키면서 흉노 수만 명의 무리를 감당하며 몇 달을 이어갔고 해를 넘겨서 마음과 힘이 다 소진했으며, 산을 파서 우물을 만들고, 활을 삶아서 양식으로 삼으면서도 전후로 더러운 야만인들 수백 명, 수천 명을 살상한 것으로 헤아려지는데, 끝내 충성스러움과 용감함을 온전히 하여 우리 위대한 한나라의 치욕이 되지 않게 하였으니, 마땅히 뛰어난 작위를 받아서 장수들이 힘내게 하여야 합니다."

경공이 낙양(雒陽)에 도착하니 기(騎)도위 벼슬을 주었다. 조서를 내려 무(戊)도위와 기(己)도위, 도호관을 폐지하도록 하였고,[19] 반초(班超)를 불러 돌아오게 하였다.

반초가 막 출발하여 돌아오려고 하니 소륵국(疏勒國, 신강성 소륵현)에서는 온 나라가 걱정하고 두려워하였다. 그들의 도위 여엄(黎弇)이 말하였다.

"한나라의 사자가 우리를 버리면 우리는 반드시 다시 구자국(龜玆國)에게 멸망될 뿐인데, 진실로 한나라의 사자가 떠나는 것을 차마 못 보겠소이다."

---

18 군사마 정중이 마유(馬廖)와 함께 차사국을 공격하였는데, 돈황에 이르러 중랑장이 되었다.

19 명제 영평 17년(74년)에 다시 설치했었음으로 2년 만에 다시 철폐한 셈이다.

이어서 칼로 스스로 목을 찔러 자살하였다.[20]

반초가 돌아오다가 우전국(于寘國, 신강성 화전현)에 이르자 왕후 이하 모두가 눈물을 흘리며 부르짖으면서 말하였다.

"한나라의 사자에 의지하는 것이 부모에게 의지하는 것과 같았으니 진실로 가실 수 없습니다."

서로 반초가 탄 말의 다리를 붙잡으니 갈 수 없었다.

반초는 역시 그가 본래 가지고 있던 뜻을 완수하기 위하여 마침내 소륵으로 돌아갔다. 소륵국에 있는 두 성이 이미 구자국에게 항복하였고, 위두국(尉頭國, 신강성 오십현)과 군사를 연합하고 있었다. 반초는 반란자를 체포하여 목을 베고 위두국을 쳐서 깨뜨렸으며 600여 명을 죽이니 소륵국이 다시 안정되었다.

---

20 《한서》를 보면 소륵국의 관직에는 소륵후·격호후·보국후·도위가 있다.

장제를 도운 동평왕 유창

4   갑인일(12일)에 산양(山陽, 산동성 금향현)과 동평(東平, 산동성 동평현)에 지진이 있었다.

5   동평왕 유창(劉蒼)이 편리하고 마땅한 세 가지 일에 관한 글을 올렸다. 황제가 회답하는 편지를 하였다.

"최근에 관리와 백성들이 상주한 것 가운데도 역시 이러한 말이 있었습니다. 다만 밝아야 할 지혜가 얕고 짧아서 어떤 사람은 옳다고 생각하다가 다시 생각하여 잘못이라고 하고 있으니 어떻게 확정해야 할지 모르겠습니다. 왕께서 깊이 생각하신 계책을 받고 나니 확연하게 풀려지며 오직 훌륭한 계책이라 생각하고 차례로 받아들여 시행하겠습니다. 특별히 왕에게 5백만 전을 하사합니다."

나중에 황제가 원릉(原陵)과 현절릉(顯節陵)[21]이 있는 곳을 현읍(縣邑)으로 만들려고 하였는데, 유창이 상소문을 올려서 간하였다.

---

21 원릉은 광무제 유수의 능묘이며, 현절능은 현 황제인 장제의 아버지 명제의 능묘이다.

"가만히 보건대, 광무황제는 몸소 검약하는 행동을 보이셔서 시작과 끝의 구분을 깊이 살피시고, 부지런히 일하고 간절하게 말씀하시면서 장례제도에 관하여 말씀하셨습니다. 효명황제께서는 큰 효도하는 마음으로 어기지 아니하고 이어받아 준행(遵行)하셨으니[22] 겸손하심과 덕스러우신 아름다움이 여기서 더욱 창성하게 되었습니다.

신의 어리석은 생각으로는 묘원에 딸린 읍을 만드는 것이 강포한 진나라 때부터 시작되었습니다.[23] 옛날에 분묘는 또 그것이 분명하게 드러나도록 하지 않았는데,[24] 하물며 어찌 성읍을 만들고 도성을 세우겠습니까? 위로는 먼저 돌아가신 황제의 성스러운 마음을 어기는 것이고, 아래로는 아무런 이익도 없는 작업을 하여 국가의 비용을 허비하고 백성들을 동요시키는 것이니, 화합의 기운을 만들고 풍년을 기원하는 것이 아닙니다.

폐하께서는 유우(有虞)[25]의 지극한 성품을 밟아 조상들이 깊이 생각하신 것을 추념하십시오. 신 유창은 진실로 두 분 황제의 순수한 덕의 아름다움이 무궁함 속에서 창성하지 않을 것을 마음 아파합니다."

---

22 명제 영평 14년(71년)에 있었던 일로《자치통감》권45에 실려 있다.

23 진시황의 능을 여산에 만들었는데, 그 작업은 진나라가 멸망할 때까지도 계속되었지만 다 완성되지 않았다. 한대 황제의 능묘 역시 이것을 모방하였는데, 한 원제 유석(劉奭) 시대에 이르러서 이러한 능묘를 크게 만드는 일은 중지되었다.

24《예기》를 보면 '옛날에는 묘(墓)만 만들고 분(墳)은 없었다.'고 하였는데, 시체를 넣은 관목(棺木)을 묘혈(墓穴)에 장사지내는 것을 묘(墓)라고 하였고 이곳이 지면에 돌출되게 흙을 쌓는 것을 분(墳)이라고 하였다. 이처럼 고대에는 묘만 있었고 분은 없었으며, 봉분이 생긴 것은 진시황 이후였다.

25 순임금을 말한다.

황제는 이에 중지하였다.

이로부터 조정에서는 매번 의심되는 정책이 있을 때마다 번번이 역참을 통하여 사신을 보내 자문하게 하였고, 유창은 모든 마음을 다하여 대답하였으며, 모든 것을 받아들여서 채용하였다.

6 가을, 8월 경인일(20일)에 천시(天市)[26]에 패성이 나타났다.

7 애초에 익주(益州)의 서부(西部)도위인 광한(廣漢, 사천성 수영현) 사람 정순(鄭純)은 정사를 처리하는 것이 깨끗하였고, 이적(夷狄)이나 맥족(貊族)들에게 덕화를 시행하여 그 군장들이 모두 감복하여 사모하고, 진귀한 물건을 바치고 안으로 귀부하였다. 명제는 이들을 위하여 영창군(永昌郡)을 설치하고 정순을 태수로 삼았다.

정순이 관직에 10년간 있다가 죽었다. 그 후에 부임해온 사람은 이적(夷狄)들을 안무하지 못하여 9월에 애뢰왕(哀牢王)[27] 유뢰(類牢)가 수령을 죽이고 반란을 일으켜 박남(博南, 운남성 영평현)을 공격하였다.

8 부릉왕(阜陵王) 유연(劉延)이 자주 원망하는 마음을 품고 있었는데, 어떤 사람이 유연과 아들 유방(劉魴)이 역모를 꾸몄다고 고발하였다. 황상은 차마 목을 벨 수 없어서, 겨울, 11월에 유연의 작위를 깎아내려 부릉후로 삼고 1개 현을 식읍으로 주었으며, 관리와 백성들과는

---

26 동북쪽에 있는 곡12성(曲12星)을 기(旗)라고 하는데, 이 기의 4개의 별을 천시라고 한다.

27 중국 서남쪽에 사는 민족으로 운남성 애뢰산에 거주한다.

연락을 하지 못하게 하였다.[28]

9　북흉노의 고림온우독왕(皐林溫禺犢王)이 그의 무리를 거느리고 돌아가서 탁야산(涿邪山, 몽고 남쪽 경계 지역의 쿠얼반차칸산)에 살고 있었는데, 남선우[29]가 변방에 있는 군 그리고 오환족과 공동으로 이들을 공격하여 격파하였다. 이 해에 남부 지역이 차례로 기근에 빠지자 조서를 내려서 양식을 공급하게 하였다.

효장제 건초 2년(丁丑, 77년)

1　봄, 3월 갑진일(8일)에 이오노(伊吾盧, 신강성 합밀현)에 주둔하였던 군사를 철폐하니, 흉노가 다시 군사를 파견하여 그 땅을 지켰다.[30]

2　영창(永昌, 운남성 보산현), 월수(越嶲, 사천성 서창현), 익주(益州, 운남성 진영현) 등 세 군과 곤명에 사는 이족(夷族)인 노승(鹵承) 등이 애뢰왕(哀牢王) 유뢰(類牢)를 박남(博南, 운남성 영평현)에서 공격하여 대파하고 그의 목을 베었다.

28　유연에 대한 사건은 《자치통감》 권45의 명제 영평 16년(73년)에도 기록되어 있다.

29　28대 선우인 난제장(欒提長)이다.

30　이오노에 관한 사건은 명제 영평 16년(73년)에도 있었고, 《자치통감》 권45에 실려 있다.

3   여름, 4월 무자일(22일)에 조서를 내려 초(楚)나라 사건과 회양왕 사건[31]에 연좌되어 귀양 갔던 사람들 400여 집을 돌아오게 하였다.

---

31 초왕 유영(劉英)이 모반 사건을 일으켰다가 명제 14년(71년)에 자살하였고, 회양왕 유연(劉延)은 제사지내며 황제를 저주한다고 고발된 사건으로 인하여 부릉왕으로 강등되었는데, 이 사건은 명제 영평 16년(73년)에 있었다.

절검으로 정치의 기틀을 잡은 마태후

4   황상이 여러 외삼촌들에게 작위를 주려고 하였으나 태후[32]가 허락하지 않았다. 마침 큰 가뭄을 만나자 이 일에 관하여 말하는 사람이 외척에게 봉작을 하지 않은 연고라고 하였고, 유사는 옛 법전에 의거하게 해달라고 청하였다.

태후가 조서를 내려 말하였다.

"무릇 이 일에 관하여 말하는 자는 모두 짐(朕)[33]에게 아첨하여 복을 얻으려는 것일 뿐이다. 옛날에 왕씨 집안에서 다섯 명의 후를 같은 날 모두 책봉 받는 일이 있었는데, 노란 안개가 사방을 꽉 메웠지 단비가 내려 이 일에 감응하였다는 말을 듣지 못하였다.[34]

무릇 외척들이 귀하고 번성하게 되면 나라가 기울어져 넘어지지 않는 일이 드물었다. 그러므로 먼저 돌아가신 황제[35]께서는 외삼촌을 막

---

32 명제의 황후이자 장제의 어머니인 마태후이다.

33 마태후가 자신을 지칭한 것이다.

34 전한시대 성제(成帝) 건시 원년(기원전 32년)의 일로 《자치통감》 권30에 실려 있다.

35 명제를 말한다.

고 신중하셔서서 국가의 기밀 사항을 담당하는 지위에 있지 않게 하였다. 또한 말씀하시기를 '나의 아들들은 먼저 돌아가신 황제의 아들과 같을 수 없다.'[36]고 하셨는데, 지금 유사들은 어찌하여 마(馬)씨를 음(陰)씨[37]에 비교하려고 하는가!

또 음위위(陰衛尉)[38]의 경우 천하 사람들이 다 그를 칭찬하였는데 궁궐에서 심부름하는 자가 그 집 문 앞에 이르면 신발을 신지도 못하고 나와 맞이하였으니, 이것이 거백옥(蘧伯玉)이 취하였던 공경[39]하는 태도인 것이다. 신양후(新陽侯)[40]가 비록 대단히 강직하고 강한 사람이지만 조금은 이치를 잃고 있다. 그러나 방책과 지략을 갖고 있고 근거를 가지고 말하고 논술하는 데서는 한나라 조당(朝堂)에서 그에 견줄 사람이 없었다. 또 원록정후(原鹿貞侯)[41]는 용맹하고 진실로 믿을 만한 사람이었으니 이 세 사람은 천하 사람들이 뽑은 신하인데, 어찌 이들을 따라갈 수 있단 말인가? 마씨가 음씨를 좇아간다는 것은 요원한 일이다.

---

36 명제 영평 15년(72년)에 있었던 말로 여기서 선제는 명제의 아버지 광무제이다.

37 마씨는 명제의 마황후, 즉 마태후 집안을 말하고, 음씨는 광무제의 음황후 집안을 말한다.

38 음황후의 집안사람으로 음흥(陰興)을 말한다.

39 거백옥은 춘추시대의 대부이다. 위나라의 영공(靈公)과 그의 부인 남자(南子)와 밤중에 앉아있는데, 밖에서 수레바퀴 소리가 요란하게 나다가 궁궐 앞에서 그쳤다. 이를 듣고 남자가 위령공에게 이 소리는 거백옥이 오는 소리라고 하였다. 영공이 그 이유를 물으니 거백옥은 아무도 없는데서 멋대로 하는 사람이 아니기 때문에 밤중에라도 숨어 다니는 일이 없다고 말하였다.

40 음후 집안의 음취(陰就)를 말한다.

41 원록후는 음식(陰識)을 말하는데, 정후는 그의 시호이다.

　나는 재주가 없고 밤낮으로 숨을 죽이고 있으면서 항상 먼저 돌아가신 황후[42]의 법을 훼손시킬까 두려워하고 있으며, 터럭 같은 정도의 죄가 있다고 하여도 나는 용서하지 못하며, 이런 말을 밤낮을 가리지 않고 하지만 친속들이 이를 범하는 것을 그치지 않으니, 장사를 치르고 봉분을 만들었는데도 또한 때맞추어 깨닫지 못하니, 이는 내가 이를 말하여도 권위를 세워주지 않은 것이며 눈과 귀를 막은 것이다.

　나는 천하의 어머니가 되어서 몸에 대련(大練)[43]을 입고서는 먹는 것에서 입에 맞는 것을 구하지 않으며, 내 주위의 사람도 다만 백포(帛布)를 착용하고 향훈(香薰)이 없는 장식을 달고 있는 것은 몸소 아랫사람들을 이끌고자 하여서이다.

　친정 집안사람들이 이를 보면 마땅히 마음 아파하고 스스로 단속할 것이라고 생각하였다. 그러나 도리어 웃으면서 말하기를 '태후는 원래 검소한 것을 좋아하는 분이야.'라고 한다. 전에 탁룡원(濯龍園)[44]의 문을 지나가다가 친정집에 와서 문안하는 사람을 보았는데, 수레는 물 흐르는 것 같았고, 말은 물속에 노니는 용과 같았으며, 창두가 입은 옷은 녹색 단의(單衣)였고, 옷깃과 소매는 아주 흰색이었다. 내 수레를 끄는 사람을 돌아보니, 그에 한참 미치지 못하였다.

　일부러 그들을 견책하거나 화를 내지 않았고 다만 매년 주는 용품을 끊었을 뿐이었으며 아무 말을 하지 않고도 그들의 마음을 부끄럽게 하려고 기도한 것이었는데 오히려 게을러서 나라를 걱정하고 집안을 잊

42　마태후의 시어머니인 광무제의 음황후를 말한다.

43　굵은 실로 짠 옷감으로 만든 옷이다. 보통의 옷감이다.

44　북궁의 근처에 있는 정원이다.

어버리는 염려를 하는 일이 없었다. 신하를 알아보는 데는 임금만한 사람이 없는데 하물며 친척의 경우에서이랴! 내가 어찌 위로는 먼저 돌아가신 황제의 뜻에 죄를 짓고, 아래로는 선인(先人)[45]들이 남긴 덕(德)을 훼손하여 서경(西京)이 패망한 화[46]를 다시금 이어받을 것인가?"

고집스럽게 허락하지 아니하였다

황제가 이 조서를 살펴보고 슬픔에 잠겨 탄식하고서 다시금 청하여 말을 하였다.

"한나라가 일어나고 나서 외삼촌들을 후작에 책봉하는 것은 황제의 아들을 왕으로 삼는 것과 같은 일입니다. 태후께서 진실로 겸허하심을 갖고 계시다 하여 어찌 신만이 세 분의 외삼촌에게 은혜를 베풀지 못하게 하십니까? 또 위위께서는 연세도 높으시고, 두 분의 교위[47]께서는 큰 병환을 갖고 계신데 만약에 거리끼지 못할 일[48]이 발생한다면 신으로 하여금 뼈에 사무치는 한스러움을 오래 품게 할 것입니다. 의당 길할 때[49]가 되었으니 이를 잡아두지 마십시오."

태후가 회답하였다.

---

45 마태후의 아버지인 마원(馬援)을 말한다.

46 서경은 후한시대에 서쪽에 있던 장안인데 이 장안에 도읍하였던 전한을 말하며, 전한시대 외척으로 죽은 사람은 여록(呂祿)·여산(呂産)·두영(竇嬰)·상관걸(上官桀)·곽우(霍禹) 등이 있다.

47 위위는 마태후의 오빠인 마료(馬廖), 두 명의 교위도 마태후의 오빠인 마방(馬防)과 마광(馬光)이다.

48 죽는다는 뜻이다. 죽는다는 말 대신 거리끼지 않고 말한다는 우회적인 말로 표현했다.

49 한나라시대에 작위를 책봉할 때에는 여러 신하들은 모두 길(吉)한 날을 선택하는 연길(涓吉)하였다.

"내가 반복하여 이를 생각하여 보았는데, 이러한 나의 조치는 양쪽을 다 좋게 하려는 것이었지 어찌 헛되이 겸양하였다는 명성을 얻기 위해 황제로 하여금 외삼촌에게 은혜를 베풀지 아니하였다는 비판을 받게 하려고 한 것이겠소?

옛날에 두(竇)태후가 왕(王)황후의 오빠에게 작위를 주려고 하자 승상인 조후(條侯)[50]가 말하기를 '고조가 약속하기를 군사적인 공로를 세운 사람이 아니면 후작에 책봉할 수 없다고 하였다.'고 하였소.[51]

지금 마씨는 나라에 아무런 공로를 세우지 아니하였는데, 어찌 음씨나 곽씨[52] 같이 중흥을 한 시기의 황후와 같겠소! 항상 부귀한 집안을 보면 녹봉과 직위가 중첩(重疊)되었으니, 마치 1년에 두 번 열매를 맺는 과일 나무의 뿌리가 반드시 상하게 되는 것과 같소.

또 사람들이 후작에 책봉되기를 원하는 까닭은 위로는 제사를 모시고, 아래로는 따뜻하고 배부르게 먹고자 할 뿐이오. 지금 제사는 태관(太官)에서 내려주는 것을 받고 있고, 입고 먹는 것은 어부(御府)[53]에서 넉넉히 공급하고 있는데, 이것으로 어찌 만족할 수 없고 반드시 한 개의 현을 얻어야 한단 말이오?[54] 나는 이를 아주 충분히 계산한 것이

---

50 주아부(周亞夫)를 말한다.

51 전한 경제 중원 3년(기원전 147년)에 있었던 일로 《자치통감》 권16에 실려 있다.

52 음려화(陰麗華)와 곽성통(郭聖通)을 말한다.

53 원래 황후 집안에서 그 부모에게 제사지낼 때는 태관에서 물건을 공급한다. 어부령은 의복과 그에 딸린 물건을 관장하고 태관에서 음식물을 주관하도록 되어 있다. 여기에서는 개괄하여 말한 것이다.

54 작위를 받으면 식읍으로 현을 받는다. 따라서 작위를 받으려 한다는 말의 다른 표현이다.

니 의심을 갖지 마시오!

무릇 지극히 효성스러운 행동이란 부모를 편안하게 하는 것이 제일이오.[55] 지금 자주 이변(異變)을 만나고, 곡식 값도 여러 배나 올라서 밤낮으로 걱정근심이 되어 편안히 앉거나 눕지 못하는데 외가 사람들에게 작위를 책봉하려는 일을 먼저 하려고 하니, 이는 자애로운 어미의 부지런함을 어기는 것이오!

나는 평소 강하고 급하여 가슴속에는 기침병이 들었으니 숨을 고르게 하지 아니하면 안 되오. 아들이 아직 관례를 치르기 전에는 부모로 말미암았고, 이미 관례를 치르고 성인이 되면 아들의 뜻대로 실천하는 것이오.

황제를 생각하면 사람들의 군주이고, 나는 아직도 삼년상[56]을 넘기지 않았던 연고로, 그리고 내 스스로의 가족에 관한 일이었으니 그러므로 이를 혼자 처리하려고 하였던 것이오. 만약에 음과 양이 조화를 이루고 변경 지역이 깨끗하고 고요해 진다면 그런 다음에 그대의 뜻대로 시행하도록 하시오. 나는 다만 사탕이나 입에 물고 손자들과 놀면서 다시는 정치에 관여하지 않겠소.”

황상이 이에 중지하였다.

태후가 일찍이 삼보(三輔)[57] 지역에 조서를 내렸었다. 여러 마씨들

---

55 황제 장제는 마태후의 아들이다. 양자(揚子)가 말하기를 ‘효도하는 가운데 부모를 편안하게 하는 일보다 더 큰일은 없다.’고 하였다.

56 명제가 죽은 것은 명제 영평 18년(74년) 8월 6일 죽었고 8월 16일에 장사지냈으므로 현 시점인 장제 건초 2년(77년) 4월에는 명제가 죽은 지 2년 8개월이다.

57 대장안을 일컫는데, 마태후의 아버지 마원의 영향으로 마씨들이 이 지역에서 큰 세력을 갖고 있었다.

과 혼인한 인척의 무리들 가운데 군이나 현에 청탁을 하거나 관리들의 다스림에 간여하여 어지럽힌 자를 법으로 처리하고 보고하게 하였다.

태부인(太夫人)[58]의 장례를 치렀는데 봉분이 조금 높아서[59] 태후가 말하려고 하자 오빠 마료(馬廖) 등이 즉시 깎아서 높이를 줄였다. 그 외에 친족 가운데 겸손하고 평소 의로운 행동을 하는 자에게는 바로 따뜻한 말을 해주고 상으로 재물과 지위를 주었다. 만약에 실오라기 같은 흠집이라도 있으면 먼저 엄격한 얼굴색을 드러내고 그런 다음에 견책을 내렸다.

그 수레와 의복을 아름답게 하고 법도를 준수하지 않는 자는 바로 친족의 호적에서 끊어버리고 시골 고향으로 보냈다. 광평왕(廣平王), 거록왕(鉅鹿王), 낙성왕(樂成王)[60]은 수레와 타는 것이 소박하였고, 금은으로 장식한 것이 없었다. 황제가 태후에게 이 사실을 말하자 바로 각 사람에게 5백만 전씩을 하사하였다.

이에 안팎이 모두 이러한 덕화를 좇아서 입는 의복이 하나같았다. 여러 집안들은 모두 황공하게 생각하는 마음이 영평(永平)[61]시대보다 배나 되었다. 또한 직실(織室)을 설치하고 탁룡원(濯龍園)에 누에를 치게 하고 자주 가서 살펴보는 것을 오락으로 삼았다. 항상 황제와 더불어 아침저녁으로 도(道)와 정사(政事)에 관하여 토론하였으며, 소왕(小

---

58 마태후의 어머니이다.

59 한대에는 열후의 분묘는 높이가 4장(丈)이었고, 관내후부터 서민까지 봉분의 높이는 각각 차등이 있었다.

60 모두 명제의 아들이며 장제의 동생들인데, 광평왕은 유선(劉羨), 거록왕은 유공(劉恭), 낙성왕은 유당(劉黨)이다.

61 명제의 연호이다.

王)[62]들에게 《논어》와 경서를 가르쳤고, 자기 일생을 서술하며 하루 종일 온화하게 지냈다.

마료는 자기가 갖고 있는 좋은 지위와 사업을 끝까지 잘 보존하기 어려울까 염려되어 상소문을 올려 덕정을 완성하도록 권고하며 말하였다.

"옛날 원제(元帝)께서 삼복관(三服官)을 철폐하셨고,[63] 성제(成帝)는 세탁한 옷을 입었으며, 애제(哀帝)는 악부(樂府)를 철거하셨습니다.[64] 그러나 사치하는데 드는 비용이 그치지 아니하여 쇠퇴하고 어지러움에 이르렀던 것은 백성들이란 실천하는 것을 보고 좇지, 말을 듣고 좇지 않기 때문입니다.

무릇 정치를 고치고 풍속을 바꾼다 하여도 근본을 가지고 있어야 합니다. 전하는 말을 보면 '오(吳)나라의 왕[65]이 검객을 좋아하게 되니 백성들 가운데 많은 사람이 다친 흔적이 있고, 초(楚)왕[66]은 가는 허리를 가진 여자를 좋아하게 되니 궁중에는 굶어 죽는 사람이 많았다.'고 하였습니다.

장안에서도 말하기를 '성(城)[67] 안에서 상투를 높게 틀기를 좋아하

---

62 성년이 되지 않은 제왕(諸王)을 말한다.

63 삼복관은 황제와 궁궐용 의복을 담당하는 관직이다. 이 사실은 원제 초원 원년(기원전 48년)의 일로, 《자치통감》 권28에 실려 있다.

64 애제 수화 2년(기원전 7년)에 있었던 일로, 《자치통감》 권33에 실려 있다.

65 오왕 합려(闔閭)를 말한다.

66 초나라의 영왕 미위(靈王 芈圍)를 말한다.

67 성 안에는 사람이 많이 살기 때문에 도시라고 보아도 좋다.

면 사방에서는 한 자로 높이게 되고, 성 안에서 넓은 눈썹을 좋아하면 사방에서는 또 눈썹이 얼굴의 반쯤이나 차지하게 그리며 또 성 안에서 큰소매 달린 옷을 좋아하면 사방에서는 소매를 한 필이나 되게 만든다.'라고 합니다. 이 말이 농담 같지만 실제 사실입니다.

앞서 제도를 내려 보낸 지 얼마 되지 않아서부터 조금씩 실천하지 아니하니 비록 어떤 관리가 법을 제대로 받들지 않기도 하였겠지만 정말로 실천에 게으름을 피우는 것이 경사에서 시작되었습니다.

지금 폐하께서 평소 간소하게 생활하는 곳에서 편안하게 계시는데, 이는 스스로 성스러우신 성품에서 말미암은 것이며 진실로 이 일이 한 번 끝까지 가게 한다면 사해에서 그 덕을 칭송하고, 그 명성이 천지를 훈도(薰陶)하고, 신명(神明)함도 통할 수 있을 것인데, 하물며 법령을 실천하는 데서이겠습니까!"

태후가 이 내용을 깊이 받아들였다.

5 애초에 안이현(安夷縣, 청해시 서영현의 동쪽)의 관리가 비남(卑湳) 부락에 사는 강족(羌族)의 부인을 약탈하여 자기의 처로 삼았는데, 관리가 그 여자의 지아비에게 살해되었고, 안이현의 현장 종연(宗延)이 그를 쫓아서 요새 지역까지 나갔다. 그 종족들은 죽임을 당할까 두려워서 마침내 함께 종연을 살해하고, 늑저(勒姐)와 오량(吾良) 두 종족과 서로 결탁하여 침입하였다.

이에 소당(燒當) 부락의 강족의 우두머리인 전오(滇吾)의 아들 미오(迷吾)가 여러 종족을 인솔하여 함께 반란을 일으켜서 금성(金城, 감숙성 난주시) 태수 학숭(郝崇)을 패배시켰다. 조서를 내려 무위(武威, 감숙성 무위현) 태수인 북지(北地, 영하성 영무현) 사람 부육(傅育)을 호강(護羌)교위로 삼고, 안이에서 임강(臨羌, 청해성 황원현)으로 옮겨 주둔하게 하였다.

미오도 또한 봉양종(封養種)의 우두머리 포교(布橋) 등과 더불어 5만여 명을 거느리고 함께 농서(隴西, 감숙성 임조현)와 한양(漢陽, 감숙성 감곡현)을 침략하였다.

가을, 8월에 행거기(行車騎)장군[68] 마방(馬防)과 장수(長水)교위[69]

경공(耿恭)을 파견하여 북군에 소속한 5교(校)[70]의 병사와 여러 군의 사사(射士)[71] 3만 명을 거느리고 그들을 치게 하였다.

제오륜(第五倫)이 상소문을 올렸다.

"신은 어리석으나 귀한 친척을 후작으로 책봉하여 부유하게 해줄 수는 있지만 임무를 맡겨 일을 하게 하는 것은 부당하다고 생각합니다. 왜 그러합니까? 법을 가지고 그를 옭아 넣게 된다면[72] 베푼 은혜를 상하게 할 것이고, 황제와 친하다는 이유로 사사로이 처리한다면 나라의 법도를 어기게 됩니다.

엎드려 듣건대 마방[73]이 지금 서역 정벌을 담당하였다고 하는데, 신이 생각하기로는 태후께서 가지신 은혜와 인자함과 폐하께서 가지신 지극한 효심에 갑자기 실낱같은 허물이라도 있게 된다면 속으로 아끼는 사람이기에 처리하기가 어려울까 걱정입니다."[74]

황제는 좇지 아니하였다.

---

68 행직은 대리직을 말한다. 따라서 마방은 거기장군대리의 직책을 맡은 것이다.

69 외지사람들로 구성된 부대의 지휘관이다.

70 한 무제는 북군에 8교를 두었다. 중루(中壘)·둔기(屯騎)·월기(越騎)·장수(長水)·호기(胡騎)·사성(射聲)·보병(步兵)·호분(虎賁)이다. 이때 파견한 5교는 월기·둔기·보병·장수·사성교위이다.

71 활 쏘는 일을 담당한 병사를 말한다.

72 업무를 실제 맡으면 실수하거나 위법할 수 있으며, 그러면 법의 제재를 받게 된다.

73 마태후의 동생이며 황제의 외삼촌이다.

74 마방이 갑자기 조그만 허물이라도 있게 되었을 때 아끼는 사람이기에 벌을 주지 않게 된다면 법을 폐지시키는 것이라는 뜻이다.

마방 등의 군사가 기주(冀州, 감숙성 감곡현)에 도착하니 포교(布橋) 등이 남부도위를 임조(臨洮, 감숙성 민현)에서 포위하고 있었는데, 마방이 진격하여 그들을 격파하고 참수한 것이 야만인 4천여 명이었으며, 드디어 임조에서의 포위를 풀어주었다. 그 무리들은 모두 항복하였지만 오직 포교 등 2만여 명만이 망곡곡(望曲谷, 민현의 서남쪽)에 주둔하고 있어서 떨어뜨리지 못하였다.

6   12월 무인일(6일)에 패성이 자궁(紫宮)[75]에 나타났다.

7   황제는 두훈(竇勳)의 딸을 귀인으로 받아들이고 총애하였다. 귀인의 어머니는 바로 동해공왕(東海恭王)[76]의 딸인 비양(沘陽)공주였다.[77]

8   제오륜이 상소문을 올렸다.

"광무황제께서는 왕망의 뒤를 이은 나머지 자못 엄격하고 매서운 태도로 정치를 하셨으며 후대에는 이 때문에 마침내 풍속이 교화되었습니다. 군과 봉국에서 천거하는 자는 대부분 사무를 처리하는 속된 관리이고 특히 너그럽고 폭 넓게 뽑혀 위에서 요구하는 일에 응대할 수 있는 자는 아직 없었습니다.

---

75 패성은 꼬리가 있는 별로, 이 별이 나타나면 전쟁이 일어난다고 여겼다. 자궁은 별자리의 이름으로 중원(中垣)에 있다. 고대인들은 이 별자리에 천제의 거실(居室)이 있다고 보았다.
76 동해왕 유강은 죽은 다음에 시호를 공왕이라 했다.
77 동해왕은 유강(劉强)이므로 그의 딸은 현 황제인 유달(劉炟)의 고모이다.

　진류(陳留, 하남성 진류현) 현령 유예(劉豫)와 관군(冠軍, 하남성 등현) 현령 사협(駟協)은 나란히 각박한 자태를 가지고서 힘써 엄하고 고생스럽게 일을 처리하여 관리와 백성들이 근심하고 원망하여 미워하지 않는 사람이 없습니다.

　그러나 오늘날 이를 논의하는 자들이 도리어 능력 있는 사람으로 생각하니, 천심을 어기는 것이며 경전의 뜻을 잃는 것입니다. 응당 유예와 사협에게 죄 주어야 할 뿐만 아니라 또한 그들이 천거한 사람도 견책하여야 할 것입니다. 힘써 어질고 현명한 자를 진급시켜서 이 시대의 정치를 맡겨야 할 것인데, 불과 몇 사람이면 풍속은 스스로 교화될 것입니다.

　신은 일찍이 책에 기록된 것을 읽었기에 진(秦)나라가 혹독하고 급하게 일을 처리하여 나라를 망쳤다는 것을 알고, 또 왕망 역시 가혹한 법률로 일을 처리하여서 스스로 멸망하는 것을 눈으로 보았습니다. 그러므로 힘써 부지런하고 간절하게 말씀드리는 것은 실제 이러함에 있습니다.

　또한 듣건대 여러 친왕과 공주, 귀한 친척들이 교만하고 사치하면서 제도와 규정을 뛰어넘는다고 하는데, 경사에서도 오히려 이러하다면 어떻게 먼 곳에 있는 사람들에게 모범을 보여주겠습니까? 그러므로 이르기를 '그 자신이 올바르지 못하면 비록 명령을 내려도 시행되지 않는다.'[78]라고 하였습니다. 자신의 몸으로 가르치면 좇지만 말만으로 가르치면 소송이 일어납니다."

　황상이 이를 훌륭하게 여겼다.

---

78 《논어》에 나오는 말이다.

제오륜은 비록 천성이 철저하게 강직하지만 그러나 항상 속된 관리들의 가혹하고 각박한 태도를 고질병으로 생각하였으므로 논의할 때면 매번 관대하고 후한 태도에 의거해야 한다고 말하였다.

효장제 건초 3년(戊寅, 78년)

1   봄, 정월 기유일(17일)에 명당(明堂)에서 제사지내고 영대(靈臺)[79]에 올라가서 천하를 사면하였다.

2   마방이 포교를 공격하여 대파하니, 포교가 그들 종족 1만여 명을 거느리고 항복하였고, 조서를 내려 마방을 불러서 돌아오게 하였다. 경공을 남겨두어 아직 항복하지 않은 여러 사람들을 공격하게 하니, 참수한 야만인이 1천여 명이었고, 늑저와 소하 등 13개의 종족 수만 명이 모두 경공에게 와서 항복하였다.

경공은 일찍이 언사(言事)[80]를 가지고 마방을 거슬리게 하였는데, 병영을 감독하는 알자가 그 뜻을 이어받아 경공이 군사에 관한 일을 걱정하지 않는다고 상주문을 올렸고, 이 일에 연루되어 하옥되었다가 면직되었다.

3   3월 계사일(2일)에 귀인 두(竇)씨를 세워서 황후로 삼았다.

---

79 명당은 황실의 대회당이며, 영대는 황실 천문대이다.

80 상주문 같은 것을 말한다.

4   애초 현종(顯宗)시대에 호타하(虖沱河)와 석구하(石臼河)[81]를 수리하여, 도려(都慮)에서부터 양장창(羊腸倉, 산서성 교성현의 동북쪽)에 이르기까지를 조운으로 연결시키고자 하였다. 태원(太原, 산서성 태원시)의 관리와 백성들이 고통스럽게 이 일을 하였지만 몇 해를 계속하여도 성과가 없었고, 죽은 사람도 헤아릴 수가 없었다.

황제는 낭중 등훈(鄧訓)을 알자로 삼아서 그 일을 감독하고 관리하게 하였다. 등훈이 자세히 실측하여 보고나서 그 공사가 완성되기 어렵다는 것을 알고 모든 것을 구비하여 말씀을 올렸다.

여름, 4월 기사일(9일)에 조서를 내려서 공사를 그만두게 하고 다시 노새가 끄는 수레를 사용하도록 하니 1년 동안 절감한 경비가 억만을 헤아렸으며 공역에 종사하였던 사람 수 천명을 모두 살렸다. 등훈은 등우(鄧禹)의 아들이다.

5   윤달(윤4월)에 서역가사마(西域假司馬) 반초(班超)[82]가 소륵(疏勒)과 강거(康居), 우전(于窴), 구미(拘彌)[83]의 병사 1만 명을 인솔하여 고묵(姑墨, 신강성 온숙현)의 석성(石城)을 공격하여 격파하였는데, 목을 벤 것이 7백 급이었다.

---

81 이 두 하천은 이미 막혀 있었다. 호타하는 산서성과 하북성의 경계 지역에, 석구하는 하북성 당현(唐縣)의 동북 지역에 있다.

82 가직(假職)은 부이직(副貳職)이다. 따라서 반초는 서역 지역 부사마의 직책에 있었다는 말이다. 그러나 명제 영평 16년(73년)에 이미 군사마(軍司馬)가 되었는데, 이곳에서는 한 등급 떨어진 부사마라고 되어 있으므로 이곳의 기록이 잘못인 것 같다.

83 바이칼호 및 신강 지역에 있던 소국이다.

6   겨울, 12월 정유일(11일)에 마방을 거기장군[84]으로 삼았다.

7   무릉(武陵, 호남성 상덕시)에 사는 누중(漊中)[85] 부락의 만족(蠻族) 들이 반란을 일으켰다.

8   이 해에 유사가 상주하기를 광평왕 유선(劉羨)과 거록왕 유공(劉 恭), 낙성왕 유당(劉黨)을 모두 그들의 봉국으로 가게 하라고 하였다. 황상의 성품이 이들을 두텁게 아꼈으므로 차마 여러 왕들과 떨어져 있 지 못하고 끝내는 모두 경사에 머물게 하였다.

효장제 건초 4년(己卯, 79년)

1   봄, 2월 경인일(5일)에 태위 모융(牟融)이 죽었다.

2   여름, 4월 무자일(4일)에 황제의 아들 유경(劉慶)을 세워 태자로 삼았다.

3   기축일(5일)에 거록왕 유공을 옮겨서 강릉왕으로 삼고, 여남왕(汝 南王) 유창(劉暢)을 양왕(梁王)으로 삼으며, 상산왕(常山王) 유병(劉昞) 을 회양왕(淮陽王)으로 삼았다.

---

84 재상보다 지위가 높다.

85 누(漊)는 개울 이름인데 호남성 안에 있다.

4   신묘일(7일)에 황제의 아들 유항(劉伉)을 책봉하여 천승왕(千乘王)으로 삼고, 유전(劉全)을 평춘왕(平春王)으로 삼았다.

5   유사가 연이어 옛 전고에 의거하여 황제의 여러 외삼촌들에 대한 책봉을 청하였다. 황제는 천하에 풍년이 들었고, 사방의 변경에도 별일이 없었으므로 계묘일(19일)에 드디어 위위 마료(馬廖)를 책봉하여 순양후(順陽侯)로 삼고, 거기장군 마방(馬防)을 영양후(潁陽侯)로 삼으며, 집금오 마광(馬光)을 허후(許侯)로 삼았다.

태후가 이 소식을 듣고 말하였다.

"나는 젊었을 때 다만 죽백(竹帛)[86]에 기록되기를 사모하였지 마음속으로 수명을 생각해보지 아니하였다. 지금 비록 이미 늙었지만 오히려 이러한 것을 경계하면서 살고 있기에 그러므로 밤낮으로 두려워하고 있으며 스스로 낮추고 덜어내려고 생각하면서, 이 길로 달려가 먼저 돌아가신 황제에게 죄를 짓지 않기를 바라고 있었다.

그 때문에 나의 형제들을 교화하고 이끌면서 함께 이 뜻을 같이하다가 눈을 감는 날에도 다시 한스러운 것을 갖지 않기를 바랐는데 무슨 생각에 늙은이의 뜻이 다시 좇지 않을 것인가! 만년이 되는 날[87]에도 영원히 한을 갖겠구나."

마료 등이 나란히 사양하면서 관내후[88]가 되겠다고 하였으나, 황제

---

86 옛날에는 대나무나 비단에 기록했으므로 기록을 죽백이라 했는데 특히 역사책을 말한다.

87 죽는다는 말 대신에 만년(萬年)이라는 말을 쓴 것이다. 만년이면 죽지 않을 사람이 없기에 이러한 용어가 생겼다.

88 후작 가운데 관내후는 채읍이 없다.

가 허락하지 않았다.

마료 등이 부득이 책봉하는 작위를 받고 편지를 올려서 관직을 사양하니 황제가 이를 허락하였다. 5월 병진일(2일)에 마방·마료·마광은 특진[89]의 자격을 가지고 집에 머물게 하였다.

---

89 조회 때 삼공의 바로 아래에 자리할 수 있는 지위이다.

이이제이 정책을 건의한 반초

6   갑술일(20일)에 사도 포욱(鮑昱)을 태위로 삼고, 남양(南陽, 하남성
남양시) 태수 환우(桓虞)를 사도로 삼았다.

7   6월 계축일(30일)에 황태후 마(馬)씨가 붕어하였다.[90] 황제는 이
미 태후가 길렀으므로 오직 마씨를 외가로 생각하였으니 그러므로 가
(賈)귀인[91]이 지극히 높은 지위에 올라가지 아니하였고 가씨의 친족
들 중 은총을 받아서 영광을 누린 사람이 없었다.

  태후가 죽자 다만 귀인에게 제후왕이 패용하는 붉은색 인수를 주었
고,[92] 안거(安車) 1사(駟),[93] 영항궁(永巷宮)에 궁인 200명, 어부(御府)
의 잡백(雜帛) 2만 필, 대사농의 황금 1천 근과 2천만 전을 덧붙여 주었

---

90 향년 40세였다.

91 장제를 낳은 생모이다. 마태후는 소생이 없어서 명제가 귀인의 소생인 장제를
   마태후에게 기르게 하였다.

92 전에는 귀인이 패용하는 녹색인수를 차고 있었다.

93 말 네 마리가 끄는 수레의 단위이다.

을 뿐이었다.

8　가을, 7월 임술일(9일)에 명덕(明德)황후[94]를 장사지냈다.

9　교서랑(校書郎) 양종(楊終)이 건의하는 말을 하였다.

"선제(宣帝)[95]께서 널리 여러 유학자를 징빙(徵聘)하시어 석거각(石渠閣)에서 오경(五經)[96]을 토론하여 확정하게 하였습니다.[97] 바야흐로 지금 천하에는 큰일이 적으니 학자들은 그 업적을 이룰 수 있으나 장구(章句)를 공부하는 무리들은 대체(大體)를 파괴합니다. 의당 석거각에서 있었던 고사처럼 영원한 후세의 법칙을 세우십시오."

황제가 이를 좇았다.

겨울, 11월 임술일(11일)에 태상(太常)에게 조서를 내렸다.

"장(將)[98]·대부(大夫)[99]·박사(博士)[100]·낭관(郎官)[101]과 여러 유

94　명제의 황후인 마태후의 시호이다. 명제의 황후여서 명자를 넣었으며, 그 위에 덕(德)을 덧붙인 것인데 시법(諡法)에 의하면 이는 중용을 지켜 화평을 가져왔으며 순수하고 맑다는 의미를 지니는 글자이다.

95　전한 10대 황제 유순(劉詢)이다.

96　《시경》,《서경》,《예기》,《역경》,《춘추》이다.

97　이 사건은 선제 감로 3년(기원전 51년)에 있었던 일로《자치통감》권27에 실려 있다.

98　삼서(三署)와 호분, 우림중랑장을 말한다.

99　광록대부·태중대부·중산대부·간의대부를 말한다.

100　오경박사를 말한다.

101　오서랑·상서랑·난대교서랑·동관교서랑이다.

학자들은 백호관(白虎觀)[102]에 모여《오경》가운데 같은 것과 다른 것을 의논하라.”

　오관(五官)중랑장 위응(魏應)이 황제의 명을 받아서 묻고, 시중 순우공(淳于恭)이 토론한 내용을 상주하였으며, 황제가 친히 제서(制書)의 명목으로 그곳에 가서 결재하여《백호의주(白虎議奏)》[103]를 지었는데, 이름난 유학자인 정홍(丁鴻)·누망(樓望)·성봉(成封)·환욱(桓郁)·반고(班固)·가규(賈達)와 광평왕 유선(劉羨)이 모두 참여하였다. 반고는 반초의 형이다.

효장제 건초 5년(庚辰, 80년)

1　　봄, 2월 1일 경진일에 일식이 있었다. 조서를 내려 직언을 하고 끝까지 간언할 수 있는 사람을 천거하라고 하였다.

2　　형주(荊州, 호북성과 호남성)와 예주(豫州, 하남성)에 있는 여러 군의 병사들이 누중(漊中, 호남성 자리현)의 만족들을 토벌하여 격파하였다.

3　　여름, 5월 신해일(3일)에 조서를 내려서 말하였다.

　“짐이 생각하건대 곧은 말을 하는 선비가 오기를 기다리면서 모로

102 궁궐에 있는 건물로 장제 건초 4년에 오경에 대해 토론하고, 반고가 백호통을 지었다.

103 백호통의라고도 하며 간단하게 부를 때는 백호통이라고 한다.

앉아[104] 색다른 견해를 듣고자 하였는데 그 중에 먼저 도착한 자가 각기 속에 있는 불만을 토로하는 가운데서 그대들 대부들의 뜻하는 바를 대략 들었다. 모두 좌우에 두고서 고문의 역할을 하게 하고 살펴보게 할 것이다.

건무(建武)[105] 연간에 조서를 내려서 또한 말씀하시기를 '요(堯)임금은 신하에 대하여 직무를 가지고 시험하였지 언어와 붓으로 쓴 서찰을 직접 사용하지 않았다.'고 하였지만, 지금 외직에 나갈 관원 대부분이 멀리 나가 있으니 아울러 보충하여 일을 맡길 수도 있을 것이다."

4   무진일(20일)에 태부(太傅) 조희(趙憙)가 죽었다.

5   반초(班超)가 서역을 끝까지 평정하고자 하여 상소문을 올려서 군사를 달라고 청하였다.

"신이 가만히 보건대, 먼저 돌아가신 황제[106]께서는 서역을 개척하고자 하셨으니 그러므로 북쪽으로 흉노를 치고, 서쪽 외국으로 사신을 보내셨고, 선선국(鄯善國, 羅布泊 호반)과 우전국(于寘國, 신강성 和田縣)은 즉시 귀화하였습니다. 지금 구미국(拘彌國)·사차국(莎車國)·월지국(月氏國, 사마르칸트)·오손국(烏孫國, 신강성 伊寧市)·강거국(康居國, 파알커스호의 서쪽)도 다시금 귀부하기를 원하며 함께 힘을 합하여 구자국(龜玆國, 신강성 庫車縣)을 파멸시키고, 우리 한나라로 통하는 길을

---

104 기다리는 상태가 급하여 정좌를 하고 기다릴 수가 없을 정도라는 뜻이다.
105 광무제의 연호이다.
106 명제 유장(劉莊)을 말한다.

평탄하게 하고자 합니다. 만약 구자국을 얻게 된다면 서역에서 아직 복종하지 않는 나라는 1백분의 1일 뿐입니다.

전 시대에 의논하는 자들은 모두 말하기를 '36개의 나라를 빼앗은 것은 흉노의 오른쪽 어깨를 끊어버린 것이라고 말하였습니다.'[107]라고 하였습니다. 지금 서역에 있는 여러 나라들 가운데 해가 떨어지는 곳에 있는 나라에서부터 우리 한나라를 향하여 귀화하지 않는 나라가 없고 큰 나라거나 작은 나라거나 기뻐하면서 공물을 끊이지 않고 보내오고 있습니다마는 오직 연기국(延耆國, 신강성 언기현)[108]과 구자국만이 아직 복종하지 않고 있습니다.

신이 전에 관속 36명과 함께 명령을 받들어 멀리 떨어진 지역에 사신으로 갔었는데,[109] 여러 가지 어려움을 만나면서 스스로 외롭게 소륵국(疏勒國)에서 지키고 있은 지 오늘날까지 5년이 되면서 호이(胡夷)[110]들의 몇 가지 사정에 대해 신이 자못 잘 알게 되었습니다. 그들의 성곽이 크고 작고 간에 물어보면 모두가 한나라에 의지하는 것이 하늘에 의지하는 것과 같다고 말합니다.

---

107 《전한서》에 의하면, 한나라에서 공주를 파견하여 오손부인으로 삼고 형제의 관계를 맺었으므로 이는 흉노의 오른쪽 어깨를 자른 것이다 하였고, 애제 때에는 유흠이 의견을 올려서 무제는 다섯 속국을 세웠는데, 현토와 낙랑에서 시작하여 흉노의 왼쪽 어깨를 끊었고, 서쪽으로 대완국을 정벌하여 오손과 관계를 맺어서 흉노의 오른쪽 어깨를 잘랐다고 하였다. 중국에서는 황제가 남면하고 있으므로 오른쪽이란 서부 지역을 말한다.

108 다른 판본에는 延이 焉으로 되어 있다.

109 명제 영평 16년(73년)의 일로,《자치통감》권45에 실려 있다.

110 흉노, 이적이라는 말이다.

이러한 사실로 검증해 보면 총령(蔥嶺)으로 길을 통하게 할 수 있으면 구자국도 정벌할 수 있습니다. 지금 의당 구자국에서 와있는 시자(侍子)[111]인 백패(白霸)를 그 나라의 왕으로 삼고, 보병과 기병 수백 명으로 그를 호송하면서 여러 나라와 군사를 연합한다면 1년이나 몇 달 사이에 구자왕은 사로잡을 수 있습니다. 이적(夷狄)을 가지고 이적을 공격하는 것이 계책 가운데 훌륭한 것입니다.

신이 보기에는 사차국과 소륵국의 농경지는 넓고 비옥하며 목초(牧草)도 풍부하여 돈황이나 선선국의 사정과는 비교가 되지 아니하여 군사를 동원하여도 중국의 것을 사용하지 않고 양식을 자급자족할 수 있습니다. 또한 고묵왕(姑墨王)과 온숙왕(溫宿王) 두 왕은 특히 구자국에서 세운 사람인데, 이들은 그들과 같은 종족이 아니고, 또한 서로 싫어하고 고생시키고 있으니 그 세력 가운데는 반드시 항복하는 사람이 있을 것입니다. 만약에 두 나라가 항복해온다면 구자국은 자연히 격파될 것입니다.

바라건대 신이 올린 상소문에 관심을 내려주시고 일을 하시는데 참고하여 주신다면 진실로 만의 하나라도 일이 생겨 죽는다한들 어찌 한스러워하겠습니까? 신 반초는 구구하게 특히 신령의 보우하심을 입어서 아직 쓰러지기 전에 가만히 눈으로 서역이 평정되는 것을 보고 폐하께서 만년 가는 축복의 술잔을 드시며 조상의 사당에 공훈을 바치고 천하에 이 큰 기쁨을 공포하는 것을 보고 싶습니다.”

편지가 상주되니, 황제는 그가 공로를 세울 수 있을 것으로 알고, 군

---

111 황제의 시중을 드는 사람이란 뜻이지만 실제 외국에서 인질로 와 있는 사람을 말한다.

사를 주는 문제를 의논하게 하였다.

평릉(平陵, 섬서성 함양시의 동북쪽) 사람 서간(徐幹)이 상소문을 올려서 온 몸을 떨쳐 반초를 돕기를 원하였다. 황제는 서간을 가사마(假司馬)[112]로 삼고, 형도(刑徒)[113]와 의를 생각하고 좇겠다는 사람 1천 명을 거느리고 반초에게 가도록 하였다.

이보다 먼저 사차국은 한나라의 군사가 출동하지 않을 것으로 생각하고 드디어 구자국에 항복하였고, 소륵국의 도위 반진(番辰)[114]도 배반하였다. 마침 서간은 적당한 때에 도착하였고 반초는 드디어 서간과 더불어 반진을 쳐서 대파시키고 참수한 것이 1천여 급이었다.

구자국으로 나아가서 공격하려고 하였는데 오손국(烏孫國)의 군사가 강하기 때문에 마땅히 그들의 힘을 이용하고자 하여 마침내 편지를 올렸다.

"오손은 큰 나라여서 활을 쏠 수 있는 사람이 10만 명입니다. 그러므로 무제는 공주를 그의 처로 삼게 했으며,[115] 효선제(孝宣帝)시대에 이르러서는 드디어 그들을 이용할 수 있었습니다.[116] 지금 사절을 보내어 그들을 불러 위무하시고 그들과 함께 힘을 합치게 하여 주십시오."

황제는 이 의견을 받아들였다.

---

112 가(假)가 붙여진 직함은 부직(副職)이다.

113 형을 받은 사람을 군대에 투입하는 것이다.

114 호삼성은 番은 潘(반)으로 읽어야 한다고 하였다.

115 전한 무제 원봉 6년(기원전 105년)의 일이다.

116 선제 본시 3년(기원전 71년)의 일이다.

귀인을 모함하고 태자를 바꾼 두황후

효장제 건초 6년(辛巳, 81년)

1   봄, 2월 신묘일(28일)에 낭야효왕(琅邪孝王)[117] 유경(劉京)이 죽
었다.

2   여름, 6월 병진일(15일)에 태위 포욱(鮑昱)이 죽었다.

3   그믐 신미일에 일식이 있었다.

4   가을, 7월 계사일(22일)에 대사농 등표(鄧彪)를 태위로 삼았다.

5   무도(武都, 감숙성 성현) 태수 염범(廉范)을 촉군(蜀郡, 사천성 성도
시) 태수로 옮겼다. 성도(成都)에는 백성과 물산이 풍부하여 도시의 집
들이 즐비하게 늘어서 있었으며, 옛 제도에 의해 백성들이 밤중에 작업

---

117 낭야왕 유경이 죽자 시호를 효왕이라 하였다.

하는 것을 금지하여 화재를 막으려고 하였지만 서로 숨겨주거나 감추어주어서 불나는 일이 매일같이 이어졌다.

염범은 마침내 먼저 내렸던 법령을 삭제하고 다만 엄격하게 그들로 하여금 물을 저장하게 할 뿐이었다. 백성들은 편하다고 생각하고 이를 노래로 지어 불렀다.

"염숙도(廉叔度)[118]가 이곳에 온 것이 어찌하여 그리 늦었단 말이오. 밤에 불 켜는 것을 금지하지 않으니 백성들은 안심하고 일을 하네. 옛날에는 짧은 윗옷도 없더니 지금은 바지가 다섯 벌이나 되네."

6 황제는 패왕(沛王)[119] 등이 장차 들어와서 조현하려고 하자 알자를 파견하여 초구(貂裘)[120]와 태관(太官)에 있는 먹을 것과 진기한 과일을 하사하였고, 또한 대홍려 두고(竇固)에게 부절을 가지고 교외에 가서 영접하게 하였다. 황제도 스스로 각 왕부(王府)의 저택을 돌아보고 미리 휘장과 침상을 설치하게 하고, 돈이나 비단, 기물(器物) 가운데 충분히 갖추어지지 않은 것이 없게 하였다.

장제 건초 7년(壬午, 82년)

---

118 염범의 자이다.

119 현 황제인 장제 유달(劉炟)의 숙부 유보(劉輔)이다.

120 담비 가죽으로 만든 옷이다. 담비는 쥐과에 속하는 동물로 털은 누렇고 검은 색이다.

1 　봄, 정월에 패왕 유보(劉輔), 제남왕 유강(劉康), 동평왕 유창(劉蒼), 동해왕 유정(劉政), 낭야왕 유우(劉于)가 와서 조현하였다. 조서를 내려 패왕, 제남왕, 동평왕, 중산왕은 조현할 때 찬자(讚者)[121]는 이름을 소개하지 말도록 하였다.[122]

전각 위에 올라가서 절하니 황상이 친히 이에 답례를 하였는데, 그들에 대한 총애함과 영광이 빛나고 드러내려고 전에 있었던 옛날 법도보다 더 대우했다.

매번 궁궐에 들어갈 때마다 번번이 연을 보내 맞이하였고, 성각(省閣)[123]에 이르러서야 연에서 내렸으며 황상은 그들을 위하여 자리에서 일어나 얼굴빛을 고쳤고, 황후는 안에서 친히 절을 하니,[124] 이 사람들은 모두 무릎을 꿇고 사양하며 감사의 말을 하였고, 스스로 편안해 하지 못했다. 3월에 대홍려가 여러 왕들을 그들의 봉국으로 돌아가게 하도록 주청하니, 황제는 특별히 동평왕 유창을 경사에 머물러 있게 하였다.

2 　애초 명덕(明德)황후[125]가 황제를 위하여 부풍(扶風, 장안시 서쪽) 사람 송양(宋楊)의 두 딸을 귀인으로 삼았는데, 큰 귀인이 태자 유경(劉

---

121 의례의 진행을 주관하는 사람이다.

122 보통 황제를 알현할 때 의례를 진행하는 사람은 알현하는 사람의 작위와 이름을 불러 황제에게 알리는 것이 관례이나 이 경우에는 작위만을 소개한 것이니, 이들은 모두 현 황제 유달의 숙부이었으므로 특별한 예의를 취한 것이다.

123 금중(禁中)에 들어오는 전각의 문이다.

124 황후는 조카며느리로서의 예의를 갖춘 것이다.

125 명제의 황후로 마태후를 말한다.

慶)을 낳았다. 양송(梁松)[126]의 동생 양송(梁竦)도 두 딸이 있었는데, 역시 귀인이 되었다. 작은 귀인이 황제의 아들 유조(劉肇)를 낳았다. 두 황후는 아들이 없었으므로 유조를 기르면서 아들로 삼았다.

송귀인은 마태후에게 총애를 받았는데, 태후가 죽자,[127] 두황후가 총애를 많이 받게 되었고, 어머니 비양(沘陽)공주[128]와 더불어 송씨를 모함하려고 꾀를 내어 밖으로는 그의 형제에게 그들의 실낱같은 과실도 찾아내게 하였으며, 안으로는 그들의 수레를 모는 사람들로 하여금 잘잘못을 살펴 정탐하게 하였다.

송귀인이 병이 나서 살아있는 토끼[129]를 먹고 싶은 생각이 들어서 그 집안사람들에게 이것을 구해오도록 하자 이 기회를 통하여 엽승(厭勝)[130]의 술법을 쓰려고 한 것이라고 무고하는 말을 하였다. 이로 말미암아 태자를 내보내어 승록관(承祿觀)[131]에 살게 하였다.

여름, 6월 갑인일(18일)에 조서를 내렸다.

"황태자는 실수하고 현혹되며 정상적인 성격을 갖지 못하여 종묘를

---

126 능양후(陵鄉侯)였다. 마원을 모함하여 죽게 한 사람이다. 이 사건은 광무제 건무 25년(49년)에 있었고, 《자치통감》 권44에 실려 있다.

127 장제 건초 3년(79년) 6월의 일이다. 이 사건은 《자치통감》 권46에 실려 있다.

128 동해왕 유강(劉强)의 딸이며 두황후의 어머니이다.

129 원문에 사생토(思生兎)라고 되어 있다. 토(兎)는 꼬리에 아홉 개의 구멍이 있으며 털을 핥아서 새끼를 밴다고 하며 새끼를 입으로 낳는다. 서리가 내리기 전에 잡아서 이를 먹으면 그 맛이 아주 좋다고 한다. 또 다른 설에 의하면, 이를 토사자(兎絲子)로 보는데, 이는 식물로 중국 의학에서 상용하는 영양제라고 한다.

130 어떤 사람을 저주하기 위한 주문을 말한다.

131 궁궐 안 중장부(中藏府)에 승록서가 있었으며, 이 건물이 승록관이다.

받들 수 없다. 대의를 위해서는 친한 감정을 없애야하는데,[132] 하물며 지위를 강등시켜 물러나게 하는 경우에 있어서이랴! 지금 유경을 폐위시켜 청하왕(清河王)으로 삼는다. 황제의 아들 유조(劉肇)는 황후에게 보호받고 길러졌으므로 교훈을 받으며 그 품속에 있었으니, 지금 유조를 황태자로 삼는다.”

드디어 송귀인 자매를 쫓아내어 병사(丙舍)[133]에 두게 하고 소황문(小黃門)[134] 채륜(蔡倫)에게 그들을 살피게 하였다. 두 귀인은 모두 약을 먹고 자살하였으며, 그녀의 아버지 의랑 송양도 면직되어 자기의 본 고향이 있는 군[135]으로 돌아갔다.

유경은 이때 비록 나이가 어리기도 하였으나[136] 혐의를 피하고 화입을 것이 두려워 송씨에 관한 말을 하지 않았다. 황제는 다시 그를 가련하게 생각하여 황후에게 칙령을 내려 의복이 태자와 같게 하도록 하였다. 태자도 유경과 친하게 지내며 아껴주어서 들어가서는 함께 방을 사용하고, 나갈 때면 같은 수레를 탔다.

3   기미일(23일)에 광평왕(廣平王) 유선(劉羨)을 옮겨서 서평왕(西平王)으로 삼았다.

---

132 《춘추좌전》에 있는 말이다.

133 궁중의 방을 등급으로 구분하는데, 갑을병(甲乙丙)으로 차례를 정해두었다.

134 주변에 항상 있는 환관을 말한다.

135 섬서성 함양의 동북쪽에 있다.

136 이때 5세였다.

4 가을, 8월에 술 마시는 연회를 마치고나서 유사가 다시금 동평왕 유창을 그 봉국으로 보내라고 상주문을 올리니 황제는 마침내 이를 허락하고 손수 조서를 써서 유창에게 내려주어 말하였다.

"골육간의 사이는 천성인 것이니 진실로 멀리 있고 가까이 있는 것으로 친하거나 소원하다고 할 수 없는 것이다. 그러나 자주 얼굴을 보게 되면 느끼는 정이 옛날보다 깊을 것이다. 왕은 오래 수고한 것을 생각하여 봉국으로 돌아가서 휴식을 하게해야 한다고 생각하였지만 대홍려에서 올린 상주문에 서명을 하려고 하니, 차마 붓을 내려쓸 수가 없지만 소황문[137]을 돌아보고 주니 마음 한 가운데 연연(戀戀)함이 있고 슬픈 마음이 들어서 말을 할 수가 없구나!"

이에 거가를 타고 나가 직접 조도(祖道)[138]를 행하고 보냈는데, 눈물을 흘리며 작별하였다. 다시 승여(乘輿)와 의복과 진귀한 보배, 수레를 끄는 말, 전포(錢布)를 하사하였는데, 그 액수가 억만 전을 헤아렸다.

5 9월 갑술일(10일)에 황제가 언사(偃師, 하남성 언사현)에 행차하였다가 동쪽으로 가서 권진(卷津, 하남성 원무현 서북쪽에 있는 나루)에서 황하를 건너 하내(河內)에 이르러 조서를 내렸다.

"거가를 타고 가을걷이를 참관하는데, 이로 인하여 군의 경계를 지나면서 모두 정예의 기병이 경무장을 하되 다른 치중을 없게 하라. 번번이 도로와 다리를 수리하지 말고, 멀리 떨어져 있는 성곽에서 관리를 파견하여 영접하는 일이며 기다리고 살피는 일과 앞뒤로 들락날락하

---

137 조서를 받아서 전해주는 일을 맡은 관직이다.
138 옛 사람들은 길을 떠나기 전에 길의 신에게 제사지냈다. 이를 조도라고 한다.

는 것은 번거롭고 소란스럽다고 생각한다. 움직일 때는 생략하고 절약하도록 힘쓰되 다만 나는 탈곡한 낟알로 짓는 밥을 먹거나 표주박으로 물을 마실 수 없을까만을 걱정할 뿐이다.”

기유일[139]에 나아가 업(鄴, 하남성 臨漳縣)에 행차하였다가 신묘일(27일)에 궁궐로 돌아왔다.

6   겨울, 10월 계축일(19일)에 황제가 장안에 행차하여 소하의 말손(末孫) 소웅(蕭熊)을 찬후(酇侯)[140]로 삼았다. 나아가서 괴리(槐里, 섬서성 홍평현)와 기산(岐山, 섬서성 무공현의 서남쪽)에 행차하였고 또 장평(長平, 장안판으로 섬서성 경양현의 서남쪽)에 행차하여 지양궁(池陽宮)[141]에 갔다가 동쪽으로 고릉(高陵, 섬서성 고릉현)에까지 이르렀다. 12월 정해일[142]에 궁궐로 돌아왔다.

7   동평헌왕(東平獻王)[143] 유창(劉蒼)이 병이 들어 이름난 의원과 소황문(小黃門)[144]을 파견, 말을 달려가서 병을 시중들게 하였는데, 그곳에 오가는 사자의 모자와 수레를 덮은 포장이 길에서 끊이지 아니하

---

139 9월 1일이 을축(乙丑)일이므로 9월에는 기유(己酉)일이 없다. 만약 을축이 기유의 잘못이라면 이날은 21일이다.

140 소하가 유방에게서 찬후에 책봉된 바 있는데 후손이 그 작위를 이어받은 셈이다.

141 경양현의 서북쪽에 있는 궁궐이다.

142 12월 1일은 갑오(甲午)일이 없으므로 12월에는 정해일이 없다.

143 동평왕 유창이 죽자 시호를 헌왕(獻王)이라고 했다. 憲王으로 쓴 판본도 있다.

144 항상 몸에 붙어 있다시피 한 환관을 말한다.

였다. 또 역마[145]를 설치하여 천리 밖에서[146] 그가 일어나고 사는 모습을 전하여 묻게 하였다.

효장제 건초 8년(癸未, 83년)

1　봄, 정월 임진일(29일)에 왕[147]이 죽었다. 중부(中傅)[148]에게 조서를 내려서 말하였다.

"왕[149]께서 건무(建武)[150] 이래로 쓴 장주(章奏)를 봉함하여 올리고 이를 모아서 보게 하라."

대홍려를 파견하여 부절을 가지고 상례를 감독하게 하고 4성(姓)[151]을 가진 소후(小侯)들과 여러 나라의 왕과 공주들에게 모두 장례식에 모이도록 하였다.

2　여름, 6월에 북흉노의 삼목루(三木樓, 삼목루산)에 사는 자(訾) 부

---

145 특별히 전용 역마차를 두었다는 말이다.

146 동평국은 산동성 동평현에 있었으므로 낙양에서 천 리나 떨어져 있었다.

147 동평헌왕 유창을 가리킨다.

148 친왕부 환관을 총관리하는 책임자, 여기서는 동평국의 중부를 말한다.

149 동평왕 유창을 말한다.

150 광무제의 연호이다.

151 유수의 모족(母族)인 번(樊)씨, 유수의 처족인 음(陰)씨와 곽(郭)씨, 유장의 처족인 마(馬)씨를 말한다.

락의 우두머리 계류사(稽留斯) 등이 3만여 명을 인솔하고 오원(五原, 내몽고 포두시의 서북쪽) 지역의 요새까지 와서 항복하였다.

3   겨울, 12월 갑오일(7일)에 황상이 진류(陳留, 하남성 진류현), 양국 (梁國, 하남성 상구시), 회양(淮陽, 하남성 회양현), 영양(潁陽, 하남성 양성 현 동북쪽)에 행차하였다가 무신일(21일)에 궁궐로 돌아왔다.

외척 마씨들과 황제를 속인 두씨

4   태자 유조(劉肇)가 세워지면서 양(梁)씨 집안사람들은 사사롭게 이를 경축하였는데, 여러 두[152]씨들이 이 소식을 듣고 싫어하였다. 황후는 태자의 외가라는 명칭을 오로지 두씨 집안만이 차지하려고 양귀인 자매를 꺼렸고, 자주 황제에게 이들을 참소하여 차츰 황제에게서 멀어지고 의심을 갖게 하였다.

이 해에 두씨가 비서(飛書)[153]를 만들어서 양송(梁竦)[154]이 악하고 반역한다는 내용으로 모함하였다. 양송이 드디어 옥중에서 죽었고, 그 가족들은 구진(九眞, 베트남 탄호아시)으로 귀양 가게 되었는데, 양귀인 자매는 이를 걱정하다가 죽었다. 또 양송이 진술한 말이 양송(梁松)[155]의 부인인 무음(舞陰)공주[156]에게도 연결되었고 이에 연좌되어 신성

---

152 생모는 양귀인(梁貴人)이었는데, 두(竇)황후가 데려다가 길렀다.

153 익명의 편지를 말한다.

154 양귀인의 아버지이다.

155 양송(梁竦)의 형이다.

156 광무제 유수의 딸이다.

(新城, 하남성 낙양시의 남쪽)으로 귀양 갔다.

5   순양후(順陽侯) 마료가 행동을 삼가며 독실한 태도를 가지고 스스로를 지켰지만 성격이 너그럽고 느슨하여 자제들을 제대로 통제하고 가르칠 수 없었으므로 모두 교만하고 사치하며 삼가는 행동을 하지 않았다.

교서랑(校書郎) 양종(楊終)이 마료에게 편지를 보내어 그에게 경계하여 말하였다.

"그대의 지위는 높고 중요하여 해내에서 우러러보고 있습니다. 황문랑(黃門郎)[157]은 나이가 어리고 바야흐로 혈기도 왕성하여 이미 두장군(寶長君)[158] 같이 물러나며 양보하는 기풍을 갖지 아니하였으며, 가볍고 교활하며 좋은 행실을 하지 못하는 빈객들과 연결을 맺고 멋대로 행동하는데도 가르치지 않으면서 성격에 맡겨 행동하는 것을 보니, 전에 했던 행동으로 생각하건대 마음을 서늘하게 한다고 할 것입니다."

마료는 이 말을 좇을 수가 없었다.

마방(馬防)과 마광(馬光) 형제의 자산은 거억[159]이나 되었고, 아주 큰 저택과 누관(樓觀)을 마련하였는데, 그것이 가로(街路)에 이어졌고, 식객은 항상 수백 명이었다. 마방은 또한 말이나 가축을 많이 길렀으며, 강족과 호족들에게 부세를 걸었다. 황제는 그것을 좋아하지 않아서

---

157 이때 마료의 동생인 마방과 마광은 모두 황문랑이었다.

158 전한 문제의 황후인 두황후의 오빠이다. 그는 항상 물러나고 양보하는 습관을 가져서 부귀하거나 교만하려 하지 않았다. 이 사실은 문제 원년(기원전 179년)에 있었고,《자치통감》권13에 실려 있다.

159 재산을 많다는 것을 표현한 것이다.

자주 나무라는 말을 하였으니 이를 금지하게 하려는 방법을 다 갖추기 위함이었다. 이로부터 그들의 권세가 조금씩 줄어들었으며 빈객들도 역시 시들하여졌다.

마료의 아들 마예(馬豫)가 보병교위였는데, 원망하고 비방하는 투서가 있었다. 이에 유사가 마방과 마광 형제의 사치가 법도를 넘어섰고, 성스러운 교화를 혼탁하고 어지럽힌다는 사실과 함께 모두 면직시켜서 봉국으로 가게 하라는 상주문을 올렸다.

길을 떠날 때 조서를 내렸다.

"외삼촌댁의 사람들이 모두 봉국으로 가게 되어 사계절마다 능묘의 사당에서 제사지낼 때 먼저 돌아가신 태후의 제사를 도울 사람이 없게 되었으니, 짐은 이를 아주 마음 아파하노라. 그리하여 허후(許侯)[160]에게 전려(田廬)에서 허물을 생각하도록 할 것이니,[161] 유사는 다시 주청하지 말고 짐이 위양(渭陽)의 정[162]을 갖도록 위로하라."

마광이 마방에 비해 조금 근신하고 조심하였으므로 황제가 특히 그를 머물러 있게 하였고, 후에 지위를 회복시켜 특진[163]으로 삼았다. 마예[164]는 마료를 좇아서 봉국으로 갔는데, 고문을 받아서 물고(物故)가

---

160 마광을 말하는데, 마광의 작위가 허후이다.

161 마광의 집은 수도인 낙양이었으므로 낙양에 남아 있게 한다는 말이다.

162 진(秦)의 강공(康公)이 그의 외삼촌 진문공(晉文公)을 위양(渭陽)에서 송별하면서 자기 어머니를 생각하였다는 것이다. 이것은 시경에 있는데 그 내용은 내가 외삼촌을 송별하는데 마치 어머니가 계신 것 같았다고 하였다. 여기서는 장제가 그의 외삼촌이 어머니 마태후의 형제라는 점에서 어머니를 생각하며 외삼촌은 낙양에 그대로 머물게 한다는 것이다.

163 황제를 조현할 때에 삼공 다음의 자리에 있는 지위이다.

났다. 후에 다시 조서를 내려 마료를 경사로 돌아오게 하였다.

여러 마씨들이 이미 죄를 받았으므로 두씨들이 더욱 귀하게 되고 번성하였다. 황후의 오빠 두헌(竇憲)이 시중 겸 호분(虎賁)중랑장이 되었고, 동생 두독(竇篤)은 황문시랑이 되어서 나란히 궁성(宮省)에서 시중을 들었기 때문에 상으로 하사받은 것이 겹겹이 쌓이자 즐겨 빈객들과 연락하고 왕래하였다.

사공 제오륜이 상소문을 올렸다.

"신이 엎드려 보건대, 호분중랑장 두헌은 초방(椒房)[165]에 계신 분과 아주 가까운 관계에 있는 사람으로 궁중의 병사를 관장하고 있으면서 궁궐을 출입하고 있는데, 나이도 들었고 가진 뜻도 아름답고 자기를 낮추고 양보하며 선한 일을 즐겨하니 이것이 진실로 그가 훌륭한 선비와 교제하는 방법입니다.

그러나 여러 출입하는 귀한 친척들은 대부분 흠집이 있거나 금고에 처해진 자들이고, 더욱이 검소한 태도를 지키고 가난한 가운데서도 편안하게 생활하는 절도 있는 자는 적습니다. 사대부 가운데 아무런 뜻을 갖지 않은 무리들과 다시 서로 팔아먹는 자들이 그 문중에 구름처럼 모여드니, 대개 교만하고 멋대로 행동하는 것이 여기에서 생겨납니다.

삼보[166]에서 논의하는 자들이 와서 이르기를 '귀한 친척들은 금고에 처한 죄를 없애주고 다시금 귀한 친척이 그 죄를 세탁하여 주니 마

---

164 마료의 아들이다.

165 초방은 초나무로 방을 발라서 불을 때면 향기가 나도록 되어 있다. 이러한 방은 황후에게만 사용하였으므로 초방이란 황후를 말한다.

166 대장안 지역 전체를 말한다.

치 술에서 깨자마자 다시 술을 먹는 것과 같다.'고 하였습니다. 음험하고 험악하여 세력을 좇는 무리들은 진실로 가까이 할 수 없는 자들입니다.

신은 어리석으나 폐하와 중궁(中宮)[167]께 바라건대 두헌 등에게 엄하게 칙령을 내리셔서 문을 닫고 스스로의 본분을 지키게 하시고, 망령되게 사대부들과 왕래하지 말아서 싹이 나기 전에 막고, 형체가 만들어지지 않았을 때[168]에 염려하셔서 두헌에게 영원히 복록(福祿)을 보존하며 군신 간에 즐거움을 나누시며, 실오라기만큼의 틈도 없게 하십시오. 이것이 신이 지극히 원하는 바입니다.”

두헌은 궁액(宮掖)[169]의 명성과 세력에 의지하고 믿었기에 친왕이나 공주에서부터 음씨와 마씨 집안사람들은 두려워하고 꺼리지 않는 사람이 없었다. 두헌은 아주 싼값으로 심수(沁水)공주[170]의 전원(田園)를 탈취하겠다고 청하니 공주는 두려움의 압박을 받아서 감히 제대로 계산하지 못하였다.

그 뒤에 황제가 나갔다가 그 전원을 지나가다 가리키면서 두헌에 대하여 물으니, 두헌이 몰래 공갈을 쳐서 사실대로 대답을 할 수 없게 하였다.[171] 그 후에 이 사실이 발각되어 황제는 크게 화가 났고 두헌을 불러서 심하게 책망하며 말하였다.

---

167 황후를 말한다.

168 싹이나 구체적인 모습이란 것은 좋지 않은 싹이나 구체적인 사건을 말한다.

169 궁궐, 즉 두헌의 여동생인 두황후를 말한다.

170 명제(明帝)의 딸이다.

171 황제 주위의 사람들에게 공갈하여 사실대로 대답하지 못하도록 한 것이다.

"전에 빼앗긴 공주의 전원이 있는 곳을 지나면서 깊이 생각해 보니, 조고(趙高)[172]가 사슴을 가리키면서 말이라고 말하게 한 것보다 얼마나 더 심한가? 오래도록 생각해 보아도 사람을 놀래고 두렵게 하였다. 옛날 영평(永平)[173] 연간에 늘 음당(陰黨)과 음박(陰博), 등첩(鄧疊) 등 세 명이 서로 규찰하게 하였는데, 그러한 고로 여러 힘 있는 친척들도 감히 법을 범하지 못하였다.

지금 귀한 공주도 오히려 억울하게 빼앗김을 당했는데, 하물며 힘없는 백성에서이랴! 국가[174]에서 너 두헌을 버리는 것은 마치 외로운 새 새끼나, 썩어 빠진 쥐새끼를 버리는 것과 같을 뿐이다."

두헌은 크게 두려워하였고, 황후는 훼복(毀服)[175]하면서 깊이 사죄하였으며 오래 지나서야 마침내 화가 풀어졌으며 그 전원을 공주에게 돌려주게 하였다. 비록 그를 죄로 잡아 가두지는 않았으나 역시 중책을 맡기지는 않았다.

❋ 신 사마광이 말씀드립니다.

"신하의 죄 가운데서 임금을 속이는 것보다 큰 것이 없으니 이

---

172 진(秦)의 환관으로 이 일은 진 2세 3년(기원전 207년)에 있었고, 《자치통감》 권8에 실려 있다.

173 명제의 연호이다.

174 황제가 스스로를 지칭한 것이다.

175 자기가 입은 옷을 훼손했다는 뜻이 아니고 황후가 입은 옷의 등급을 낮추어 복장 제도로 보아 한 단계의 낮은 복장을 입는 것이며, 이는 근신하는 태도이고 겸손의 표현인 것이다.

리하여서 밝은 임금은 이러한 짓을 싫어합니다. 효장제(孝章帝)가 두헌에게 사슴을 가리키며 말이라고 한 것과 무엇이 다르냐고 말하였으니, 훌륭하십니다. 그러나 끝내는 두헌에게 죄를 줄 수 없었으니, 간악한 신하가 어디에서 징계를 받겠습니까?

무릇 임금이 신하에 대하여서 걱정해야 할 것은 그들의 간악함을 알지 못하는데 있지만, 만약 혹 그것을 알고 나서 다시 그를 용서해 준다면 알지 못하는 것만도 못합니다. 왜 그렇게 말하여야 합니까?

저들은 혹 간악한 행동을 하고서 윗사람이 이를 알지 못하면 오히려 두려워하는 바가 있겠지만 이미 알고서도 벌을 주지 않았다면 저들은 두려워할 것이 없다는 것을 알게 되었으니 방종하면서도 돌아볼 바가 없을 것입니다.

이러한 연고로 선한 사람임을 알고도 채용하지 아니하고, 악한 사람임을 알고도 이를 제거하지 못하는 것은 임금이 깊이 경계해야 할 바입니다."[176]

6   하비(下邳, 강소성 숙천의 서북쪽) 사람 주우(周紆)가 낙양 현령이 되었는데, 수레에서 내려서 먼저 세력 있는 성씨의 주인 이름을 물었다. 관리가 마을의 호강(豪强)들을 세어서 그 숫자를 가지고 대답하였다. 주우는 성난 목소리로 화를 내며 말하였다.

"본래 귀한 친척, 예컨대 마(馬)씨·두(竇)씨 같은 무리를 물은 것인

---

176 사마광의 이 논평은 제 환공 시절의 관중이 곽공이 나라를 망친 뜻을 논평한 것을 이용하여 설명한 것이며 동시에 두헌이 권력을 마음대로 휘두른 이유를 설명한 것이다.

데 어찌하여 이 같은 채소나 파는 무리를 알아야 하겠는가?"

이에 부리(部吏)들은 그 속뜻을 짐작하게 되어 다투듯 격렬하게 일을 처리하여 귀한 친척들이 방종하지 못하자 경사가 조용하고 깨끗하게 되었다.

두독(竇篤)이 밤중에 지간정(止姦亭)에 이르렀는데, 정장(亭長) 곽연(霍延)이 칼을 꺼내어 두독을 겨누고 방자하게 제멋대로 욕을 퍼부었다. 두독이 표문을 올려서 보고하였는데, 조서를 내려 사예교위와 하남윤(河南尹)을 불러서 상서에게 가게 하여 견책을 받게 하였고, 칼과 창을 둔 병사들을 파견하여 주우를 잡아들여서 정위에게 보내어 조옥(詔獄)[177]에 넣게 하였고, 며칠이 지나 사면을 받아서 나왔다.

---

177 임금의 명령을 받아서 죄인을 심문하는 일이나 감옥을 말한다.

자신감을 가진 반초와 정홍

7 황제가 반초에게 벼슬을 주어 장병장사(將兵長史)[178]로 삼고, 서간(徐幹)을 군사마(軍司馬)로 삼았으며, 별도로 위후(衛候) 이읍(李邑)을 파견하여 오손국(烏孫國, 신강 이영시)의 사자를 호송하게 하였다.

이읍이 우전국(于窴國, 신강 화전현)에 도착하였는데, 바로 구자국(龜茲國, 신강 고차시)이 소륵국(疏勒國, 신강 소륵현)을 공격하고 있었으므로 두려워서 감히 앞으로 나아가지 못하고, 이어 편지를 올려서 서역(西域)을 평정하려는 공로는 완성할 수 없다고 진술하였고, 또다시 반초를 무성하게 헐뜯었다.

"사랑하는 처를 데리고 사랑하는 자식을 품에 품고서 외국에서 편안하고 즐겁게 생활하며 속으로 조정을 생각하는 마음이 없습니다."

반초가 이 소식을 듣고 탄식하며 말하였다.

"내 몸은 비록 증삼(曾參)은 아니지만 세 번 참소하는 말을 들었다.[179] 아마도 이때를 맞아서 의심을 받을까 걱정이다."

---

178 대장군은 그 휘하에 장사와 사마를 두지만 대장군을 두지 않고서 장사를 두는 경우에는 이를 장병장사라고 한다. 이 경우에는 대장군과 같은 권한을 가진다.

드디어 그의 처를 보냈다.

황제는 반초의 충성심을 알고서 이읍을 심하게 나무라며 말하였다.

"설사 반초가 사랑하는 처를 데리고 사랑하는 자식을 품에 품었다고 하여도 돌아오기를 생각하는 병사 1천여 명이 어찌하여 모두 반초와 같은 마음을 갖고 있는가?"

이읍으로 하여금 반초에게 가서 그의 통제를 받으라고 하면서 조서를 내렸다.

"만약 이읍이 밖의 일을 맡길 만한 사람이라면 편리한 대로 그곳에 머물게 하고 좇아서 일을 하게 하시오."

반초는 바로 이읍을 파견하여 오손국의 시자(侍子)를 거느리고 경사로 돌아가게 하였다.

서간(徐幹)이 반초에게 말하였다.

"이읍은 전에 친히 그대를 헐뜯으며 서역에 대한 사업을 실패하게 하려고 하였는데 지금 어찌하여 그를 이곳에 머물게 하라는 조서대로 하지 않고 다시 그에게 속한 관리를 파견하여 시자를 호송하게 합니까?"

반초가 말하였다.

"이 어찌 그를 말하는 것이 고루한가? 이읍이 나 반초를 헐뜯었으므로 지금 그를 보낸 것이다. 내가 안으로 돌아보아 아무런 병통이 없다면 어찌 다른 사람의 말로 인하여 걱정을 하겠는가? 유쾌한 기분으로 그를 잡아 이곳에 머물게 한다면 이는 충성스러운 신하가 아니오."

---

179 주(周) 난왕(赧王) 7년(기원전 308년)에 증삼이 사람을 죽였다는 소문이 있었는데, 그의 어머니는 헛소문이라고 여겼지만 세 번이나 이 소식을 듣자, 베틀을 두고 달아난 이야기가 《자치통감》 권3에 실려 있다.

8   황제가 시중인 회계(會稽, 절강성 소흥시) 사람 정홍(鄭弘)을 대사
농으로 삼았다. 옛날에 교지(交趾) 지역에 있던 일곱 군[180]에서 공물
을 바쳤는데 운반하여 오는 길은 모두 동야(東冶, 복건성 복주시)에서부
터 바다에 배를 띄워서 왔으므로 바람과 파도로 어려움을 당하고 막히
기도 하며 물에 빠져 죽는 일이 빈번하였다.

정홍이 영릉(零陵)과 계양(桂陽, 호남성 영릉현과 칭현)에 산길을 뚫겠
다고 주청하였고 이 이후로는 길이 평탄하고 잘 통하여 드디어 이곳이
평상적인 도로가 되었다.[181]

그 직책에 2년간 있었는데, 절약한 돈이 억만을 헤아렸다. 천하가 한
재를 만나거나 변방에 전쟁의 경보가 있거나, 또는 백성들이 먹을 것이
부족하였지만 탕금(帑金)으로 저축된 것이 잔뜩 쌓였다. 정홍은 또한
의당 공물로 바치는 것을 줄여서 요역(徭役)하는 비용을 줄이고 배고
픈 백성들을 이롭게 하라고 주청하였는데, 황제가 이 말을 좇았다.

효장제 원화 원년(甲申, 84년)

1   봄, 윤정월 신축일(14일)에 제음도왕(濟陰悼王)[182] 유장(劉長)이

---

180 일남군·구진군·교지군·합포군·욱림군·창오군·남해군이다.

181 전한 무제(武帝) 원정 4년(기원전 112년)에 베트남을 공격할 때 복파(伏波)장
   군 노박덕(路博德)은 계양에서 출발하였고, 과선(戈船)장군 엄(嚴)은 영릉에
   서 출발하였었다. 이때 이미 산길이 있었으나 중간에 이 길이 막힌 것 같고,
   100여 년간 단절되었다가 이때 다시 개통된 것이다.

182 유장은 제음왕이었는데 죽고 나서 시호를 도왕이라 하였다.

죽었다.

2 여름, 4월 기묘일(24일)에 동평국(東平國)을 나누고 헌왕(獻王)의 아들 유상(劉尚)을 책봉하여 임성왕(任城王)으로 삼았다.[183]

3 6월 신유일(17일)에 패헌왕(沛獻王)[184] 유보(劉輔)가 죽었다.

4 일을 진술하는 사람들 대부분이 말하였다.

"군이나 봉국에서 공거하는 사람들 대부분 공로에 따라 차례를 정하여 올린 것이 아니니, 그러므로 직책을 수행하는데 더욱 게으르게 되어 관리들이 하는 일도 가라앉고 소홀히 하게 하고 있으니, 그 허물은 주와 군에 있습니다."

조서를 공경들과 조회에 참가하는 신하들에게 내려서 이 문제를 논의하게 하였다.

대홍려 위표(韋彪)가 의논하는 글을 올렸다.

"무릇 나라는 현명한 사람을 선발하는 데에 힘쓰고, 현명한 사람은 효행을 가장 중요하게 생각하는 것이니, 이리하여서 충성스러운 신하는 반드시 효자가 난 집안에서 찾아야 할 것입니다. 무릇 사람 가운데 재주와 행동 두 가지를 다 겸비하는 사람은 적습니다. 이리하여서 맹공작(孟公綽)은 조(趙)나라나 위(魏)나라의 가신(家臣)보다는 훌륭하였지만 등(滕)나라나 설(薛)나라에서 대부 노릇을 잘 할 수 없었습니다.[185]

---

183 유창(劉蒼)의 아들인데 봉국을 둘로 나누어 왕으로 책봉한 것이다.

184 유보는 패왕이었는데 죽고 나서 시호를 헌왕이라 하였다.

충성스럽고 효성이 있는 사람은 마음을 거의 두터운 상태로 유지하지만 잘 훈련된 관리는 마음을 각박한 상태로 유지하고 있습니다. 선비란 의당 재주와 행동을 우선으로 해야 하며 순전히 공적으로 등급을 매겨서는 안 됩니다. 그러나 그것의 중요한 관건은 이천석 벼슬하는 사람을 뽑는데 있을 것입니다. 이천석 벼슬하는 사람들이 현명하면 공거(貢擧)하는 사람은 모두 그 직책에 딱 맞는 사람일 것입니다."

위표가 또 상소문을 올렸다.

"천하의 중추가 되는 중요한 자리는 상서에게 있으니 상서의 선발이 어찌 중요하지 아니할 수 있겠습니까? 최근에는 대부분 낭관에서 이 자리로 뛰어 올라가는데, 이들이 비록 법률 조문을 익히 알고, 즉각적으로 대응하는 점에서는 우수하지만 그러나 살피고 살피는 작은 지혜란 큰 능력을 가진 것과 같지 않습니다. 의당 색부(嗇夫)가 민첩하게 대답하였던 것을 살펴보시고, 강후(絳侯)가 둔하고 어눌하면서 공로를 세웠던 것을 깊이 생각하십시오."186

황제가 이 말을 모두 받아들였다. 위표는 위현(韋賢)187의 현손(玄

---

185 《논어》에 실린 공자의 말이다. 맹공작은 노나라의 대부였고, 조와 위는 진(晉)나라의 경(卿)이었다. 맹공작은 욕심이 적은 성품이어서 조나 위처럼 큰 집안에 가서 일한다면 아무 사건도 벌어지지 않을 수 있지만 등이나 설 같이 작은 나라에 가서 대부의 직책을 맡는다면 그 직책이 대단히 번거로워서 감당하지 못했을 것이라고 본 것이다.

186 전한 문제가 상림원에 갔을 때 동물의 숫자에 관하여 물었을 때 고위직에 있던 사람들은 제대로 대답을 못하였고, 그 상림원을 관리하는 사람인 색부가 정확히 대답하였다. 이에 황제가 그를 칭찬하였다. 이에 대하여 장석지는 강후인 주발과 비교하여 황제에게 질문하여 자잘한 것을 잘 아는 것은 큰 인물이 아니라고 말하였다. 이 사건은 문제 전 3년(기원전 177년)에 있었고, 《자치통감》 권14에 실려 있다.

孫)이다.

5   가을, 7월 정미일(23일)에 조서를 내려 말하였다.

"율(律)에 이르기를 '범인을 신문하는 자는 오직, 방(榜)과 태(笞)와 입(立)[188]만을 사용하여야 한다.'고 하였다. 또한 《영병(令丙)》[189]에는 채찍 길이의 척촌(尺寸)이 정해져 있다.[190] 과거 큰 옥사가 일어난 이래로 신문관은 대부분 혹독하여 범인에게 사용하는 도구는 참혹하고 고통스럽기 그지없다. 그들이 당하는 고통과 해독을 생각하면 마음이 막 떨릴 지경이다. 의당 가을과 겨울에 옥사를 다룰 때에는 분명하게 그것을 금지시켜야 할 것이다."

6   8월 갑자일(11일)에 태위 등표(鄧彪)를 파직시키고, 대사농 정홍(鄭弘)을 태위로 삼았다.

7   계유일(20일)에 조서를 내려 기원을 바꾸었다.[191] 정유일[192]에 거가가 남방을 순행하다가 조서를 내렸다.

---

187 전한 선제 때의 재상이었다.

188 방과 태는 모두 때리는 것이며 입은 세워 놓고 신문하는 것이다.

189 법률의 편명인데, 영갑(令甲)·영을(令乙)·영병(令丙) 등이 그것이다.

190 경제 때 정해진 규정을 보면, 채찍의 길이는 5척이며, 채찍에 사용하는 대나무 끝의 얇기가 반촌이어야 하고 대나무의 마디도 없애서 평평하게 만들어야 한다고 되어 있다.

191 이 해는 본래 건초 9년인데 8월 20일 이후에는 원화 원년이 된다.

192 8월 1일은 갑인이므로 8월 중에는 정유일이 없다.

"지나가는 길에 있는 주와 현에서는 대접할 물건을 쌓아놓지 마라. 사공에게 명령하니, 스스로 교량(橋梁)을 수리할 사람을 데리고 가라. 또 사자를 파견하여 환영하거나 움직임을 탐문하여 알려고 하는 자가 있으면 이천석 관리는 이것에 연좌시킬 것이다."

강직한 주휘, 청렴한 모의와 정균

8   9월 신축일(18일)에 장릉(章陵, 호북성 조양현)에 행차하였다. 10월 기미일(7일)에 나아가 강릉(江陵, 호북성 강릉현)에 행차하였다가 돌아오는 길에 완(宛, 하남성 남양시)에 행차하였다. 전에 임회(臨淮, 안휘성 우태현) 태수를 지낸 완 사람 주휘(朱暉)를 불러서 상서복야로 임명하였다.

주휘가 임회에 있으면서 정치를 잘하여 백성들이 노래를 지어 불렀다.

"강직함을 스스로 실천하는 남양의 주계(朱季)[193]님이여, 관리들은 그의 위엄을 두려워하지만 백성들은 그의 은혜를 가슴속에 품고 있구나."

이때에는 법망에 연루되어서 면직되어[194] 집에 거처하고 있었고, 그러므로 황상이 그를 불러서 임용한 것이다.

---

193 주휘의 고향은 완인데, 이는 남양에 소속된 성이고, 그의 자가 문계(文季)이므로 주휘를 말한다.

194 주휘가 군 장사(長史)였는데, 죄인을 신문하다가 사람이 감옥에서 죽었는데, 이 때문에 면직되었다.

11월 기축일(7일)에 거가가 궁궐로 돌아왔다. 상서 장림(張林)이 말씀을 올렸다.

"현관(縣官)[195]에서 사용하는 경비가 부족하니 마땅히 스스로 소금을 끓여 만들어야 하고, 무제(武帝)시대의 균수법(均輸法)[196]을 회복시켜 손질해야 할 것입니다."

주휘는 완강하게 그렇게 할 수 없다는 입장을 유지하면서 말하였다.

"균수법은 장사꾼이 물건을 파는 것과 다름이 없어서 소금을 팔아서 얻어지는 이익을 관청으로 돌아오게 한다면 하층 백성들이 가난해지고 원망하게 하는 것이니 진실로 밝은 군주가 의당 해야 할 일이 아닙니다."

황제가 이로 인하여 화가 나서 여러 상서들을 몹시 책망하니 주휘 등이 모두 스스로 옥으로 가서 갇혔다.

3일이 되자 조서를 내려서 그들을 나오게 하고 말하였다.

"국가[197]는 반박하는 논의를 기꺼이 들어야 하는 것이니 누런 머리카락을 가진 사람[198]에게는 허물이 없다. 조서의 내용이 지나쳤을 뿐인데, 어떤 연고로 스스로 감옥에 갇힌다는 말인가?"

주휘는 이를 통하여 병이 심하다고 하고서 다시금 의논하는 문제에 서명을 하려 하지 않았다.

---

195 조정을 말한다.

196 무제 때의 경제 정책이다. 대사농이 균수관을 두어서 각 지방에서 납부하여야 할 공물과 운반비용을 돈으로 계산하여 납부하게 하고, 값이 싼 지방에서 물건을 사서 값이 비싼 지방에 물건을 파는 것이다.

197 황제를 말한다.

198 노인을 가리키는 말이고, 이는 주휘를 가리킨다.

상서령 이하 사람들이 두려워 떨면서 주휘에게 말하였다.

"지금 견책하고 나무라는 일이 코앞에 닥쳤는데 어찌하여 병이 들었다고 하시오. 그 화가 적지 않을 것이오."

주휘가 말하였다.

"내 나이 거의 80세인데 은혜를 받아서 기밀을 다루는 자리에 있게 되었으니, 마땅히 죽음으로써 보답하겠소. 만약 마음으로 그것이 할 수 없다고 생각하면서 황제의 뜻에 따라서 뇌동(雷同)한다면 이는 신하로서의 의로움을 배반하는 것이오. 지금 눈과 귀로 아무 것도 보고 듣는 것이 없으니 엎드려 죽을 것만을 기다리고 있는 중이오."

드디어 입을 닫고 다시는 말하지 않았다.

여러 상서들이 어떻게 해야 할지를 몰라서 마침내 함께 주휘를 탄핵하는 상주문을 올렸다. 황제는 속으로 화난 것이 풀려서 그 사건을 잠재워버렸다. 그 뒤 며칠이 지나서 직사랑(直事郎)[199]에게 주휘의 움직임을 묻게 하고, 태의에게 그의 병세를 보게 하였으며, 태관(太官)[200]에게 음식을 하사하게 하니 주휘가 마침내 일어나서 사과하였다. 다시 10만 전을 하사하고 포 1백 필과 옷 10벌을 내려주었다.

9   노국(魯國, 산동성 곡부현) 사람 공희(孔僖)와 탁군(涿郡.하북성 탁현) 사람 최인(崔駰)이 함께 태학에서 공부하다가 서로 토론을 하였다.

"효무황제가 처음 천자가 되어서 성스러운 도를 숭상하고 믿어서 5~6년 동안 문제(文帝)나 경제(景帝)시대의 치적보다 낫다고 불렸습

---

199 서랑(署郎) 가운데 차례로 당직을 서는 사람을 말한다.

200 궁중 음식을 담당하는 관리이다.

니다. 후에 이르러서 스스로 방종하게 되어 앞서 이룩한 훌륭한 업적을 망각하였습니다.”

이를 듣고 옆방에 살던 태학생 양욱(梁郁)이 편지를 올려서 고발하였다.

“최인과 공희가 먼저 돌아가신 황제를 비방함으로써 현재의 시대를 풍자하고 비난하였습니다.”

이 사건을 유사에게 내려 보내어 처리하게 하였다. 최인은 관리에게 보내져서 신문을 받았다.

공희는 편지를 써서 스스로를 변명하여 말하였다.

“무릇 비방이라고 말하는 것은 실제로는 이러한 일이 없었는데, 허위로 말을 덧붙여서 무고하는 것을 말합니다. 예컨대 효무황제와 같은 경우 그 정치의 잘잘못은 분명히 한나라 역사책에 드러나 있어서 해와 달 같이 분명하며, 이것은 역사책에 전해지는 실제의 일을 직접 말한 것이니, 거짓으로 비방한 것은 아닙니다.

무릇 황제라는 분도 선정을 할 수도 있고 악정을 할 수가 있다는 것은 천하에서 모르는 사람이 없으니 이는 모두 있는 것을 가지고 말한 것이니 그러므로 다른 사람에게 죽임을 당할 수는 없습니다.

또한 폐하께서 즉위하신 이후로 정치와 교화에서 아직 아무런 허물이 없으시며, 은덕과 혜택이 더하여지고 있는 것은 천하 사람들이 다 아는 것인데, 신들만이 어찌 홀로 풍자하는 말로 비난하겠습니까? 설사 비난하는 것이 사실이라고 한다면 진실로 마땅히 개전(改悛)하여야 할 것이고, 만약에 그것이 부당하다고 하여도 역시 마땅히 받아들여 용서하여야 하지 어찌 죄를 묻는다는 말입니까?

폐하께서 근본적인 것을 미루어 추진하는 큰 계획을 세워서 깊이 스스로 계책을 세우지 아니하시고, 헛되이 사사롭게 거리끼는 것을 끝까지 추궁하시어 속마음을 흔쾌하게 하려고 하신다면 신들은 주륙을 받아서 죽게 되면 죽을 뿐입니다. 천하 사람들을 돌아보건대 반드시 눈을 돌리고 바꾸어 생각하여 이 일로 폐하의 마음을 살펴보게 될 것이니, 오늘 이후 만약에 할 수 없는 일을 보게 된다 하여도 끝내 다시금 말하는 사람이 없게 될 것입니다.

제(齊) 환공(桓公)은 몸소 그의 아버지의 잘못을 들추어내면서 관중(管仲)을 불러 들였으며,[201] 그렇게 처리한 다음에야 여러 신하들이 마음을 다 바쳤습니다. 지금 폐하께서 마침내 10세(世) 이상[202] 되는 무제를 위하여 실제 사실을 꺼려서 말하지 못하게 하려고 하신다면 어찌 환공과는 다르다고 아니하겠습니까?

신은 걱정하건대, 유사가 갑자기 사건을 짜 맞추어놓고 원한을 품고 억울함을 당하고서도 스스로 설명을 할 수 없게 하니 후세에 논평하는 사람들이 멋대로 폐하를 예로 들어 비유하게 한다면 정녕 다시금 자손들에게 추가하여 이를 덮어버리게 할 수 있을 것입니까? 삼가 궁궐에

---

201 《국어》에 나오는 말이다. 노나라의 장공이 관중을 묶어서 제나라의 환공에게 보냈다. 환공은 그를 교외에서 영접하고 물었다. '옛날에 먼저 돌아가신 임금께서 높은 대를 쌓고 수렵을 하며 국가의 정치는 보고도 받으려 하지 않고 성인과 선비들을 낮추거나 모욕하였으며, 오직 여자만을 숭상하여 9비 6빈이 수백 명이나 되었습니다. 고기는 반드시 잘게 썬 것만 먹고, 옷은 수놓은 것만 입었지만 무사들은 얼고 주렸습니다. 이리하여 국가는 날로 자라나지 못하고 종묘도 청소를 못하기에 이르렀고 사직에도 혈식(血食)을 바치지 못하게 되었는데, 감히 묻건대 어떻게 해야 합니까?' 이에 관자가 패권을 이룩할 수 있는 방법을 가지고 대답하였다.

202 세대를 가지고 말한 것이 아니고, 황제의 수를 가지고 말한 것이다. 장제 이전에 무제, 소제, 선제, 원제, 성제, 애제, 평제, 광무제, 명제이다.

나와서 엎드려 두 번 죽을 때를 기다립니다."

편지가 상주되자 황제는 즉각 조서를 내려 묻지 말게 하고 공희를 난대영사(蘭臺令史)[203]로 임명하였다.

10   12월 임자일(1일)에 조서를 내렸다.

"전에 요악(妖惡)[204]한 짓을 저지른 사람은 삼속(三屬)을 금고에 처하도록 되어 있는데,[205] 똑같이 모두 이 규정을 없애라. 다만 숙위(宿衛)[206]하는 일만 맡길 수 없을 뿐이다."

11   여강(廬江, 안휘성 잠산현) 사람 모의(毛義)와 동평(東平, 산동성 동평현) 사람 정균(鄭均)은 모두 의로운 행동을 하여서 향리에서 칭찬이 자자했다. 남양(南陽, 하남성 남양시) 사람 장봉(張奉)이 모의의 명성을 듣고 흠모하여 그에게 가서 문후하였는데 바로 앉자마자 군부(郡府)의 격문(檄文)[207]이 도착하여 모의를 수안양령(守安陽令)[208]으로 삼았다. 모의가 격문을 잡고 들어왔는데, 기뻐서 얼굴색이 움직였다. 장봉은 이 모습을 천하게 여기고 인사를 하고 가버렸다.

---

203 궁정문서의 수발을 책임지는 직책이다.

204 요사스러운 말을 하여 악을 저지른 사람을 말한다.

205 삼속은 삼족을 말하며, 이는 부족(父族)·모족(母族)·처족(妻族)이다. 금고란 벼슬하지 못하게 하는 것이다.

206 궁궐에서 자면서 지키는 업무를 말한다.

207 부르는 편지를 말한다.

208 안양은 하남성 안양시인데, 안양현 대리현령직이다. 수는 대리직을 말한다.

그 뒤 모의의 어머니가 죽자 징소를 하거나 벽소[209]를 하여도 모두 나아가지 않았다. 장봉이 이에 감탄하며 말하였다.

"현명한 사람이란 헤아릴 수 없구나. 과거에 기뻐하였던 것은 바로 그 어머니를 위하여 굽힌 것이로구나."

정균의 형은 현의 관리였는데 자못 예물로 받은 것을 집에 많이 남기자[210] 정균이 간언해도 듣지 아니하여 마침내 몸을 빼내어 남에게 고용되어 1년여를 거쳐 전백(錢帛)을 벌어서 돌아와 형에게 주면서 말하였다.

"물건이라는 것은 다 없어지면 다시 벌 수도 있는 것이지만 관리가 되어 뇌물죄에 걸리게 되면 평생 버려진 사람이 됩니다."

형은 이 말에 감동하여 마침내 청렴결백한 사람이 되었다.

정균이 벼슬하여 상서가 되었다가 면직되어 돌아가게 되었다. 황제가 조서를 내려 모의와 정균을 총애하고 포상하여 각각에게 1천 곡(斛)의 곡식을 하사하였으며, 항상 8월이면 장리들에게 그들이 사는 것을 묻게 하고 양과 술을 덧붙여 하사하였다.

12　무위(武威, 감숙성 무위현) 태수 맹운(孟雲)이 말씀을 올렸다.

"북흉노가 다시 관리와 백성들과 함께 모여서 무역하기를 원합니다."

조서를 내려서 이를 허락하였다.

북흉노의 대차거이막자왕(大且渠伊莫訾王)[211] 등이 소와 말 1만여

---

209 징소는 황제가, 벽소는 지방관이 인재를 불러 쓰는 것을 말한다.

210 《동관한기》에 의하면 정균의 형 정중(鄭仲)은 유격(游檄) 즉 경찰관계의 직무를 맡았다고 되어 있다.

두를 몰고 와서 한나라와 교역하니, 남선우가 경무장을 한 기병을 파견하여 상군(上郡, 섬서성 수덕현)으로 나와서 이를 노략질하여 크게 거둬서 돌아갔다.

13 황제는 다시 가사마(假司馬)[212] 화공(和恭) 등을 파견하여 병사 8백 명을 거느리고 반초[213]에게 가게 하였다. 반초는 이로 인해 소륵국과 우전국의 병사를 발동하여 사차국을 공격하였다. 사차왕이 소륵왕 충(忠)에게 뇌물을 주면서 유혹하니, 충이 드디어 배반하고 그를 좇아서 서쪽으로 가서 오즉성(烏卽城)으로 들어가 지켰다.[214]

반초는 마침내 다시 그 나라의 부승(府丞)[215]인 성대(成大)를 세워서 소륵왕으로 삼고, 그 나라의 배반하지 않은 자들을 모두 발동하여 충을 공격하고 사람을 시켜서 강거왕(康居王)에게 유세하여 충을 잡아 그 나라로 돌아오게 하니 오즉성이 드디어 항복하였다.[216]*

---

211 흉노의 28대 선우이다.

212 가(假)직은 부(副)직이다. 따라서 부사마이다.

213 이때 반초는 장병장사였다.

214 사마초가 충을 세워서 소륵왕으로 삼은 것은 명제 영평 17년(74년)의 일로, 《자치통감》 권45에 실려 있다.

215 충의 비서장에 해당하는 사람이다.

216 반초가 세운 충이 배반하여 오즉성에서 걸려서 반년을 끌었다. 그런데 충을 돕는 강거왕국의 구원병이 총령을 넘어 도착하니 반초가 위기에 몰렸다. 마침 월지(月氏)왕국과 강거왕국이 혼인을 체결하게 되자 반초는 월지왕에게 재보를 보내면서 그에게 강거왕을 설득하게 하여 이 일을 성공시킨 것이다.

은혜를 베푸는 장제

숙종 효장황제 원화 2년(乙酉, 85년)

1   봄, 정월 을유일(5일)에 조서를 내렸다.

"법령에서 이르기를 '백성들 가운데 아들을 낳은 사람은 3년간의 산부(算賦)[1]를 면제한다.'[2]고 되어 있다. 지금 여러 임신한 사람에게는 태양곡(胎養穀)[3]을 1인당 3곡씩 하사하고 그 지아비에게는 1년간의 산부를 면제하라. 이 조서를 법령에 덧붙이라."

또 삼공에게 조서를 내렸다.

"편안하고 조용한 관리는 지극히 정성스럽게 일을 하여 화려하지 않아 하루의 업적을 살펴보면 모자라지만 한 달로 계산하면 남는 것이 있소. 예컨대 양성(襄城, 하남성 양성현) 현령 유방(劉方)[4]은, 관리와 백

---

1   성년 남자가 1년에 부담하는 인두세(人頭稅)를 말한다.

2   한 고조 유방이 고제 7년(기원전 200년)에 인구의 증가를 격려하기 위하여 이 법령을 만들었다.

3   태아를 보양하기 위하여 하사하는 곡식이라는 말이다.

성들이 한 목소리로, 일을 번잡스럽게 하지 않는다고 말하고, 비록 다른 특이한 업적을 세우지는 아니하였지만 이 역시 조정의 목표에 거의 근접해 있소.

　무릇 가혹한 것은 잘 살피는 것이고, 각박한 것 역시 잘 아는 것이며, 가볍게 행동하는 것은 덕스러운 것이고, 무겁게 처리하는 것은 위엄이라고 하는데, 이 네 가지가 혹여 일어나면 아랫사람은 원망하는 마음을 품게 되오. 내가 조서를 자주 내려 사절들의 모자와 이들이 탄 수레가 길에서 이어질 정도인데도, 관리들이 더 잘 다스리지 아니하고, 백성들은 혹시 그들이 해야 될 일을 잃고 있으니, 그 허물이 어디 있소? 옛 법령을 부지런히 생각해 보고 짐의 뜻에 맞도록 하시오."

2　북흉노의 대인(大人)[5] 차리탁병(車利涿兵) 등이 도망하여 요새 안으로 들어왔는데 무릇 73명이었다. 그때 북흉노는 쇠약해지고 줄어들어서 그 무리들이 떨어져 나왔으며, 남부(南部)에서는 그들의 앞을 공격하고, 정령(丁零, 바이칼호 부근) 사람은 그들의 뒤를 노략하고, 선비족(鮮卑族, 내몽고 지역)은 그들의 왼쪽을 치고, 서역인은 그들의 오른쪽을 침략하여서 다시는 자립할 수 없게 되자 마침내 멀리까지 가버렸다.

3　남흉노의 선우 난제장(欒提長)이 죽고, 선우 난제한(欒提汗)의 아들 난제선(欒提宣)이 뒤를 이어 이도어려제(伊屠於閭鞮) 선우가 되었다.[6]

4　자는 백황(伯況), 평원(平原, 산동성 평원현) 사람이다.

5　부족장 정도로 보인다.

6　난제장(欒提長)은 흉노의 28대 선우이고, 난제한(欒提汗)은 25대 선우이며,

4 〈태초력(太初曆)〉[7]이 시행된 지 1백여 년인데, 이 달력에서 가리키는 날짜가 자연현상보다 조금씩 늦었다.[8] 황상이 달력을 연구하는 편흔(編訢)과 이범(李梵) 등에게 명령하여 그 현상을 종합하고 교정하여 〈사분력(四分曆)〉[9]을 만들게 하였는데, 2월 갑인일(4일)에 처음 이를 시행하였다.

5 황제가 태자였을 때 동군(東郡, 하남성 복양현) 태수인 여남(汝南, 하남성 여남현) 사람 장포(張酺)에게서 《상서(尚書)》를 배웠다. 병진일(6일)에 황제가 동쪽 방면을 순수하다가 동군에 행차하여서 장포와 그의 제자, 군현의 연사들을 오게 하여 나란히 군 청사의 마당에서 연회를 베풀었다.

황제가 먼저 제자로서의 의례를 갖추고 장포로 하여금 《상서》 한 편

뒤를 이은 난제선(欒提宣) 이도어려제(伊屠於閭鞮)는 29대 선우이다.

7 한 무제 태초 원년(기원전 104년)에 반포한 것이어서 태초력이라고 한다. 이 달력의 특징은 그동안 사용하였던 삼통력이 12월을 매해의 첫 달로 정한데 반해서, 정월을 매해 첫 달로 정했다. 이 달력은 등평(鄧平) 등이 편제한 것으로 왕망 초기에 사용하지 않다가 후한 광무제가 왕망 때 사용하던 달력을 폐지하고 다시 태초력을 사용하였다.

8 호삼성의 주를 보면, 7요일의 운행이 역법에서 예상하였던 것보다 조금 먼저 나타났다. 그리하여 매월 그믐과 초하루의 달의 모습이 맞지 않았다고 하였다. 예컨대 15일에 달이 만월(滿月)이 되어야 함에도 17일이나 18일에 가서야 만월이 되었다는 말이다.

9 이 달력은 삼통력(三統曆)을 이어받아서 19년을 1장(章)으로 하고, 1년을 365와 4분의 1일로 하였다. 그러므로 4분력이라고 하였다. 《속한지》 태초 연간에 삼통력을 처음 사용하였다고 되어 있는데, 삼통력은 유흠이 만든 것이므로 태초 연간에 처음 사용하였다는 말은 잘못이다.

을 강론하게 하였고, 그런 다음에 군신의 예절을 시행하였는데 상으로 하사한 것이 아주 특수하여서 흡족해 하지 않는 사람이 없었다.

가면서 임성(任城, 산동성 제영현)을 지나게 되어 정균(鄭均)[10]의 집에 행차하여 상서의 녹봉을 하사하여 그가 죽을 때까지 지급하게 하니, 당시 사람들은 그를 '백의(白衣)상서'[11]라고 하였다.

6   을축일(15일)에 황제가 정도(定陶, 산동성 정도현)에서 밭을 갈았다.[12] 신미일(21일)에 태산(泰山)에 행차하였다가 불을 지펴 대종(岱宗)에 알리고,[13] 나아가 봉고(奉高, 산동성 태안현)에 행차하였다. 임신일(22일)에 문산(汶山, 봉고의 서남쪽)의 명당(明堂)[14]에서 오제(五帝)에게 종사(宗祀)를 지냈다. 병자일(26일)에 천하에 사면하였다. 나아가서 제남(濟南)에 행차하였다.

---

10 정균은 장제를 섬기며 상서의 직책에 있었는데, 여러 차례 간언하여 장제가 그를 존경하였는데, 병으로 사직하고 임성에 가 있었다. 정균에 관하여서는 장제 원화 원년(84년)에 의(義)로 이름이 났다는 기록이 있으며 이는 《자치통감》 권46에 실려 있다.

11 관리는 모두 수놓은 옷을 입지만 평민은 흰옷을 입게 되어 있다. 따라서 정균은 관직에 있지 않기 때문에 백의를 입지만 녹봉은 상서의 대우를 받았으므로 이렇게 불린 것이다.

12 황제가 농업을 장려하는 의식이다. 여기서 수확한 것으로 종묘에 제사지내기도 한다.

13 태산을 대산(岱山)이라고도 한다. 태산은 4악(嶽) 가운데 으뜸이어서 대종이라 하며 불을 지피는 것은 하늘에 제사지내기 위해 도착하였다는 것을 알리는 의식이다.

14 전한 무제 원봉 2년(기원전 109년)에 세운 것이다.

　　3월 기축일(6일)에 노(魯, 산동성 곡부현)에 행차하였고, 경인일(17일)
에 궐리(闕里)[15]에서 공자와 그의 제자 72명에게 제사지냈는데, 6대
(代)의 음악[16]을 연주하였으며, 공씨 성을 가진 20세 이상의 남자 62명
을 모았다.

　　황제가 공희(孔僖)에게 말하였다.

　　"오늘의 모임이 정녕 경[17]의 종족들에게 광영이 되는가?"

　　대답하였다.

　　"신이 듣건대 밝은 왕이나 성스러운 군주는 스승을 높이고 도를 귀히
여기지 않는 사람이 없었습니다. 지금 폐하께서 친히 만승(萬乘)[18]의
높은 신분을 굽히시고, 보잘 것 없는 저희 마을에 오셨으니, 이는 먼저
돌아가신 스승[19]에게 높은 예의를 표하시는 것이어서 성스러운 덕이
더욱 빛납니다. 광영이 되었다는 말은 감히 받아들일 것이 아닙니다."

　　황제가 크게 웃으면서 말하였다.

　　"성인의 자손이 아니라면 어찌 이러한 말을 하겠는가?"

　　공희에게 벼슬을 주어 낭중으로 삼았다.

7　　임진일(19일)에 황제가 동평(東平, 산동성 동평현)에 행차하였다가

15　산동성 곡부현에 있는 공자의 옛 거주지이다.

16　황제(黃帝)·요(堯)·순(舜)·우(禹)·탕(湯)·주(周)의 6대를 말하며, 각 시대 음
　　악의 명칭은 운문(雲門)·함지(咸池)·대소(大韶)·대하(大夏)·대호(大護)·대
　　무(大武)이다.

17　공희를 높여서 부른 말이다.

18　황제를 말한다.

19　공자를 말한다.

헌왕(獻王)[20]을 추념하고 그의 여러 아들에게 말하였다.

"그분을 생각하고 그분의 고향에 왔다. 그분이 있던 곳은 있으나 그분은 없구나!"

이에 눈물을 흘려 소매를 적셨다. 드디어 헌왕릉에 행차하여 태뢰(太牢)로 제사[21]지냈고, 친히 사당에서 그의 신위(神位)에 절하고, 곡하고 눈물을 흘리는데 슬픔을 다 드러냈다.

헌왕이 그의 봉국으로 가면서[22] 표기장군부의 관리 정목(丁牧)과 주허(周栩)가 휘하의 선비들을 애호하는 헌왕을 차마 떠나지 못하고 마침내 왕의 집안에서 대부(大夫)[23]가 되기까지 수십 년을 지내면서 할아버지부터 손자[24]까지 모셨다. 황제가 이 소식을 듣고, 모두 불러서 만나보고 그들의 직위가 그 자리에 머물러있음을 민망하게 생각하고 또 헌왕의 미덕을 선양하려고 즉각 모두 의랑으로 발탁하였다.

을미일(22일)에 동아(東阿, 산동성 곡양현)에 행차하여 북쪽으로 가서 태항산(太行山)에 올랐다가 천정관(天井關, 산서성 晉城縣의 남쪽)[25]에 이르렀다. 여름, 4월 을묘일(6일)에 궁궐로 돌아왔다. 경신일(11일)에 조상의 사당에 가서 보고하였다.[26]

---

20 동평헌왕 유창(劉蒼)으로 장제의 숙부이다.

21 소·돼지·양을 잡아서 제물로 쓰는 제사를 말한다.

22 명제 영평 4년(61년)에 유창은 동평왕으로 표기장군이었다가 이를 사직하고 봉국인 동평으로 내려갔는데, 이 일은 《자치통감》권45에 실려 있다.

23 가신(家臣)이 되었다는 말이다.

24 할아버지는 유창이고 그의 아들 유충(劉忠), 손자인 현재의 유창(劉敞)을 말한다.

25 태행관이라고 하기도 한다.

8   5월에 강릉왕(江陵王) 유공(劉恭)을 옮겨 육안왕(六安王)으로 삼았다.[27]

9   가을, 7월 경자일(23일)에 조서를 내렸다.

"《춘추》에서는 삼정(三正)을 중히 여기고, 삼미(三微)[28]를 신중히 하라고 하였다. 그래서 정해진 법률에 11월과 12월에 죄수를 처결하지 말게 하였으니, 겨울의 시작인 10월까지만 처결하는데 그쳐야 할 뿐이다."

---

26 황제가 순시를 마치고 조상에게 보고하는 의식을 치른 것이다.

27 여강군을 봉국으로 만든 것이며 낙양에서 동쪽으로 1천700리 떨어져 있다.

28 삼정에서 정(正)은 매해 첫 달, 즉 정월을 말하는데, 하·은·주의 정삭(正朔)은 각기 11월·12월·1월로 달랐으므로 이를 삼정이라고 하고, 삼미는 삼정의 시작을 말하는데 이때는 겨울이라 만물이 겨우 싹이 트는 때이다.

조포에게 예제를 정리하게 한 장제

10　겨울에 남흉노의 선우[29]가 군사를 파견하여 북흉노의 온우독왕 (溫禺犢王)과 탁야산(涿邪山)[30]에서 싸우고 사람의 목을 베거나 잡아 서 돌아갔다.

무위(武威, 감숙성 무위현) 태수 맹운(孟雲)이 말씀을 올렸다.

"북쪽 야만인들이 이전에 이미 우리와 화친관계를 맺었는데, 남흉노 가 다시 가서 노략질을 했으니, 북흉노의 선우는 한나라가 그들을 속였 다고 생각하고 요새 지역을 침범하려고 모의하고 있으니 마땅히 남흉 노가 노략질하여 생포한 자들을 돌려주어서 그들의 마음을 위로해주 어야 한다고 생각합니다."

백관들에게 조서를 내려 조당(朝堂)에서 논의하라고 하였다.

태위 정홍(鄭弘)과 사공 제오륜은 이를 허락할 수 없다고 하였고, 사 도 환우(桓虞)와 태복 원안(袁安)은 마땅히 그들에게 돌려주어야 한다 고 하였다. 정홍이 이어 큰 소리로 격하고 심하게 환우에게 말하였다.

29　29대 선우인 난제선(欒提宣)을 말한다.

30　몽고의 남쪽 경계 지역으로 골반차르칸산이다.

"여러 사람이 산 사람을 돌려보내야 마땅하다고 말하는 것은 모두 충성심이 없는 것이오!"

환우가 그를 조정에서 꾸짖으니, 제오륜과 대홍려 위표(韋彪)가 모두 안색을 지으면서 얼굴이 변하였다.

사예교위가 정홍 등을 들추어내서 상주문을 올리니, 정홍 등은 모두 인수를 바치고 사죄하였다. 조서를 내려서 회보하였다.

"오래 의논하여도 침체되는 것은 각자 뜻하는 바가 있기 때문인데 대개 일이란 의논한 것을 좇고, 정책은 여러 사람으로부터 정해지며, 충성스럽고, 화락한 것이 예의에 맞는 모습을 갖는 것일 것이지만, 아무 말 않고 마음에 있는 것을 누른다면 이는 또한 조정의 복이 아닐 것이오. 그대들은 왜 특별히 깊이 사죄하는가? 그러니 각각 관(冠)을 쓰고 신을 신으시오."

황제가 마침내 조서를 내렸다.

"강과 바다가 백 개의 하천보다 긴 것은 그것이 아래에 있어서이다.[31] 조금 몸을 낮춘다고 한들 어찌 병이 들겠는가? 하물며 지금 흉노와는 군신의 명분을 정해놓은 마당이고, 하는 말은 공손하고 약속도 분명하게 지키며, 공헌(貢獻)하는 것도 계속해서 도착하고 있는데, 어찌 신의를 어겨서 스스로 굽었다는 말을 듣겠는가?

그래서 도요(度遼)장군 겸 영(領)중랑장인 방분(龐奮)에게 칙령을 내리니 남부에서 얻은 생포자들을 갑절의 돈을 주고 사서 북흉노에게 보상하라.[32] 남흉노가 목을 베고, 생포한 공로를 계산하여 상을 수여하는

---

31 이는 노자(老子)의 말을 인용한 것이다. 노자는 '강과 바다가 수백 개 골짜기의 원인이 된 까닭은 그것이 아래에 있기를 잘하여서이다.'라고 하였다.

데, 관례와 같이 하라."

효장제 원화 3년(丙戌, 86년)

1   봄, 정월 병신일(20일)에 황제가 북쪽으로 순수를 떠났는데, 신축일(27일)에 회(懷, 하남성 무척현)에서 밭을 갈았고, 2월 을축일(21일)에 시어사와 사공에게 칙령을 내려서 말하였다.

"바야흐로 봄이니, 지나가는 곳에서 손해를 끼치거나 죽이는 일이 없게 하라. 수레는 이끌어 피할 수 있으면 이를 피해서 지나가고, 비마(騑馬)[33]도 수레에서 풀 수 있으면 풀도록 하라."

무진일(24일)에 나아가서 중산(中山, 하북성 정현)에 행차하였다가 장성(長城)[34] 밖으로 나갔다. 계유일(29일)에 돌아와서 원지(元氏, 하북성 원지현)에 행차하였다. 3월 기묘일(6일)에 나아가서 조(趙) 지역에 행차하였고, 신묘일(18일)에 궁궐로 돌아왔다.

2   태위 정홍이 자주 시중 두헌의 권세가 대단히 강성하다고 진술하

---

32 포로는 노예이므로 이를 돈을 주고 산다는 의미이다.

33 어거는 네 마리의 말이 끄는데, 가운데에 있는 두 마리의 말을 복마(服馬)라 하고, 양끝에 있는 말을 비마라고 한다. 그런데 황제의 수레를 끄는 말이 네 마리이기 때문에 많은 공간이 필요하지만 길이 좁은 곳에서는 비마를 풀어 버리면 두 마리가 끌기 때문에 좁은 곳도 지나 갈 수 있다. 그러면 민간인들의 농작물을 해치지 않을 수 있다는 의미이다.

34 이 장성은 전국시대 조(趙)나라에서 쌓은 것으로 보인다.

였는데, 그 말이 아주 고심하고 간절하게 하니, 두헌이 이를 마음 아파하였다. 마침 정홍이 두헌의 무리인 상서 장림(張林)과 낙양(雒陽) 현령 양광(楊光)이 관직을 가지고 재물을 탐하고 잔혹한 행동을 하였다고 상주문을 올렸다.

상주문이 올라가자 관리가 양광과 예부터 아는 사이여서 이를 알려 주었고, 양광이 이를 두헌에게 보고하였다. 두헌은 정홍이 대신임에도 비밀스러운 일을 누설하였다고 상주하니, 황제가 정홍을 나무랐다. 여름, 4월 병인일(23일)에 정홍의 인수를 거둬들였다. 정홍이 스스로 정위에게 갔으나 황제가 조칙을 내려 그를 감옥에서 내보냈고, 이어서 사직하고 돌아가기를 빌었으나, 아직은 허락하지 않았다.

병이 위독하여, 편지를 올려 사죄하며 말하였다.

"두헌의 간악함은 하늘을 관통하고 땅에 이르렀는데, 해내 사람들이 모두 의혹을 갖고 있으니 똑똑한 사람이건 어리석은 사람이건 그를 몹시 싫어하면서 '두헌이 무슨 술책으로 주상을 미혹하는가? 최근에 일어난 왕씨[35]들의 화란 같은 것이 분명하게 보일 텐데.'라고 말합니다.

폐하께서는 천자라는 높은 지위에 계시면서 만세까지 이어갈 왕조를 보호해야 하는데, 아첨하는 신하의 말을 믿고 존망의 기틀을 헤아리지 않고 계십니다. 신은 비록 목숨이 경각에 달려 있으나 죽더라도 충성심을 잊을 수가 없으니 바라건대 폐하께서 사흉(四凶)[36]과 같은 죄를 지은 자의 목을 베시고 사람과 귀신이 맺은 분통을 갚으려는 희망

---

35 왕망을 비롯한 전한 후기의 왕씨들을 말한다.

36 요임금 당시 환두(驩兜)·공공(共工)·사곤(姒鯀)·삼묘(三苗) 등 네 명의 흉악한 관원을 말한다.

을 만족시켜 주십시오."

황제가 이 상주문을 살펴보고 의원을 보내서 정홍의 병을 살펴보게 하였는데 의원이 도착할 즈음에 이미 죽어 있었다.

3 　대사농 송유(宋由)를 태위로 삼았다.

4 　사공 제오륜이 늙고 병들었으므로 걸신(乞身)[37]하였다. 5월 병자일(3일)에 책서를 내려 물러나게 하였는데, 죽을 때까지 이천석의 녹봉을 받도록 하였다. 제오륜은 공무를 할 때에는 온 정성을 다하였으며, 말이나 일에 있어서 어그러진 바가 없었다. 본성이 질박하였고 화려한 수식을 거의 하지 아니하였으며, 직위에 있을 때 정숙하고 결백하다고 이름이 나 있었다.

어떤 사람이 제오륜에게 물은 적이 있었다.

"공은 사사로움을 갖고 있습니까?"

대답하였다.

"옛날에 어떤 사람이 나에게 천리마를 보내온 일이 있었는데, 나는 비록 받지 않았지만 삼공이 사람을 뽑을 때마다 마음속으로 이 사람을 잊을 수가 없었소. 끝내 그 사람을 채용하지 않았지만 이와 같은 것이라면 어찌 사사로움이 없었다 말할 수 있겠소?"

태복 원안(袁安)을 사공으로 삼았다.

---

37 말 자체로서는 '내 몸을 돌려 달라고 빈다.'는 뜻이다. 전통적으로 관직에 나가는 것은 몸을 임금에게 위임하는 것이므로 자신의 몸은 자신이 갖고 있는 것이 아니었다. 그러므로 늙어서 물러나고 싶으면 자신의 몸을 달라는 의미의 걸신(乞身)이라는 용어를 썼다. 물러나겠다는 말이다.

5   가을, 8월 을축일(24일)에 황제가 안읍(安邑, 산서성 하현)에 행차
하였다가 염전을 둘러보고 9월에 궁궐로 돌아왔다.

6   소당(燒當)의 강(羌)족 미오(迷吾)가 다시금 동생 호오(號吾) 그리
고 여러 종족과 더불어 반란을 일으켰다. 호오가 먼저 경무장을 하고
들어와서 농서(隴西, 감숙성 임조현)의 경계 지역을 침구하자 독봉연(督
烽掾)[38] 이장(李章)이 이를 추격하여 호오를 생포하여 군으로 데리고
갔다.
    호오가 말하였다.
    "오직 나만을 죽인다면 우리 강족들에게는 손해될 것이 없지요. 진
실로 내가 살아서 돌아갈 수만 있다면 반드시 모두 철병시키고 다시는
요새 지대를 침범하지 않겠습니다."
    농서 태수 장우(張紆)가 그를 풀어놓아 보내주었더니 강족들이 즉시
해산하고 각기 그들의 옛 땅으로 돌아갔다. 미오도 물러가서 하북(河
北)[39]의 귀의성(歸義城)에 거주하였다.

7   소륵국(疏勒國)의 왕인 충(忠)이 강거국(康居國, 바이칼호의 서쪽)
의 왕으로부터 군사를 빌려 돌아가서 손중(損中)[40]을 점거하고 사자

---

38 군의 봉화를 관리하는 책임자이다.

39 황하는 청해성의 귀덕현(貴德縣)을 거쳐서 흐르는데 이 지역을 봉유대하(逢
   留大河)라고 부른다. 여기에서 하북이라 함은 이 봉류대하의 북쪽을 말한다.

40 지금의 어느 곳인지 분명하지 않다. 《동관한기》에는 돈중(頓中)이라 하였고,
   《속한서》와 화교(華嶠)의 책에는 손중(損中)으로 되어 있고, 혹 정(幀)으로 쓰
   기도 하는데 어느 것이 옳은지 알 수 없다. 호삼성이 이르기를 〈서역전〉을 보

를 보내어 거짓으로 반초에게 항복하였다. 반초는 그의 간사함을 알고 있는 터라 거짓으로 허락하였다. 충이 경무장만을 한 기병을 반초에게 보내니 반초가 이들의 목을 베고 이어서 그의 무리들을 쳐서 깨뜨리니 드디어 남쪽 길[41]이 트였다.

8   초국(楚國)의 허(許)태후가 죽었다. 조서를 내려 초왕 유영(劉英)의 무덤을 고쳐 장사지내게 하고[42] 작위를 추서하고 시호를 초려후(楚厲侯)[43]라고 하였다.

9   황제가 영천(潁川, 하남성 우현) 사람 곽궁(郭躬)을 정위로 삼았다. 옥사를 신문하고 형량을 결정하면서 불쌍하게 생각하고 용서해주는 일이 많았고, 중형에 처하도록 되어 있는 조문에서 여러 가볍게 처리할 수도 있는 조문 41개를 골라내어 이를 상주하였는데, 이 일들은 모두 시행되었다.

면 후한 영제(靈帝) 건녕 3년(170년)에 양주(涼州) 자사 맹타(孟佗)가 군사를 파견하여 소륵을 토벌하였는데 정중성(楨中城)을 공격하였다고 되어 있는 바 바로 이곳이라고 하였다. 소륵왕 충이 배반한 사건은 장제 원화 원년(84년)의 일로《자치통감》권46에 실려 있다.

41 서역으로 가는 남쪽 길을 말한다.

42 초왕 유영은 역모죄에 걸려서 쫓겨났지만 그의 어머니 허태후는 여전히 초국의 왕궁에 머물러 있었다. 명제 영평 13년(70년)의 일로,《자치통감》권45에 실려 있다.

43 시법에 의하면 여(厲)는 무고하게 사람을 살육한 경우에 사용한다.

10   박사(博士)인 노국(魯國, 산동성 곡부현) 사람 조포(曹褒)가 상소문을 올렸다.

"마땅히 문물에 관한 제도를 확정하시어 한나라의 예의 제도를 드러나게 하십시오."

태상 소감(巢堪)이 생각하였다.

"한 세대의 큰 법전을 조포가 정할 바가 아니니 허락하지 마십시오."

황제는 여러 유자(儒者)들은 옛 것에 얽매어서 그들과 더불어 새로운 것을 시도하기 어렵다는 것을 알았고, 조정의 예의에 대한 기본법은 의당 때에 맞추어 만들어야 되기에 이에 조포를 시중[44]으로 삼았다.

현무(玄武)[45] 사마 반고(班固)가 생각하였다.

"의당 여러 유학자를 널리 모아 함께 옳고 그름을 논의하게 하십시오."

황제가 말하였다.

"속담에 이르기를 '길가에 집을 지으면 3년이 걸려도 완성하지 못한다.'고 하였소. 예의에 밝은 사람들을 모아놓으면 명분상 다른 의견을 모아놓는다면서 서로 다투기만 하여 서로 간에 의심하고 이론이 생겨서 결정하여 글을 써내려 갈 수 없을 것이오. 옛날에 요(堯)임금이 〈대장(大章)〉을 만들 때 단 한 명의 기(夔)만으로도 충분하였소."[46]

---

44 박사는 600석이고, 시중은 2천 석의 녹질을 받는다.

45 황궁의 현무문을 말한다.

46 《여씨춘추》에 나온 말로 요임금시대에 지은 음악이다. 백성들이 요임금의 덕이 매우 밝음을 즐거워하여 그 음악을 대장이라고 했다. 기는 요임금시대의 악관이다.

효장제 장화 원년(丁亥, 87년)

1 봄, 정월에 황제가 조포(曹褒)를 불러 숙손통(叔孫通)의 《한의(漢儀)》 12편[47]을 건네주고 말하였다.

"이 제도는 산만하고 소략하며 대부분 경전에 합치되지 않으니, 지금 의당 예법에 의거하여 조목조목 바로잡고 시행할 수 있도록 하라."

---

47 고제 5년~6년(기원전 202년~기원전 201년)에 만든 것으로, 《자치통감》 권11에 실려 있다.

서역을 장악한 반초

2   호강(護羌)교위 부육(傅育)이 소당의 강족을 토벌하고자 하였으나, 그들이 새로이 항복하였기 때문[48]에 군사를 내보내려고 하지 아니하고서 사람을 모집하여 여러 강족과 호족들이 스스로 다투게 하였다. 강족과 호족들이 그렇게 하려하지 않다가 드디어 다시 반란을 일으키고 요새 밖으로 나가 다시금 미오(迷吾)에게 의탁하였다.

부육이 여러 군의 군사 수만 명을 발동하여 함께 강족을 공격하게 해달라고 요청하였다. 아직 다 모이지 아니하였는데, 3월에 부육이 단독으로 진군시켰다. 미오가 이 소식을 듣고 여막과 촌락을 이사시켜서 떠났다. 부육이 정예의 기병 3천 명을 파견하여 그들을 끝까지 추격하여 밤중에 삼두곡(三兜谷)[49]에 이르렀고, 아직 방비하지 못한 상태에서 미오가 습격하여 이들을 대파하고 부육과 그의 관리와 병사 880명을 죽였다.

여러 군의 병사들이 도착하게 되니 강족들은 드디어 군사를 이끌고

---

48 지난해인 장제 원화 3년(86년)의 일이다.

49 정확한 위치를 알 수 없으나 청해호반(靑海湖畔)일 것이다.

떠났다. 조서를 내려 농서(隴西, 감숙성 임조현) 태수 장우(張紆)를 교위로 삼고 1만 명을 거느리고 가서 임강(臨羌, 청해성 湟源縣)에 주둔하게 하였다.

3 여름 6월 무진일(2일)에 사도 환우(桓虞)가 면직되었다. 계묘일[50]에 사공 원안(袁安)을 사도로 삼고 광록훈 임외(任隗)를 사공으로 삼았다. 임외는 임광(任光)의 아들이다.

4 제왕(齊王) 유황(劉晃)과 동생인 이후(利侯) 유강(劉剛), 어머니 태희(太姬)[51]가 또 서로 무고하였다. 가을 7월 계묘일(8일)에 조서를 내려 유황의 작위를 깎아 무호후(蕪湖侯)로 삼고, 유강의 채읍을 삭감하여 3천 호로 하였으며 태희의 인새와 인수를 거둬들였다.

5 임자일(17일)에 회양경왕(淮陽頃王) 유병(劉昞)[52]이 죽었다.

6 선비족(鮮卑族)이 흉노의 왼쪽 지역으로 침입하여[53] 북흉노를 쳐서 대파하였으며 우유(優留) 선우의 목을 베고 돌아갔다.

---

50 6월 1일은 정유(丁卯)일이므로 6월 중에는 계묘일이 없다.

51 유황은 제 무왕 유연의 증손이며 상왕인 유석의 아들인데, 태후라고 하지 않고 태희라고 한 것으로 보아 생모가 아닌 것 같다.

52 유병은 명제의 아들로 회양왕이었다. 죽은 후 시호를 경왕이라 했다.

53 흉노가 있는 곳의 왼쪽은 동부 지역이다. 남쪽을 향한 상태에서 좌우를 규정하고 있다.

7   강족의 수령인 미오가 다시 여러 종족과 더불어 금성(金城, 감숙성 蘭州市)의 요새로 침구하니 장우가 종사(從事)[54]인 하내(河内, 하남시 武陟縣) 사람 마방(馬防)을 파견하여 그들과 목승곡(木乘谷)[55]에서 싸웠다. 미오의 군사들이 패하여 달아나면서 통역관을 통하여 항복하고 싶다고 하자 장우가 이들을 받아들였다.

미오가 사람들을 거느리고 임강(臨羌, 청해성 湟源縣)에 도착하니 장우는 군사를 많이 모아놓고 연회를 베풀면서 술에 독을 타서 먹였고, 군사를 숨겼다가 그들의 수령 800여 명을 죽였고, 미오의 머리를 베어 부육의 무덤에 제사지냈으며, 다시 군사를 풀어놓아 나머지 무리를 멋대로 치게 하여 목을 베고 붙잡은 것이 수천 명이었다.

미오의 아들 미당(迷唐)이 여러 종족들과 과거의 원한관계를 풀고 결혼하고 인질을 교환하면서 대유곡(大楡谷)과 소유곡(小楡谷)[56]을 점거하여 반란을 일으키니 이 종족들이 수가 많고 원한이 사무쳐서 장우가 이들을 제압할 수 없었다.

8   임술일(27일)에 조서를 내려 상서로운 물건들이 여전히 모여지고 있어서 기원을 장화(章和)[57]로 고쳤다. 이때 경사에는 사방에서 여러 차례 상서로운 징조가 있었는데, 전후로 수백 또는 수천 개나 되어서

---

54 참모에 해당하는 직책이다.

55 현재의 어느 곳인지 명확하지 않다.

56 유곡은 청해성 귀덕현(貴德縣)의 동쪽 경계 지역에 있는 골짜기로 큰 골짜기와 작은 골짜기가 있다.

57 장(章)은 밝다는 뜻이므로 장화란 밝고 화합하는 기운이 이르렀다는 뜻이다.

이 일을 말하는 사람들은 모두 좋은 일이라고 생각하였다.

태위부(太尉府)의 연리인 평릉(平陵, 섬서성 함양시 동북쪽) 사람 하창(何敞)만이 홀로 이를 나쁜 일로 생각하여 송유(宋由)와 원안(袁安)에게 말하였다.

"무릇 상서로운 일이란 은덕을 베푸는 것에 감응하여 따라오며, 재앙과 이변은 정치를 좇아서 생깁니다. 지금 이상한 새가 궁전의 지붕 위를 날고, 괴이한 풀이 궁전의 뜰에서 자라고 있으니, 이를 잘 살피지 않으면 안 됩니다."

송유와 원안은 두려워하여 감히 대답을 못하였다.

9   8월 계유일(8일)에 황제가 남쪽으로 순행을 떠났다. 무자일(23일)에 양(梁, 하남성 商丘市)에 행차하였고, 그믐날인 을미일(30일)에는 패(沛, 안휘성 濉溪縣)[58]에 행차하였다.

10   일식이 있었다.[59]

11   9월 경자일(5일)에 황제가 팽성(彭城, 강소성 徐州市)에 행차하였다. 신해일(16일)에는 수춘(壽春, 안휘성 수현)에 행차하였고, 부릉후(阜陵侯)[60] 유연(劉延)을 부릉왕으로 다시 책봉하였다.[61] 기미일(24일)에

---

58 양과 패는 모두 봉국이었다.

59 일식은 대체로 초하루나 그믐에 있으므로 이날은 8월 그믐이나 9월 초하루로 보아야 할 것이다.

60 부릉은 안휘성 전초현(全椒縣)의 동쪽에 있다.

여음(汝陰, 안휘성 阜陽縣)에 행차하였다. 겨울, 10월 병자일(12일)에 궁궐로 돌아왔다.

12 북흉노에서 대혼란이 일어나서 굴난저(屈蘭儲) 등 58개 부(部)와 인구 28만 명이 운중(雲中, 내몽고 탁극탁), 오원(五原, 내몽고 포두시 서북쪽), 삭방(朔方, 내몽고 이맹의 서북쪽), 북지(北地, 寧夏 靈武縣)에 와서 항복하였다.

13 조포(曹褒)가 예부터 있었던 전장(典章)을 기준으로 하고 《오경(五經)》과 《참기(讖記)》[62]에 나오는 글을 섞어서 천자에서부터 서인에 이르기까지의 관례(冠禮)·혼례(婚禮)·길례(吉禮)·흉례(凶禮)의 시작에서 끝까지의 차례를 편찬하니, 무릇 150편이었는데, 이를 상주하였다. 황제는 여러 사람들이 토론하면 하나가 되기 어렵기 때문에 단지 이를 받아들이기만 하고 다시 유사로 하여금 평주(平奏)[63]하게 하지 않았다.

14 이 해에 반초가 우전국(于窴國, 신강성 和田縣) 등 여러 나라의 군사 도합 2만5천 명을 발동하여 사차국(莎車國, 신강성 사차현)을 공격하자,[64] 구자국(龜玆國, 신강성 庫車縣)의 왕이 온숙국(溫宿國, 신강성 烏什

---

61 유연은 본래 부릉왕이었는데, 역모 사건에 연루되어 부릉후로 강등되었다. 이 사건은 장제 건초 원년(76년)에 일어났고 《자치통감》 권46에 실려 있다.

62 도참서, 즉 예언서를 말한다.

63 상주한 일이 시행할 수 있는지 여부를 검토하여 상주하는 것을 말한다.

縣), 고묵국(姑墨國, 신강성 온숙현), 위두국(尉頭國, 신강성 阿哈奇縣)의 군사 도합 5만 명을 발동하여 이를 구원하였다.

반초는 장교들과 우전국왕을 불러서 의논하여 말하였다.

"지금 군사의 수가 적어서 대적하지 못하니 그 계책을 세운다면 각기 흩어지는 것만 못합니다. 우전국은 여기서 동쪽으로 가고, 저 장사(長史)[65]는 또한 여기서 서쪽으로 갔다가 밤이 되기를 기다려 북소리를 내고서 발동하는 것이 좋을 것입니다."

몰래 사로잡은 사람을 풀어주었다.

구자국왕은 이 소식을 듣고, 크게 기뻐하여 스스로 기병 1만여 명을 거느리고 서쪽 경계 지역에서 반초의 군사를 차단하였고, 온숙왕은 8천 기병을 거느리고 동쪽 경계에서 우전국을 막았다.

반초는 이 두 야만인들이 이미 출발한 것을 알고, 비밀리에 여러 부(部)를 불러서 군사를 챙기고 말을 달려 사차국의 본영으로 들어갔다. 호족들은 크게 놀라고 혼란스러워져서 달아났는데, 쫓아가서 목을 벤 것이 5천여 급이었다. 사차국이 드디어 항복하였고 구자국 등도 이어서 각기 물러나서 흩어졌다. 이로부터 서역에서 위엄을 떨쳤다.

---

64 원화 원년(84년)에 반초가 사차를 공격하였다가 이기지 못하였던 바가 있었다.

65 반초는 이때 장병장사였으므로 스스로를 장사라 하였다.

우유부단하나 어른스러운 장제

효장제 장화 2년(戊子, 88년)

1   봄, 정월에 제남왕(濟南王) 유강(劉康), 부릉왕 유연(劉延), 중산왕
(中山王) 유언(劉焉)이 와서 조현(朝見)하였다. 황상의 성품은 관대하
고 어질었으므로 친한 사람들을 친하게 대하는 태도가 돈독하였다. 그
러므로 숙부인 제남왕과 중산왕 등 두 왕은 자주 들어와서 조현하였고,
그때마다 특별히 은혜와 아낌을 내려주었고, 여러 형제들도 나란히 경
사에 머물게 하면서 봉국으로 보내지 않았다. 또 여러 신하들에게 상으
로 하사하는 것이 제도보다 지나치게 많아서 창고의 탕재(帑財)가 텅
비게 되었다.

하창(何敞)이 송유(宋由)[66]에게 자세히 기록하여 주면서 말하였다.

"해마다 수재와 한재가 들어서 백성들은 곡식을 수확하지 못하였습
니다. 양주(涼州, 감숙성)의 연변(緣邊)에 사는 사람들은 집집마다 흉악

---

66 이때 송유는 태위, 하창은 태위연이었다. 태위의 연리가 상주할 내용을 적어
  준 것이다.

한 재해를 입었습니다.[67] 중주(中州)[68]에 있는 내군(內郡)에서도 관부와 개인이 모두 재산이 고갈되었으니 이는 실로 먹을 것을 줄이고 사용하는 물건을 절약할 때입니다.

나라의 은혜는 하늘이 덮어주고 땅이 받쳐주는 것과 같으며 상으로 내려주는 것이 도를 넘어서고 있는데, 다만 연말에 하사한[69] 것만 보더라도 낭관 이상에서 공경과 왕후 이하까지 이르니 탕장(帑藏)이 텅비고 고갈되어서 국가의 재물을 덜어내고 없앴습니다.

관청에서 사용하는 것을 살펴보면 모두 백성들의 힘으로 만들었습니다. 밝은 군주는 하사하는 물품을 마땅히 품급에 따른 제한을 두게 마련입니다. 충성스러운 신하가 상을 받아도 역시 마땅한 제도가 있어야 합니다.

이리하여서 하(夏)나라의 우(禹)임금에게는 현규(玄圭)를 주었고, 주공에게는 속백(束帛)[70]을 주었습니다. 지금 밝으신 공께서는 지위는 높고 임무는 막중하며, 책임은 깊고 짊어진 것은 커서 위로는 마땅히 기강을 바로잡아야 하고 아래로는 백성들을 구제하고 편안하게 하여야 하는데, 어찌 다만 삼가는 태도로 거스르지 않으려 할 뿐입니까?

마땅히 먼저 자신을 올바르게 하여 여러 아랫사람들을 이끄시고, 하사받은 것들을 돌려보내면서 이어서 잘잘못을 진술하시고, 왕후들이

---

67 서강족들이 끊임없이 공격하여 왔다.

68 중원 지역을 말한다.

69 이를 납사(臘賜)라고 하는데, 납은 연말을 말하며 여기에서는 광무제 건무 원년(25년)의 연말을 가리킨다.

70 《상서》에 나오는 말이다. 요임금은 우(禹)에게 검은 옥으로 만든 홀[圭]을 주었고 소공(召公)은 주공(周公)에게 다섯 필의 비단을 주었다.

그들의 봉국으로 돌아가도록 상주하시고, 원유(園囿) 지역에 들어가지 못하도록 금지하는 금령을 없애시고, 쓸데없이 사용하는 비용을 줄이시며, 가난하고 곤궁한 사람들을 구제하신다면 은혜와 덕택이 아랫사람들에게 퍼져서 서민들이 아주 기뻐할 것입니다."

송유는 채용할 수 없었다.

상서인 남양(南陽, 하남성 남양시) 사람 송의(宋意)가 상소를 올렸다.

"폐하의 지극한 효성스러움이 나아가고 또 나아가며 은혜를 베풀고 사랑하시는 것이 높고 두터우며 예의로 여러 왕을 총애하시니, 한 집안에 사는 사람들처럼 수레를 타고 궁전의 문을 들어오고,[71] 자리에 앉으면서도 절을 하지 않는데,[72] 맛있는 음식을 나누고 반찬을 덜어 내며 상으로 내려 주는 것에서 두텁게 마음을 쓰십니다.

유강과 유언[73]은 방계의 서자 출신으로 대국에 봉작을 받아서 향유하고 있으니, 폐하의 은총이 제도를 뛰어넘은 것이고, 예의와 존경이 도를 지나치신 것입니다.《춘추》의 뜻을 보면 여러 아버지뻘 되는 사람들과 형제는 신하가 아니라는 말이 한 군데도 없습니다. 그러므로 높은 사람을 높게, 낮은 사람을 낮게 대우하여 줄기가 되는 사람을 튼튼하게 하고 가지에 해당하는 사람을 약하게 하는 것입니다.

폐하께서는 은덕과 업적을 높고 풍성하게 하셔서 마땅히 만세의 모범이 되어야 하시니 의당 사사로운 은정으로 상하 질서에 손해 끼치는

71 태자나 친왕들은 궁궐에 들어올 때 사마문에 이르면 내려서 걸어오도록 되어 있다.
72 신하가 군주에 대하여 절하고 앉게 되어 있다.
73 이들은 제남왕과 중산왕으로 황제인 장제의 친숙부이다.

일을 해서는 안 되며 군신 간의 올바름을 잃지 말아야 합니다.

또 서평왕(西平王) 유선(劉羨) 등 여섯 왕은 모두 처와 자식을 갖고 한 가정을 이루었으며 관속도 구비되어 있으니, 마땅히 일찍 그들의 번국(藩國)으로 가게 하여 자손들의 터전을 만들어주어야 합니다. 그들의 집은 가까이 있어서 서로 바라볼 수 있고, 오래 경읍(京邑)에 머물러 있으면 교만하고 사치하고 참월(僭越)하며 비슷하게 하고 있는데[74] 총애와 녹봉이 지나치게 높습니다.

마땅히 차마 못할 정을 끊고 의로써 은혜를 끊으셔서 유강과 유언을 내보내[75] 각기 그들의 번국으로 돌아가게 하며, 유선 등에게 속히 떠나기 편리한 시기를 결정하여 많은 사람의 원망을 막으십시오."

황제는 아직 그들을 보내지 아니하였다.

2   임진일[76]에 황제가 장덕전(章德殿) 앞에 있는 전각에서 붕어하였는데, 향년 31세였다. 유언으로 남긴 조서에서 말하였다.

"침묘(寢廟)를 세우지 말고, 모두 먼저 돌아가신 황제의 법제대로 하라."

---

74 의복·수레·거주하는 곳을 황제와 비슷하게 하여서 법도를 벗어났다는 뜻이다.

75 《예기(禮記)》에 보면, '문안에서의 정치에서 은혜로 의를 덮어버리지만, 문밖에서의 정치는 의를 가지고 은혜를 끊는다.'고 되어 있다.

76 정월 1일은 갑오일이므로 정월에는 임진일이 없다. 만약 임진이 임술(壬戌)의 잘못이라면 29일이다.

❖ 범엽(范曄)[77]이 평론하였습니다.

"위(魏) 문제(文帝)[78]는 '명제(明帝)는 잘 살피는 황제였고, 장
제(章帝)는 어른스러운 황제였다.'고 칭찬하였다. 장제는 평소 알
고 있는 사람들이 명제가 지나치게 가혹했던 점을 싫어한다고 여
겼으므로 일을 처리함에 있어서 관대하고 후하게 하였다.

또한 명덕(明德)태후[79]를 받들고 이어받았으며 마음을 다하여
효도하였다. 요역을 고르게 하고 부세를 줄이니 백성들은 그의 은
덕을 받았다. 또한 몸소 충서(忠恕)를 행하고, 예악을 가지고 이를
아름답게 하였다. 그를 어른스럽다고 한 것이 어찌 마땅하지 않겠
는가?"

3   태자[80]가 즉위하니 나이가 열 살이고, 황후를 높여 황태후[81]로
불렀다.

4   3월에 유언으로 남긴 조서에 따라 서평왕 유선(劉羨)을 진왕(陳
王)으로 삼고, 육안왕(六安王) 유공(劉恭)을 팽성왕(彭城王)으로 삼았
다.[82]

---

77 《후한서》를 지은 사람이다.

78 삼국시대 위 왕조를 세운 조조의 아들 조비를 말한다.

79 명제의 황후 마태후이다.

80 화제 유조(和帝 劉肇)이다.

81 두(竇)태후이다.

5   계묘일(11일)에 효장황제(孝章皇帝)를 경릉(敬陵, 하남성 낙양시 동남쪽)에 장사지냈다.

---

82 회양을 고쳐서 진국으로 하였고, 초군을 팽성국으로 하였으며, 서평은 여남국을 병합하고, 육안을 다시 여강군으로 한 것이다.

두태후의 등장

6   남흉노의 선우 난제선(欒提宣)이 죽고, 선우 난제장(欒提長)의 동생 난제둔도하(欒提屯屠何)가 뒤를 이어 서고 휴란시축후제(休蘭尸逐侯鞮) 선우가 되었다.[83]

7   태후가 조당(朝堂)에 임석하였는데,[84] 두헌(竇憲)[85]이 시중으로서 안에서 기밀 사항을 주관하고서 나와 고명(誥命)을 선포하였다. 동생 두독(竇篤)이 호분(虎賁)중랑장이 되었고, 두독의 동생 두경(竇景)과 두괴(竇瓌)가 나란히 중상시가 되었으니, 형제들이 모두 황제 가까

---

83 난제선(欒提宣)은 28대 선우이고, 난제장(欒提長)은 29대 선우인 이도우려제(伊屠于閭鞮)이며, 휴란시축후제(休蘭尸逐侯鞮)는 흉노의 30대 선우이다.

84 소제가 열 살에 즉위하니, 황제가 어리기 때문에 태후가 바로 섭정하였으며, 전전(前殿)에 직접 나가서 여러 신하들의 조회에 참석하였는데, 태후는 동쪽으로 향해 앉고 황제는 서면(西面)하고 앉았다. 여러 신하들이 편지를 올리거나 사건에 관하여 주문(奏文)을 올릴 적에는 두 통을 만드는데 하나는 태후에게, 하나는 황제에게 올렸다.

85 두태후의 오빠이기 때문에 태후를 수시로 만날 수 있었다.

이의 중요한 자리에 있었다.

　두헌의 빈객 최인(崔駰)이 편지로 두헌에게 경계하여 말하였다.

　"전해지는 말을 보면, '나면서부터 부유한 사람은 교만하고, 나면서부터 귀하게 된 사람은 오만하다.'고 하였는데, 나면서 부유하고 귀한 사람 치고 교만하거나 오만하지 않은 자가 아직은 없었습니다.

　지금 총애와 녹봉이 처음으로 우뚝 솟아 모든 관료들이 행동거지를 보고 있으니, 어찌 '모든 것을 밤낮으로 게으르게 하지 아니하여 영원히 아름다운 영예를 끝까지 지키는 일'[86]을 하지 않을 수 있겠습니까? 옛날 풍야왕(馮野王)[87]이 외척으로 높은 지위에 있으면서도 똑똑한 신하라는 칭찬을 들었습니다. 근래의 음(陰) 위위[88]는 자기를 이기고 예의를 회복하여 끝까지 많은 복을 받았습니다.

　외척이 그 당시에 비아냥거림을 받고 후세에 허물을 드리우는 까닭은 대개 가득 채우기만 하고 몸을 굽히지를 않으며, 지위는 넉넉하였으나, 어짊을 베푸는 일이 부족한 데 있습니다. 한나라가 일어난 다음 애제(哀帝)·평제(平帝) 때에 이르러 외가 사람 20명[89] 가운데 그 가족과

---

86 《시경(詩經)》의 〈주송(周頌) 진로(振鷺)〉에 나오는 말이다.

84 전한 원제가 총애하는 비빈이었던 풍첩여(馮婕妤)의 오빠이다. 9경 가운데서 야왕만이 행실에서 제일일 수 있었다.

88 음흥(陰興)을 말하며 후작의 작위를 사양하였고, 대사마가 되는 것도 사양하였다.

89 화를 당한 집안은 17개인데, ①여(呂)씨 집안: 고제 유방의 처족 멸족 ②장(張)씨 집안: 혜제 유영의 처 장언(張嫣) 쫓겨남 ③박(薄)씨 집안: 문제 유항의 어머니 박태후의 동생 박소 피살, 조카 손녀 박황후 폐위 ④두(竇)씨 집안: 문제 유항의 처 두황후의 조카 두영 피살 ⑤진(陳)씨 집안: 무제 유철의 처 진교(陳嬌) 쫓겨남 ⑥위(衛)씨 집안: 무제의 처 위자부(衛子夫) 모자조손이 자

자기 몸을 온전하게 보존한 사람은 네 명뿐입니다.

《서경》에 이르기를 '은나라의 경우에서 거울을 삼으라.'⁹⁰라고 하였으니, 신중히 행동하지 않을 수가 있겠습니까?"

8   경술일(18일)에 황태후가 조서를 내렸다.

"옛 태위였던 등표(鄧彪)를 태부(太傅)로 삼아 작위를 하사하여 관내후로 하며, 녹상서사로 삼으니 모든 관부에서는 모든 것을 총괄하여 그에게 보고하라."

두헌은 등표가 의롭고 양보하는 성격을 갖고 있어서 먼저 돌아가신 황제가 존경하였으며,⁹¹ 또한 어질고 후덕하여 순종을 잘하는 인물이

살 ⑦조(趙)씨 집안: 소제 유불능의 어머니 조구과(趙鉤弋) 피살 ⑧상관(上官)씨 집안: 소제 유불능의 처 상관황후 멸족 ⑨사(史)씨 집안: 서제 유순의 조모 사량제(史良娣) 자살 ⑩왕(王)씨 집안: 선제 유순의 어머니 왕부인(王夫人) 질손 왕안(王安) 피살 ⑪곽(霍)씨 집안: 선제 유순의 처 곽정군(霍政君) 멸족 ⑫허(許)씨 집안: 성제 유오의 허평군(許平君) 피살 ⑬조(趙)씨 집안: 성제 유오의 처 조비연 자매 자살 ⑭부(傅)씨 집안: 애제 유흔의 할머니 부태후의 조카 부연(傅宴) 황무지로 쫓겨남 ⑮풍(馮)씨 집안: 평제 유간의 할머니 풍원(馮媛) 자살 ⑯위(衛)씨 집안: 평제 유간의 모친 위희(衛姬) 멸족 등이다. 화를 당하지 않은 집안 4개는 ①경제 유계의 처 왕지 ②폐제 유하의 어머니 이부인 ③선제 유순의 처 왕황후(공성태후) ④애제 유흔의 어머니 정희(丁姬) 등이다.

90 《서경》〈소고(召誥)〉에 나온다. 여기에 소공은 '내가 하나라의 걸임금이 포학하다가 은나라 탕임금에게 망한 것에서 거울을 삼지 않을 수 없으며, 역시 은나라의 주임금이 포학하다가 주(周) 무왕에게 망한 것에서 거울을 삼지 않을 수가 없다.'고 하였다.

91 등표의 아버지 등감(鄧邯)이 맹양후(鄳鄕侯)에 책봉되었는데, 아버지가 죽자 등표가 이 작위를 동생 등봉(鄧鳳)에게 양보하였다. 이로 인하여 명제가 그를 존경하였던 것이다.

었으므로 그를 높여 숭상하였다.

그가 시행하고자 하는 것은 번번이 밖에서 등표에게 상주문을 올리게 하고 안으로 들어가서 황태후에게 말하니 일이 안 되는 것이 없었다.[92] 등표는 그 자리에 있으면서 자기 몸을 닦는 일만 할 뿐이었지 무엇을 고칠 수는 없었다.

두헌은 성격이 과단성이 있고 조급하여 눈살을 찌푸릴 정도의 원한만 있어도 보복하지 않는 경우가 없었다. 영평(永平) 연간에 알자 한우(韓紆)가 두헌의 아버지 두훈(竇勳)의 옥사를 조사하였는데,[93] 두헌은 드디어 빈객에게 한우 아들의 목을 베게 하고 그 머리를 가지고 자기 아버지 두훈의 무덤에 가서 제사지냈다.

9   계해일[94]에 진왕(陳王) 유선(劉羨), 팽성왕(彭城王) 유공(劉恭), 낙성왕(樂成王) 유당(劉黨), 하비왕(下邳王) 유연(劉衍), 양왕(梁王) 유창(劉暢)이 비로소 그들의 봉국으로 갔다.

10   여름, 4월 무인일(17일)에 유언으로 남긴 조서를 가지고 각 군과 봉국에서 실시하고 있는 염철(鹽鐵)의 생산에 대한 금령[95]을 해제하고, 백성들을 풀어놓아 소금이나 쇠를 생산하게 하였다.

---

92 이는 왕망이 공광(孔光)을 이용한 방법이다. 전한 애제 원수 2년(기원전 1년)의 일로,《자치통감》권35에 기록되어 있다.

93 영평은 명제의 연호이다. 이 사건은 영평 5년(62년)에 일어났고,《자치통감》권45에 실려 있다.

94 3월 1일은 계사(癸巳)일이므로 3월중에 계해일은 없다.

95 한 무제 이래로 염철(鹽鐵)의 민간 제조는 금지되어 있었다.

11   5월에 경사에 가뭄이 들었다.

12　북흉노에 기근이 들어서 혼란이 일어나자 남부에 항복한 사람이 1년에 수천 명이었다. 가을, 7월에 남흉노의 선우가 글을 올려서 말하였다.

"의당 북쪽 야만인들[96]과 분쟁하게 되었으니 군사를 출동시켜 토벌하여 북흉노를 격파하여서 남흉노가 되게 하여 함께 하나의 나라로 만들어서 한나라로 하여금 오랫동안 북쪽에 대한 염려를 없애야 합니다.[97]

신 등은 한나라 땅에서 자라면서 입을 벌려 밥을 먹을 것을 우러러 보았고 세시(歲時)로 상을 내려주셨는데, 움직였다 하면 번번이 억만 금이나 되었으니 비록 옷을 입고 팔짱을 끼며 편히 잠자고 있지만 아무런 보답하는 일을 못한 것을 부끄럽게 생각하였습니다. 바라건대 중국 내부와 여러 군에 살고 있는 옛 흉노족으로 새로 항복해 온 정병[98]들

---

96 이때에 흉노는 북흉노와 남흉노로 나뉘어 있었는데, 여기서는 북흉노를 말한다.

97 북흉노를 없애고 남부에서 요새를 보호한다면 한나라는 다시 북흉노에 대한 염려를 안 해도 된다는 것이다.

을 발동하여 길을 나누어 나란히 나간다면 12월에는 함께 야만인들의 땅에서 만날 것으로 기대됩니다.

신의 병사들은 단출하고 적어서 안팎을 다 방어하기에는 부족합니다. 바라건대 집금오 경병(耿秉)과 도요(度遼)장군 등홍(鄧鴻)과 서하(西河, 내몽고 준가루치), 운중(雲中, 내몽고 托克托縣), 오원(五原, 내몽고 包頭의 서북쪽), 삭방(朔方, 내몽고의 伊盟의 서북쪽), 상군(上郡, 섬서성 綏德縣)의 태수를 파견하시어 힘을 합하여 북쪽으로 가게 하여서 성스러운 황제의 위엄과 신령으로써 한 번에 평정하기를 바랍니다.

신의 나라의 성패는 금년 중에 결정되어야 합니다. 이미 여러 부(部)에 칙령을 내려 병사와 전마(戰馬)를 엄하게 챙기도록 하였습니다. 오직 살펴서 결재하여 주시기를 애원합니다."

태후는 이것을 경병에게 보였다.

경병이 말씀을 올렸다.

"옛 무제(武帝)[99]께서 천하의 힘을 최고로 모아서 야만인 흉노를 신하로 삼고자 하였는데, 하늘의 때를 만나지 못하여 그 일은 끝내 이루지 못하였습니다. 지금 다행하게도 하늘이 내려준 기회를 만나 북쪽의 야만인들이 분쟁하고 있으니 이적(夷狄)으로 이적을 정벌하는 것은 국가의 이로움입니다. 마땅히 그 요구를 들어줄 수 있습니다."

이 기회를 통하여 경병은 스스로 국가의 은혜를 입었으니, 이 일을 나누어 감당하여 목숨을 걸고 나가겠다고 말하였다. 태후가 의논하면

---

98 옛 호족은 남부에 살던 무리이며, 새로 항복한 자들이란 북쪽에서 항복해온 자들이다.

99 전한 7대 황제인 유철을 말한다.

서 이 의견을 좇으려고 하였다.

상서 송의(宋意)가 편지를 올려서 말하였다.

"무릇 융적(戎狄)들은 예의를 간단하고 천하게 생각하여 위아래의 구별이 없어서 강한 사람은 영웅이 되고, 약한 사람은 바로 굴복합니다. 한나라가 일어난 이래 자주 정벌하려 했는데, 이겨서 얻은 것이 일찍이 손해 본 것을 보충하지를 못하였습니다.

광무(光武)황제께서 몸소 쇠와 가죽으로 된 갑옷을 입는 어려운 일을 하셨고, 천지의 밝음을 깊이 비춰 그들이 와서 항복하면 기미(羈縻)[100]를 씌워서 길러주니 변방의 백성들이 살 수 있었고, 노역을 쉬게 한 지 오늘까지 이미 40여 년이 됩니다.[101]

지금 선비족들이 받들고 순종하면서 참수하거나 사로잡은 것이 1만 명을 헤아리니 중원에 있는 나라에서는 앉아서 큰 공로를 향유하고 있으며, 백성들이 그런 수고로움을 모르고 있는 사이에 한나라가 일어나서 세운 공로는 매우 융성하게 되었습니다. 그렇게 된 것은 이적 야만인들이 서로 공격하여 한나라 군사에게 조금도 손해를 끼치지 않았기 때문입니다.

신은 선비족이 흉노를 침략하여 공격한 상황을 살피건대, 바로 그 약탈한 물건으로 이익을 보려는 것이었고, 성스러운 우리 조정에 그들이 세운 공로를 바치는 것은 실제로는 많은 상금을 타려는 탐욕으로부터 나온 것입니다.[102]

---

100 중국 정부의 대외 민족에 대한 정책의 하나로 대외민족에 대하여 한편으로 경제적인 지원과 관직 등을 주면서 중국의 정책에 따르도록 통제하는 것을 말한다.

101 후한 광무제 건무 24년(48년)에 남흉노가 항복해왔으므로 41년이 되었다.

지금 만약 남흉노들의 요구를 들어주어서 이들이 북쪽으로 돌아가
그곳 왕정에 도읍한다면 선비족들의 행동을 금지하고 제재하지 아니
할 수 없게 되니, 선비족들은 밖으로 폭력을 통하여 노략질하기를 원하
는 희망을 잃게 되고, 안으로 중국에 공로를 세우고 받는 상을 받을 수
없게 되어 시랑(豺狼)이 재물을 탐하는 욕심을 부리듯 반드시 변경 지
역에 근심거리가 생길 것입니다.

지금 북쪽 야만인들이 서쪽으로 달아나 화친하기를 청하니 마땅히
그들이 귀부하는 것을 이용하여 밖의 울타리로 삼는다면 우뚝 솟은 위
업은 이보다 더 좋을 수 없습니다. 만약에 군사를 이끌고 나가서 재부
를 소비하여 남쪽 야만인을 따른다면 이는 앉아서 좋은 계략을 잃는
것이며, 안정을 저버리고 위태롭게 되는 것입니다. 진실로 허락해서는
안 됩니다."

마침 제상왕(齊殤王)의 아들 도향후(都鄕侯) 유창(劉暢)[103]이 와서
국우(國憂)[104]에 조문하였는데, 태후가 자주 그를 불러서보자 두헌은
유창이 궁중의 권력을 나누어 가질 것을 염려하여 자객을 보내어 둔위
(屯衛)[105]하는 부대 안에서 칼로 찔러 죽이고, 이 죄를 유창의 동생인
이후(利侯)[106] 유강(劉剛)에게 돌리고 이에 시어사와 청주(靑州) 자사

---

102 호삼성은 이러한 시각을 정확히 꿰뚫어본 것이라고 평가하였다.

103 유수의 형 유연(劉縯)의 증손자이다.

104 국상(國喪)과 같은 말이다. 장제 유달(劉炟)의 장례를 말한다.

105 궁궐을 호위하기 위하여 궁성에 주둔한 군대를 말한다.

106 이후국은 산동성 박흥현(博興縣)에서 동쪽으로 20km 떨어진 이성진(利城鎭)
이다.

에게 유강 등을 여러 가지로 조사하게 하였다.[107]

상서인 영천(潁川, 하남성 禹縣) 사람 한릉(韓稜)이 생각하였다.

"범인은 경사에 있을 것인데 가까운 곳을 버리고 먼 곳에 가서 묻는다는 것은 마땅하지 않으니 간신들의 웃음거리가 될까 걱정입니다."

태후가 화가 나서 한릉를 심하게 나무랐으나, 한릉은 그 의견을 굳게 지켰다.

하창(何敞)이 송유(宋由)[108]에게 유세하였다.

"유창은 종실의 폐부(肺腑)와 같은 인물이고, 봉토를 가진 번신으로 와서 대우(大憂)[109]를 조문하며 편지를 올리고 회보를 기다리고 있었으며, 그 자신은 무장으로 호위하고 있었는데 이렇게 잔혹한 일을 당하였습니다. 법을 받드는 관리는 방향 없이 이를 잡으려고 하니 종적은 나타나지 않고 주범의 이름도 찾지 못하였습니다.

저 하창은 자주 고굉(股肱)과 같은 신하가 되어 직책이 적조(賊曹)[110]를 관장하고 있으니 친히 사건이 발생한 곳에 가서 그 변고를 규명하고자 합니다. 두 부(府)[111]의 집사들은 '삼공은 도적에 관한 일에 간여하지 않는다.'[112]고 여기니 공이 간사하고 사특한 사람을 내버려

---

107 유창이 경사인 낙양에서 죽었는데, 법정은 직선거리로 600㎞나 떨어져 있는 임치(臨淄)에 두었으니, 현장의 증거를 없애고, 신속히 사건을 종결시키려고 한 것이다.

108 하창은 태위부 적조(太尉府 賊曹)였고, 송유는 상서였다.

109 큰 상사(喪事)라는 말로 역시 장제의 상례를 말한다.

110 도적을 잡는 일을 맡은 부서이다.

111 사도부와 사공부를 말한다.

112 병길(丙吉)은 승상이 되어서 사건을 조사하지 아니하니 드디어 이러한 고사

두어도 허물이 되지는 않습니다. 저 하창이 청컨대 홀로 이 안건을 조사하여 주청 드리게 하여 주십시오."

송유는 이에 허락하였다.

두 부에서는 하창이 이 일을 수행하게 되었다는 소식을 듣고, 모두 주관하는 사람을 파견하여 그를 따르게 하였다. 이에 미루어 보고 거론하여 사실을 다 알아낼 수가 있었다. 태후는 화가 나서 두헌을 내궁(內宮)에 가두었다. 두헌이 주살될까 두려워 스스로 흉노를 쳐서 죽음으로 속죄하기를 청하였다.

겨울, 10월 을해일(17일)에 두헌을 거기장군으로 삼고, 북흉노를 정벌하는데, 집금오 경병이 부이직(副貳職)을 맡았고, 북군의 5교(校)[113]와 여양영(黎陽營), 옹영(雍營),[114] 그리고 변경 지역의 12개 군의 기사(騎士)와 강족과 호족을 발동하여 요새 지대로 나갔다.

13   공경들이 옛 장액(張掖, 감숙성 장액현) 태수였던 등훈(鄧訓)을 천거하니 장우(張紆)를 대신하여 호강(護羌)도위로 삼았다. 미당(迷唐)[115]이 1만 기병을 인솔하고 내려와서 요새 아래에 이르렀으나 아직은 감히 등훈을 공격하지 못하고 먼저 소월지(小月氏)[116]의 호족을 협

가 생겼고, 전한 선제 때 병길(丙吉)이 승상으로 있을 때 삼공은 지방 정부의 일에 간여해서는 안 된다는 말을 하였다.

113 북군에 소속된 둔기(屯騎), 장수(長水), 보병(步兵), 월기(越騎), 사성(射聲) 등 다섯 교위가 관장하는 숙위병을 말한다.

114 여양(하남성 준현)영은 여양현에 있는 대영(大營)이다. 옹영은 옹현(雍縣)에 소재하는 대영으로 삼보 지역에서 황제의 능묘를 보호하는 부대이다.

115 요당(燒當) 부락에 사는 강족의 지도자이다.

박하려고 하였다. 등훈이 소월지의 호족을 옹호하여 호위하고 싸우지 말게 하였다. 의논하는 자들은 모두 강족과 호족이 서로 공격하는 것이 현관[117]에게 이롭다고 하여 금지하거나 보호해서는 안 된다고 하였다.

등훈이 말하였다.

"장우는 신의를 잃어서 많은 강족들이 크게 동요하였고, 양주(涼州, 감숙성)의 관리와 백성들의 운명이 마치 실낱같은 줄에 매달려 있다. 원래 여러 호족들의 마음을 얻기 어려웠던 까닭은 모두가 은혜와 신용이 두텁지 못하였기 때문이다. 지금 그들이 쫓겨 급하게 된 것을 이용하여 은덕을 가지고 그들을 품어준다면 대체로 능히 써먹을 만하다."

드디어 성문과 사는 곳의 원문(園門)[118]을 열어 여러 흉노족들의 처자를 몰아 모두 받아들이고 군사로 엄히 지키게 하였다.

강족은 약탈하려고 하다가 얻은 것이 없고, 또 감히 여러 흉노족을 압박하지 못하자 이어서 곧바로 해산하여 갔다. 이로 말미암아 황중(湟中, 청해성의 동북부)의 여러 호족들이 모두 말하였다.

"한나라에서 온 관리들은 항상 우리들과 서로 싸우려고만 하였는데, 이번의 등사군(鄧使君)[119]은 우리를 은혜와 믿음으로 대우하고 문을 열어 우리의 처자들을 받아주었으니, 이는 바로 부모를 얻은 것이다."

모두 기뻐하며 머리를 조아리고 말하였다.

---

116 기련산(祁連山) 아래에 거주하는 종족이다. 흉노가 월지를 깨뜨리자 월지는 서쪽으로 옮겨갔고 그 나머지는 남산(기련산)을 지키면서 가지 않았던 사람들을 말한다.

117 정부를 말한다.

118 호강교위가 있는 관서의 후원을 말한다.

119 사군은 황제의 명을 받아 일을 수행하는 자로 여기서는 등훈을 말한다.

"오로지 사군께서 명령만 내리십시오."

등훈이 마침내 그들을 위로하고 잘 달래어 가르치니 어른 아이 할 것 없이 기뻐하지 않는 자가 없었다.

이에 상으로 여러 강족들에게 뇌물을 주게 하면서 서로 초청하고 유인하게 하니 미당의 숙부 호오(號吾)가 그의 종족 800호를 거느리고 와서 항복하였다. 등훈이 이어서 황중에 사는 진인(秦人)[120]과 호인(胡人), 그리고 강인(羌人) 4천 명을 발동하여 요새 지역으로 나아가 미당을 사곡(寫谷, 청해성 貴德縣의 서쪽)[121]에서 습격하여 격파하였다. 미당은 마침내 대유곡과 소유곡을 떠나 파암곡(頗巖谷)[122]에 거주하였고, 무리들은 모두 흩어졌다.

효화황제[123] 영원 원년(己丑, 89년)

1 봄에 미당이 옛 땅으로 복귀하고자 하였다. 등훈이 황중에 있는 6천 명을 발동하여 장사(長史) 임상(任尙)에게 이들을 거느리고 가서 가죽을 꿰매 배를 만들어 뗏목 위에 놓고 황하를 건너 미당을 습격하여 대파하였는데, 참수한 것이 앞뒤로 1천8백여 급이었고, 산 채로 잡

---

120 진(秦) 지역 사람으로 한인(漢人)이다.

121 안곡(雁谷)이라고도 한다.

122 정확한 지명은 알 수 없다.

123 장제의 넷째 아들로 10세에 즉위한 후한 네 번째 황제 유조(劉肇)이다. 두태후가 정치를 하여 두씨 집안사람들이 전권을 쥐었다. 재위 17년에 영원과 원흥 두 연호를 사용하였다.

은 것이 2천 명이었으며, 말과 소, 양은 3만여 마리였으니, 이 종족은 거의 다 없어졌다.

미당이 나머지 무리를 거두어서 서쪽으로 1천여 리를 옮겼으나, 그에게 귀부하였던 여러 부락의 작은 종족들이 모두 그를 배반하였다. 소당 강족의 우두머리 동호(東號)가 머리를 조아리며 귀부하여 죽겠다고 하였고,[124] 나머지 사람들도 모두 변경의 요새 지역에 와서 인질을 바쳤다.

이에 등훈이 귀부한 사람들을 받아서 위무하니 위엄과 신의가 크게 떨쳤고, 드디어 둔전하던 군사를 해산하여 각기 소속하였던 군으로 돌아가게 하였으며, 오직 형도(刑徒)[125] 2천여 명만 그곳에 남겨 나누어 둔전을 하면서 오벽(塢壁)[126]을 수리하게 하였다.

---

124 항복하는 형식의 하나이다.

125 범죄자로 형구를 차지 않은 상태에서 전쟁에 동원된 사람들을 말한다.

126 작은 성채나 마을 단위의 담장 같은 방어 시설이다.

2 두헌(竇憲)이 장차 흉노를 정벌하려고 하자, 3공과 9경이 조당에 나아가서 편지를 올려 간하며 생각하였다.

"흉노들이 변경의 요새를 침범하지 아니한데, 아무 이유 없이 군사가 수고롭게 멀리까지 나아가서 나라의 쓸 것들을 소비하여 만 리 밖에서 공로를 세우려는 것은 사직을 위한 계책이 아닙니다."

편지가 계속하여 올라갔으나, 번번이 잠재워두니 송유(宋由)[127]는 두려워서 끝내 감히 다시 서명하는 논의에 참여하지 아니하였고, 여러 경들도 차츰 스스로 움츠러들어서 중지하였다. 오직 원안(袁安)과 임외(任隗)만이 자기가 올바르다고 생각하는 태도를 지키면서 입장을 바꾸지 않았고, 관모를 벗어놓고 조당에서 꿋꿋하게 이 문제로 다투었는데, 앞뒤로 10여 차례나 올리니, 많은 사람들이 모두 그 때문에 위험스럽고 두렵다고 생각하였으나, 원안과 임외만은 정색하고 태연자약하였다.

시어사 노공(魯恭)이 상소문을 올렸다.

"국가는 새로이 대우(大憂)[128]를 만났으며, 폐하께서는 바야흐로 양

---

127 송유는 이때 상서였다.

암(諒闇)기간[129] 중에 계셔서 백성들은 뵙지를 못하고, 세 계절을 지내면서도[130] 경필(警驆)하는 소리[131]를 듣지 못하였으니, 마음속으로 당황함을 품지 않은 사람이 없으나 마치 찾으려고 하여도 찾지 못한 것 같습니다.

지금 마침내 봄기운이 왕성한 계절에 군역을 일으켜서 천하를 소란스럽게 움직여 융적(戎狄)들을 상대하려고 하시니, 진실로 중원 지역에 있는 나라의 사람들에게 은혜를 내려주며, 기원을 고쳐서 시기를 바로잡아 내정(內政)에서부터 외정(外征)에까지 이르게 하는 것이 되지 아니합니다.

만민(萬民)이라는 것은 하늘이 낳은 것이어서 하늘은 그가 낳은 것을 아끼는 것이 마치 부모가 그 자식을 아끼는 것과 같으니 한 가지 물건이라도 그것이 꼭 있어야 할 곳에 있지 않으면 천기는 이것 때문에 어그러지는데 하물며 사람에게 있어서이겠습니까? 그러므로 백성을 아끼는 사람에게는 반드시 하늘의 보답이 있을 것입니다.

무릇 융적이라는 것들은 사방에 있는 이상한 기운 속에서 살아서 새나 짐승들과 다름이 없습니다. 만약에 그들이 중원 지역에 섞여 살게

---

128 장제가 죽은 일을 말한다.

129 현 황제의 아버지 장제가 죽어서 복상 기간 중에 있다. 이 기간을 양암이라고 한다.

130 지난해 3월 장제가 죽은 후, 여름·가을·겨울 세 계절이 지나고 다시 봄이 되었다.

131 황제가 출입할 때 사람들에게 경계하도록 알리는 제도이다. 황제가 나갈 때는 경을 울리는데, 이는 경계의 의미이고, 황제가 궁궐로 돌아올 때에는 필을 울리는데, 이는 가던 길을 멈추라는 뜻이다.

된다면 천기를 혼란시키고 착한 사람들을 더럽히니 이리하여서 성스러운 제왕께서 만든 제도는 기미(羈縻)정책을 사용하면서 끊어버리지 않고 있을 뿐입니다.

지금 흉노는 선비족에게 격파되어 멀리 사후하(史侯河)[132]의 서쪽에 숨어버렸는데 요새에서 수천 리나 떨어져 있고, 그곳이 텅 비고 힘이 빠진 상태를 틈타 그들의 미약한 상태를 이로움으로 여겨 이 일은 의로운 생각에서 나온 것이 아닙니다.

지금 처음으로 군사를 징발하였는데, 대사농에서 필요한 것을 조달하기가 부족하자 위아래 사람들이 서로 다그치게 되니 백성들이 급하게 된 것도 이미 심한 상태입니다. 많은 신료들과 백성들은 모두 '안 됩니다.'라고 말하고 있는데, 폐하께서는 어찌 한 사람의 계책으로 만 사람의 생명을 포기하면서 그들이 하는 말을 가련하게 생각하지 않으십니까?

위로는 하늘의 마음을 보시고, 아래로는 사람들의 뜻을 살피시면 그 일을 하여 얻을 것과 잃을 것을 충분히 아실 겁니다. 신은 중원에 있는 나라가 중국[133]이 되지 못할까 두려워하고 있는데 어찌 다만 흉노뿐이겠습니까?[134]"

상서령 한릉(韓稜)과 기(騎)도위 주휘(朱暉), 의랑인 경조(京兆) 사람 악회(樂恢)가 모두 상소문을 올려서 간하였으나, 태후는 이러한 건의

---

132 지금의 어디인지 분명하지 않다.

133 원문은 '중국이 중국 되지 않는다'고 하였으나 앞의 중국을 중원 지역에 있는 나라라고 번역한 것이다.

134 흉노도 중국을 중심에 있는 나라로 생각하지 않게 될 것이라는 의미이다.

를 듣지 않았다.

또한 사자에게 조서를 내려 두헌의 동생 두독과 두경을 위하여 나란히 그들의 집을 짓게 하였는데, 백성들을 부려서 일을 하였다. 시어사 하창(何敞)이 상소문을 올렸다.

"신이 듣건대 흉노들이 흉포하고 패역하게 된 것이 이미 오래 되었고, 평성(平城)에서 포위당했던 일[135]과 오만불손한 편지를 보내온 일이 있는데[136] 이 두 가지의 모욕을 보면, 신하 된 사람이 할 일은 몸을 던져 반드시 죽겠다고 나서서 원수를 갚는 일이지만 고조와 여후(呂后)는 화를 참고 분함을 삼키면서 그들을 내버려두고 죽이지 않았습니다.

지금 흉노는 거역하는 죄를 지은 일이 없고, 한 왕조는 부끄러워해야 할 수치를 당한 일도 없는데, 봄기운이 한창인 농사지을 시기에 큰 전역(戰役)을 일으키면 백성들이 원한을 갖게 되어 모두 기뻐하는 생각을 품지 않습니다. 또한 함부로 위위 두독과 봉거(奉車)도위 두경을 위하여 저택을 수리하면서, 거리가 없어지고 마을이 끊기게 되었습니다. 두독과 두경은 가깝고 친하고 귀한 신하이므로 마땅히 모든 관료들의 표본이 되어야 합니다.

지금 많은 군사가 길에 나가 있고, 조정에서는 입술이 다 타고, 백성들은 근심과 고통 속에 있고, 현관(縣官)[137]에는 쓸 재물이 없는데, 갑자기 큰집을 지으며 장식을 하고 장난감을 만드는 일을 숭상하니 이는

---

135 한 고제 7년(기원전 200년)에 유방이 평성에서 흉노에게 포위가 되었었다.

136 한 혜제 3년(기원전 192년)에 흉노가 여후에게 오만한 편지를 보냈는데, 이 사건은 《자치통감》 권12에 실려 있다.

137 조정, 관부를 가리키는 말인데, 경우에 따라서는 황제를 지칭하기도 한다.

훌륭한 은덕을 내려주고 무궁한 장래까지 보여주는 것이 아닙니다. 마땅히 그 작업을 중지하게 하시고, 오로지 북방 변경 지대의 일을 걱정하시며, 백성들의 곤궁함을 아껴주셔야 합니다."

편지가 상주되었으나 살펴보지도 않았다.

두헌은 일찍이 문생(門生)으로 하여금 편지를 품고서 상서복야 질수(郅壽)에게 찾아가 청탁한 바가 있었는데, 질수가 바로 그를 조옥(詔獄)에 보내고 전후 사정을 편지로 올려 두헌의 교만하고 방자한 사실을 진술하면서 왕망의 사실을 인용하여 국가[138]를 위하여 경고하였다. 또한 조회를 통하여 두헌 등이 흉노를 정벌하고, 저택을 짓는 일들을 심하게 비난하고 성난 목소리로 정색을 하였는데, 그 말씨와 내용이 아주 간절하였다.

두헌이 화가 나서 질수가 공전(公田)을 사들이고 조정을 비방하였다는 모함을 관리에게 내려 보내어 주살 당하게 되었는데 하창이 상소문을 올렸다.

"질수는 기밀을 취급하는 가까운 신하여서 잘못을 고쳐 바로잡는 것을 직책으로 하고 있으니 만약 마음속에 문제를 품고 있으면서 말을 하지 않는다면 그 죄는 마땅히 목을 베어야 합니다. 지금 질수가 여러 사람의 의견과 어긋나게 바른 논의를 하고 있는 것은 종묘의 안전을 도모하려는 것이지 어찌 그 개인의 사사로움이겠습니까?

신이 죽음을 무릅쓰면서 고언(瞽言)[139]을 올리는 것은 질수를 위한

---

138 황제를 가리킨다.

139 윗사람의 안색을 살피지 않고 눈감고 말하는 것을 의미한다. 《논어》에 '군자를 모시면서 세 가지의 허물이 있는데 안색을 살피지 않고 말하는 것을 고(瞽)라고 한다.'라는 말에서 나왔다.

것이 아닙니다. 충신이란 절개를 다 바쳐 죽음으로써 돌아가는 것이니, 신은 비록 질수를 알지 못하지만 그가 즐기는 마음을 헤아려서 이를 편안히 하려는 것입니다. 진실로 성스러운 조정에서 비방을 하였다 하여 목을 베어 관용하는 교화를 상하게 하며, 충성스럽고 곧은 말을 막아버려서 영원히 비난받을 일을 후세에 전해주지 않기를 바랍니다.

신 하창은 기밀에 관한 일을 어겨서 마땅하지 않은 말을 하였으니, 죄명이 분명하며 마땅히 뇌옥(牢獄)에 넣으셔서 질수보다 먼저 엎어 죽여야 할 것이니 만 번을 죽어도 그 죄가 오히려 남을 것입니다."

편지가 상주되자 질수는 사형에서 감형되는 것으로 결론이 나서 합포(合浦, 광서성 합포현)로 귀양을 보냈는데 미처 출발하기도 전에 자살하였다. 질수는 질운(郅惲)[140]의 아들이다.

여름, 6월에 두헌과 경병(耿秉)이 삭방(朔方)에 있는 계록(雞鹿, 내몽고 磴口縣 서북쪽)의 요새 밖으로 나가니 남흉노의 선우[141]가 만이곡(滿夷谷, 내몽고 준가루치의 서북쪽)을 나왔고, 도요(度遼)장군 등홍(鄧鴻)이 고양(稒陽, 내몽고 包頭市)의 요새를 나왔는데, 모두 탁야산(涿邪山, 몽고 쿠얼반차칸산)에서 모였다. 두헌이 부교위 염반(閻盤), 사마인 경기(耿夔)와 경담(耿譚)을 나누어 파견하여 남흉노의 정예기병 1만여 명을 거느리고 북흉노의 선우와 계락산(稽洛山)에서 싸워 대파하니 선우는 숨어서 달아났다.

여러 부(部)를 추격하여 드디어 사거북제해(私渠北鞮海, 邦察干 湖畔)에 도착하여 명왕(名王) 이하 1만3천 급의 목을 베고, 산 채로 포로

---

140 광무제를 섬긴 사람이다.

141 30대 선우 난제둔도하(欒提屯屠何)이다.

로 잡은 것이 아주 많았으며, 여러 종류의 가축 1백여만 두(頭)를 노획하였다. 여러 소왕(小王)들이 많은 사람들을 인솔하고 항복하였는데, 앞뒤로 81부 20여만 명이었다.

두헌과 경병은 요새 밖으로 3천여 리나 나아가서 연연산(燕然山, 杭愛山)에 올랐으며 중호군 반고(班固)에게 명령하여 돌에다 공로를 새기게 하였는데, 한나라의 위엄과 은덕을 기록하고 돌아왔다.[142] 군사마 오범(吳汜)과 양풍(梁諷)을 파견하여 금백(金帛)을 받들고 가서 북흉노의 선우에게 남겨주었는데 그때 야만인들 안에서 내란이 일어났으므로 오범과 양풍이 서해(西海)[143]에 있는 북흉노의 선우에게 가서 나라의 위신을 선양하고 조서를 내려주니 선우가 머리를 조아리고 절하며 받았다.

양풍이 그 기회를 통하여 호한야(呼韓邪) 선우가 하였던 전례[144]대로 하라고 명령하니 선우는 기뻐하여 바로 그 무리들을 거느리고 양풍과 더불어 모두 돌아왔다. 사거해(私渠海)에 도착하여 한나라 군사들이 이미 요새 지대의 안쪽으로 들어갔다는 소식을 듣고서 그의 동생 우온우제왕(右溫禺鞮王)을 파견하여 공물을 받들고 들어가서 입시(入侍)하게 하고,[145] 양풍을 좇아서 궁궐에 왔다. 두헌은 선우가 스스로 오지 않았으므로 입시하려고 들어온 선우의 동생을 돌려보내도록 상

---

142 이것이 반고의 연연산명이다.

143 자세한 위치를 알 수 없다.

144 호한야 선우는 14대 선우이며, 전한 선제 감로 2년(기원전 53년)에 흉노의 선우가 한과 화친관계를 맺었다.

145 들어와서 황제를 모시는 일을 한다는 의미이지만 실제로는 인질이다.

주문을 올렸다.

3   가을, 7월 을미일(11일)에 회계(會稽)에서 산이 무너졌다.

4   9월 경신일(7일)에 두헌을 대장군으로 삼고, 중랑장 유상(劉尙)을 거기장군으로 삼았다. 두헌을 무양후(武陽侯)에 책봉하고 식읍으로 2만 호를 주자 두헌이 후작에 책봉되는 것을 고사하니 조서를 내려 이를 허락하였다. 옛날에는 대장군의 지위가 삼공의 아래에 있었는데, 이때에 이르러 두헌의 위계의 차례는 태부의 아래, 삼공의 위에 있게 하였다. 장사(長史)와 사마의 녹질은 중이천석[146]으로 하였다. 경병을 미양후(美陽侯)로 책봉하였다.

두씨 형제들은 교만하고 방종하였는데, 집금오 두경이 더욱 심하여 그의 노비와 빈객, 제기(緹騎)[147]들은 다른 사람의 재물을 강제로 빼앗고 죄인을 찬탈하였으며, 부녀자를 약탈하여 처로 삼으니, 상고(商賈)들은 문을 닫아 마치 도적이나 원수를 피하는 것처럼 하였다. 또 멋대로 변경에 있는 여러 군(郡)의 돌기(突騎)[148] 가운데 재주와 힘이 있는 자들을 징발하였다.

유사가 감히 이런 일들에 관한 상주문을 올리지 못하였는데, 원안(袁

___

146 한대의 관직의 직급은 1년간 받는 녹봉의 양으로 표시하였는데, 녹질이 2천 석인 경우는 태수급 이상이다. 물론 실제로 1년간 녹봉을 2천 석을 받는 것은 아니다.

147 경호를 담당하는 수행원이다. 그들은 귤홍색(橘紅色) 의복을 입고 말을 타고 있었다.《한관의(漢官儀)》에 의하면 집금오에게는 제기가 200명이었다.

148 돌격을 담당하는 기병을 말한다.

安)[149]이 두경을 탄핵하였다.

"변경의 백성들을 멋대로 징발하여 관리와 백성들을 놀라게 하고 미혹하게 하였으며, 2천 석의 녹질을 받는 관리가 부신(符信)이 오기를 기다리지도 않고[150] 번번이 두경이 보낸 격문대로 조치하니 이는 마땅히 목을 베어 드러내야 할 것입니다."

또 주문을 올렸다.

"사예교위[151]인 하남윤(河南尹)이 귀한 친척에게 아부하자 끄집어내어 탄핵하지 않으니 청컨대 그를 관직에서 면제시키고 죄를 다스리십시오."[152]

나란히 묵혀두고 회보하지 않았다. 부마도위 두괴(竇瓌)만은 홀로 경서를 좋아하고 절약하며 스스로 수양하였다.

상서 하창(何敞)이 봉사(封事)[153]를 올렸다.

"옛날에 정무강(鄭武姜)이 숙단(叔段)을 총애하였고,[154] 위장공(衛莊公)은 주우(州吁)를 총애하였지만[155] 아끼기만 하였고 제대로 가르

---

149 감찰 담당의 최고위직인 사공이었다.

150 호부(虎符)인데, 이 호부를 가진 사람이나 서류는 사실이라고 믿는다.

151 수도 지역의 위수사령관에 해당하는 직책이다.

152 두씨들의 횡포를 다스려야 할 위치에 있으면서 조치를 취하지 않은 죄목을 말한다.

153 상주문을 상서가 보지 못하도록 봉함하여 올려 황제가 직접 볼 수 있게 한 제도이다.

154 춘추시대 정(鄭)나라의 무강이 그의 어린 아들 숙단을 총애하여 정나라의 장공으로 하여금 숙단에게 식읍을 주게 하였다. 그 후 숙단이 반기를 들었다가 실패하였다.

치지 않아서 끝내는 흉하고 사나운 꼴을 당했습니다. 이러한 사실로 보건대 아들을 아끼되 이와 같이 내버려둔다는 것은 마치 굶주리게 하였다가 그에게 독을 먹이는 것과 같으니 바로 그에게 해를 입히는 것입니다.

엎드려 보건대 대장군 두헌은 처음 대우(大憂)를 만나자[156] 공경들은 빈번하게 상주문을 올려서 그에게 나라의 일을 총괄하였으면 하였습니다. 두헌은 깊은 생각으로 겸손을 부리며 물러나 높은 지위를 고사하였으니, 간절하고 부지런하였고 말하는 것이 아주 깊었습니다. 천하 사람들이 이 이야기를 듣고 기뻐하지 않는 사람이 없었습니다.

지금 한 해를 넘긴 지 얼마 안 되어 상례도 아직 끝나지 않았는데, 돌연히 중간에 태도를 바꿔 형제가 조정을 전횡하고 있습니다. 두헌은 삼군의 군권을 관장하는 중책을 가졌으며, 두독과 두경은 궁궐의 호위를 총괄하는 권한을 가지고 백성들에게 포학하고 사치스럽고 월권행위를 하고 죄 없는 사람을 죽이며 방자한 마음으로 스스로 유쾌해 하고 있습니다.

지금 논의하는 것이 분분하니 모두가 숙단과 주우가 한나라에서 다시 태어났다고 합니다. 신이 보건대 공경들은 가슴속에 두 끝자락을 품고 있으면서 극단적인 말을 하지 않는 것은 두헌이 만약에 게으르지 않고 일할 뜻을 가지고 있다면 자기가 윤길보(尹吉甫)가 신백(申伯)을 찬양하였던 공로를 받을 것이라고[157] 생각하기 때문입니다. 만약에 두

---

155 춘추시대 위나라의 장공은 서자인 주우를 총애하였는데, 주우가 병사를 좋아하였지만 장공은 금하지 않았다. 석작(石碏)이 이를 간하였으나 듣지 않았는데, 그 후 환공 때에 이르러 주우가 환공을 살해하고 나라를 찬탈하였다.

156 장제의 죽음을 말한다.

헌이 죄에 빠진다면 스스로 진평(陳平)과 주발(周勃)이 여후의 권력에 순종하는 태도를 취하다가 끝내 두헌 등이 저지른 길흉을 가지고 걱정하지 않으려는 것입니다.

신 하창은 구구하게 진실로 두 쪽을 다 편안하게 하기 위한 계책을 마련하고 싶어서 그 면면히 이어지는 것을 끊고 그 후환을 막아서 위로는 황태후께서 문모(文母)[158]라는 칭호를 듣지 못하거나, 폐하께서 서천(誓泉)하였다[159]는 비난을 받지 않게 하고, 아래로는 두헌 등으로 하여금 그 복록을 오래 받도록 하게 하고 싶습니다.

부마도위 두괴는 최근에 자기 몸을 물려서 자기 집안의 권력을 억제하기를 원하고 있으니, 그와 더불어 꾀를 내시고 그의 뜻을 듣고 따르시는 것이 진실로 종묘를 위한 지극한 계책이며 두씨 집안의 복이 될 것입니다."

그때 제남왕(濟南王) 유강(劉康)[160]은 높고 귀하여 교만이 심하였으므로 두헌이 마침내 하창을 내보내 제남왕의 태부로 삼자고 아뢰었다. 유강은 어긋나고 실수가 있었으나, 하창은 번번이 다투듯 간하였는데, 유강이 비록 좇을 수는 없었지만 그러나 평소 하창을 존경하였으므로 싫어하고 어긋나는 일은 없었다.

---

157 신백은 주선왕(周宣王)의 외삼촌으로 훌륭한 덕을 쌓았다. 그런고로 윤길보가 시를 지어 그를 찬양하였다.

158 주 문왕의 어머니를 말한다.

159 정나라 장공이 자기의 어머니가 숙단을 초청하여 자기를 습격하게 한 것을 알고 자기 어머니를 성영에다 가두고 황천에 가지 않으면 어머니의 얼굴을 보지 않겠다고 맹세하였다.

160 유수의 어린 아들이다.

5 겨울, 10월 경자일(18일)에 부릉질왕(阜陵質王) 유연(劉延)이 죽었다.[161]

6 이 해에 군과 봉국 아홉 곳에 홍수가 있었다.

---

161 부릉왕 유연이 죽자 시호를 질왕이라 했다. 시법(諡法)에 의하면 질(質)이란 이름과 실제가 분명하지 아니한 경우를 말한다.

두헌에 대항하는 사람들

효화제 영원 2년(庚寅, 90년)

1   봄, 정월 정축일(26일)에 천하를 사면하였다.

2   2월 임오일(2일)에 일식이 있었다.

3   여름, 5월 병진일(7일)에 황제의 동생 유수(劉壽)를 책봉하여 제
북왕(濟北王)으로 삼았고, 유개(劉開)를 하간왕(河間王)으로 삼았으며,
유숙(劉淑)을 성양왕(城陽王)으로 삼았다. 이어서 옛 회남경왕(淮南頃
王)의 아들 유측(劉側)을 상산왕(常山王)으로 삼았다.[162]

4   두헌은 부교위(副校尉) 염롱(閻礱)을 파견하여 2천여 기병을 거
느리고 북흉노의 이오(伊吾, 신강성 哈密縣)를 지키고 있는 자를 공격하

---

162 장제 원년(76년)에 회양왕 유병이 죽자 뒤를 잇게 하지 아니하였는데, 그때
    나라에 대상(大喪)이 있자 뒤를 잇게 하여 책봉한 것이다.

게 하여 다시 그 땅을 빼앗았다.[163] 차사국(車師國, 신강성 투루판)에서는 놀라고 두려워서 전왕(前王)과 후왕(後王)이 각각 아들을 인질로 보내어 입시하게 하였다.

5   월지국(月氏國)에서 한나라의 공주를 모시고 살게 해달라고 요구하였는데, 반초가 거절하고 그 사절을 돌려보내니 이로 말미암아 원한을 품고서 그들의 부왕(副王) 사(謝)를 파견하여 군사 7만 명을 거느리고 반초를 공격하게 하였다. 반초의 무리는 수가 적어서 모두가 크게 두려워하였다.

반초는 군사들에게 비유하여 말하였다.

"월지의 병사가 비록 많지만 수천 리의 총령(葱嶺, 파밀고원)을 넘어왔으니 보급품을 운반하여 오지 아니하였을 터인데, 어찌 걱정할만하겠는가? 다만 곡식을 거둬들이고 굳게 지키면, 저들이 배고파 곤궁해져서 스스로 항복하는 것이니, 불과 수십 일이면 결정될 것이다."

사가 드디어 앞으로 나와서 반초를 공격하였으나 떨어뜨리지 못하였고, 또한 노략질하려 하였으나 얻을 것이 없었다.

반초는 그들의 양식이 곧 다 떨어지게 되면 반드시 구자국(龜玆國, 신강성 庫車縣)에서 식량을 구할 것이라고 헤아리고 마침내 군사 수백 명을 파견하여 동쪽 경계 지역에서 이들을 잡으려고 하였다.

사가 과연 기병을 파견하여 금과 은, 주옥을 싸서 구자국에 뇌물로 주려고 하였는데 반초의 복병이 길을 막고 공격하여 그들을 모두 죽이고, 그 사자의 머리를 가져다가 사에게 보여주었다. 사는 크게 놀라서

---

163 한은 숙종 건초 원년(76년)에 이오를 버렸으므로 그 후 13년이 지난 셈이다.

바로 사신을 파견하여 죄를 받게 해달라고 청하고 살아서 돌아갈 수
있기를 원하자 반초가 그들을 놓아 돌려보냈다. 월지국에서는 이로 말
미암아서 크게 놀랐고 해마다 공물을 바쳤다.

6   애초 북해애왕(北海哀王)[164]에게는 후사가 없었는데, 숙종(肅
宗)[165]은 제(齊)의 무왕(武王)[166]이 처음에 대업을 시작하였으나 후
에 뒤이을 사람이 없어서 끊기자 마음으로 항상 이를 민망하게 생각하
였으므로 유언으로 남긴 조서에서 제(齊)나라와 북해국(北海國) 두 나
라를 회복시키라고 하였다. 정묘일(18일)에 무호후(蕪湖侯) 유무기(劉
無忌)를 책봉하여 제왕(齊王)으로 삼고 북해경왕(北海敬王)[167]의 서자
유위(劉威)를 북해왕으로 삼았다.

7   6월 신묘일(12일)에 중산간왕(中山簡王)[168] 유언(劉焉)이 죽었다.
유언은 동해공왕(東海恭王)[169]과 같은 어머니를 둔 동생이며, 두태후
(竇太后)는 공왕의 외손녀였다.[170] 그러므로 부의(賻儀)로 1억 전을 더

---

164 북해왕 유기(劉基)는 유수의 형 유연의 증손자였는데 그가 죽자 시호를 애
    왕이라고 하였다. 북해왕은 장제 원화 3년(86년)에 죽었으며 후사가 없었다.

165 장제인 유달(劉炟)이다.

166 후한제국의 창업자인 유수의 형 유연을 말한다.

167 유무기는 제왕인 유황의 아들인데 장화 원년에 유황이 폄하되었으며, 북해
    왕 유목(劉睦)이 죽자, 시호를 경왕이라 하였다.

168 유언은 중산왕인데 죽자, 시호를 간왕이라 하였다. 시법에 간이란 한 가지 덕
    을 닦는데도 게을렀던 경우에 붙인다고 하였다.

169 원래 황태자였던 유강(劉强)이다.

보내 주어서 무덤을 크게 만들게 하자, 그 근처의 관리와 백성들의 무덤을 없앤 것이 1천여 기였고, 공사를 하는 사람이 1만 명이었으며 무릇 6개의 주와 18개의 군에서 사람을 징발하여 요동치게 하였다.

8   조서를 내려서 두헌을 책봉하여 관군후(冠軍侯)로 삼고, 두독을 언후(郾侯)로 삼았으며, 두양(竇瓖)을 하양후(夏陽侯)로 삼았다. 두헌만이 홀로 봉작을 받지 않았다.

9   가을, 7월 을묘일(7일)에 두헌이 양주(涼州)로 나가서 주둔하였는데, 시중 등첩(鄧疊)을 행정서장군사(行征西將軍事)[171]로 하여 부이(副貳)로 삼았다.

10 북선우는 한나라에서 인질로 보냈던 동생을 돌려보내자, 9월에 다시 사자를 파견하여 변경의 요새 지역에 와서 스스로 신하라고 하면서 들어와 조현하고자 하였다. 겨울, 10월에 두헌이 반고와 양풍(梁諷)을 파견하여 이들을 영접하였다.

  마침 남선우는 다시 편지를 올려 북흉노의 왕정을 멸망시켜 달라고 청하자, 이에 좌록려왕(左谷蠡王) 사자(師子) 등을 파견하여 좌우부(左右部)에 속한 8천여 기병을 거느리고 계록새(雞鹿塞, 내몽고 磴口縣의 서북쪽)를 나가고, 중랑장 경담(耿譚)은 종사관을 파견하여 이들을 보호하게 하고 북흉노의 선우를 습격하였다.

---

170 두태후의 모친은 유강의 딸 비양(沘陽)공주이다.
171 행직, 즉 정서장군의 군사사무를 수행하는 사람이란 뜻으로 정서장군대리이다.

밤중에 도착하여 그들을 포위하니 북선우는 상처를 입고 단지 죽음을 면할 수가 있었으나, 연씨(閼氏)[172]와 아들과 딸 5명을 붙잡았고, 참수한 것은 8천 급이었으며, 산 채로 잡은 포로도 수천 명이었다. 반고는 사거해(私渠海)까지 갔다가 돌아왔다. 이때 남흉노의 무리들은 더욱 강성하여져서 3만4천 호를 거느렸고, 승병(勝兵)[173]은 5만 명이었다.

효화제 영원 3년(辛卯, 91년)

1   봄, 정월 갑자일(19일)에 황제는 조포(曹襃)가 만든 새로운 의례[174]를 채용하여 원복(元服)[175]의 예를 치렀다. 조포를 발탁하여 감우림좌기(監羽林左騎)[176]로 삼았다.

2   두헌은 북흉노가 미약해졌으므로 드디어 이를 멸망시키고자 하

---

172 흉노의 황후를 가리키는 말이다.

173 현역 전투 부대를 말한다.

174 장제 장화 원년(87년)의 기사를 참고하시오.

175 이 해에 황제 유조(劉肇)는 13세가 되었다. 원(元)은 머리이므로 원복은 머리에 옷을 입는다는 말이므로 즉 관례를 의미한다. 《의례지》에 의하면, 정월 갑자일을 길일로 하여 원복을 치르는데, 의례는 관례를 좇았다. 승여는 처음에 치포(緇布)로 현명한 사람을 모시고 다음으로 작변(爵弁)을 하고, 다시 무변(武弁)을 했다가 통천관(通天冠)을 쓴다. 모두 고조묘에서 예알(禮謁)하는 것처럼 한다.

176 궁중호의부대인 우림좌기를 감독하는 직책이다. 우림좌감은 우림좌기를 주재하는데 광록훈에 예속되었다.

여 2月에 좌교위 경기(耿夔)와 사마 임상(任尙)을 파견하여 거연(居延, 내몽고 고액제납기의 동남쪽)의 요새로 나가서 북흉노의 선우를 금미산(金微山, 알타이 산)에서 포위하여 대파하였으며, 그의 어머니인 연지를 붙잡고 명왕(名王) 이하 5천여 급의 목을 베었으나[177] 북흉노의 선우가 도주하여 어디에 있는지를 알지 못하였다.

요새를 벗어나서 5천여 리를 나갔다가 돌아왔는데, 한나라가 군사를 내보낸 후부터 아직 가보지 못한 곳까지 갔었다. 경기를 책봉하여 속읍후(粟邑侯)로 하였다.

3   두헌이 이미 큰 공로를 세웠고, 위엄과 명성이 더욱 왕성하게 되었으며, 경기와 임상 등을 조아(爪牙)[178]로 삼았고, 등첩과 곽황(郭璜)을 심복으로 삼았으며, 반고와 부의(傅毅) 같은 무리들이 문장을 관장하니, 자사와 태수·현령은 대부분 그의 문하에서 나왔는데, 관리와 백성들에게서 부렴을 거두었으며 함께 그에게 뇌물을 남겼다.

사도 원안(袁安)과 사공 임외(任隗)가 상주문을 올려서 2척 석의 녹봉을 받는 여러 사람과 그들에 연관된 사람을 거론하니, 녹질이 깎이고 관직이 면직된 사람이 40여 명에 이르자 두씨들은 크게 한스러워 하였다. 다만 원안과 임외는 평소 행동이 고결하였으므로 역시 아직은 그들을 해치지는 아니하였다. 상서복야(尙書僕射) 악회(樂恢)가 범법자를 검거하면서 회피하는 일이 없었으므로 두헌 등이 이를 싫어하였다.

---

177 원문에는 참(斬)자가 빠져 있다. 다른 판본에는 명왕 위에 참(斬)자가 있는데, 이것이 문맥상 맞아서 이를 좇았다.

178 손톱과 이빨이라는 말로 앞잡이로 사나운 일을 하는 사람이라는 뜻이다.

악회가 편지를 올려서 말하였다.

"폐하께서는 춘추가 어리시지만 대업을 이어받으셨으니, 여러 외삼촌들은 마땅히 왕실을 올바르게 주관하여 천하에 사사로움을 보이셔서는 안 됩니다. 바야흐로 지금 마땅히 해야 할 일은 위에 있는 사람들이 의를 가지고 스스로를 도려내고, 아랫사람들은 겸손하여 스스로를 거두어 들여야 할 것이니 네 분의 외삼촌[179]은 오래 작위와 작토를 보존하는 영예를 가지시고, 황태후께서는 영원히 종묘에 부끄럽고 부담을 지는 걱정거리를 없게 해야 하는 것이 진실로 정책 가운데 가장 상책입니다."

편지가 상주되었으나, 살펴보지 않았다.

악회는 병을 핑계로 해골(骸骨)[180]하기를 빌고 장릉(長陵, 섬서성 함양시의 경계 지역)으로 돌아갔다. 두헌이 그가 속한 주군(州郡)에 넌지시 일러서 악회를 협박하여 약을 먹고 죽게 하였다. 이에 조정의 신하들이 두려워서 떨었고, 풍문만 듣고서도 그들의 뜻을 잇고 감히 어기려고 하는 사람이 없었다.

원안은 천자가 어리고 약하며 밖으로 외척들이 권력을 멋대로 부리자 매번 조회 때마다 나아가서 알현하고 공경들과 국가의 일을 말하면서 속으로 흐느끼며 눈물을 흘리지 않을 때가 없었다. 천자로부터 대신들에 이르기까지 모두가 그를 믿고 의지하였다.

4   겨울, 10월 계미일(12일)에 황상이 장안에 행차하였다가 조서를

---

179 두씨의 네 형제, 즉 두헌·두독·두경·두양을 말한다.
180 관직을 내놓고 떠나는 것을 말한다.

내려 소하(蕭何)와 조참(曹參)의 근친으로 마땅히 뒤를 이을 자를 찾아서 그들의 봉읍을 잇게 하였다.

5   두헌에게 조서를 내려서 거가와 장안에서 만나자고 하였다. 두헌이 도착하니 상서 이하의 사람들이 의논하기를 그에게 절하고 엎드려 만세를 부르고자 하였는데, 상서 한릉(韓綾)이 정색을 하고 말하였다.

"무릇 윗사람과 왕래하면서 아첨해서는 안 되며, 아랫사람과 교제할 때에도 그를 모독해서는 안 되는 것이오.[181] 예에는 다른 사람의 신하가 된 사람에게 만세를 부르는 제도는 없소."

의논하였던 자들이 모두 부끄러워하며 중지하였다.

그런데 상서좌승(尙書左丞) 왕룡(王龍)이 두헌에게 사사롭게 편지를 올리며 쇠고기와 술을 올렸는데 한릉이 왕룡을 거론하여 상주하자 성단(城旦)[182]에 처하도록 논죄(論罪)하였다.

6   구자(龜玆, 신강성 庫車縣), 고묵(姑墨, 신강성 宿縣), 온숙(溫宿, 신강성 烏什縣) 같은 여러 나라들이 모두 항복하였다. 12월에 다시 서역(西域)도호와 기도위, 무기교위 등의 관직을 두었다.[183] 반초를 도호로 삼고, 서간(徐幹)을 장사(長史)로 삼았다. 구자국에서 온 시자 백패(白霸)를 구자왕으로 삼고 사마 요광(姚光)을 파견하여 그를 호송하게 하였다.

반초와 요광은 함께 구자국을 협박하여 그 나라의 왕인 우리다(尤利

---

181 《역경》〈계사전〉에 나오는 말이다.

182 성을 쌓는 노역에 종사하는 노역형의 일종이다.

183 장제 건초 원년(76년)에 서역도호와 무기교위를 철폐하였었다.

多)를 폐위시키고 백패를 세웠으며, 요광에게 우리다를 거느리고 경사로 돌아오게 하였다. 반초는 구자국의 타건성(它乾城)에 거주하였고, 서간은 소륵국(疏勒國, 신강성 소륵현)에 주둔하였으며, 오직 언기국(焉耆國, 신강성 언기현)과 위수국(危須國, 신강성 碩縣), 위리국(尉犁國, 신강성 庫爾勒縣)에는 전에 도호를 두지 않았기 때문에 오히려 두 마음을 품고 있었지만 나머지 나라들은 모두 평정되었다.

7 애초에[184] 북선우가 이미 멸망하자 동생 우록려왕 어제건(於除鞬)이 스스로 세워 선우가 되었고, 무리 수천 명을 거느리고 포류해(蒲類海, 신강성 鎭西縣의 巴離坤湖)에 머물면서 사자를 파견하여 요새 지대에까지 오게 하였다. 두헌이 사자를 파견하여 어제건을 세워 선우로 삼고 중랑장을 두어 그들을 보호하되 남선우에게 취하였던 고사와 같이 처리하자고 청하였다. 사건을 공경들에게 내려 보내어 논의하게 하니 송유(宋由) 등이 그렇게 하여도 좋다고 생각하였다.

원안(袁安)과 임외(任隗)가 생각한 바를 쓴 상주문을 올렸다.

"광무제께서 남쪽 야만인들을 초대하여 품어주었지만 영원히 내지(內地)로 편안하게 하겠다고 생각한 것은 아니고 바로 임시방편으로 계산한 것이며, 북적(北狄)을 방어할 수 있기 때문이었습니다.

지금 북방의 사막 지역이 이미 평정되었으니, 마땅히 남선우에게 그들의 북정(北庭)으로 돌아가게 하고, 아울러 그 항복한 무리들을 거느리게 하여야 하며, 다시 어제건을 선우로 세워서 국가의 비용을 증가시

---

184 〈갑16행본(甲16行本)〉에 의하면 '애초에'라는 말 위에 "경진일(12월 10일)에 황상이 장안에서 낙양에 도착하였다."는 내용이 들어있다.

킬 까닭이 없습니다."

　사건이 상주되었으나 때맞추어 확정하지 못하였다.

　원안은 두헌의 계책이 드디어 시행될 것이 두려워서 독자적으로 봉사(封事)를 올렸다.

　"남선우 난제둔도하(欒提屯屠何)의 죽은 아버지가 무리를 거느리고 우리의 덕스러움에 귀부하고서 은혜를 입기 시작한 이후로 40여 년[185]이 흘렀는데 세 분의 황제[186]를 거쳐서 폐하께 남겨주었으니 폐하께서는 먼저 돌아가신 황제들의 뜻을 마땅히 깊게 추념하시어 그 대업을 성취하셔야 합니다.

　하물며 난제둔도하는 처음에 큰 계획을 세워서 북쪽 야만인들을 완전히 텅 비도록 없애겠다고 하였는데, 중간에서 중지하여 도모하지 못하게 하고, 다시 새로 항복한 사람을 세우는 경우에서이겠습니까! 하루아침의 계획으로 3세를 지내온 규칙을 어기는 것이고, 길러준 사람에게 신의를 잃는 것이며, 아무런 공로를 세우지 않은 사람을 세우는 것입니다.

　《논어》에 이르기를 '말은 충성스럽고 믿음직해야 하며, 행동은 두텁고 공경하는 태도로 해야 한다. 비록 만맥(蠻貊)에서라도 이를 실천해야 한다.'[187]라고 하였습니다.

　지금 만약 한 명인 난제둔도하에게 신의를 잃게 되면 백을 헤아리는

---

185 호한야 선우가 광무제 건무 24년(48년)에 한나라에 항복했으므로 44년이 된 셈이다.

186 후한의 세 황제, 즉 광무제 유수·명제 유장(劉莊)·장제 유달(劉炟)을 말한다.

187 공자가 자장에게 한 말이다.

만족들이 다시는 서로 맹세한 말을 감히 지키려 하지 않을 것입니다. 또 오환과 선비도 새로이 북선우를 죽였는데,[188] 무릇 사람의 마음이란 모두가 원수지기를 두려워하는 것인 만큼 지금 그의 동생을 세워준다면 이 두 야만인[189]들은 마음속으로 원망하는 마음을 품게 될 것입니다.

또 우리 한나라의 고사(故事)[190]를 보면 남선우에게 공급하면서 비용은 1년에 1억9천여만 전이었고, 서역에는 1년에 7천4백80만 전이었습니다. 지금 북흉노의 왕정이 멀리 떨어져 있으니, 그 비용은 2배도 넘을 것이니, 이는 천하의 재부를 다 없애는 것이며, 이것이 잘못 세운 정책의 요점입니다."

조서를 내려 이것을 의논하게 하였는데, 원안이 또 두헌과 서로 힘겹게 다투었다. 두헌이 험악하고 급하게 권세를 등에 업자 말솜씨가 교만해졌고 남의 잘못을 끄집어냈는데, 원안을 가로막고 헐뜯음에 이르러서는 광무제가 한흠(韓歆)과 대섭(戴涉)을 죽였던 고사[191]까지 말하였으나 원안이 자기 의견을 바꾸지 아니하였다. 그러나 황상은 끝내 두헌의 계책을 좇았다.＊

---

188 장제 장화 원년(87년)에 있었다.

189 오환족과 선비족이 북흉노의 선우를 죽였는데 한나라에서 북흉노를 도와 선우를 다시 세워준다면 이 두 나라는 자기들의 원수를 도와준 한나라를 원망할 것이다.

190 한흠과 대섭이 죽은 일을 말한다. 한흠이 죽은 것은 건무 15년(39년)이고, 대섭이 죽은 것은 건무 20년(44년)의 일로,《자치통감》권43에 실려 있다.

191 한흠과 대섭이 죽은 것은《자치통감》권43에 보이는데 한흠은 광무 건무 15년(39년)에 죽고 대섭은 건무 20년(43년)이다.

한기40

청년 화제의 죽음

목종 효화황제 영원 4년(壬辰, 92년)

1   봄, 정월에 대장군의 좌교위 경기(耿夔)를 파견하여 어제건(於除
鞬)[1]에게 인수를 주고 중랑장 임상(任尙)에게 부절을 가지고 호위하면
서 이오(伊吾, 안휘성 합밀현)에 주둔하게 하였는데, 남선우에게 대우한
것과 같이 하였다.

애초에 여강(廬江, 안휘성 잠강현) 사람 주영(周榮)이 원안(袁安)[2]의
사도부에 벽소(辟召)[3]되었는데, 원안이 두경(竇景)을 거론하여 상주한
것과 북선우를 세우는 일로 다투게 된[4] 것은 모두 주영이 초안을 작성
했으니 두씨 집안의 빈객이며 태위의 연리인 서기(徐齮)가 이것을 몹

---

1   북선우 난제어제건이다.

2   원안은 이때 사도, 즉 재상이었다.

3   황실에서 부르는 것을 징소라 하고 일반 관청에서 부르는 것을 벽소라 한다.

4   두경을 거론하여 비판한 것과 북선우 문제로 두헌을 비판한 것은 화제 영원
    3년(91년)의 일이다. 이때 원안은 두헌의 주장과 달리 북선우를 공식 인정하자
    는 것에 반대하였는데 이 사건의 내용은 모두 《자치통감》권47에 실려 있다.

시 미워하여 주영을 협박했다.

"그대는 원공(袁公)의 심복으로 모사가 되어 두씨를 배척하는 상주문을 올렸는데, 두씨 집안의 깡패와 자객들이 이 성 안에 가득 찼으니, 삼가 이를 대비하시오."

주영이 말하였다.

"나 주영은 장강과 회하 지역에서 외롭게 자랐는데, 재상부[5]의 사람이 될 수 있었으니, 설사 두씨 집안사람에게서 해를 입는다고 하여도 진실로 달게 받겠소이다."

이 때문에 그의 처자에게 경계하며 말하였다.

"만약 갑자기 비화(飛禍)[6]를 당하면 시신을 거두어 염을 하여 장사지내지 말고, 이 작은 몸뚱이를 썩게 하여 조정에 있는 사람들을 깨닫게 하기를 바란다."

2   3월 계축일(14일)에 사도 원안이 죽었다.

3   윤월(윤3월) 정축일(9일)에 태상 정홍(丁鴻)을 사도로 삼았다.

4   여름, 4월 병진일(18일)에 두헌(竇憲)이 경사로 돌아왔다.

5   6월 1일 무술일에 일식이 있었다. 정홍이 상소문을 올렸다.

"옛날에 여러 여씨(呂氏)들이 권력을 멋대로 부려 황통을 이어받는

---

5 원안은 당시 재상에 해당하는 직책인 사도였고, 주영은 그의 벽소를 받았다.

6 예상치 못한 상황에서 창졸간에 화를 당하여 죽는 것을 말한다.

것이 거의 옮겨질 정도였고,[7] 애제(哀帝)와 평제(平帝)[8]의 말년에는 사당에 혈식(血食)[9]을 올리지 못하였습니다. 그러므로 비록 주공처럼 황제와 가까워도 그만한 품덕을 갖지 못하였다면 그 세력을 행사할 수는 없습니다.

지금 대장군은 비록 자기 자신을 제약하려고 감히 참월(僭越)하는 일을 하지 않지만, 그러나 천하 사람들은 멀고 가깝고 간에 황공하고 두려워하며 그의 뜻을 이어받고자 합니다. 자사와 이천석의 녹질을 받는 관원이 처음 관직을 받고서 그를 찾아뵙고 말씀드릴 때 이름을 통보하고 하회를 기다리는데, 비록 부절과 인새를 받들고, 상서대에서 칙령을 받았다고 하여도 감히 편리한 대로 임지로 떠나지 못하여 오래 기다리는 자는 수십 일에 이르고 있어서 왕실을 등지고 사사로운 집안으로 향하여 가는 것이니, 이는 바로 윗분의 권위를 덜어내고 아랫사람의 권위가 창성한 것입니다.

사람의 도리가 아랫사람에게서 위배된 일이 있으면 그 효험은 바로 하늘에 나타나고 있으니,[10] 비록 은밀하게 꾀한 일일지라도 신령이 그 사정을 비춰보아 바로 그 현상을 드리워서 경계해야 할 것을 보이고, 임금에게 알려줍니다.

미약할 때 금지시키면 쉽지만 마지막에 가서 구하려고 하면 어려우

---

7 황통이 끊어져 나라가 망할 지경에 이르렀다는 말이다.

8 애제는 전한 13대 황제이고, 평제는 전한 14대 황제이다.

9 희생물을 올려 제사지내는 것을 말한다.

10 일식이 발생한 것을 가지고 현실정치의 문제를 거론한 것이다. 일식의 발생이 현실정치에 대한 하늘의 평가라는 뜻이다.

니 사람이란 미세한 것을 소홀히 처리하다가 큰일을 만들지 않는 것이 없어서, 은혜를 베풀면서 차마 교육을 시키지 못하고, 의를 실행하면서 차마 잘라내지 못한다면, 일을 지내놓고 보면 아직 그렇게 되지 않은 것의 밝은 거울이 됩니다.

무릇 하늘은 강직하지 아니할 수 없으니, 강직하지 않다면 세 가지의 빛나는 것[11]이 밝지를 못합니다. 왕도 강하지 아니할 수 없으니 강하지 아니하면 재신(宰臣)들과 주목(州牧)들이 멋대로 행동합니다. 마땅히 큰 변고를 통하여 정치를 고치고 잃은 것을 바로 잡으시어 하늘의 뜻[12]을 막으십시오."

6   병진일(19일)에 군과 봉국 열세 곳에서 지진이 일어났다.

7   가뭄이 들고 황충의 재난이 있었다.

8   두씨의 부자와 형제들이 나란히 경과 교위가 되어 조정에 가득하였는데, 양후(穰侯) 등첩(鄧疊)과 등첩의 동생인 보병(步兵)교위 등뢰(鄧磊), 그의 어머니 원(元), 두헌의 사위인 사성(射聲)교위 곽거(郭舉), 곽거의 아버지인 장락궁(長樂宮)의 소부(少府) 곽황(郭璜)은 함께 서로 연결 관계를 맺었다. 원과 곽거는 나란히 금중을 출입하면서 태후에게 총애를 받았으므로 마침내 함께 살해하기로 모의하였는데,[13] 황제는

---

11 해·달·별을 말한다.

12 하늘이 일식을 내린 것은 경고의 의미가 있는데, 이 경고가 그대로 나타나지 않게 하라는 의미이다.

속으로 그들의 음모를 알고 있었다.

　이때 두헌의 형제가 권력을 전횡하고 있었으므로 황제는 안팎의 신하들과 친히 만날 수 없었으며, 함께 있는 사람은 환관들뿐이었다. 황제는, 조정의 신하 가운데 상하를 막론하고 두헌에게 붙지 않은 자가 없고, 오직 중상시이며 구순령(鉤盾令)[14]인 정중(鄭衆)만이 삼가고 민첩하며 마음속에 기미를 갖고 있어서[15] 힘 있는 무리들을 섬기지 않았으므로, 마침내 정중과 더불어 두헌을 주살하기로 의논하여 정하였지만, 두헌이 외부에 있어서[16] 그가 난을 일으킬까 염려하여 참고 아직 발동하지는 않았다. 마침 두헌과 등첩이 모두 경사로 돌아왔다.

　그때 청하왕 유경(劉慶)이 황제의 은혜를 입고 특별한 대우를 많이 받고 있어서[17] 항상 금중에 들어와 자면서 머물러 있었는데, 황제가 장차 모의한 것을 발동하려고 〈외척전(外戚傳)〉[18]을 찾아보려고 하였으나, 주위 사람들을 두려워하여 감히 시키지를 못하고 유경에게 개인적으로 천승왕(千乘王)[19]에게 가서 구하여 오게 하여 밤중에 홀로 이를 받았다. 또 유경으로 하여금 정중에게 말을 전하여 고사(故事)를 찾

13　황제를 살해하기로 한 것이다. 즉 시역(弑逆) 음모이다.

14　황실 정원 관리 담당 책임자에 해당하는 직책이다.

15　호삼성은 심기(心幾)를 심사(心事)로 해석하며, 사람이 가슴 속에 성부(城府)를 갖고 있는 경우라고 했다. 자기의 마음을 겉으로 드러내지 않는 경우이다.

16　변방으로 나아가 양주(涼州)에 주둔하고 있었다.

17　청하왕 유경에 관한 사건은 장제 건초 7년(82년)에 있었다.

18　《한서》〈외척전〉을 말한다.

19　천승왕은 유항(劉伉)이고, 청하왕 유경은 황제 유조(劉肇)의 형이다.

아보게 하였다.[20]

경신일(23일)에 황제가 북궁으로 행차하여 집금오와 다섯 교위[21]에게 조서를 내려 병사들을 챙겨 남궁과 북궁에 주둔하면서 지키게 하였으며, 성문을 닫고 곽황·곽거·등첩·등뢰 등을 잡아들이게 하고 이들 모두를 감옥에 가두었다가 죽였다. 알자복야(謁者僕射)를 파견하여 두헌이 가지고 있는 대장군의 인수를 회수하고 다시 책봉하여 관군후(冠軍侯)로 삼았으며,[22] 두독과 두경, 두괴와 함께 모두 봉국으로 가게 하였다.

황제는 태후 때문에 두헌을 명목상 죽이지 않고 엄격하고 능력 있는 재상을 선발하여 그를 감독하고 살피게 하였다. 두헌, 두독, 두경이 그들의 봉국에 도착하자, 압박을 하여 모두 자살하게 하였다.

애초 하남윤 장포(張酺)가 자주 엄정한 법률로 두경을 얽어서 다스렸는데,[23] 두씨 집안이 실패하자 상소문 올렸다.

"바야흐로 두헌 등이 귀하고 총애를 받아 여러 신하들은 그에게 아

---

20 전한시대에 문제가 박소를 죽인 일과 무제가 두영을 죽인 일을 말한다.

21 집금오는 수도인 낙양 경비 총사령관에 해당하는 직책이고, 북군의 다섯 교위는 수도 경비를 맡는 북군에 소속된 다섯 병영의 지휘자를 말한다.

22 두헌은 이미 관군후에 책봉되었으나 받지 않았는데, 이때 다시 책봉하여 그 봉국으로 보내려는 것이었다.

23 장포가 위군(魏郡) 태수였을 때 정거(鄭據)라는 사람이 두경을 고소하자 두경은 비서 하맹(夏猛)을 보내어 장포에게 청탁하였는데, 장포는 하맹을 잡아 하옥시켰다. 또한 그가 하남윤으로 있을 때 두경의 집안사람들이 순라꾼을 구타하자 그들을 잡아들였다. 두경이 화가 나서 제기(緹騎) 후해(侯海)를 보내어 시승(市丞)을 구타하였다. 장포의 부하인 양장(楊章)이 끝까지 추적하여 결국 후해를 삭방군으로 쫓았다.

부하면서 그에게 미치지 못할까 걱정하였고, 모두 두헌이 고명(顧命)[24]의 부탁을 받아 이윤(伊尹)과 여상(呂尙)과 같은 충성심을 품고 있다고 말하였고, 마침내 다시 등(鄧)부인을 문모(文母)[25]에 비유하기에 이르렀는데, 지금 황제의 위엄을 시행하였더니 모두가 마땅히 죽여야 한다고 말하며 그 앞뒤의 사정을 돌아보지 않으니, 그들의 충정을 잘 살피십시오.

신이 엎드려 보건대, 하양후(夏陽侯) 두괴는 매양 충성심과 선량한 마음을 갖고 있습니다. 전에 신과 말하는 도중에 항상 자기의 충절을 다할 마음을 가지고 있어서 빈객을 단속하여 범법하는 일이 없게 한다고 하였습니다.

신이 듣건대 왕도정치에서 '골육에게 내리는 형벌은 세 번 정도는 용서한다.'[26]는 의미를 갖는다고 하였는데, 차라리 지나치게 후하게 처리할지언정 지나치게 박하게는 처리하지 않는다는 뜻입니다.

---

24 황제가 죽으면서 명령하는 것을 말한다.

25 주나라 무왕의 어머니이면서 문왕의 부인이다. 여기서 등부인이란 등첩의 어머니인 원을 말한다. 곽광의 처도 당시에 곽부인으로 불렸고, 또 왕망은 고모 왕정군을 문모라고 불렀다.

26 《예기》에 나오는 말인데 그 내용은 다음과 같다. 공족(公族)이 죄를 지었는데 옥사가 성립되었고, 유사가 공(公)에게 평론하였다. '아무개의 죄는 대벽(大辟)에 해당합니다.' 공이 말하였다. '그를 용서하라.' 유사가 또 말하였다. '대벽에 처해야 합니다.' 공이 또 말하였다. '그를 용서하라.' 유사가 또 말하였다. '벽(辟)죄입니다.' 공이 또 말하였다. '그를 용서하라.' 세 번 용서하라 하고 대답하지 아니하니 나아가서 전인에서 형을 집행하였다. 공이 또 사람을 시켜 그를 좇게 하면서 말하였다. '반드시 그를 용서하라.' 유사가 대답하였다. '미치지 못하였습니다.' 돌아와서 공에게 말하니 공은 소복을 입었는데 그 윤리에 맞는 상사(喪事)처럼 하였다.

지금 의논하는 자들은 두괴를 위하여 엄격하고 능력 있는 재상[27]을 선발하려고 하는데, 그것이 절박한 지경에 이르게 하여 반드시 그의 죽음을 완전히 면하지 못할까 걱정이니, 마땅히 용서하는 결재를 하셔서 두터운 덕을 높이십시오."

황제는 그의 말에 감동을 받고 이로 말미암아 두괴 만이 홀로 온전하게 될 수 있었다.[28] 두씨 종족의 빈객 가운데 두헌을 통하여 관리가 된 사람은 모두 면직되어 고향으로 돌아갔다.

처음에 반고(班固)의 노복이 일찍이 술에 취하여 낙양령 충긍(种兢)에게 욕을 하였는데, 충긍이 두씨의 빈객들을 체포하여 신문하는 기회를 이용하여 반고를 잡아들여 옥중에서 죽였다. 반고가 일찍이《한서(漢書)》를 짓고 있었는데 아직 다 완성하지 못하여서 조서를 내려 반고의 여동생인 조수(曹壽)의 처 반소(班昭)에게 뒤를 이어서 그것을 완성하게 하였다.

❖ 화교(華嶠)[29]가 평론하였습니다.

---

27 후국은 작위를 가진 자가 직접 통치하는 것이 아니고 재상을 두어 통치하게 한다.

28 화제의 생모 양귀인은 두태후의 모함으로 죽은 것이 장제 건초 7년(82년)이고, 양씨 집안이 구진으로 귀양 갔다. 두헌이 죽고 6년 뒤 화제 영원 10년에 구진에서 불려 돌아오는데 중간에 장사를 지나다가 두괴를 핍박하여 자살하게 하였다.

29 진나라 때 고당(高堂) 사람이다. 진 문제(晉 文帝)가 대장군이었을 때 그에게 벽소되어 연리가 되었다. 무제 때 상서가 되었고 낙향후로 책봉되었다. 비서감이 되어《후한서》권97을 고쳐 썼고,《십전(十典)》을 쓰다가 완성하지 못하고 죽었다.

"반고가 역사를 서술하면서 사실을 드러내거나 깎아내리지 않았고, 사실을 물리치나 억지로 끌어다가 쓰지 않았는데, 풍부하게 많은 것을 기록하였지만 난잡하지 않았고, 자세히 기록하였지만 체례를 갖고 있었으니, 이것을 읽는 사람으로 하여금 부지런히 보게 하고 싫증을 내지 않게 하였으니 믿을 만하다. 그가 능히 명성을 이룩할 수 있었다는 것을!

반고는 사마천의 옳고 그름을 가린 논평이 자못 성인의 가르침에 어긋났다고 비난하였지만,[30] 그러나 그가 논의한 것을 보면 항상 죽음으로 절개를 지킨 일을 배척하였고,[31] 정직하고 곧은 사람을 비난하였으며[32] 자기 자신을 죽여서 어짊을 이룩한 것을 아름답다고 서술하지 않았으니,[33] 인의(仁義)를 가볍게 생각하고 절개를 지키는 일을 천하게 생각한 것이 아주 심하였다."

9   처음에 두헌이 아내를 맞이하면서 천하의 모든 군과 봉국에서 예의를 갖추어 경의를 표한 일이 있었다. 한중군(漢中郡, 섬서성 남정현)에서도 역시 마땅히 관리를 파견해야 했는데, 호조(戶曹)[34] 이합(李郃)이 간하였다.

---

30 사마천은 황로(黃老)사상을 숭상하여 공자의 가르침과 달랐다는 것을 말한다. 그는 6경과 인의를 가볍게 생각하고 수절(守節)을 천하게 생각하였다.

31 공승(龔勝)이 그의 천수를 다 살지 못한 것을 애석하게 생각한 것을 말한다.

32 왕릉(王陵)이나 급암(汲黯)이 바보 같다고 풍자한 것을 말한다.

33 《한서》에 '충의전'을 두지 아니한 것을 말한다.

34 군의 호조는 민호(民戶)·제사(祭祀)·농상(農桑)에 관한 일을 담당하는 부서이다.

"두 장군은 초방(椒房)³⁵의 친한 친척입니다. 덕과 예의를 닦지 아니하고 권력을 멋대로 부리며 교만하고 방자하니 위태롭고 망하는 화가 발뒤꿈치를 들고 기다리는 형편입니다. 바라건대 밝으신 부군(府君)³⁶께서는 왕실을 한 마음에 두시면서 그와 왕래하지 마십시오."

태수가 굳은 태도로 그를 보내니 이합도 이를 막을 수 없었고, 다만 자기가 스스로 가도록 해달라고 청하자 이를 허락하였다.

이합은 드디어 있는 곳에서 지체하듯 머물면서 그 상황의 변화를 관찰하였고, 그가 부풍(扶風, 장안시 서쪽)에 이르렀을 때 두헌이 그의 봉국으로 쫓겨 갔다. 무릇 왕래한 사람들은 모두 연좌되어 관직에서 면직되었지만 한중 태수만은 홀로 그 속에 들지 아니하였다.

황제가 청하왕(淸河王) 유경(劉慶)에게 노비, 수레와 말, 돈과 비단, 진귀한 보배를 하사하여, 그 집에 가득 차게 하였다. 유경이 혹 때에 따라서 불편해하자 황제는 아침저녁으로 그의 안부를 물었고 음식과 약을 보냈는데, 내려주는 속마음이 아주 잘 갖추어져 있었다. 유경도 역시 조심하면서 공손하고 효도하였는데, 자기는 폐위되어 쫓겨난 처지여서 사건이 일어나는 것을 더욱 두려워하였고, 법률을 신중하게 지켰다. 그러므로 그는 총애와 복록(福祿)을 보존할 수 있었다.

---

35 황후를 지칭하는 말이다.

36 태수를 높여 부른 말이다.

매끄럽지 못한 북방정책

10   황제는 원안(袁安)의 아들 원상(袁賞)을 낭에 임명하고, 임외(任
隗)의 아들 임둔(任屯)을 보병교위로 임명하였으며, 정중(鄭衆)을 대장
추(大長秋)[37]로 승진시켰다. 황제가 공훈을 세운 자에게 상을 베풀 때
정중이 매번 사양을 많이 하고 받는 것은 적었는데 황제는 이러한 일
로 말미암아 그를 똑똑하다고 생각하여 항상 그와 함께 정치적인 일을
논의하니 환관이 권력을 사용하게 된 것은 이때부터 시작되었다.

11   가을, 7월 기축일(23일)에 태위 송유(宋由)가 두씨의 무리였으므
로 책서로 면직되었고, 자살하였다.

12   8월 신해일(15일)에 사공 임외가 죽었다.

13   계축일(17일)에 대사농 윤목(尹睦)을 태위로 삼았다. 태부 등표(鄧
彪)가 늙고 병들었으므로 추기(樞機)를 담당하는 직책[38]을 반환하겠다

---

37 황후궁의 관리를 맡은 책임자이다. 녹질은 2천 석이다.

고 올리니, 허락한다는 조서를 내리고 윤목을 등표 대신 녹상서사(錄尙書事)로 삼았다.

14   겨울, 10월³⁹에 종정(宗正) 유방(劉方)을 사공으로 삼았다.

15   무릉(武陵, 호남성 상덕시), 영릉(零陵, 호남성 영릉시), 풍중(灃中)의 만족들이 반란을 일으켰다.

16   호강(護羌)교위 등훈(鄧訓)이 죽으니, 관리와 일반 백성, 강족(羌族)과 호족(胡族)들로 아침저녁으로 영전에 온 사람이 수천 명이었다. 강족과 호족들 가운데는 혹 칼로 자해하거나 또 그들의 개나 말, 소, 양을 칼로 잡으면서 말하였다.

"등 사군(鄧 使君)⁴⁰께서 이미 돌아가셨느니 우리 역시 함께 죽을 뿐이다."

전에 오환(烏桓)교위 시절⁴¹의 관리와 병사들이 모두 도로를 달려서 왔다 갔다 하니⁴² 심지어는 성이 텅 비기에 이르렀다. 관리들이 그들

---

38 기밀을 다루는 중추기관인데, 구체적으로는 상서이다. 이때 등표는 녹상서였다.

39 다른 판본에는 10월 다음에 기해(己亥)가 있다. 10월 기해일은 14일이다.

40 사군은 높임말이고 등훈을 가리킨다.

41 등훈은 전에 오환교위를 역임하였다.

42 등훈이 현 호강교위이므로 영거(감숙성 영등현)에 있는데, 전에 오환교위였을 때에는 마성(하북성 회안현)에 있었다. 영거에서 마성까지는 1천200km 떨어졌는데, 오환교위 때 부하들이 영거까지 문상하러 왔으므로 오환교위가 관할하는 지역이 텅 비다시피 했다는 것이다.

을 잡으려 하였으나 말을 듣지 않아서 이 상황을 교위[43] 서언(徐傿)에
게 말하니, 서언이 탄식하며 말하였다.

"이것이 의로구나!"

이에 그들을 석방하였다. 드디어 집집마다 등훈을 위하여 사당을 만
들고 질병이 있을 때마다 번번이 기도하며 복을 구하였다.

촉군(蜀郡, 사천성 성도시) 태수 섭상(聶尙)이 등훈을 대신하여 호강
교위가 되어 은혜를 베풀겠다는 뜻을 가지고서 여러 강족을 품어주려
고 이에 통역하는 사람을 보내 미당(迷唐)을 초대하여서 그들에게 대
유곡(大楡谷)과 소유곡(小楡谷)으로 돌아와 살게 하였다.[44]

미당이 이미 돌아오고 나서 그의 할머니 비결(卑缺)을 보내 섭상을
찾아가게 하였는데, 섭상은 스스로 요새가 있는 곳의 아래까지 가서 조
도(祖道)[45]를 진설하고 통역하는 사람인 전범(田氾) 등 다섯 명에게
호송하여 여락(廬落)[46]까지 가게 하였다.

미당이 드디어 반란을 일으키고 여러 종족과 함께 산 채로 전범 등
을 찢어 죽이며 피를 가지고 저주하기를 맹세하고 다시금 금성(金城,
감숙성 난주시)의 요새를 노략질하였다. 섭상은 이 사건에 연루되어 면
직되었다.

---

43 오환교위이다.

44 장화 2년(88년)에 등훈이 미당을 쫓아버렸는데, 지금 섭상이 다시 이들을 돌
   아오게 한 것이다.

45 길을 떠날 때 지내는 노제(路祭)를 말한다.

46 어느 곳인지 분명하지 않다.

효화제 영원 5년(癸巳, 93년)

1   봄 정월 을해일(11일)에 명당(明堂)에서 종사(宗祀)를 지내고 영대(靈臺)[47]에 올라가서 천하에 사면하였다.

2   무자일(24일)에 천승정왕(千乘貞王)[48] 유항(劉伉)이 죽었다.

3   신묘일(27일)에 황제의 동생 유만세(劉萬歲)를 책봉하여 광종왕(廣宗王)[49]으로 삼았다.

4   갑인일[50]에 태부 등표가 죽었다.

5   무오일[51]에 농서(隴西, 감숙성 임조현) 지역에 지진이 있었다.

---

47 명당은 황실의 대강당이고, 영대는 천문대이다.

48 유항은 천승왕이고, 죽자 시호를 정왕이라 했다. 시법에 의하면 도(道)를 굳게 지켜서 굽히지 않는 것, 깨끗하게 수절을 하는 것, 마디와 줄기를 굳게 하는 일을 모두 정이라 한다고 하였다.

49 광종현은 거록군에 속하였다.

50 정월 1일이 을축일이므로 정월 중에는 갑인일이 없다. 다만 1월 27일부터 4월 20일 사이에 있는 갑인일은 3월 21일이므로 이날은 3월 21일로 보아야 할 것이다.

51 정월 1일이 을축일이므로 정월 중에는 무오일은 없다. 다만 1월 27일부터 4월 20일 사이에 있는 무오일은 3월 25일이므로 이날은 3월 25일로 보아야 할 것이다.

6 여름, 4월 임자일(20일)에 부릉상왕(阜陵殤王)⁵²의 형 유방(劉魴)을 책봉하여 부릉왕⁵³을 잇도록 하였다.

7 9월 신유일(1일)에 광종상왕(廣宗殤王)⁵⁴ 유만세가 죽었는데 아들이 없어 봉국을 없앴다.

8 애초에 두헌이 어제건(於除鞬)을 북선우로 세우고 그를 보좌하여 북흉노의 왕정으로 귀환시키려고 하였는데 마침 두헌이 주살되자 중지되었다. 어제건이 스스로 배반하고 북쪽으로 돌아가니 조서를 내려서 장병장사(將兵長史)⁵⁵ 왕보(王輔)를 파견하여 1천여 기병을 거느리고 임상(任尙)⁵⁶과 더불어 같이 그를 추격하여 그의 목을 자르고 그의 무리들을 파멸시켰다.

9 경기(耿夔)가 북흉노를 격파하면서⁵⁷ 선비족들이 이 때문에 이리

---

52 부릉왕 유충(劉沖)은 질왕 유연의 아들로 영원 원년(89년)에 책봉되었다가 3년에 죽었는데 후사가 없었다. 시법에 아직 성가(成家)하지 아니하고 중간에 끊긴 것을 상이라고 한다.

53 부릉왕이었던 동생 유충이 죽은 다음에 그의 형이 자리를 이었지만 그러나 그의 아버지 질왕 유연(劉延)을 이은 것으로 보아야 할 것이다.

54 정월에 유만세를 광종왕으로 책봉하였으나 이때 죽었고, 시호를 상왕이라고 했다.

55 장사란 관서의 관서장 바로 아래 있는 관리이고 장병장사란 군사를 실제로 거느리는 장사라는 의미가 있다. 그러므로 전권을 가진 참모장에 해당하는 직책이다.

56 임상은 중랑장이었다.

저리 옮겨 돌아다니다가 그들이 살던 곳을 점거하였다.[58] 흉노 가운데 다른 족속으로 남아 있는 사람들은 아직도 10여 만 두락이 있었으나, 모두 스스로 선비족이라고 불렀고, 이로부터 선비족이 점차 강성하게 되었다.

10   겨울 10월 신미일[59]에 태위 윤목이 죽었다.

11   11월 을축일(6일)에 태복 장포(張酺)를 태위로 삼았다. 장포와 상서 장민(張敏) 등이 상주문을 올렸다.

"사성(射聲)교위 조포(曹褒)가 한나라의 예의 제도를 멋대로 만들어[60] 성스러운 법제를 깨뜨리고 어지럽혔으니, 마땅히 주살형에 처해야 합니다."

다섯 번이나 편지를 상주하였다.

황제는 장포가 배운 것을 지켰지만 통달하지는 못한 것을 알아서 모름지기 그 상주문을 처리하지 않고 내버려두고, 한나라 때 만든 예제는 마침내 시행하지 않았다.

12   이 해에 무릉군(武陵郡, 호남성 상덕시)의 군사가 배반한 만족(蠻

---

57 좌교위 경기가 금미산에서 흉노를 격파한 것은 영원 3년(91년)의 일로《자치통감》권47에 실려 있다.

58 이때 탁발(拓拔)씨가 북쪽 사막에서 남쪽으로 옮겨왔다.

59 10월 1일은 경인일이므로 10월 중에는 신미일이 없다.

60 조포는 장제 장화 원년(84년)에 한나라에서 사용할 예제를 만들었다. 이 내용은《자치통감》권46에 실려 있다.

族)⁶¹을 격파하여 항복시켰다.

13 양왕(梁王) 유창(劉暢)⁶²이 수종하는 관리인 변기(卞忌)와 함께
복을 구하는 제사를 지냈다. 변기 등이 아첨하면서 말하였다.

"신(神)이 말하기를 왕께서 마땅히 천자가 되셔야 한답니다."

유창은 서로 응답을 나눴는데, 유사가 상주하길 불러들여서 조옥(詔
獄)⁶³에 보내기를 청하였다. 황제가 이를 허락하지 않고 다만 양나라
에서 성무현(成武縣, 산동성 성무현)과 선부현(單父縣, 산동성 선현) 두 현
만을 삭감하게 하였다.⁶⁴

유창은 부끄럽고 두려워 상소문을 올려 스스로 깊이 탄핵하고 자책
하면서 말하였다.

"신은 천성이 미치고 어리석어서 금기사항을 알지 못하였고, 스스로
죽을죄에 빠졌으니, 목이 베어져서 높은 곳에 매달려져야 합니다. 폐하
의 성스러운 은덕으로 법을 구부려 은혜를 내리시고 죄를 처리하시면
서 가로질러 신을 용서하시고 신 때문에 오점을 받으셨습니다.

신은 큰 용서는 두 번 다시 얻기 어렵다는 것을 잘 아오니 스스로 내
몸을 단속하고 처자를 단속할 것을 맹세하며 감히 다시는 기준을 잃는
지경에 들락거리지 않겠으며, 감히 다시는 쓸데없는 소비를 하지 않겠
습니다. 조세가 들어오는 것을 보면 여유가 있으니 빌건대 수양(睢陽)·

---

61 풍중은 소수민족이다. 이들의 반란은 1년 전인 원화 4년(92년)에 있었다.

62 황제 유조의 숙부이다.

63 궁정에 있는 감옥이다.

64 유창의 식읍을 삭감한 것이다.

곡숙(穀熟)·우(虞)·몽(蒙)·영릉(寧陵)[65] 등 다섯 현을 잘라서 식읍(食邑)으로 하게 하여 주시고, 나머지 식읍 네 현[66]을 반환하고자 합니다.

신 유창의 소처(小妻)[67]가 37명인데, 그 가운데 아들을 낳지 못한 자는 그 본집으로 돌려보내겠으며, 스스로 근신하는 노비 2백 명을 선택하고, 그 나머지 상으로 받은 호분(虎賁)무사[68]와 관청의 기병과 여러 기술자, 북 치고 나팔 부는 사람과 창두(蒼頭)와 노비, 병기와 말을 모두 본래의 부서로 돌려보내겠습니다.

신 유창은 골육의 가까운 친척으로 성스러운 덕화를 어지럽혔고 맑은 물을 더럽게 하였으나 이미 살아 활동할 수 있게 되었습니다. 진실로 마음속 흉악한 몸으로 다시금 큰 궁궐에 살거나 큰 봉국을 식읍으로 하며, 관속을 늘어놓고 잡다한 물건을 쌓아둘 면목이 마음에는 없습니다. 바라건대 폐하께서 은혜를 내려 허락하여 주십시오."

황상은 우대하는 조서[69]를 내리고 들어주지 않았다.

14   호강교위 관우(貫友)가 통역관을 파견하여 여러 강족들을 이간시키고 재화로 유인하니 이로 말미암아 흩어졌다.

---

65 이 다섯 현은 모두 하남성에 있다. 수양은 양나라의 치소가 있는 곳이고, 곡숙은 상구시의 동남쪽, 우현은 우성현, 몽현은 상구시의 동북쪽, 영릉은 영릉현이다.

66 양나라에는 9개의 현을 가지고 있었는데, 헌납하고자 한 현은 하읍(강소성 탕산현), 위씨(하남성 위씨현), 박현(산동성 조현의 남쪽), 언현(하남성 언성현)이다.

67 정실이 아닌 사람은 모두 소첩이다.

68 호분중랑장에 소속된 병사로 의장병이다.

69 상대방을 위로하며 대우하는 내용으로 내리는 조서를 말한다.

이에 군사를 파견하여 요새를 나가 미당(迷唐)을 대유곡과 소유곡에서 공격하여 목을 베고 포로로 잡은 수가 8백여 명이었고, 보리 수만곡을 탈취하였으며, 마침내 봉류대하(逢留大河)[70]를 끼고 양쪽에 성오(城塢)[71]를 쌓았다. 큰 배를 만들고 황하에 다리를 만들어 병사들이 건너가게 하여 미당을 치려고 하였다. 미당은 그 부락민을 인솔하여 멀리 이사 가서 사지하곡(賜支河曲)[72]에 의지하며 살았다.

15   선우 난제둔도하(欒提屯屠何)가 죽고, 선우였던 난제선(欒提宣)의 동생 난제안국(欒提安國)이 즉위하였다. 난제안국이 애초 좌현왕이었는데, 칭찬을 받거나 훌륭하다는 말을 듣지 못하였지만 선우가 되자, 선우였던 난제적(欒提適)[73]의 아들 우록래왕 난제사자(欒提師子)를 차례에 따라 좌현왕[74]으로 삼았다.

난제사자는 평소에 용감하고 교활하며 꾀가 많아서 전에 선우였던 난제선과 난제둔도하가 모두 그의 기백과 결단력을 아껴서 자주 군사를 거느리고 요새 밖으로 나가도록 파견하여 북흉노의 왕정을 엄습하게 하였고 돌아와서 하사하는 상을 받았고, 천자도 그에게 특별함을 더

---

70 대하란 황하를 말하는데, 황하가 청해성의 귀덕현을 거쳐서 이곳에 이르면 봉류라고 부르는데, 대유곡과 소유곡의 북쪽에 있는 황하의 일단(一段)이다.

71 성은 큰 성이며 오는 작은 성채나 마을 혹은 담장 같은 시설물이다.

72 청해성의 공화현과 흥해현 사이에 있는 황하의 양쪽을 말한다.

73 난제둔도하(欒提屯屠何)는 30대 휴란시축후제(休蘭尸逐侯提) 선우이고, 난제선(欒提宣)은 29대, 동생 난제안국(欒提安國)은 31대, 난제적(欒提適) 26대 선우였다.

74 좌현왕은 흉노국에서는 선우 다음의 직위이다.

해 주었다.

이로 말미암아 온 나라에서는 모두 난제사자를 존중하였고, 난제안국에게는 붙지 않자, 난제안국이 그를 죽이려고 하였다. 새로이 항복한 여러 흉노들은 애초에 요새 밖에서 자주 난제사자에게 쫓기고 노략질을 당하였으므로 대부분이 그를 원망하였다.

난제안국은 이를 이용하여 이 항복한 사람들에게 계책을 위임하고 그들과 더불어 같이 모의하였다. 난제사자는 그 모의를 알아차리고서 오원군(五原郡)의 경계 지역에서 따로 살면서 용정(龍庭)[75]에서 회의가 있을 때마다 난제사자는 번번이 몸이 아프다고 핑계를 대고 가지 않았다.

도요(度遼)장군 황보릉(皇甫稜)이 이 사실을 알고 또 그를 옹호하면서 보내지 않으니 선우는 분한 마음을 더욱 심하게 품게 되었다.

---

75 용정은 흉노의 왕정(王庭)이 있는 곳이다. 본래는 요새 밖에 있었는데, 이때 남선우가 요새 안에 두었다. 이곳은 서하군 미직(美稷, 내몽골 고준격이기)이다.

효화제 영원 6년(甲午, 94년)

1   봄, 정월에 황보릉이 면직되고, 집금오(執金吾)[76] 주휘(朱徽)에게 도요(度遼)장군의 직책을 임시로 수행[77]하게 하였다. 그때 선우[78]는 중랑장[79] 두숭(杜崇)과 서로 편안한 관계를 유지하지 못하다가 마침내 편지를 올려 두숭을 고발하였지만, 두숭이 서하(西河, 내몽고 준가루치) 태수에게 넌지시 일러서 선우가 올린 장주(章奏)를 중간에서 가로채게 하여 선우는 스스로 보고할 수 없었다.

두숭은 이 기회를 이용하여 주휘와 함께 말씀을 올렸다.

"남선우 난제안국(欒提安國)은 옛날부터 있던 흉노를 소원하게 대하고, 새로 항복한 자들을 가깝고 친하게 대하면서 좌현왕 난제사자와 좌

---

76 수도인 낙양 지구 경비사령관에 해당하는 직책이다.

77 행직, 즉 임시대행직이다. 관직명은 행도요장군이다.

78 흉노의 31대 선우인 난제안국이다.

79 이때 한나라의 중랑장이 흉노에 파견되어서 선우와 같이 있었다.

대차거(左臺且渠)[80] 유리(劉利) 등을 죽이려고 합니다. 또 흉노 우부(右部)[81]의 항복한 자들이 함께 난제안국을 협박하여 군사를 일으켜서 배반하도록 꾀를 내고 있으니, 청컨대 서하(西河)와 상군(上郡, 섬서성 수덕현), 안정군(安定郡, 감숙성 진원현)에게 이를 대비하게 하십시오."

황제가 이를 공경들에게 내려 보내어 의논하게 하니, 모두가 생각하였다.

"만이들은 배반과 복종을 반복하니 비록 추측하여 알기는 어렵지만 많은 군사를 모아놓아도 반드시 감히 동요하지는 않을 것입니다. 지금 마땅히 방략을 세워서 사자를 파견하여 선우의 왕정에 가게 하고, 두숭과 주휘, 하서 태수와 더불어 힘을 합하여 그들의 동정을 살피게 하십시오.

만약 다른 변고가 없다면 두숭 등에게 난제안국이 있는 곳으로 가서 그들의 좌우 대신들을 불러 모아 그 부중 가운데 횡포를 부리며 변경을 해친 자에게 책임을 물어 함께 그들의 죄를 결정하게 하십시오. 만약에 명령을 따르지 않는다면 그들로 하여금 임시 방략을 만들어 시행하게 하고, 일을 마친 다음에 재량껏 상을 내려주신다면 역시 충분히 많은 만족들에게 위엄을 보일 수 있습니다."

이에 주휘와 두숭이 군사를 일으켜 그들의 왕정으로 갔다.

난제안국이 밤중에 한나라 군사들이 도착하였다는 보고를 받고 크게 놀라서 장막을 버리고 도망하였고, 이 틈을 타서 군사를 일으켜 좌현왕 난제사자를 죽이려고 하였다. 난제사자가 먼저 이 사실을 알고서

---

80 흉노의 관직명이다.

81 흉노의 서부 지역을 말한다.

자기의 여락(廬落)[82]을 모두 거느리고 만백성(曼柏城, 내몽고 伊盟의 동
북부 지역에 있는 성)[83]으로 들어갔다. 난제안국이 뒤쫓아서 성 아래에
이르렀지만 문이 닫혀 있어 들어갈 수 없었다.

주휘는 관리를 파견하여 이 사건에 대하여 설명하고 화의하게 하였
으나 난제안국은 듣지 않았다. 성을 떨어뜨릴 수 없자 마침내 군사를 이
끌고 가서 오원(五原, 내몽고 포두시 서북쪽에 있는 오원현)에 주둔하였다.

두숭과 주휘는 이로 인하여 여러 군의 기병을 징발하여 그를 급히
뒤쫓아 가게 하니 그 무리들이 모두 몹시 두려워하였다. 난제안국의 외
삼촌인 골도후(骨都侯) 희위(喜爲) 등이 함께 죽임을 당할까 염려하여
서 난제안국을 쳐 죽이고 난제사자를 세워 정독시축후제(亭獨尸逐侯
鞮)[84]선우로 삼았다.

2   기묘일(21일)에 사도 정홍(丁鴻)이 죽었다.

3   2월 정미일(20일)에 사공 유방(劉方)을 사도로 삼고, 태상 장분(張
奮)을 사공으로 삼았다.[85]

4   여름, 5월에 성양회왕(城陽懷王) 유숙(劉淑)[86]이 죽었는데 아들

---

82 유목민들은 여막에서 사는데, 이 여막이 모여 있는 곳을 여락이라고 한다.

83 한의 도요장군 주휘가 있는 곳이다.

84 흉노의 32대 선우이다.

85 사도는 감찰관계의 최고책임자이며, 사공은 재상에 해당하는 직책이고, 태상
    은 제사에 관한 책임을 지는 관직이다.

이 없어서 나라를 없앴다.

5   가을, 7월에 경사에 가뭄이 들었다.

6   서역도호(西域都護) 반초가 구자(龜兹, 신강성 고차현), 선선(鄯善, 신강성 나포박 호반) 등 여덟 나라의 병사 도합 7만여 명을 발동하여 언기(焉耆, 신강성 언기현)를 토벌하였는데, 그들의 성 아래에 이르러서 언기왕 광(廣)과 위리왕(尉犁王, 신강성 이륵현) 범(汎) 등을 진목(陳睦)의 옛날 성으로 유인하여 목을 베고 그 머리를 경사로 전하였다. 이어서 병사들을 멋대로 하도록 풀어서 크게 약탈하게 하고, 참수한 것이 5천여 급이고, 산 채로 잡은 것이 1만5천여 명이었으며, 다시금 언기의 좌후(左侯) 원맹(元孟)을 세워 언기왕으로 삼았다.

반초는 언기에서 반년 동안 머물러 있으면서 그들을 위로하고 어루만졌다. 이에 서역 지방에 있는 50여 개의 나라들이 모두 인질을 파견하여 내부적으로 소속하게 되었으니, 바닷가[87]에 이르고 4만 리 밖에 있는 나라에서는 여러 번 통역을 거치면서도 모두 공물을 헌납하였다.

7   남선우 난제사자가 즉위하자, 항복한 흉노 500~600명이 밤에 난제사자를 습격하였는데, 안집연(安集掾)[88] 왕념(王恬)이 호위병사를

---

86 황제 유조의 어린 동생이다. 성양왕이었다가 죽자 시호를 회왕으로 했다.

87 중국의 동해바다를 말하는 것이 아니고 서쪽에 있는 내륙의 바다를 말하는 것으로 조지(曹支)·대진(大秦)·몽기(蒙奇)·두륵(兜勒) 같은 나라를 말한다.

88 흉노에 가있던 중랑장 휘하에 있는 관리인데, 편안하게 모은다는 의미의 관직 명칭으로 보아 흉노를 안정시키는 직책인 것으로 보인다.

거느리고 그들과 싸워서 격파하였다.

이에 항복한 흉노들이 놀라 서로 놀라 움직여서 15부 20만여 명이 모두 반란을 일으켜 협박하여서 전에 선우였던 난제둔도하(欒提屯屠何)[89]의 아들 욱제일축왕(薁鞬日逐王)[90] 난제봉후(欒提逢侯)를 세워 선우로 삼고, 마침내 관리와 백성들을 죽이고 약탈하였으며, 우정(郵亭)과 장막을 불태우고 수레와 치중을 이끌고 삭방(朔方, 내몽고 이맹의 서북쪽)을 향하여 사막의 북쪽으로 건너가려고 하였다.

9월 계축일[91]에 광록훈 등홍(鄧鴻)에게 거기장군의 업무를 임시로 수행하게[92] 하여, 월기교위 풍주(馮柱)와 도요장군의 업무를 임시로 수행하는[93] 주휘와 함께 좌우 우림군(羽林軍)과 북군(北軍)의 다섯 교(校)의 병사와 각 군과 봉국의 적사(迹射)와 연변병(緣邊兵)[94]을 거느리게 하고, 오환(烏桓)교위 임상(任尙)에게는 오환국과 선비국의 도합 4만 명을 거느리고 가서 그들을 토벌하게 하였다.

그때 남선우와 중랑장 두숭은 목사성(牧師城, 냉몽고 동승현의 동남쪽)에 주둔하고 있었는데, 난제봉후가 1만여 기병을 거느리고 그들을 공격하여 포위하였다. 겨울, 11월에 등홍 등이 미직(美稷)에 도착하니 난

---

89 흉노의 30대 선우이다.

90 호삼성은 제(鞮)는 건(鞬)으로 하여야 옳다고 하였고, 또 제와 건 두 글자는 통하므로 고치지 않아도 된다고 하기도 하였다.

91 9월 1일이 을묘일이므로 9월에는 계축일이 없다. 계해(癸亥)일의 오자라면 9일이다.

92 행직이다. 관직명은 행거기장군사이다.

93 행직이다. 관직명은 행도요장군이다.

94 교는 중급지휘관, 적사는 사격수, 연변병은 변경 지대에 있는 병사를 말한다.

제봉후는 마침내 포위를 풀고 달아나서 만이곡(滿夷谷, 내몽고 준가루치의 서북쪽)을 향하였다.

남선우는 아들을 파견하여 1만여 기병을 거느리고 두숭이 거느리고 있는 4천여 기병을 거느리고 등홍 등과 더불어 대성(大城, 내몽고 동승현의 동남쪽)의 요새까지 추격하여 참수한 것이 4천여 급이었다. 임상은 선비국과 오환국의 군사를 인솔하고 만이곡에서 난제봉후를 공격하여 다시 대파하였는데, 앞뒤로 목을 벤 것이 7천여 급이었다. 난제봉후는 드디어 그들의 무리를 인솔하고 요새 밖으로 빠져나갔고 한나라의 병사들은 추격할 수 없어서 돌아왔다.

8   대사농 진총(陳寵)을 정위(廷尉)로 삼았다. 진총은 성품이 어질고 아끼는 편이어서 자주 의심되는 옥사를 심의하였으나, 매번 경전에 있는 말을 붙이며 힘써 관대하고 용서하는 태도를 좇았기 때문에 각박하고 흠집 내는 기풍이 이로 인하여 조금씩 쇠퇴하였다.

9   황제가 상서령인 강하(江夏, 호북성 황강현) 사람 황향(黃香)을 동군(東郡, 하남성 복양현) 태수로 삼았는데, 황향이 사양하며 말하였다.

"한 군을 관리하여 정치를 하는 일은 저의 재주로는 마땅하지가 않습니다. 빌건대 그냥 머물러 있게 하시어 용관(冗官)[95]으로 남겨두시되 작은 직책을 감독하게 하시어 궁중에 있는 상서대의 번거로운 일을 맡겨 주십시오."

황제는 이에 다시 황향을 상서령으로 유임시키고 녹질을 2천 석으

---

95 쓸모없는 관리를 말한다.

로 올려 주었으며[96] 아주 친하고 중함을 나타냈다. 황향도 다만 부지런히 업무를 처리하는데 힘썼고 공적인 일을 염려하는 것이 마치 자기 집안일처럼 하였다.

효화제 영원 7년(乙未, 95년)

1 봄, 정월에 등홍 등의 군사들이 돌아왔지만 풍주(馮柱)[97]는 호아군영(虎牙軍營)[98]을 거느리고 오원(五原, 내몽고 포두시 서북쪽에 있는 오원현)에 주둔하였다. 등홍은 군사를 진격시키지 아니하고 머물게 하여 이익을 잃었다는 죄에 연루되어 옥에 갇혔다가 죽었다.

그 후에 황제는 주휘와 두숭이 흉노와 화의를 하지 못하였고, 또한 그가 편지를 올리는 것을 금지시켰기 때문에 흉노가 반란을 하기에 이르렀다는 사실을 알고 모두 불러들여 옥에 가두었다가 죽였다.[99]

2 여름, 4월 초하루 신해일에 일식이 있었다.

3 가을, 7월 을사일(26일)에 역양(易陽, 하북성 영년현)에서 땅이 갈

---

96 궁정비서장의 직책에 해당하는 상서령은 중급관리이므로 녹봉이 1년에 1천 석이었다. 그런데 지금 그 배인 2천 석을 준 것이다.

97 이때 월기(越騎)교위였다.

98 강력한 전투부대이다.

99 이 일은 화제 영원 6년(94년)의 일이다.

라졌다.

4   9월 계묘일(25일)에 경사에 지진이 있었다.

5   낙성왕(樂成王) 유당(劉黨)[100]은 도적이 사람을 죽인 죄[101]에 연루되어 동광(東光, 하북성 동광현)과 교(鄡, 하북성 束鹿縣)의 두 현을 삭감 당하였다.[102]

---

100 황제 유조의 숙부(叔父)이다.

101 어떤 사정이 있어서 액정(掖庭)의 기인(技人)인 애치(哀置)가 장초(章初)에게 시집갔는데, 낙성왕 유당이 그 여자를 불러서 왕궁으로 들어오게 하고 그녀와 통정하였다. 이에 그녀의 남편 장초가 이 사실을 편지로 고발하려고 하자 유당은 애치의 언니 애소(哀昭)에게 뇌물을 주어 장초를 죽였던 사건이다.

102 식읍이 삭감된 것이다. 일종의 형벌이다.

효화제 영원 8년(丙申, 96년)

1   봄, 2월에 귀인 음(陰)씨를 황후로 삼았다. 황후는 음식(陰識)[103]
의 증손녀였다.

2   여름, 4월[104] 낙성정왕(樂成靖王)[105] 유당이 죽었고, 그의 아들
애왕(哀王) 유숭(劉崇)이 즉위하였다가 얼마 있지 않아서 바로 죽었으
며, 아들이 없어서 봉국을 없앴다.

3   5월에 하내(河內, 하남성 무척현)와 진류(陳留, 하남성 진류현) 지역
에 황충의 피해가 있었다.

---

103 이 해에 화제가 18세가 되었고, 음식은 광무제 유수의 전처 음려화(陰麗華)
    의 남동생이다.
104 어떤 판본에는 4월 아래에 계해가 들어가 있는데, 4월 계해일은 18일이다.
105 낙성왕 유당이 죽자 그의 시호를 정왕으로 하였다.

4　남흉노의 우온우독왕(右溫禺犢王) 오거전(烏居戰)이 배반하여 요새를 나갔다. 가을, 7월에 도요(度遼)장군 방분(龐奮)과 월기(越騎)교위 풍주가 이들을 추격하여 격파하였고, 그 나머지 무리들과 항복한 흉노 2만여 명을 안정(安定, 감숙성 진원현)과 북지(北地, 영하 영무현)로 이사시켰다.

5　차사후부(車師後部)의 왕 탁제(涿鞮)가 반란을 일으켜 차사전왕 106 위필대(尉畢大)를 공격하고 그의 처자를 붙잡았다.107

6　9월에 경사에 황충의 재해가 있었다.

7　겨울, 10월 을축일(13일)에 북해왕(北海王) 유위(劉威)108가 경왕(敬王)의 아들이 아니라고 또 비방하였다109는 죄에 연루되자 자살하였다.

---

106 차사국은 이때 전부와 후부로 나뉘어서 각기 왕이 있었는데, 후부는 신강성 기태현에 있었고, 전부는 신강성 투루판에 있었다.

107 이때 무기교위 색군이 차사국 후부왕 탁제를 폐위시키려 하자 탁제는 화가 나서 전왕 위필대가 자기를 팔아먹은 것으로 생각하였다. 이에 위필대를 공격하였던 것이다.

108 광무제 유수의 형 유연의 증손이다.

109 북해왕 유목(劉睦)은 죽은 뒤에 시호를 경왕이라고 하였는데, 유위는 그의 서자여서 원래는 짐향후(斟鄉侯)에 책봉되었다가 북해왕위를 계승하였다. 그런데 중간에 그가 유목의 아들이 아니라고 지적되었는데, 그 내막은 알려지지 않았다.

8   12월 신해일(10일)에 진경왕(陳敬王) 유선(劉羨)[110]이 죽었다.

9   정사일(16일)에 남궁(南宮)에 있는 선실전(宣室殿)에서 불이 났다.

10   호강(護羌)교위 관우(貫友)가 죽자 한양(漢陽, 감숙성 감곡현) 태수 사충(史充)으로 그를 대신하게 하였다. 사충이 도착하여 드디어 황중(湟中, 청해성의 동북 지구) 지역에 있던 강족과 흉노들을 발동하여 요새에서 나가 미당(迷唐)[111]을 공격하였다.

미당이 이들을 맞아 싸워서 사충의 군사를 패퇴시키고 수백 명을 죽였다. 사충은 잘못한 일에 연좌되어 불려 올라왔고, 대군(代郡, 산서성 양고현) 태수 오지(吳祉)로 그를 대신하게 하였다.

효화제 영원 9년(丁酉, 97년)

1   봄, 3월 경진일(10일)에 농서(隴西, 감숙성 임조현)에 지진이 있었다.

2   계사일(23일)에 제남안왕(濟南安王) 유강(劉康)[112]이 죽었다.

---

110 유선은 황제 화제의 숙부로 진왕이었는데 죽자 시호를 경왕이라고 하였다.

111 소당 부락의 추장이다.

112 제남왕 유강은 황제 화제의 조숙부이고 죽자 시호를 안왕으로 했다. 시법에 의하면 안(安)은 화평을 좋아하고 너그럽고 화평한 것을 의미한다고 하였다.

3　서역(西域) 장사(長史) 왕림(王林)이 차사후왕(車師後王)[113]을 공격하여 그의 목을 베었다.

4　여름, 4월 정묘일(28일)에 낙성왕(樂成王) 유당(劉黨)의 아들 유순(劉巡)을 책봉하여 낙성왕으로 삼았다.

5　5월에 황후의 아버지인 둔기(屯騎)교위 음강(陰綱)을 책봉하여 오방후(吳房侯)로 삼고, 특진[114]의 직위를 가지고 집에 가 있게 하였다.[115]

6　6월에 가뭄이 들었고, 황충의 재해가 있었다.

7　가을, 8월에 선비족이 비여(肥如, 하북성 노룡현)를 노략질하였는데, 요동 태수 채참(祭參)이 군기를 저상(沮喪)시켜서 패배하였다는 죄에 연루되어 감옥에 보냈다가 죽였다.

8　윤월(윤8월) 신사일(14일)에 황태후 두(竇)씨가 붕어하였다.
애초에 이미 양귀인(梁貴人)이 죽고[116]나서 궁중에서는 일을 비밀

---

113 차사후왕은 탁제(涿鞮)이다.

114 조현할 때 관위가 삼공의 바로 아래에 위치하도록 대우해주는 직위이다.

115 실제의 업무를 보지 않는다는 의미이다.

116 양귀인은 현 황제인 화제의 어머니로, 장제와 두태후 사이에 아들이 없자 장제 건초 8년(83년) 12월에 양귀인의 아들인 현 황제 유조를 태자로 세웠다. 이에 양씨들이 좋아하자 두태후는 양귀인의 자매들이 황제에게 자기를 참소할

에 붙여서 황제가 양씨의 소생이라는 것을 알지 못했다. 무음(舞陰)공주의 아들 양호(梁扈)[117]가 사촌형 양선(梁禪)을 파견하여 이 사실을 기록하여 삼부(三府)[118]에 상주하게 하였다.

"한나라에는 옛날부터 내려오는 법전이 있어서 황제의 어머니를 높이고 귀하게 하는데, 양귀인은 친히 성스러운 분을 낳아 기르시고도 높이 부르는 호칭을 받지 못하였으니, 청구하건대 이 사실을 펼쳐서 의논하여 주십시오."

태위 장포(張酺)가 이 상황을 말하니 황제가 마음 아파하면서 한참 있다가 말하였다.

"그대의 뜻으로 보면 어찌해야 하오?"

장포는 존호를 추가로 올릴 것과 여러 외삼촌들을 조사하여 기록해 두기를 청하였고, 황제가 이를 좇았다.

때마침 양귀인의 언니이며 남양(南陽, 하남성 남양시) 사람 번조(樊調)의 처 양예(梁嬿)가 편지를 올려 스스로를 변명하며 말하였다.

"첩의 아버지 양송(梁竦)은 뇌옥에서 억울하게 죽었으며, 해골도 덮어주지 못하고 있습니다. 어머니의 나이는 70세를 넘겼으며 남동생 양당(梁棠) 등은 멀리 뚝 떨어진 곳에 가 있어서 그들의 생사를 알지 못합니다. 바라건대 양송의 썩은 뼈라도 거두도록 비오며, 어머니와 동생들

까 걱정하여 양귀인의 아버지 양송을 옥에 가두어 죽게 하고 가족들을 구진으로 귀양 보내자 양귀인의 자매는 걱정하다가 병들어 죽었다. 그리고 무음공주는 신성으로 귀양 보냈다. 이 사건은 《자치통감》 권46에 실려 있다.

117 무음공주는 광무제 유수의 딸이다. 그녀는 양송에게 시집을 갔으며, 양귀인은 양송의 동생 양송의 딸이었다.

118 사도, 사공, 태위부를 말한다.

이 본래 살던 군[119]으로 돌아올 수 있게 하여 주십시오."

황제는 양예를 불러 만나보고 마침내 귀인이 억울하게 죽은 상황을 알게 되었다.

삼공들도 상주문을 올렸다.

"청컨대 광무제께서 여태후(呂太后)를 출척(黜陟)하셨던 고사[120]에 의거하여 두태후의 존호를 깎아내리고, 먼저 돌아가신 황제와 합장하는 것은 마땅치 않습니다."

백관들 가운데도 말을 올리는 사람이 많았다.

황제가 손수 조서를 써서 말하였다.

"두씨가 비록 법도를 준수하지 않았으나, 태후로서는 항상 스스로를 덜어내고 손해를 보셨다. 짐은 10년 동안 받들어 섬겼으니 대의를 깊이 생각하노라. 예법에는 신하나 자식이 위에 계신 높은 분을 깎아내리는 문구는 없고, 은정으로 보아 차마 떨어뜨려놓을 수 없으며, 의로 보아서도 차마 훼손할 수도 없다.

전 시대의 예를 살피건대 상관(上官)태후[121]도 역시 강등되어 출척된 일이 없었으니, 다시는 이 문제를 논의하지 마라."

병신일(29일)에 장덕(章德)황후[122]를 장사지냈다.

---

119 양씨의 고향은 안정군 오지현(감숙성 平凉縣) 서남쪽이다.

120 광무제 중원 원년(56년)에 광무제 유수는 박태후를 고황후로 하여 고조의 사당에 올리고 여태후 즉 여치는 다른 곳으로 옮겼다. 이 사건은 《자치통감》 권44에 실려 있다.

121 전한 소제 원봉 원년(기원전 80년)에 상관걸의 반역 사건이 있었지만 그 딸인 상관태후는 강등되거나 출척되지 않았다. 이 사건은 《자치통감》 권22에 실려 있다.

9 소당(燒唐)의 강족 미당이 무리 8천 명을 인솔하고 농서(隴西, 감숙성 임조현) 지역을 노략질하며 요새 안쪽에 살던 여러 강족들을 협박하여 보병과 기병 3만 명을 모아 농서 지역의 군사들을 격파하고 대하(大夏, 감숙성 임하현) 현장을 죽였다.

조서를 내려 행정서(行征西)장군[123] 유상(劉尙)을 파견하게 하고, 월기교위 조세(趙世)를 부장(副將)으로 하여 한나라의 군사와 강족과 호족을 합하여 3만 명을 거느리고 그들을 토벌하게 하였다. 유상은 적도(狄道, 감숙성 임조현)에 주둔하고, 조세는 부한(枹罕, 감숙성 임하현)에 주둔하였는데, 유상은 사마(司馬)[124] 구우(寇旴)를 파견하여 여러 군에서 온 군사들을 감독하게 하여 사방에서 군사들이 함께 모였다.

미당은 두려워서 노약자들을 버리고 달아나 임조(臨洮)의 남쪽으로 들어갔다. 유상 등이 뒤쫓아 고산(高山)[125]에 이르러서 그들을 대파하고 목을 베거나 포로로 잡은 것이 1천여 명이었다. 미당은 무리를 이끌고 떠났지만 한나라의 군사도 죽거나 다친 사람이 또한 많았으므로 이를 쫓을 수가 없어서 마침내 돌아왔다.

10 9월 경신일(24일)에 사도 유방(劉方)이 책서를 받고 면직되자 자살하였다.

---

122 두태후의 시호를 장덕황후라고 하였다.

123 행직(行職)으로 관직명은 행정서장군이다.

124 군정관에 해당하는 직책이다.

125 임조의 남쪽에 있는 산을 말한다.

11   갑자일(28일)에 양귀인을 추존[126]하여 황태후로 하였고, 시호를
공회(恭懷)라고 하였으며, 추가로 상제(喪制)를 다시 처리하였다. 겨울,
10월 을유일(19일)에 양태후와 그의 언니 대귀인(大貴人)을 서릉(西
陵)[127]으로 옮겨 장사지냈다. 번조를 발탁하여 우림좌감으로 삼았다.

황태후의 아버지 양송에게 추가로 시호를 책봉하여 포친민후(褒親
愍侯)[128]로 삼았으며, 사자를 파견하여 그의 영구를 영접하여 회공황
후의 능 옆에 장사지냈다. 양송의 처자를 불러 돌아오게 하고, 그의 아
들 양당(梁棠)을 책봉하여 낙평후(樂平侯)로 삼고, 양당의 동생 양옹
(梁雍)을 승지후(乘氏侯)로 삼고, 양옹의 동생 양적(梁翟)을 선보후(單
父侯)로 삼았는데, 지위는 모두 특진으로 하였으며, 상으로 내려준 것
이 거만(巨萬)을 헤아렸고, 총애하고 대우하는 것이 당시에 빛났으니
양씨 집안은 이로부터 번성하게 되었다.

청하왕(淸河王) 유경(劉慶)이 처음으로 자기 어머니 송귀인(宋貴人)
의 무덤에 참배하게 해달라고 감히 요구하니 황제가 이를 허락하였고,
태관에게 조서를 내려 사시로 제사지내는데 필요한 것을 공급하게 하
였다. 유경이 눈물을 흘리면서 말하였다.

"살아계실 때에는 비록 공양을 받으시지 못하였는데, 끝내는 제사를
받들 수 있게 되었으니, 제 개인이 원하는 것이 충족되었습니다."

사당을 짓겠다고 청구하고 싶었으나, 공회황후와 같게 하려한다는
혐의를 받을까 스스로 걱정이 되어 끝내 감히 말하지 못하였고, 항상

---

126 죽은 다음에 직위나 명호를 높이는 것을 말한다.

127 장제 유달의 능인 경릉의 서쪽에 위치하였으므로 서릉이라고 부른다.

128 시법(諡法)에 의하면 나라에서 어려운 일을 만난 경우를 민(愍)이라고 하였다.

주위 사람들에게 눈물을 보이며 일생의 한으로 생각하였다.

뒤에 가서 말씀을 올렸다.

"외조모 왕(王)씨께서 연로하니, 낙양에 와서 요양하게 해주시기를 빕니다."

이에 송씨에게 조서를 내려서 모두 경사로 돌아오게 하였고,[129] 유경의 외삼촌인 송연(宋衍)·송준(宋俊)·송개(宋蓋)·송섬(宋暹) 등에게 벼슬을 제수하여 모두 낭으로 삼았다.

---

129 송씨 집안은 장제 건초 7년(82년)에 원옥사건으로 그들의 고향인 부풍으로 내려가게 되었다. 이 사실은《자치통감》 권46에 실려 있다.

서부 지역으로의 확장

12 11월 계묘일(8일)에 광록훈인 하남(河南) 사람 여개(呂蓋)를 사도로 삼았다.

13 12월 병인일(1일)에 사공 장분(張奮)을 파직시켰다. 임신일(7일)에 태복 한릉(韓稜)을 사공으로 삼았다.

14 서역도호인 정원후(定遠侯) 반초(班超)가 연리 감영(甘英)을 파견하여 대진(大秦)[130]과 조지(條支)[131]에 사신으로 보냈다. 서쪽 바다가 있는 곳까지 갔는데 모두 전 시대에 가본 일이 없는 곳이어서 그곳의 풍토에 대하여 다 갖추어 알아왔고, 그곳의 진기하고 괴상한 것들을 전해왔다.

안식국(安息國)[132]의 서쪽 경계에 도착하였는데, 큰 바다[133]와 맞닥

---

130 로마제국이다.

131 서역에 있었던 나라의 이름이다. 안식국의 서쪽에 있는데 서해와 티그리스 강과 유프라테스 강 사이에 있었다.

뜨려 그 바다를 건너려고 하였더니 뱃사람이 감영에게 말하였다.

"바다가 넓고 커서 왕래하는 자가 순풍을 만나면 석 달이면 건널 수 있으나, 만약에 더딘 바람을 만나면 2년은 걸립니다. 그러므로 바다에 들어가려는 자는 모두 3년분의 양식을 싸가지고 가며 바다 가운데에서는 곧잘 사람들이 자기 고향을 생각하고 연모하게 되며, 죽는 자도 자주 있습니다."

감영은 이에 멈추었다.

효화제 영원 10년(戊戌, 98년)

1   여름, 5월에 경사에 홍수가 있었다.

2   가을, 7월 기사일[134]에 사공 한릉이 죽었다. 8월 병자일(15일)에 태상인 태산(太山, 산동성 태안현) 사람 소감(巢堪)을 사공으로 삼았다.

3   겨울, 10월에 다섯 주에 폭우가 내렸다.

4   행정서장군[135] 유상(劉尙)과 월기교위 조세(趙世)가 두려워하고

---

132 이란 고원에 있던 옛날 왕국의 이름이다.

133 지중해를 말한다.

134 7월 1일은 계사일이어서 7월 중에는 기사일이 없다. 만약에 을사(乙巳)일의 잘못이라면 을사일은 11일이다.

나약하였다는 죄에 연루되어 불려와 감옥에 갇혔다가 면직되었다. 알자[136] 왕신(王信)이 유상의 군영을 관장하고 부한(枹罕, 감숙성 臨夏縣)에 주둔하게 하였으며, 알자 경담(耿譚)이 조세의 군영을 거느리고 백석(白石, 감숙성 임하현의 서남쪽)[137]에 주둔하게 하였다.

경담이 이에 상금을 내걸었더니, 여러 종족들이 자못 와서 귀부하였다. 미당이 두려워하여서 항복을 받아달라고 청하였는데, 왕신과 경담이 마침내 항복을 받아들이고 군사 활동을 중지하였다. 12월에 미당 등이 그들의 종족을 거느리고 궁궐에 와서 공물을 헌납하였다.

5   무인일(19일)에 양절왕(梁節王)[138] 유창(劉暢)이 죽었다.

6   애초 거소후(居巢侯) 유반(劉盤)이 죽자, 그의 아들 유개(劉愷)가 후사가 되어야 하는데, 아버지의 유언이라고 하면서 그의 동생 유헌(劉憲)에게 양보하고 숨어서 도망한 지 오래되자, 유사가 유개의 봉국을 철폐하여야 한다는 상주문을 올렸다. 숙종(肅宗)[139]은 그의 의로운 행동이 아름답다고 여기고 특별히 우대하여 그를 용서하였으나, 유개는 오히려 나타나지 않았다.

10여 년이 흘렀으므로 유사가 다시 이 문제를 상주하자, 시중 가규

---

135 행직이며 이는 대리직을 말하는 것으로, 관직명이 행정서장군이다.

136 황제의 곁에서 예빈의 업무를 담당하는 사람을 말한다.

137 백석현은 본래 금성군(金城郡)에 속했었지만 이때에는 농서군에 속하였다.

138 양왕 유창이 죽자 시호를 절왕이라고 하였다.

139 장제 유조를 말한다.

(賈逵)가 편지를 올렸다.

"공자가 말씀하시기를 '예의와 양보하는 태도를 가지고 나라를 다스
린다면 무슨 일이 있겠는가?'[140]라고 하였습니다. 유사가 원래 즐겁고
착한 마음을 가지고 있지 않아서 보통의 법으로 이 문제를 옭아매려고
하고 있으니, 자기를 이기고 양보하는 기풍이 자라지 못하여 이를 넓혀
서 교화를 이룩하는 것이 아닐까 두렵습니다."

황제가 이 의견을 받아들이고 조서를 내려 말하였다.

"왕도정치의 법도는 선을 높여서 사람들의 미덕을 완성시키는 것이
니 유헌이 작위를 이어받는 것을 들어주지만 이 일은 사리의 마땅한
경우를 만나 결정한 것이니 이후에는 이 사건에 비교하여 일을 처리할
수 없다."

마침내 유개를 징소하여 벼슬을 주어 낭으로 삼았다.

7 남선우 난제사자(欒提師子)가 죽고 선우 난제장(欒提長)의 아들 난
제단(欒提檀)이 즉위하여 만씨시축제(萬氏尸逐鞮) 선우[141]가 되었다.

효화제 영원 11년(己亥, 99년)

1 여름 4월 병인일(9일)에 천하에 사면하였다.

---

140 《논어》〈이인편(里仁篇)〉에 나오는 말이다.

141 난제사자(欒提師子)는 흉노의 32대 선우인 정독시축후제(亭獨尸逐侯鞮)이고,
   난제장(欒提長)은 28대이다. 만씨시축제(萬氏尸逐鞮)는 33대 선우이다.

2   황제가 조회를 이용하여 여러 유학자들을 불러 접견하고, 중대부 노비(魯丕)와 시중 가규(賈逵), 상서령 황향(黃香) 등에게 몇 가지 문제[142]를 서로 토론하게 하였는데, 황제는 노비의 설명이 훌륭하다고 하고 조회를 끝낸 다음에 특별히 의관을 하사하였다.

노비는 이 기회를 이용하여 상소문을 올렸다.

"신 노비가 듣건대, 경전을 설명하는 자는 먼저 계셨던 스승의 말씀을 전하는 것이지 자기의 의견을 내서 서로 나무랄 수 있는 것이 아닙니다. 서로 나무라면 도가 분명해지지 않는 것이니, 마치 규구(規矩)와 권형(權衡)[143]을 구부릴 수 없는 것과 같습니다.

힐난하는 자는 반드시 그 근거를 밝혀야 하고, 해설하는 자는 그 뜻을 세우는데 힘써야 할 것이며 들뜨고 화려하지만 쓸데없는 말은 여러 사람 앞에서 진술하지 않아야 하니, 그러므로 곰곰이 생각하며 수고롭게 하지 않아도 도술(道術)은 더욱 빛날 것입니다.

설법이 다른 사람은 각기 스승의 설법을 스스로 설명하게 하여 그 뜻을 넓게 보아야 할 것이며, 저 추요(芻蕘)[144]가 말을 하여 죄를 얻고 그윽하고 먼 이치가 다만 유실되는 일이 없게 하여 주십시오."

효화제 영원 12년(庚子, 100년)

---

142 유가(儒家) 경전에서 의심되는 문제를 말한다.

143 규는 자를 말하고 구는 원을 그리는데 필요한 곡척을 말한다. 권형은 저울을 말한다. 이러한 도량형 기구는 마음대로 바꿀 수 없는 물건이다.

144 나 무나 꼴을 베는 사람이란 말로 스스로를 낮추어 겸손하게 말한 것이다.

1 여름, 4월 무진일(16일)에 자귀산(秭歸山, 호북성 자귀현)이 무너졌다.

2 가을, 7월 초하루 신해일에 일식이 있었다.

3 9월 무오일(9일)에 태위 장포(張酺)가 면직되었다. 병인일(17일)에 대사농 장우(張禹)를 태위로 삼았다.

4 소당에 사는 강족의 우두머리 미당이 이미 들어와서 조현하자, 그 나머지 종족들은 2천 명을 넘지 않았으며, 배고프고 군색하여 자립하지 못하게 되니 들어와 금성(金城, 감숙성 난주시)에 거주하였다.

황제가 미당에게 그 종족들을 거느리고 대유곡(大楡谷)과 소유곡(小楡谷, 청해성 귀덕현의 동쪽)으로 돌아가라고 하였다. 미당은 한나라에서 황하에 다리를 놓아[145] 군사들이 그곳을 무상으로 출입할 수 있기 때문에 그 땅에서는 다시 거주할 수 없고, 자기들의 족속은 굶주렸기 때문에 먼 곳[146]으로 나갈 수 없다고 말하였다.

호강(護羌)교위 오지(吳祉) 등이 미당에게 많은 돈과 비단을 내려주고, 곡식과 가축을 사들이게 하여 요새 지대를 나가도록 재촉하니, 이 족속들은 다시 시기하고 놀라는 마음을 품었다.

이 해에 미당은 다시 반란을 일으켜 황중(湟中, 청해성 동북부 지역)에

---

145 화제 영원 원년(93년)에 호강교위 관우가 황하의 봉류대하에 다리를 놓았다. 이 사건은 《자치통감》 권48에 실려 있다.

146 지금 살고 있는 금성에서 대소유곡까지는 직선거리로 170km 정도이지만 그 사이에는 산이 대단히 많다.

사는 여러 흉노족을 협박하여 노략질을 해서 가버리니 왕신과 경담, 오지가 모두 이 일에 연루되어 소환되었다.

효화제 영원 13년(辛丑, 101년)

1   가을, 8월 기해일(25일)에 북궁의 성찬문(盛饌門)에 있는 누각에서 화재가 발생하였다.

2   미당은 다시 사지하곡(賜支河曲)[147]으로 돌아와서 병사를 거느리고 요새를 향하여 왔다. 호강교위 주유(周鮪)와 금성 태수 후패(侯霸), 그리고 여러 군의 병사들과 속국인 강족과 흉노족의 군사 도합 3만 명이 윤천(允川, 청해성 귀덕현의 서쪽)에 도착하였다.

후패가 미당을 격파하니 그 종족들이 와해되었고, 항복한 사람이 6천여 명이었는데, 나누어 한양(漢陽, 감숙성 감곡현), 안정(安定, 감숙성 진원현), 농서(隴西, 감숙성 임조현)로 옮겼다. 미당은 드디어 약해져서 멀리 사지하의 위쪽을 넘어가 발강(發羌)[148]에 의지하여 살았다. 오래 있다가 병들어 죽었고, 그의 아들이 와서 항복하였는데, 그 호수는 수십 가구를 채우지 못하였다.

---

147 사지하라고도 한다. 청해 귀덕현에서 홍해현까지 이어져 있는 황하의 양쪽을 말한다.

148 강족의 다른 지파이다. 또는 당나라 때의 투루판족이 바로 이 발강의 후예라고도 한다. 또 20세기의 장족(藏族)이 이 투루판족의 후예라고 한다.

3 형주(荊州, 호북성과 호남성)에 홍수가 났다.

4 겨울, 11월 병신일(14일)에 조서를 내렸다.

"유주(幽州)와 병주(幷州), 양주(涼州)는 호구가 대체로 적은데,[149] 변경에서의 요역이 많고도 심하니, 머리를 묶고 수양하여 좋은 관리가 될 수 있는 길은 좁다. 이적들을 만나서 안무하는 데는 사람을 근본으로 하여야 하니 변방에 있는 군의 인구가 10만 명 이상인 곳에서는 매년 효렴(孝廉) 1명을 천거하고, 10만 명에 이르지 못한 곳에서는 2년에 1명을 천거하며, 5만 명 이하인 곳에서는 3년에 1명을 천거하도록 하라."

5 선비족들이 우북평(右北平, 하북성 풍윤현)에 들어와 노략질하다가 드디어 어양(漁陽, 북경시 밀운현)에 들어오니, 어양 태수가 이를 쳐서 깨뜨렸다.

6 무진일(26일)에 사도 여개(呂蓋)가 늙고 병들어 벼슬에서 물러났다.

7 무산(巫山, 사천성 무산현)에 사는 만족 허성(許聖)이 군에서 세를 징수하는 것이 고르지 않다고 하여 원망하고 한스러워 하다가 드디어 반란을 일으켜, 신묘일[150]에는 남군(南郡, 호북성 강릉현)을 노략질하였다.

---

149 당시 유주에 있는 가장 큰 군의 인구는 10만 호였지만 현토군은 겨우 1천 524호였다. 병주에 있는 큰 군은 단지 3만여 호였고, 작은 군은 2천 호도 못되었다. 양주의 가장 큰 군은 3만 호가 못되었으며, 돈황군은 겨우 748호였다.

150 11월 1일은 계묘일이므로 11월에는 신묘일이 없다. 신묘가 신미의 잘못이라면 29일이고, 신미 앞에 12월이 빠진 것이라면 12월 20일이다.

효화제 영원 14년(壬寅, 102년)

1   봄, 안정(安定, 감숙성 진원현)에 살던 항복한 강족인 소하(燒何)의 종족이 반란을 일으키니, 군의 병사들이 그들을 쳐서 없앴다. 당시 서해(西海, 청해호)와 대·소유곡의 주위에서는 다시는 강족들의 노략질이 없었는데, 유미(隃麋)의 재상[151] 조봉(曹鳳)이 말씀을 올렸다.

"건무황제 이래로 서강족(西羌族)들 가운데 법을 위반한 사람들은 늘 소당(燒當)족속을 좇아서 시작되었으니, 그렇게 된 까닭은 그들이 대·소유곡에 살기 때문이며, 토지가 비옥하고 서해에서 물고기와 소금이 생산되는 이점을 갖고 있으며, 큰 강인 황하로 막혀서 굳게 지킬 수 있기 때문입니다.

또한 요새 근처에 사는 여러 종족들은 쉽게 비행을 저지르지만 이를 공벌(攻伐)하기는 어렵기 때문에 강대해질 수 있었고, 항상 여러 종족보다 웅장하여 그 주먹과 용기를 믿고서 강족과 흉노족을 유인하고 있습니다. 지금은 쇠약하여 곤고해졌고, 무리들을 원조하는 세력도 파괴되고 막혀서 도망하여 쥐새끼들처럼 살다가 멀리 가서 발강(發羌)족에게 의지하고 있습니다.

신은 어리석으나, 마땅히 이때 서해(西海)의 군현을 회복시켜 세우시고,[152] 이유(二楡)[153]를 굳게 통제하시며 널리 둔전을 설치하여 강

---

151 유미는 후작의 채읍지이다. 왕작을 받은 자가 있는 곳은 왕국이고, 후작을 받은 자가 있는 곳은 후국이다. 이러한 채읍 지역에는 일괄적으로 재상을 두는데, 이들이 후작 또는 왕작을 가진 자를 대신하여 그 지역을 다스린다. 유미국은 섬서성 천양현의 동쪽에 있다.

152 전한시대 왕망이 평제 원시 원년(4년)에 서해군을 설치하였었다.

족과 흉노족이 서로 왕래하는 길을 막아서 미친 듯 교활하게 살피고 넘보려는 근원을 두절시켜야 한다고 생각합니다. 또한 곡식을 심어 변경을 부유하게 하면 곡식을 운반하는 용역이 줄어서 국가에서는 서방에 대한 걱정거리를 없앨 수 있습니다."

황상이 이 의견을 좇아서 옛날 서해군(청해성 해연현)을 수선하고 정리하여 금성(金城)에 있던 서부도위를 그곳으로 옮겨 방위하게 하였는데, 조봉에게 벼슬을 주어 금성서부도위로 삼고 용기(龍耆, 청해성 낙도현)에 주둔하게 하였다. 그 후에 둔전을 넓게 늘려 황하를 끼고 늘어놓았는데 도합 34부를 만들었다. 그 공로가 세워지자 영초(永初) 연간[154]에 이르러서는 여러 강족들의 반란이 마침내 그쳤다.

2   3월 무진일(27일)에 벽옹(辟雍)[155]의 향사례(鄕射禮)에 임석하였다가 천하에 사면하였다.

3   여름, 4월에 사자를 파견하여 형주(荊州, 호북·호남성)의 군사 1만여 명을 감독하여 길을 나누어 무산(巫山)의 만족인 허성 등을 토벌하여 대파하였다. 허성 등이 항복을 받아달라고 빌자 모두 강하(江夏, 호북성 황강현)로 옮겨 두었다.

---

153 대유곡과 소유곡을 말한다.
154 후한 안제의 연호이다. 영초 연호를 사용한 것은 7년(107년~113년)이다.
155 국립대학에 해당하는 교육기관이다.

음황후와 등귀인의 됨됨이

4   음(陰)황후는 투기가 많아서 황제의 총애가 점차 쇠퇴하자 자주 원망과 한을 품었다. 황후의 외조모 등주(鄧朱)가 궁궐을 출입하였는데, 어떤 사람이 황후와 등주가 함께 무고(巫蠱)의 도(道)[156]를 시행한다는 말을 하였다. 황제가 중상시 장신(張愼)과 상서 진포(陳褒)에게 이 사실을 조사하게 하여 이들을 대역무도의 죄로 탄핵하니, 등주의 두 아들인 등봉(鄧奉)과 등의(鄧毅), 황후의 동생 음보(陰輔)가 모두 고문을 받다가 옥중에서 죽었다.

 6월 신묘일(23일)에 황후는 이 사건에 연루되어 폐위되어 동궁(桐宮)으로 옮겨졌고, 근심하다가 죽었다. 아버지인 특진 음강(陰綱)은 자살하였고, 황후의 동생 음일(陰軼)과 음창(陰敞), 등주의 가족들은 일남(日南, 베트남의 중부 지역)에 있는 비경(比景)으로 귀양 갔다.

5   가을, 7월 임자일(23일)에 상산상왕(常山殤王)[157] 유측(劉側)이 죽

---

156 한 무제 때 무고 사건이 크게 일어났다.

157 상산왕 유측이 죽자 시호를 상왕이라고 하였다.

었는데, 아들이 없어서 형인 방자후(防子侯) 유장(劉章)을 세워 상산왕으로 삼았다.

6   세 주에 홍수가 발생했다.

7   반초(班超)는 오랫동안 뚝 떨어진 지역에 있었고, 나이도 늙어 고향을 생각하며 편지를 올려 돌아오기를 빌었다.

"신 반초는 감히 주천군(酒泉郡, 감숙성 주천현)까지 가기를 바라지는 않습니다마는 다만 옥문관(玉門關, 감숙성 돈황현 서북쪽에 있는 관문) 안쪽으로 들어가서 살기를 원합니다. 삼가 아들 반용(班勇)을 파견하여 안식(安息, 이란)에서 바칠 물건을 가지고 가는 사람들을 따라서 요새지역 안으로 들어가고자 하는 것은 신 반초가 살아있을 때 반용에게 중국의 땅을 눈으로 직접 보게 하려는 것입니다."

조정에서 오래되어도 회보가 없자 반초의 누이동생 조대가(曹大家)[158]가 편지를 올려서 말하였다.

"만이들의 성품은 패역하여 늙은이를 모욕합니다. 반초는 조석 간에 땅으로 들어갈 형편인데도 오랫동안 그를 대신할 사람을 보지 못하였으니, 간사한 무리들이 나타날 근원을 열어 반역하고 반란하는 마음을 일으키게 할까 걱정입니다. 그러나 경과 대부들은 모두 다른 것과 마찬가지라는 생각에서 먼 훗날까지 고려하려고 하지 않으니, 만약에 갑자기 사건이라도 터지는 날에는 반초의 기력이 약해져서 마음먹은 대로

---

158 반초의 누이동생인 반소는 부풍 사람 조수에게 시집을 갔는데, 그는 박학하고 재주가 있어서 화제가 후궁들을 교육시키게 하였다. 그리하여 조대가로 불렸다.

좇을 수 없게 된다면, 위로는 국가에서 여러 세대를 쌓아온 공로에 손해를 끼치고, 아래로는 충성스런 신하가 온 힘을 다하여 이룩한 쓰임을 버리는 것이 되니 진실로 가슴 아픈 일이라 할 것입니다.

그러므로 반초는 만 리나 떨어진 밖에서 정성스런 마음을 보여주면서 스스로 고생스럽고 급한 상황을 진술하였으며, 목을 길게 늘이고 멀리 바라보며 기다린 지가 오늘까지 3년이나 되었습니다마는, 아직도 조정에서 살펴보시는 기회를 얻지 못하였습니다.

첩이 가만히 듣건대 옛날에는 15세에 무기를 받았다가 60세가 되면 이를 돌려보내며 또한 휴식하는 기간에는 군대의 직책을 맡지 않는다고 합니다. 그러므로 첩은 죽음을 무릅쓰고 반초를 위하여 그의 슬픈 사정을 헤아려 달라고 요구하며, 반초가 여생 동안에 한 번이라도 살아서 돌아와 다시금 궁궐의 뜰을 보고, 국가로 하여금 먼 곳에 대한 염려를 없게 하고, 서역에도 갑자기 나타나는 걱정거리를 없애며, 반초는 문왕이 죽은 사람의 뼈를 장사지낸 것[159]과 같은 은덕과 전자방(田子方)[160]이 늙은 말을 애달프게 생각하였던 은혜를 오래 입을 수 있도록 하여 주시기를 빕니다."

황제는 이 말에 감동하여 마침내 반초를 징소하여서 돌아오게 하였다.

---

159 주나라 문왕이 영대를 만들다가 해골이 발굴되자 다른 곳에 묻어주라고 하니 관리들이 '주인도 없는 해골을 왜 묻어주려고 하는가?'라고 하였다. 이에 문왕이 '바로 내가 그 해골의 주인인데 다른 곳에서 찾으려고 하지 마라.'라고 해서 해골을 잘 묻어 주었다.

160 위나라의 문후인 위사의 스승이 전자방이다. 전자방은 위사가 늙은 말을 버리려고 하자 나이 어렸을 때에는 온 정력을 다 쏟게 하더니 늙으니까 버리려고 하니 정말로 어질지 못하다고 하고, 그 말을 양육하게 하였다.

8월에 반초가 낙양에 이르자 벼슬을 주어 사성(射聲)교위로 삼았지만 9월에 죽었다.

반초가 징소되자 무기(戊己)교위 임상(任尙)을 대신 도호로 삼았다. 임상이 반초에게 말하였다.

"군후[161]께서는 외국에 30년간 계셨는데, 소인이 외람되게도 군후의 뒤를 잇게 되어 책임은 중하지만 생각은 얕으니, 마땅히 이에 대하여 가르침을 주십시오."

반초가 말하였다.

"나이가 많아 늙으면 지혜를 잃게 마련입니다. 그대는 자주 높은 지위를 감당하였으니, 어찌 이 반초가 따라갈 수 있겠습니까?

부득이하여 꼭 말씀드려야 한다면 바라건대 어리석은 말을 올리게 해주십시오. 요새 밖에 나가있는 관리와 병사들은 본래 효도하거나 순종하는 자손들이 아니고 모두가 죄나 허물을 가지고 변경에 있는 둔전에 귀양 와서 보충된 사람들입니다. 그리고 만이들은 새나 짐승 같은 마음을 품고 있어서 기르기가 어려워 실패하기 쉽습니다.

지금 그대의 성격은 아주 엄격하고 급한데 물이 맑으면 큰 고기는 없게 되고, 살펴보는 정치를 하면 아랫사람들이 화합할 수가 없으니 마땅히 호탕하면서도 간단하고 쉽게 일을 하며 작은 허물은 관대하게 처리하면서 대체적인 줄거리만 관장하면 됩니다."

반초가 가자 임상이 사사롭게 친한 사람에게 말하였다.

"나는 반군이 당연히 기이한 계책을 갖고 있을 것으로 생각하였는데, 지금 말한 것을 보니 평범할 뿐이군."

---

161 반초를 높여 부른 것이다.

임상이 뒤에 가서 끝내 변경 지역의 화평한 상태를 잃어버려서 반초가 말한 것처럼 되었다.

8   애초 태부 등우(鄧禹)가 일찍이 어떤 사람에게 말하였다.

"내가 백만 대군의 무리를 거느리면서 일찍이 멋대로 한 사람도 죽인 일이 없으니, 후세에는 반드시 흥하는 사람이 있을 것이다."

그의 아들인 호강(護羌)교위 등훈(鄧訓)에게 등수(鄧綏)라는 딸이 있었는데, 성품이 효성스럽고 우애가 있으며 책을 좋아하였고, 항상 낮에는 부녀자로서의 할 일을 닦고 밤에는 경전을 외웠으므로 그 집안사람들이 그를 '제생(諸生)¹⁶²'이라고 불렀다.

숙부 등해(鄧陔)가 말하였다.

"일찍이 천 명의 사람을 살린 자의 자손은 봉작을 받을 것이라는 말을 들었다. 나의 형님이신 등훈은 알자가 되어 석구하(石臼河)¹⁶³의 수리를 하게 하여 해마다 수천 명씩 살렸다. 천도(天道)는 믿을 만하니 집안이 반드시 복을 받을 것이다."

등수는 뒤에 뽑혀서 궁중에 들어가 귀인이 되었는데 공손하고 정숙하고 조심하였으며 움직일 때에도 법도가 있었으므로 음후(陰后)를 섬기게 되었는데, 같은 직급에 있는 사람들을 접대하고 위무할 때에도 항상 자기를 이기고 다른 사람의 아래에 있었고, 비록 궁인이나 부리는 사람이라고 할지라도 모두에게 은혜를 베풀어서 황제가 깊이 가상하

---

162 태학생은 아니지만 태학생 같이 공부한다고 하여 붙인 별명이다.

163 장제 건초 3년(78년)에 이 하천을 수리하는 문제를 의논하였는데, 《자치통감》 권46에 그 내용이 실려 있다.

게 생각하였다.

일찍이 병이 들자 황제가 특별히 명령을 내려 그의 어머니와 형제들이 궁궐에 들어와 친히 의약을 쓰게 하면서 일수에 제한을 두지 않게 하였지만 귀인은 사양하며 말하였다.

"궁실은 지극히 중요한 곳이니 밖에 사는 사람들에게 궁궐 안에 오래 있게 한다는 것은 위로는 폐하께 사사로이 사람을 아낀다는 비난을 받게 할 것이며, 아래로는 천첩(賤妾)이 알 수 없는 비방을 받게 할 것이므로 위아래가 모두 바꾸어가며 손해를 보게 될 것이니 진실로 원치 않습니다."

황제가 말하였다.

"사람들은 모두 궁궐에 자주 들어오는 것을 영광으로 생각하는데, 귀인은 도리어 이것을 근심하는구려!"

연회가 열릴 때마다 여러 희첩(姬妾)들은 경쟁적으로 스스로 몸치장을 하였지만 귀인은 홀로 질박한 것을 숭상하였는데 그의 옷에 음황후와 같은 색깔이 있으면 즉시 바꾸어 입었고, 만약에 동시에 들어가서 황제를 알현할 때면 감히 바로 앉거나 나란히 서있는 일이 없었으니 걸어갈 때면 몸을 구부려 스스로를 낮게 하였고, 황제가 묻는 것이 있을 때마다 항상 미루다가 대답하여 감히 황후보다 먼저 말하지 않았다.

음황후는 키가 작았고 가고 올 때 의례에 맞지 않을 경우가 있었는데, 그 주위에서는 입을 가리고 웃었지만 귀인은 홀로 걱정하고 즐거워하지 않으면서 이를 숨기고 꺼렸으며 마치 자기의 실수인 것처럼 하였다. 황제는 귀인이 마음을 쓰고 몸을 굽히는 것을 알고 감탄해서 말하였다.

"덕을 닦고자 하는 노력이 마침내 이와 같이 되었구나!"

그 후 음황후에 대한 총애가 쇠퇴하여지자 귀인은 매번 황제에게 나아가서 알현할 때마다 번번이 몸이 불편하다고 사양하였다.

그때 황제는 자주 황자(皇子)를 잃어버렸는데, 귀인은 황제의 뒤를 이을 사람이 많지 않은 것을 걱정하여 자주 재인(才人)¹⁶⁴을 선발하여 황제에게 바쳐서 황제의 속마음을 넓게 갖도록 하였다. 음황후는 귀인의 덕을 칭송하는 일이 날로 번성하자 이것을 심하게 질투하였는데, 황제가 일찍이 병이 나 드러누워 매우 위독하게 되자, 음황후가 비밀리에 말하였다.

"내가 뜻을 얻는 날에는 등(鄧)씨 집안사람들을 다시는 하나도 남기지 않겠다!"

귀인이 이 말을 듣고 눈물을 흘리면서 말하였다.

"내가 정성을 다하여 황후를 섬겼건만 끝내 도움을 받지 못하게 되었다. 지금 나는 마땅히 좇아 죽어서 위로는 황제의 은덕에 보답하고, 그다음으로 우리 집안이 입을 화를 풀어버리며, 맨 마지막으로는 음씨로 하여금 '사람돼지'¹⁶⁵를 만들었다는 비난을 듣지 않게 해야 할 것이다."

즉시 독약을 마시려고 하였다.

궁녀인 조옥(趙玉)이라는 사람이 이를 강하게 금지시키며 거짓으로 말하기를 '마침 사자가 왔는데, 황상께서 이미 병이 다 나으셨다.'고 하자 귀인은 마침내 중지하였다. 다음날 황상의 병이 과연 다 나았다. 음황후를 폐위시키기에 이르자 귀인이 구해줄 것을 청하였으나, 할 수 없

---

164 전한시대의 궁중 작호에는 미인과 양인이 있었으며, 재인은 후한 때의 작호이다.

165 전한시대에 유방이 죽자 여후가 척부인을 학대하고 사람돼지(人彘)라고 하다가 죽였다. 이 사건은 혜제 원년에 있었고 《자치통감》 권12에 실려 있다.

게 되었고, 황제는 귀인을 황후로 삼으려고 하였으나, 귀인은 더욱 병
이 위독하다고 하면서 깊숙이 들어가서 스스로 문을 닫고 끊었다.

겨울, 10월 신묘일(24일)에 조서를 내려 귀인 등씨를 세워서 황후로
삼았는데, 황후는 사양하다가 부득이하게 된 뒤에 즉위하였다. 여러 군
과 봉국에서 공물을 바쳤으나 모두 금지하고 받지 못하게 영을 내리고
세시(歲時)[166]로 다만 종이와 먹만을 공급하게 할 뿐이었다.

황제가 매번 등씨들에게 관직이나 작위를 주려고 하였지만 황후가
번번이 애원하며 겸손하여 양보하게 해달라고 청하였다. 그러한 연고
로 그의 오빠 등즐(鄧騭)은 끝내 황제가 살아있을 때에는 호분(虎賁)중
랑장에 지나지 않았다.

---

166 1년 혹은 계절마다 있는 절기를 말한다.

화제의 죽음으로 정치를 한 등태후

9 정유일(30일)에 사공 소감(巢堪)이 파직되었다.

10 11월 계묘일(6일)에 대사농인 패국(沛國, 안휘성 저계현) 사람 서방 (徐防)을 사공으로 삼았다. 서방이 상소문을 올렸다.

"한나라에서는 박사 14가(家)[167]를 설치하고, 갑을과(甲乙科)[168]를 두어서 학자들에게 부지런히 공부하도록 권고하였습니다. 엎드려 살 피건대 태학에서 박사제자를 시험하는데, 모두가 자기의 의견을 설명 하게 하고 가법(家法)을 공부하지 않고 있어서 사사롭게 서로 포용하 고 숨겨서 간사한 사람들이 나갈 길을 열어주고 있습니다.

매번 대책을 시험할 때에는 번번이 다툼이 일어나고 논의하는 것이

---

167 후한 광무제 때 5경의 표준을 확정하였는데, 《역경》에는 시수·맹희·양구하· 경방이고, 《서경》에는 구양화백·하후승·하후건이며, 《시경》에는 신배·원고· 한영이고, 《춘추》에는 엄팽조·안안락이며, 《예기》에는 대덕·대경으로 14명이 있었다. 이를 14가라고 한다.

168 각과에서 공부하는 박사제자는 매년 시험을 쳐서 갑등은 40명을 뽑아서 낭 중으로 채용하고, 을등은 20명을 뽑아서 태자의 수종관인 태자사인으로 채 용하였다.

엇갈려서 서로 시비를 하고 있습니다. 공자는 '서술하되 짓지는 않는다.'[169]고 말하였으며, 또한 '나는 오히려 역사책에 빠진 글이 있는 것을 보았다.'[170]고 하였습니다.

지금은 장구(章句)에 의거하지 않고 망령되게 천착(穿鑿)하여 자기의 스승을 존중하는 것은 옳지 않고, 자기의 뜻을 만들어내 설명하는 것에서 이치를 얻을 수 있다고 하여 도술(道術)을 가볍게 생각하고 모욕하다가 점점 물들어서 풍속을 이루었으니, 진실로 조서를 내려 실제로 인재를 선발하려 하셨던 본래의 뜻이 아닙니다.

경박함을 고치고 충성스러운 마음을 따르는 것이 삼대(三代)에 늘 있었던 도리입니다.[171] 마음을 오로지하여 자세히 하고 근본적인 것에 힘쓰는 것이 유학에서 먼저 해야 할 것입니다.

신은 박사와 갑을과의 책시(策試)는 마땅히 그 가법(家法)의 장구를 좇아서 50개의 어려운 문제를 내어 그들을 시험하고 해석을 많이 한 사람을 일등으로 하고, 글을 분명하게 인용한 사람을 높은 학설로 삼아

---

169 '술이부작(述而不作)'이라는 말로 《논어》의 〈술이편〉에 보인다.

170 《논어》의 〈영공편〉에 나오는 이 구절은 공자가 어렸을 때 옛날 사관이 쓴 책의 중간에 비거나 빠진 곳이 있었는데, 나이 먹은 지금 그 빠진 부분을 찾아볼 수 없으니 이것은 그 후에 사람들이 자기의 뜻대로 빠졌던 부분을 보충해 넣은 것이라는 말이다. 그러나 고대의 사관은 책에 모르는 것이 있으면 쓰지 않고 할 수 있는 사람을 기다렸다.

171 사마천은 '하나라의 정치는 충(忠)을 내세웠는데, 충의 폐단은 소인들은 조야(粗野)해지니 은나라는 이것을 경(敬)으로 이어받았는데, 경의 폐단은 소인이 귀(鬼)를 존경하니 그러므로 주나라에서는 이를 이어받아서 문(文, 의례)으로 하였다. 문의 폐단은 소인들이 허례(虛禮)에 빠지니 그러므로 허례를 구하는 것은 충이라.'고 하였다. 따라서 3왕의 도는 순환하여 다시 되돌아왔다.

야 한다고 생각합니다. 만약에 먼저 계셨던 스승의 말씀에 의거하지 않고 뜻이 서로 어긋나게 되면 바로 잘못된 것으로 여겨집니다."

　황상이 이 말을 좇았다.

11　이 해에 처음으로 대장추(大長秋)¹⁷² 정중(鄭衆)을 소향후(鄛鄕侯)로 삼았다.

효화제 영원 15년(癸卯, 103년)

1　여름, 4월 그믐 갑자일에 일식이 있었다. 그때 황제는 숙종(肅宗) 시대의 고사를 존중하였으므로 형제들은 모두 경사에 머물게 하였는데, 유사는 일식이 음기(陰氣)가 왕성하여 나타난 것이라고 하여 여러 친왕들을 그들의 봉국으로 보낼 것을 주청하였다.

　조서를 내려 말하였다.

　"갑자일에 나타난 이변은 그 책임이 한 사람으로 말미암은 것이다. 여러 친왕들은 어려서 일찍 부모 곁을 떠나보내 돌아보고 또 돌아보면서 약관의 나이로 길러지게 되면 항상 〈육아(蓼莪)〉와 〈개풍(凱風)〉¹⁷³에서 나오는 것 같은 슬픔을 가질 것이다. 선나(選懦)¹⁷⁴한 은혜를 베

---

172 대장추는 황후궁을 총관리하는 환관인데, 환관에게 작위를 준 일이 처음이었다. 정중이 두헌을 죽인 공로로 후작을 받았다.

173 《시경》의 〈육아편〉과 〈개풍편〉을 말한다. 모두 부모나 어머니를 그리는 시이다.

174 사랑하고 연모하여서 결단을 내리지 못하는 뜻을 말한다.

푸는 것이 국가의 법전에 맞지 않음을 알지만 그래도 다시 머무르게 하겠다."

2   가을, 9월 임오일(20일)에 거가가 남쪽으로 순행하는데, 청하왕(淸河王), 제북왕, 하간왕[175] 세 왕이 나란히 좇아갔다.

3   네 주에서 큰 비가 내렸다.

4   겨울, 10월 무신일(17일)에 황제는 장릉(章陵, 황실의 고향인 호복성 조양현)에 행차하였다가 무오일(27일)에 더 나아가서 운몽(雲夢, 호북성 운몽현)에 행차하였다. 그때 태위 장우(張禹)가 유수(留守)[176]하고 있는데, 거가[177]가 강릉(江陵, 호북성 강릉현)까지 행차하여야 한다는 소식을 듣자 모험을 하면서 멀리까지 유람하는 것을 마땅하지 않다고 생각하여 역마를 이용하여 간하는 말을 올렸다.

조서를 내려서 회보하였다.

"성묘하고 제사지내는 일[178]을 이미 끝마쳤으니, 마땅히 남쪽으로 가서 대강(大江, 양자강)에서 예를 차리려고 하였소. 마침 그대의 상주문을 보았으니 한수(漢水)까지 갔다가 수레를 돌려서 돌아가겠소."

11월 갑신일(23일)에 궁궐로 돌아왔다.

---

175 청하왕은 유경이고, 제북왕은 유수이며, 하간왕은 유개이다.
176 황제가 수도를 떠나 있을 때에 수도에 남아서 지키는 일을 말한다.
177 황제의 수레를 말하지만 황제라는 단어 대신 쓰이는 경우가 많다.
178 장릉에는 유수의 할아버지 등 네 명의 묘가 있다.

5　　영남(嶺南)에서는 옛날부터 용안(龍眼)과 여지(荔枝)[179]를 날것으로 공물을 받쳤는데, 10리마다 역을 하나씩 설치하고, 5리마다 후(候)[180] 하나를 설치하고서 밤낮을 가리지 않고 전달하여 보내왔다.

임무(臨武, 호남성 임무현) 현장인 여남(汝南, 하남성 여남현) 사람 당강(唐羌)이 편지를 올렸다.

"신이 듣건대 윗자리에 있는 사람은 입맛에 맞는 음식을 먹는 것을 덕으로 삼지 않는다고 하며, 아랫사람은 선물을 바치는 것을 공로로 삼지 않는다고 합니다. 엎드려 살피건대 교지(交趾) 지역에 있는 일곱 군[181]에서는 날 용안 등을 바치는데 새도 놀랄 정도의 바람이 일 정도로 빠르게 운송합니다. 남쪽 주의 토지는 덥고 열이 많아서 독충과 맹수들이 길에 끊이지 않아 닿기만 하면 사망에 이르는 해로움이 있습니다.

죽은 사람이 다시 살아날 수 없다고 하여도, 가져온 것으로는 사람을 구해줄 수 있어야 합니다. 이 두 가지 물건을 전각(殿閣)[182]에 올렸다고 하여서 반드시 사는 햇수를 늘려 오래 살게 하는 것은 아닙니다."

황제가 조서를 내려서 말하였다.

"먼 나라에서 보내오는 진귀한 음식물은 본래 종묘에 제사지내려고

---

179 용안과 여지는 모두 열대 지역에서 나는 과실이다. 용안은 나무의 높이가 5~6장 정도이고 여지와 비슷하지만 좀 작다. 여지의 나무 높이는 5~6장 정도인데 큰 것은 계수나무만한 것도 있으며, 열매는 달걀 만한데, 달고 즙이 많아서 석류와 비슷하다. 날것이란 찌거나 말리지 않은 것을 말한다.

180 말을 갈아타기 위하여 길옆에 만들어 둔 시설이다.

181 교지주의 치소는 광동성 광주시에 두었는데, 관할하는 군은 남해·창오·욱림·합포·교지·구진·일남이다.

182 궁궐에 올려서 먹게 한다는 뜻이다.

하는 것인데, 진실로 사람을 상하고 해치게 한다면 어찌 백성들을 아끼는 근본이 되겠는가? 태관[183]에게 칙령을 내리니 다시는 바치는 물건을 접수하지 마라."

6　이 해에 처음으로 군과 봉국에 명령을 내려서 해가 북쪽에 이르는 날[184]에 경범죄를 심사하게 하였다.

효화제 영원 16년(甲辰, 104년)

1　가을, 7월에 가뭄이 들었다.

2　신유일(4일)에 사도 노공(魯恭)이 면직되었다.

3　경오일(13일)에 광록훈 장포(張酺)를 사도로 삼았는데 8월 기유일(22일)에 장포가 죽었다. 겨울, 10월 신묘일(5일)에 사공 서방(徐防)을 사도로 삼았고, 대홍려 진총(陳寵)을 사공으로 삼았다.

4　11월 기축일[185]에 황제가 구지(緱氏, 하남성 언사현의 구지진)에 행

─────────

183 황제의 주방을 담당하는 책임자이다.

184 하지를 말한다.

185 11월 1일은 병진일이므로 11월에는 기축일이 없다. 만약 기축(己丑)이 을축(乙丑)의 잘못이라면 10일이다.

차하였다가 백비산(百岯山, 구지진의 남쪽에 있는 산)에 올랐다.

5   북흉노에서 사자를 파견하여 칭신(稱臣)[186]하고 공물을 바쳐 화친하면서 호한야(呼韓邪)[187]시대에 맺었던 옛 약조대로 만들자고 청하였다. 황제는 그들이 옛날 예법대로 갖추어 시행하지 못하였다고 하여 허락하지 않았으나 후하게 상을 내려주며 그들의 사신에게는 응답하지 않았다.

효화제 원흥 원년(乙巳, 105년)

1   봄, 고구려(高句驪)왕 고궁(高宮)[188]이 요동의 요새 지역으로 침구하여 여섯 현을 노략하였다.[189]

2   여름, 4월 경오일[190]에 천하에 사면하고 기원[191]을 고쳤다.

---

186 칭신이란 국가와 국가 간에 호칭에 있어서 상대국을 황제의 나라로 보고 자기 나라를 신하로 인정한다는 의미를 지닌 호칭이다.

187 흉노의 14대 선우이고, 이름은 난제계후책이다.

188 고구려의 麗를 驪로 쓰고 있다. 고궁은 고구려 6대 태조왕이다. 이 해는 고구려 태조 26년이다.

189 호삼성은 고구려 태조 때에 이르러 점점 강해져서 자주 변새를 침범하였다고 하였다. 이때 고구려는 요동성 신빈현에 도읍하고 있었다.

190 4월 1일이 갑신일이므로 4월에는 경오일이 없다. 만약에 경오(庚午)가 경자(庚子)의 잘못이라면 경자일은 17일이다.

3 가을, 9월에 요동 태수 경기(耿夔)가 고구려를 쳐서 격파하였다.

4 겨울, 12월 신미일(22일)에 황제가 장덕전(章德殿)의 전전(前殿)에서 붕어하였다.[192]

애초 황제가 아들을 잃은 것이 전후로 10여 명이었는데, 후에 태어난 사람은 번번이 숨겨서 비밀리에 민간에서 양육하게 하였으니, 여러 신하들 가운데 아는 사람이 없었다. 황제가 붕어하자 등(鄧)황후는 마침내 민간에서 황제의 아들을 거두어 들였다. 장자 유승(劉勝)은 고질병이 있었고, 어린 아들 유융(劉隆)은 낳은 지 비로소 1백여 일이었지만 맞이하여 황태자로 삼았다가 그날 밤으로 황제에 즉위하게 하였다.

황후를 높여서 황태후로 삼고, 태후가 조회에 임석하였다. 이때 새로이 큰 걱정거리[193]를 만났으므로 법으로 금지하는 조치가 아직 내려지지 않았는데, 궁중에서 커다란 보석 상자 하나가 없어졌다. 태후는 고문하고 싶었으나 반드시 죄 없는 사람이 연루되게 될 것이라고 생각하고서 친히 궁궐에 있던 사람들을 살펴보고 얼굴색을 관찰하니 바로 머리를 수그리고 자복하였다.

또 화제가 아끼던 길성(吉成)이란 자가 있었는데, 시중을 드는 사람들이 함께 길성이 무고(巫蠱)하는 일[194]을 벌였다고 하여 액정(掖

___
191 원흥이라고 하였다.

192 이때 화제 유조의 나이는 27세였다.

193 황제의 붕어를 말한다.

194 등태후를 저주하기 위하여 태후의 8자를 쓴 나무인형을 땅 속에 묻었다는 것이다.

庭)[195]에 내려 보내어 심문하니 말과 증거로 내세운 것이 분명하였다.

태후는 길성이 먼저 돌아가신 황제의 주위에 있어서 그녀에게 은혜를 베풀며 대우하여 평일에 오히려 아무런 악담을 하는 일이 없었는데, 오늘에 와서 도리어 이와 같이 했다는 것은 사람의 정리로 보아 맞지 않다고 생각하였다. 다시 스스로 불러 사실의 내용을 살펴보니, 과연 시중을 드는 자들이 한 짓이었으므로 성스럽고 분명하다고 탄복하지 않는 자가 없었다.

5   북흉노가 거듭 사신을 파견하여 돈황(敦煌, 감숙성 돈황현)에 이르러 물건을 바치고 나라가 가난하여 예의를 제대로 갖추지 못하였다고 말하면서 대사를 보내달라고 청하고, 마땅히 아들을 보내 입시(入侍)하게 하겠다고 하였다.[196] 태후는 또한 그 사신에게 응답하지 않고 덧붙여 상을 내려줄 뿐이었다.

6   낙양(雒陽)[197] 현령인 광한(廣漢, 사천성 수녕현) 사람 왕환(王渙)은 처신하는 것이 공평하고 올바르며, 분명하게 살펴서 간사하고 숨어 있는 것을 찾아낼 수 있었으며, 밖으로는 가혹한 정치를 하였으나, 안으로는 자비롭고 어진 마음을 품고 있었다.

무릇 고르게 단안을 내린 것에 대하여서는 기쁘게 복종하지 않는 자

---

195 궁정을 전체적으로 관리하는 기관이고 액정에는 액정령이 있다.

196 대사를 그 나라에 보내면 대사가 돌아올 때 인질을 딸려 보내겠다는 말이다.

197 낙양의 洛은 여기에서 雒으로 썼는데, 이는 후한이 적색을 숭상하므로 물과는 상극관계라고 생각하고 수(水)자가 들어가는 글자인 洛을 바꾸어 雒으로 쓴 것이다.

가 없어서 경사에서는 신(神)이라고 여기었는데, 이 해에 관직에 있으면서 죽으니 백성들은 시장이나 길에서도 한탄하며 눈물을 흘리지 않는 자가 없었다.

왕환의 영구가 서쪽에 있는 고향으로 돌아가는데, 도중에 홍농(弘農, 하남성 영보현)을 지나게 되자 백성들과 서민들이 모두 길에 제물을 상에다 차려놓아서 관리가 그 연유를 물으니 모두 말하였다.

"평상시 쌀을 가지고 낙양에 도착하면 관리와 졸병들이 약탈하여 항상 반을 잃었습니다. 왕군(王君)[198]께서 일을 보시면서부터는 억울하게 침탈되는 일을 보지 못하였으니 그러므로 와서 은혜에 보답하려는 것입니다."

낙양의 백성들이 사당을 세우고, 시를 지으면서 매번 제사지낼 때마다 연주하고 노래하며 그에게 제물을 올렸다.

태후가 조서를 내려서 말하였다.

"무릇 충성스럽고 훌륭한 관리는 국가가 잘 다스려지기 위하여 있는 것이어서 그들에게 아주 부지런히 일하도록 요구하고 있지만 그러한 사람을 찾아내는 것은 아주 적은데, 오늘 왕환의 아들 왕석(王石)을 낭중[199]으로 삼아 수고하고 부지런하기를 권하노라."*

---

198 왕환을 높여 부른 것이다.

199 궁정을 지키는 초급 금위관이다.

❖ 황제 계보도

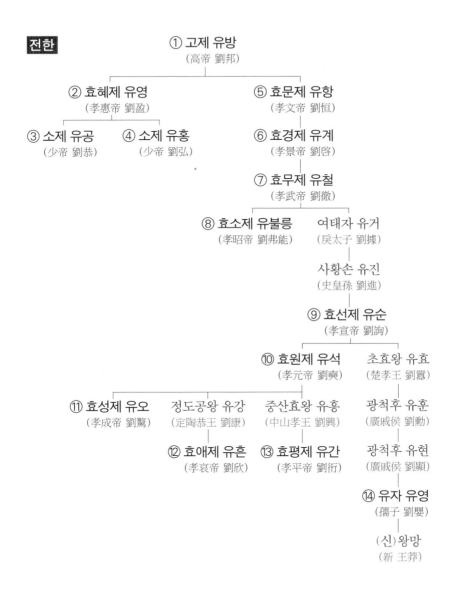

전한

① 고제 유방
(高帝 劉邦)

② 효혜제 유영
(孝惠帝 劉盈)

⑤ 효문제 유항
(孝文帝 劉恒)

③ 소제 유공
(少帝 劉恭)

④ 소제 유홍
(少帝 劉弘)

⑥ 효경제 유계
(孝景帝 劉啓)

⑦ 효무제 유철
(孝武帝 劉徹)

⑧ 효소제 유불릉
(孝昭帝 劉弗陵)

여태자 유거
(戾太子 劉據)

사황손 유진
(史皇孫 劉進)

⑨ 효선제 유순
(孝宣帝 劉詢)

⑩ 효원제 유석
(孝元帝 劉奭)

초효왕 유효
(楚孝王 劉囂)

⑪ 효성제 유오
(孝成帝 劉驁)

정도공왕 유강
(定陶恭王 劉康)

중산효왕 유흥
(中山孝王 劉興)

광척후 유훈
(廣戚侯 劉勳)

⑫ 효애제 유흔
(孝哀帝 劉欣)

⑬ 효평제 유간
(孝平帝 劉衎)

광척후 유현
(廣戚侯 劉顯)

⑭ 유자 유영
(孺子 劉嬰)

(신) 왕망
(新 王莽)

① 광무제 유수
(光武帝 劉秀)

② 효명제 유장
(孝明帝 劉莊)

③ 효장제 유달
(孝章帝 劉炟)

④ 효화제 유조
(孝和帝 劉肇)

청하효왕 유경
(淸河孝王 劉慶)

천승정왕 유항
(千乘貞王 劉伉)

제북혜왕 유수
(濟北惠王 劉壽)

⑤ 효상제 유륭
(孝殤帝 劉隆)

⑥ 효안제 유호
(孝安帝 劉祜)

낙안이왕 유총
(樂安夷王 劉寵)

⑦ 소제 북향후 유의
(少帝 北鄕侯 劉懿)

⑧ 효순제 유보
(孝順帝 劉保)

발해효왕 유홍
(渤海孝王 劉鴻)

⑨ 효충제 유병
(孝沖帝 劉炳)

⑩ 효질제 유찬
(孝質帝 劉纘)

하간효왕 유개
(河間孝王 劉開)

여오후 유익　　　　해독정후 유숙
(蠡吾侯 劉翼)　　　(解瀆亭侯 劉淑)

⑪ 효환제 유지　　　해독정후 유장
(孝桓帝 劉志)　　　(解瀆亭侯 劉萇)

⑫ 효령제 유굉
(孝靈帝 劉宏)

⑬ 소제 홍농왕 유변　　　⑭ 효헌제 유협
(少帝 弘農王 劉辯)　　　(孝獻帝 劉協)

資治通鑑 卷043

【漢紀三十五】

起柔兆涒灘(丙申) 盡柔兆敦牂(丙午) 凡十一年.

❖ 世祖光武皇帝中之下 建武 12年(丙申, 36年)

1 春 正月 吳漢破公孫述將魏黨·公孫永於魚涪津 遂圍武陽. 述遣子壻史興救之 漢迎擊 破之 因入犍爲界 諸縣皆城守. 詔漢直取廣都 據其心腹. 漢乃進軍攻廣都 拔之 遣輕騎燒成都市橋. 公孫述將帥恐懼 日夜離叛 述雖誅滅其家 猶不能禁. 帝必欲降之 又下詔諭述曰 "勿以來歙·岑彭受害自疑 今以時自詣 則宗族完全. 詔書手記 不可數得." 述終無降意.

2 秋 七月 馮駿拔江州 獲田戎.

3 帝戒吳漢曰 "成都十餘萬衆 不可輕也. 但堅據廣都 待其來攻 愼與爭鋒. 若不敢來 公轉營迫之 須其力疲 乃可擊也."

漢乘利 遂自將步騎二萬進逼成都 去城十餘里 阻江北營 作浮
橋 使副將武威將軍劉尚將萬餘人屯於江南 爲營相去二十餘
里. 帝聞之大驚 讓漢曰"比敕公千條萬端 何意臨事勃亂！ 既
輕敵深入 又與尚別營 事有緩急 不復相及. 賊若出兵綴公 以
大衆攻尚 尚破 公卽敗矣. 幸無他者 急引兵還廣都."詔書未
到 九月 述果使其大司徒謝豐‧執金吾袁吉將衆十許萬 分爲
二十餘營 出攻漢 使別將將萬餘人劫劉尚 令不得相救. 漢與大
戰一日 兵敗 走入壁 豐因圍之. 漢乃召諸將厲之曰"吾與諸君
踰越險阻 轉戰千里 遂深入敵地 至其城下. 而今與劉尚二處受
圍 勢旣不接 其禍難量 欲潛師就尚於江南 幷兵禦之. 若能同
心一力 人自爲戰 大功可立 如其不然 敗必無餘. 成敗之機 在
此一擧."諸將皆曰"諾."於是饗士秣馬 閉營三日不出 乃多樹
旛旗 使煙火不絶 夜 銜枚引兵與劉尚合軍. 豐等不覺 明日 乃
分兵拒水北 自將攻江南. 漢悉兵迎戰 自旦至晡 遂大破之 斬
豐‧吉. 於是引還廣都 留劉尚拒述 具以狀上 而深自譴責. 帝
報曰"公還廣都 甚得其宜 述必不敢略尚而擊公也. 若先攻尚
公從廣都五十里悉步騎赴之 適當值其危困 破之必矣！"自是
漢與述戰於廣都‧成都之間 八戰八克 遂軍于其郭中.

　臧宮拔綿竹 破涪城 斬公孫恢 復攻拔繁‧郫 與吳漢會於成
都.

4　　李通欲避權勢 乞骸骨 積二歲 帝乃聽上大司空印綬 以特
進奉朝請. 後有司奏封皇子 帝感通首創大謀 卽日 封通少子雄

爲召陵侯.

5　公孫述困急 謂延岑曰"事當奈何！"岑曰"男兒當死中求
生 可坐窮乎！ 財物易聚耳 不宜有愛."述乃悉散金帛 募敢死
士五千餘人以配岑. 岑於市橋僞建旗幟 鳴鼓挑戰 而潛遣奇兵
出吳漢軍後襲擊破漢 漢墮水 緣馬尾得出. 漢軍餘七日糧 陰具
船 欲遁去 蜀郡太守南陽張堪聞之 馳往見漢 說述必敗 不宜
退師之策. 漢從之 乃示弱以挑敵.

　　冬 十一月 臧宮軍咸陽門 戊寅 述自將數萬人攻漢 使延岑拒
宮. 大戰 岑三合三勝 自旦及日中 軍士不得食 並疲. 漢因使護
軍高午・唐邯將銳卒數萬擊之 述兵大亂 高午奔陳刺述 洞胸
墮馬 左右輿入城. 述以兵屬延岑 其夜 死 明旦 延岑以城降.
辛巳 吳漢夷述妻子 盡滅公孫氏 幷族延岑 遂放兵大掠 焚述
宮室. 帝聞之怒 以譴漢. 又讓劉尚曰"城降三日 吏民從服 孩
兒・老母 口以萬數 一旦放兵縱火 聞之可爲酸鼻. 尚宗室子孫
嘗更吏職 何忍行此！ 仰視天 俯視地 觀放麑・啜羹 二者孰
仁？ 良失斬將弔民之義也！"

　　初 述徵廣漢李業爲博士 業固稱疾不起. 述羞不能致 使大鴻
臚尹融奉詔命以劫業"若起則受公侯之位 不起 賜以毒酒."融
譬旨曰"方今天下分崩 孰知是非 而以區區之身試於不測之淵
乎！ 朝廷貪慕名德 曠官缺位 于今七年 四時珍御 不以忘君
宜上奉知己 下爲子孫 身名俱全 不亦優乎！"業乃歎曰"古人
危邦不入 亂邦不居 爲此故也. 君子見危授命 何乃誘以高位重

餌哉！”融曰“宜呼室家計之.”業曰“丈夫斷之於心久矣 何妻子之爲！”遂飲毒而死. 述恥有殺賢之名 遣使弔祠 賻贈百匹 業子翬逃 辭不受. 述又聘巴郡譙玄 玄不詣 亦遣使者以毒藥劫之 太守自詣玄廬 勸之行 玄曰“保志全高 死亦奚恨！”遂受毒藥. 玄子瑛泣血叩頭於太守 願奉家錢千萬以贖父死 太守爲請 述許之. 述又徵蜀郡王皓・王嘉 恐其不至 先繫其妻子 使者謂嘉曰“速裝 妻子可全.”對曰“犬馬猶識主 況於人乎！”王皓先自刎 以首付使者. 述怒 遂誅皓家屬. 王嘉聞而歎曰“後之哉！”乃對使者伏劍而死. 犍爲費貽不肯仕述 漆身爲癩 陽狂以避之. 同郡任永・馮信皆託靑盲以辭徵命. 帝旣平蜀 詔贈常少爲太常 張隆爲光祿勳. 譙玄已卒 祠以中牢 敕所在還其家錢 而表李業之閭. 徵費貽・任永・馮信 會永・信病卒 獨貽仕至合浦太守. 上以述將程烏・李育有才幹 皆擢用之. 於是西土咸悅 莫不歸心焉.

初 王莽以廣漢文齊爲益州太守 齊訓農治兵 降集羣夷 甚得其和. 公孫述時 齊固守拒險 述拘其妻子 許以封侯 齊不降. 聞上卽位 間道遣使自聞. 蜀平 徵爲鎭遠將軍 封成義侯.

6　十二月 辛卯 揚武將軍馬成行大司空事.

7　是歲 參狼羌與諸種寇武都 隴西太守馬援擊破之 降者萬餘人 於是隴右淸靜. 援務開恩信 寬以待下 任吏以職 但總大體 而賓客故人日滿其門. 諸曹時白外事 援輒曰“此丞・掾之

任 何足相煩！ 頗哀老子 使得遨游. 若大姓侵小民 黠吏不從
令 此乃太守事耳."傍縣嘗有報讎者 吏民驚言羌反 百姓奔入
城 狄道長詣門 請閉城發兵. 援時與賓客飲 大笑曰"虜何敢復
犯我！ 曉狄道長 歸守寺舍. 良怖急者 可牀下伏."後稍定 郡
中服之.

8　　詔"邊吏力不足戰則守 追虜料敵 不拘以逗留法."

9　　山桑節侯王常‧牟平烈侯耿況‧東光成侯耿純皆薨. 況疾
病 乘輿數自臨幸 復以弇弟廣‧舉並爲中郎將. 弇兄弟六人皆
垂靑紫 省侍醫藥 當世以爲榮.

10　　盧芳與匈奴‧烏桓連兵 數寇邊. 帝遣驃騎大將軍杜茂等
將兵鎭守北邊 治飛狐道 築亭障 修烽燧 凡與匈奴‧烏桓大小
數十百戰 終不能克.

11　　上詔竇融與五郡太守入朝. 融等奉詔而行 官屬賓客相隨
駕乘千餘兩 馬牛羊被野. 旣至 詣城門 上印綬. 詔遣使者還侯
印綬 引見 賞賜恩寵 傾動京師. 尋拜融冀州牧. 又以梁統爲太
中大夫 姑臧長孔奮爲武都郡丞. 姑臧在河西最爲富饒 天下未
定 土多不修檢操 居縣者不盈數月 輒致豐積 奮在職四年 力
行淸潔 爲衆人所笑 以爲身處脂膏不能自潤. 及從融入朝 諸
守‧令財貨連轂 彌竟川澤 唯奮無資 單車就路 帝以是賞之.

帝以睢陽令任延爲武威太守 帝親見 戒之曰 "善事上官 無失
名譽." 延對曰 "臣聞忠臣不和 和臣不忠. 履正奉公 臣子之節
上下雷同 非陛下之福. 善事上官 臣不敢奉詔." 帝歎息曰 "卿
言是也！"

❖ 世祖光武皇帝中之下 建武 13年(丁酉. 37年)

1   春 正月 庚申 大司徒侯霸薨.

2   戊子 詔曰 "郡國獻異味 其令太官勿復受！ 遠方口實所
以薦宗廟 自如舊制." 時異國有獻名馬者 日行千里 又進寶劍
價直百金. 詔以劍賜騎士 馬駕鼓車. 上雅不喜聽音樂 手不持
珠玉 嘗出獵 車駕夜還 上東門候汝南郅惲拒關不開. 上令從者
見面於門間 惲曰 "火明遼遠." 遂不受詔. 上乃回 從東中門入.
明日 惲上書諫曰 "昔文王不敢槃于游田 以萬民惟正之供. 而
陛下遠獵山林 夜以繼晝 其如社稷宗廟何！" 書奏 賜惲布百
匹 貶東中門候爲參封尉.

3   二月 遣捕虜將軍馬武屯虖沱河以備匈奴.

4   盧芳攻雲中 久不下. 其將隨昱留守九原 欲脅芳來降 芳知
之 與十餘騎亡入匈奴 其衆盡歸隨昱 昱乃詣闕降. 詔拜昱五原

太守 封鐫胡侯.

5 　　朱祐奏“古者人臣受封 不加王爵.”丙辰 詔長沙王興·眞
定王得·河間王邵·中山王茂皆降爵爲侯. 丁巳 以趙王良爲
趙公 太原王章爲齊公 魯王興爲魯公. 是時 宗室及絶國封侯者
凡一百三十七人. 富平侯張純 安世之四世孫也 歷王莽世 以敦
謹守約保全前封 建武初 先來詣闕 爲侯如故. 於是有司奏“列
侯非宗室不宜復國.”上曰“張純宿衛十有餘年 其勿廢！”更
封武始侯 食富平之半.

6 　　庚午 以紹嘉公孔安爲宋公 承休公姬常爲衛公.

7 　　三月 辛未 以沛郡太守韓歆爲大司徒.

8 　　丙子 行大司空馬成復爲揚武將軍.

9 　　吳漢自蜀振旅而還 至宛 詔過家上冢 賜穀二萬斛 夏 四月
至京師. 於是大饗將士·功臣增邑更封凡 三百六十五人 其外
戚·恩澤封者四十五人. 定封鄧禹爲高密侯 食四縣 李通爲固
始侯 賈復爲膠東侯 食六縣 餘各有差. 已歿者益封其子孫 或
更封支庶.

　帝在兵間久 厭武事 且知天下疲耗 思樂息肩 自隴·蜀平後
非警急 未嘗復言軍旅. 皇太子嘗問攻戰之事 帝曰“昔衛靈公

問陳 孔子不對. 此非爾所及."鄧禹‧賈復知帝偃干戈 修文德 不欲功臣擁衆京師 乃去甲兵 敦儒學. 帝亦思念 欲完功臣爵土 不令以吏職爲過 遂罷左‧右將軍官. 耿弇等亦上大將軍‧將軍印綬 皆以列侯就第 加位特進 奉朝請.

鄧禹內行淳備 有子十三人 各使守一藝 修整閨門 敎養子孫 皆可以爲後世法 資用國邑 不修產利.

賈復爲人剛毅方直 多大節 既還私第 闔門養威重. 朱祜等薦復宜爲宰相 帝方以吏事責三公 故功臣並不用. 是時 列侯唯高密‧固始‧膠東三侯與公卿參議國家大事 恩遇甚厚. 帝雖制御功臣 而每能回容 宥其小失. 遠方貢珍甘 必先徧賜諸侯 而太官無餘 故皆保其福祿 無誅譴者.

10　益州傳送公孫述瞽師‧郊廟樂器‧葆車‧輿輦 於是法物始備. 時兵革既息 天下少事 文書調役 務從簡寡 至乃十存一焉.

11　甲寅 以冀州牧竇融爲大司空. 融自以非舊臣 一旦入朝 在功臣之右 每朝會進見 容貌辭氣 卑恭已甚 帝以此愈親厚之. 融小心 久不自安 數辭爵位 上疏曰"臣融有子 朝夕敎導以經藝 不令觀天文 見讖記 誠欲令恭肅畏事 恂恂守道 不願其有才能 何況乃當傳以連城廣土 享故諸侯王國哉!"因復請間求見 帝不許. 後朝罷 逡巡席後 帝知欲有讓 遂使左右傳出. 他日會見 迎詔融曰"日者知公欲讓職還土 故命公暑熱且自便 今

相見 宜論他事 勿得復言." 融不敢重陳請.

12   五月 匈奴寇河東.

❖ 世祖光武皇帝中之下 建武 14年(戊戌, 38年)

1   夏 邛谷王任貴遣使上三年計 卽授越嶲太守.

2   秋 會稽大疫.

3   莎車王賢 · 鄯善王安皆遣使奉獻. 西域苦匈奴重斂 皆願
屬漢 復置都護 上以中國新定 不許.

4   太中大夫梁統上疏曰"臣竊見元帝初元五年 輕殊死刑
三十四事 哀帝建平元年 輕殊死刑八十一事 其四十二事手殺
人者 減死一等. 自是以後 著爲常準 故人輕犯法 吏易殺人. 臣
聞立君之道 仁義爲主 仁者愛人 義者正理. 愛人以除殘爲務
正理以去亂爲心 刑罰在衷 無取於輕. 高帝受命 約令定律 誠
得其宜 文帝唯除省肉刑 · 相坐之法 自餘皆率由舊章. 至哀 ·
平繼體 卽位日淺 聽斷尙寡. 丞相王嘉輕爲穿鑿 虧除先帝舊
約成律 數年之間百有餘事 或不便於理 或不厭民心 謹表其尤
害於體者 傳奏於左. 願陛下宣詔有司 詳擇其善 定不易之典."

事下公卿. 光祿勳杜林奏曰"大漢初興 蠲除苛政 海內歡欣 及至其後 漸以滋章. 果桃菜茹之饋 集以成贓 小事無妨於義 以爲大戮. 至於法不能禁 令不能止 上下相遁 爲敝彌深. 臣愚以爲宜如舊制 不合翻移."統復上言曰"臣之所奏 非曰嚴刑.《經》曰'爰制百姓 于刑之衷.'衷之爲言 不輕不重之謂也. 自高祖至于孝宣 海內稱治 至初元 · 建平而盜賊浸多 皆刑罰不衷 愚人易犯之所致也. 由此觀之 則刑輕之作 反生大患 惠加姦軌 而害及良善也！"事寢 不報.

1   春 正月 辛丑 大司徒韓歆免. 歆好直言 無隱諱 帝每不能容. 歆於上前證歲將饑凶 指天畫地 言甚剛切 故坐免歸田里. 帝猶不釋 復遣使宣詔責之 歆及子嬰皆自殺. 歆素有重名 死非其罪 衆多不厭 帝乃追賜錢穀 以成禮葬之.

❖ 臣光曰

昔高宗命說曰"若藥弗瞑眩 厥疾弗瘳."夫切直之言 非人臣之利 乃國家之福也. 是以人君夙夜求之 唯懼弗得聞. 惜乎 以光武之世而韓歆用直諫死 豈不爲仁明之累哉！

2　丁未 有星孛於昴.

3　以汝南太守歐陽歙爲大司徒.

4　匈奴寇鈔日盛 州郡不能禁. 二月 遣吳漢率馬成‧馬武等北擊匈奴 徙鴈門‧代郡‧上谷吏民六萬餘口置居庸‧常山關以東 以避胡寇. 匈奴左部遂復轉居塞內 朝廷患之 增緣邊兵部數千人.

5　夏 四月 丁巳 封皇子輔爲右翊公 英爲楚公 陽爲東海公 康爲濟南公 蒼爲東平公 延爲淮陽公 荊爲山陽公 衡爲臨淮公 焉爲左翊公 京爲琅邪公. 癸丑 追諡兄縯爲齊武公 兄仲爲魯哀公. 帝感縯功業不就 撫育二子章‧興 恩愛甚篤. 以其少貴 欲令親吏事 使章試守平陰令 興緱氏令. 其後章遷梁郡太守 興遷弘農太守.

6　帝以天下墾田多不以實自占 又戶口‧年紀互有增減 乃詔下州郡檢覈. 於是刺史‧太守多爲詐巧 苟以度田爲名 聚民田中 幷度廬屋‧里落 民遮道啼呼 或優饒豪右 侵刻羸弱.

　時諸郡各遣使奏事 帝見陳留吏牘上有書 視之云"潁川‧弘農可問 河南‧南陽不可問." 帝詰吏由趣 吏不肯服 抵言"於長壽街上得之" 帝怒. 時東海公陽年十二 在幄後言曰"吏受郡敕 當欲以墾田相方耳." 帝曰"卽如此 何故言河南‧南陽不可

問?"曰"河南帝城 多近臣 南陽帝鄉 多近親 田宅踰制 不可爲準."帝令虎賁將詰問吏 吏乃實首服 如東海公對. 上由是益奇愛陽.

遣謁者考實二千石長吏阿枉不平者. 冬 十一月 甲戌 大司徒歆坐前爲汝南太守 度田不實 贓罪千餘萬 下獄. 歆世授《尚書》八世爲博士 諸生守闕爲歆求哀者千餘人 至有自髠剔者. 平原禮震年十七 求代歆死. 帝竟不赦 歆死獄中.

7　十二月 庚午 以關內侯戴涉爲大司徒.

8　盧芳自匈奴復入居高柳.

9　是歲 驃騎大將軍杜茂坐使軍吏殺人 免. 使揚武將軍馬成代茂 繕治障塞 十里一候 以備匈奴. 使騎都尉張堪領杜茂營擊破匈奴於高柳. 拜堪漁陽太守. 堪視事八年 匈奴不敢犯塞 勸民耕稼 以致殷富. 百姓歌曰"桑無附枝 麥穗兩岐. 張君爲政 樂不可支!"

10　安平侯蓋延薨.

11　交趾麓泠縣雒將女子徵側 甚雄勇 交趾太守蘇定以法繩之 徵側忿怨.

1　春 二月 徵側與其妹徵貳反 九眞‧日南‧合浦蠻俚皆應之 凡略六十五城 自立爲王 都麊泠. 交趾刺史及諸太守僅得自守.

2　三月 辛丑晦 日有食之.

3　秋 九月 河南尹張伋及諸郡守十餘人皆坐度田不實 下獄死. 後上從容謂虎賁中郎將馬援曰 "吾甚恨前殺守‧相多也!" 對曰 "死得其罪 何多之有! 但死者旣往 不可復生也!" 上大笑.

4　郡國羣盜處處並起 郡縣追討 到則解散 去復屯結 靑‧徐‧幽‧冀四州尤甚. 冬 十月 遣使者下郡國 聽羣盜自相糾擿 五人共斬一人者 除其罪 吏雖逗留迴避故縱者 皆勿問 聽以禽討爲效. 其牧守令長坐界內有盜賊而不收捕者 又以畏懦捐城委守者 皆不以爲負 但取獲賊多少爲殿最 唯蔽匿者乃罪之. 於是更相追捕 賊並解散 徙其魁帥於他郡 賦田受稟 使安生業. 自是牛馬放牧不收 邑門不閉.

5　盧芳與閔堪使使請降 帝立芳爲代王 堪爲代相 賜繒二萬匹 因使和集匈奴. 芳上疏謝 自陳思望闕庭 詔報芳朝明年正

月.

　初 匈奴聞漢購求芳 貪得財帛 故遣芳還降. 旣而芳以自歸爲
功 不稱匈奴所遣 單于復恥言其計 故賞遂不行. 由是大恨 入
寇尤深.

6　　馬援奏宜如舊鑄五銖錢 上從之 天下賴其便.

7　　盧芳入朝 南及昌平 有詔止 令更朝明歲.

❖ 世祖光武皇帝中之下 建武 17年(辛丑, 41年)

1　　春 正月 趙孝公良薨. 初 懷縣大姓李子春二孫殺人 懷令
趙憙窮治其姦 二孫自殺 收繫子春. 京師貴戚爲請者數十 憙終
不聽. 及良病 上臨視之 問所欲言 良曰"素與李子春厚 今犯
罪 懷令趙憙欲殺之 願乞其命." 帝曰"吏奉法律 不可枉也. 更
道他所欲." 良無復言. 旣薨 上追思良 乃貰出子春. 遷憙爲平
原太守.

2　　二月 乙未晦 日有食之.

3　　夏 四月 乙卯 上行幸章陵 五月 乙卯 還宮.

4   六月 癸巳 臨淮懷公衡薨.

5   妖賊李廣攻沒皖城 遣虎賁中郎將馬援·驃騎將軍段志討之. 秋 九月 破皖城 斬李廣.

6   郭后寵衰 數懷怨懟 上怒之. 冬 十月 辛巳 廢皇后郭氏 立貴人陰氏爲皇后. 詔曰"異常之事 非國休福 不得上壽稱慶." 郅惲言於帝曰"臣聞夫婦之好 父不能得之於子 況臣能得之於君乎！ 是臣所不敢言. 雖然 願陛下念其可否之計 無令天下有議社稷而已." 帝曰"惲善恕己量主 知我必不有所左右而輕天下也！" 帝進郭后子右翊公輔爲中山王 以常山郡益中山國 郭后爲中山太后 其餘九國公皆爲王.

7   甲申 帝幸章陵 修園廟 祠舊宅 觀田廬 置酒作樂 賞賜. 時宗室諸母因酺悅相與語曰"文叔少時謹信 與人不款曲 唯直柔耳 今乃能如此！" 帝聞之 大笑曰"吾治天下 亦欲以柔道行之." 十二月 還自章陵.

8   是歲 莎車王賢復遣使奉獻 請都護 帝賜賢西域都護印綬及車旗·黃金·錦繡. 敦煌太守裴遵上言"夷狄不可假以大權 又令諸國失望." 詔書收還都護印綬 更賜賢以漢大將軍印綬 其使不肯易 遵迫奪之. 賢由是始恨 而猶詐稱大都護 移書諸國 諸國悉服屬焉.

9   匈奴·鮮卑·赤山烏桓數連兵入塞 殺略吏民 詔拜襄賁令
祭肜爲遼東太守. 肜有勇力 虜每犯塞 常爲士卒鋒 數破走之.
肜 遵之從弟也.

10   徵側等寇亂連年 詔長沙·合浦·交趾具車船 修道橋 通
障谿 儲糧穀 拜馬援爲伏波將軍 以扶樂侯劉隆爲副 南擊交趾.

❖ 世祖光武皇帝中之下 建武 18年(壬寅, 42年)

1   二月 蜀郡守將史歆反 攻太守張穆 穆踰城走 宕渠楊偉等
起兵以應歆. 帝遣吳漢等將萬餘人討之.

2   甲寅 上行幸長安 三月 幸蒲板 祠后土.

3   馬援緣海而進 隨山刊道千餘里 至浪泊上 與徵側等戰 大
破之 追至禁谿 賊遂散走.

4   夏 四月 甲戌 車駕還宮.

5   戊申 上行幸河內 戊子 還宮.

6   五月 旱.

7 盧芳自昌平還 內自疑懼 遂復反 與閔堪相攻連月. 匈奴遣數百騎迎芳出塞. 芳留匈奴中十餘年 病死.

8 吳漢發廣漢 · 巴 · 蜀三郡兵 圍成都百餘日 秋 七月 拔之 斬史歆等. 漢乃乘桴沿江下巴郡 楊偉等惶恐解散. 漢誅其渠帥 徙其黨與數百家於南郡 · 長沙而還.

9 冬 十月 庚辰 上幸宜城 還 祠章陵 十二月 還宮.

10 是歲 罷州牧 置刺史.

11 五官中郎將綫純與太僕朱浮奏議 "禮 爲人子 事大宗 降其私親. 當除今親廟四 以先帝四廟代之." 大司徒涉等奏 "立元 · 成 · 哀 · 平四廟." 上自以昭穆次第 當爲元帝後.

❖ 世祖光武皇帝中之下 建武 19年(癸卯, 43年)

1 春 正月 庚子 追尊宣帝曰中宗. 始祠昭帝 · 元帝於太廟 成帝 · 哀帝 · 平帝於長安 春陵節侯以下於章陵 其長安 · 章陵 皆太守 · 令 · 長侍祠.

2 馬援斬徵側 · 徵貳.

3 　妖賊單臣·傅鎮等相聚入原武城 自稱將軍. 詔太中大夫
臧宮將兵圍之 數攻不下 士卒死傷. 帝召公卿·諸侯王問方略
皆曰"宜重其購賞." 東海王陽獨曰"妖巫相劫 勢無久立 其中
必有悔欲亡者 但外圍急 不得走耳. 宜小挺緩 令得逃亡 逃亡
則一亭長足以禽矣." 帝然之 卽敕宮徹圍緩賊 賊衆分散. 夏四
月 拔原武 斬臣·鎮等.

4 　馬援進擊徵側餘黨都陽等 至居風 降之 嶠南悉平. 援與越
人申明舊制以約束之 自後駱越奉行馬將軍故事.

5 　閏月 戊申 進趙·齊·魯三公爵皆爲王.

6 　郭后旣廢 太子彊意不自安. 郅惲說太子曰"久處疑位 上
違孝道 下近危殆 不如辭位以奉養母氏." 太子從之 數因左右
及諸王陳其懇誠 願備藩國. 上不忍 遲回者數歲. 六月 戊申 詔
曰《春秋》之義 立子以貴. 東海王陽 皇后之子 宜承大統. 皇
太子彊 崇執謙退 願備藩國 父子之情 重久違之. 其以彊爲東
海王 立陽爲皇太子 改名莊."

　　❖ 袁宏論曰

　　夫建太子 所以重宗統 一民心也 非有大惡於天下 不
　可移也. 世祖中興漢業 宜遵正道以爲後法. 今太子之德

未虧於外 內寵既多 嫡子遷位 可謂失矣. 然東海歸藩 謙
恭之心彌亮 明帝承統 友于之情愈篤. 雖長幼易位 興廢
不同 父子兄弟 至性無間. 夫以三代之道處之 亦何以過
乎！

7　帝以太子舅陰識守執金吾 陰興爲衛尉 皆輔導太子. 識性
忠厚 入雖極言正議 及與賓客語 未嘗及國事. 帝敬重之 常指
識以敕戒貴戚 激厲左右焉. 興雖禮賢好施 而門無游俠 與同郡
張宗・上谷鮮於衷不相好 知其有用 猶稱所長而達之 友人張
汜・杜禽 與興厚善 以爲華而少實 但私之以財 終不爲言. 是
以世稱其忠.

　　上以沛國桓榮爲議郎 使授太子經. 車駕幸太學 會諸博士論
難於前 榮辨明經義 每以禮讓相厭 不以辭長勝人 儒者莫之及
特加賞賜. 又詔諸生雅歌擊磬 盡日乃罷. 帝使左中郎將汝南鐘
興授皇太子及宗室諸侯《春秋》賜興爵關內侯. 興辭以無功 帝
曰"生敎訓太子及諸王侯 非大功邪？"興曰"臣師少府丁恭."
於是復封恭 而興遂固辭不受.

8　陳留董宣爲雒陽令. 湖陽公主蒼頭白日殺人 因匿主家 吏
不能得. 及主出行 以奴驂乘. 宣於夏門亭候之 駐車叩馬 以
刀畫地 大言數主之失 叱奴下車 因格殺之. 主卽還宮訴帝 帝
大怒 召宣 欲箠殺之. 宣叩頭曰"願乞一言而死."帝曰"欲何
言？"宣曰"陛下聖德中興 而縱奴殺人 將何以治天下乎？ 臣

不須箠 請得自殺！"卽以頭擊楹 流血被面. 帝令小黃門持之
使宣叩頭謝主 宣不從. 强使頓之 宣兩手據地 終不肯俯. 主
曰"文叔爲白衣時 藏亡匿死 吏不敢至門 今爲天子 威不能行
一令乎？"帝笑曰"天子不與白衣同."因敕"强項令出."賜錢
三十萬 宣悉以班諸吏. 由是能搏擊豪强 京師莫不震慄.

9　九月 壬申 上行幸南陽 進幸汝南南頓縣舍 置酒會 賜吏
民 復南頓田租一歲. 父老前叩頭言"皇考居此日久 陛下識知
寺舍 每來輒加厚恩 願賜復十年."帝曰"天下重器 常恐不任
日復一日 安敢遠期十歲乎！"吏民又言"陛下實惜之 何言謙
也！"帝大笑 復增一歲. 進幸淮陽·梁·沛.

10　西南夷棟蠶反 殺長吏 詔武威將軍劉尙討之. 路由越嶲 邛
穀王任貴恐尙旣定南邊 威法必行 己不得自放縱 卽聚兵起營
多釀毒酒 欲先勞軍 因襲擊尙. 尙知其謀 卽分兵先據邛都 遂
掩任貴 誅之.

❖ 世祖光武皇帝中之下 建武 20年(甲辰, 44年)

1　春 二月 戊子 車駕還宮.

2　夏 四月 庚辰 大司徒戴涉坐入故太倉令奚涉罪 下獄死.

帝以三公連職 策免大司空竇融.

3　　廣平忠侯吳漢病篤 車駕親臨 問所欲言 對曰"臣愚 無所
知識 惟願陛下慎無赦而已." 五月 辛亥 漢薨 詔送葬如大將軍
霍光故事. 漢性強力 每從征伐 帝未安 常側足而立. 諸將見戰
陳不利 或多惶懼 失其常度 漢意氣自若 方整厲器械 激揚吏
士. 帝時遣人觀大司馬何爲 還言方修戰攻之具 乃歎曰"吳公
差強人意 隱若一敵國矣!" 每當出師 朝受詔 夕則引道 初無
辦嚴之日. 及在朝廷 斤斤謹質 形於體貌. 漢嘗出徵 妻子在後
買田業 漢還 讓之曰"軍師在外 吏士不足 何多買田宅乎!"
遂盡以分與昆弟・外家. 故能任職以功名終.

4　　匈奴寇上黨・天水 遂至扶風.

5　　帝苦風眩 疾甚 以陰興領侍中 受顧命於雲臺廣室. 會疾瘳
召見興 欲以代吳漢爲大司馬 興叩頭流涕固讓 曰"臣不敢惜
身 誠虧損聖德 不可苟冒!" 至誠發中 感動左右 帝遂聽之.
太子太傅張湛 自郭后之廢 稱疾不朝 帝強起之 欲以爲司徒
湛固辭疾篤 不能復任朝事 遂罷之.
　　六月 庚寅 以廣漢太守河內蔡茂爲大司徒 太僕朱浮爲大司
空. 壬辰 以左中郎將劉隆爲驃騎將軍 行大司馬事.

6　　乙未 徙中山王輔爲沛王. 以郭況爲大鴻臚 帝數幸其第 賞

賜金帛 豐盛莫比 京師號況家爲 "金穴."

7　秋 九月 馬援自交趾還 平陵孟冀迎勞之. 援曰 "方今匈
奴·烏桓尙擾北邊 欲自請擊之 男兒要當死於邊野 以馬革裹
尸還葬耳 何能臥牀上 在兒女子手中邪！" 冀曰 "諒！爲烈士
當如是矣！"

8　冬 十月 甲午 上行幸魯·東海·楚·沛國.

9　十二月 匈奴寇天水·扶風·上黨.

10　壬寅 車駕還宮.

11　馬援自請擊匈奴 帝許之 使出屯襄國 詔百官祖道. 援謂黃
門郞梁松·竇固曰 "凡人富貴 當使可復賤也 如卿等欲不可復
賤 居高堅自持. 勉思鄙言！" 松 統之子 固 友之子也.

12　劉尙進兵與棟蠶等連戰 皆破之.

❖ 世祖光武皇帝中之下 建武 21年(乙巳, 45年)

1　春 正月 追至不韋 斬棟蠶帥 西南諸夷悉平.

2　烏桓與匈奴·鮮卑連兵爲寇 代郡以東尤被烏桓之害 其居止近塞 朝發穹廬 暮至城郭 五郡民庶 家受其辜 至於郡縣損壞 百姓流亡 邊陲蕭條 無復人跡. 秋 八月 帝遣馬援與謁者分築保塞 稍興立郡縣 或空置太守·令·長 招還人民. 烏桓居上谷塞外白山者最爲強富 援將三千騎擊之 無功而還.

3　鮮卑萬餘騎寇遼東 太守祭肜率數千人迎擊之 自被甲陷陳 虜大奔 投水死者過半 遂窮追出塞 虜急 皆棄兵裸身散走. 是後鮮卑震怖 畏肜 不敢復闚塞.

4　冬 匈奴寇上谷·中山.

5　莎車王賢浸以驕橫 欲兼幷西域 數攻諸國 重求賦稅 諸國愁懼. 車師前王·鄯善·焉耆等十八國俱遣子入侍 獻其珍寶及得見 皆流涕稽首 願得都護. 帝以中國初定 北邊未服 皆還其侍子 厚賞賜之. 諸國聞都護不出 而侍子皆還 大憂恐 乃與敦煌太守檄"願留侍子以示莎車 言侍子見留 都護尋出 冀且息其兵."裴遵以狀聞 帝許之.

❖ 世祖光武皇帝中之下 建武 22年(丙午, 46年)

1　春 閏正月 丙戌 上幸長安 二月 己巳 還雒陽.

2　夏 五月 乙未晦 日有食之.

3　秋 九月 戊辰 地震.

4　冬 十月 壬子 大司空朱浮免. 癸丑 以光祿勳杜林爲大司空.

初 陳留劉昆爲江陵令 縣有火災 昆向火叩頭 火尋滅 後爲弘農太守 虎皆負子渡河. 帝聞而異之 徵昆代林爲光祿勳. 帝問昆曰"前在江陵 反風滅火 後守弘農 虎北渡河 行何德政而致是事？"對曰"偶然耳."左右皆笑 帝歎曰"此乃長者之言也！"顧命書諸策.

5　是歲 靑州蝗.

6　匈奴單于輿死 子左賢王烏達鞮侯立 復死 弟左賢王蒲奴立. 匈奴中連年旱蝗 赤地數千里 人畜饑疫 死耗太半. 單于畏漢乘其敝 乃遣使詣漁陽求和親 帝遣中郎將李茂報命.

7　烏桓乘匈奴之弱 擊破之 匈奴北徙數千里 幕南地空. 詔罷諸邊郡亭候・吏卒 以幣帛招降烏桓.

8　西域諸國侍子久留敦煌 皆愁思亡歸. 莎車王賢知都護不至 擊破鄯善 攻殺龜茲王. 鄯善王安上書"願復遣子入侍 更請

都護 都護不出 誠迫於匈奴." 帝報曰 "今使者大兵未能得出
如諸國力不從心 東西南北自在也." 於是鄯善 · 車師復附匈
奴.

❖ 班固論曰

孝武之世 圖制匈奴 患其兼從西國 結黨南羌 乃表河
曲列四郡 開玉門 通西域 以斷匈奴右臂 隔絶南羌 · 月
氏 單于失援 由是遠遁 而幕南無王庭. 遭值文 · 景玄默
養民五世 財力有餘 士馬强盛 故能睹犀布 · 玳瑁 則建
珠厓七郡 感蒟醬 · 竹杖 則開牂柯 · 越嶲 聞天馬 · 蒲陶
則通大宛 · 安息 自是殊方異物 四面而至. 於是開苑囿
廣宮室 盛帷帳 美服玩 設酒池肉林以饗四夷之客 作魚
龍角抵之戲 以觀視之 及賂遺贈送 萬里相奉 師旅之費
不可勝計. 至於用度不足 乃榷酒酤 筦鹽鐵 鑄白金 造皮
幣 算至車船 租及六畜. 民力屈 財用竭 因之以凶年 寇
盜並起 道路不通 直指之使始出 衣繡杖斧 斷斬於郡國
然後勝之. 是以末年遂棄輪臺之地而下哀痛之詔 豈非仁
聖之所悔哉!

且通西域 近有龍堆 遠則葱嶺 身熱 · 頭痛 · 懸度之阨
淮南 · 杜欽 · 揚雄之論 皆以爲此天地所以界別區域 絶
外內也. 西域諸國 各有君長 兵衆分弱 無所統一 雖屬匈
奴 不相親附 匈奴能得其馬畜 · 旃罽而不能統率 與之進

退. 與漢隔絕 道里又遠 得之不爲益 棄之不爲損 盛德在
我 無取於彼. 故自建武以來 西域思漢威德 咸樂內屬 數
遣使置質于漢 願請都護. 聖上遠覽古今 因時之宜 辭而
未許 雖大禹之序西戎 周公之讓白雉 太宗之卻走馬 義
兼之矣！＊

資治通鑑 卷044

【漢紀三十六】
起強圉協洽(丁未) 盡上章涒灘(庚申) 凡十四年.

❖ 世祖光武皇帝下 建武 23年(丁未, 47年)

1 春 正月 南郡蠻叛 遣武威將軍劉尙討破之.

2 夏 五月 丁卯 大司徒蔡茂薨.

3 秋 八月 丙戌 大司空杜林薨.

4 九月 辛未 以陳留王況爲大司徒.

5 冬 十月 丙申 以太僕張純爲大司空.

6 武陵蠻精夫相單程等反 遣劉尙發兵萬餘人泝沅水入武谿

擊之. 尙輕敵深入 蠻乘險邀之 尙一軍悉沒.

7   初 匈奴單于輿弟右谷蠡王知牙師 以次當爲左賢王 左賢
王次卽當爲單于. 單于欲傳其子 遂殺知牙師. 烏珠留單于有
子曰比 爲右薁鞬日逐王 領南邊八部. 比見知牙師死 出怨言
曰 "以兄弟言之 右谷蠡王次當立 以子言之 我前單于長子 我
當立." 遂內懷猜懼 庭會稀闊. 單于疑之 乃遣兩骨都侯監領比
所部兵. 及單于蒲奴立 比益恨望 密遣漢人郭衡奉匈奴地圖 詣
西河太守求內附. 兩骨都侯頗覺其意 會五月龍祠 勸單于誅比.
比弟漸將王在單于帳下 聞之 馳以報比. 比遂聚八部兵四五萬
人 待兩骨都侯還 欲殺之. 骨都侯且到 知其謀 亡去. 單于遣萬
騎擊之 見比衆盛 不敢進而還.

8   是歲 鬲侯朱祜卒. 祜爲人質直 尙儒學 爲將多受降 以克
定城邑爲本 不存首級之功. 又禁制士卒不得虜掠百姓. 軍人樂
放縱 多以此怨之.

❖ 世祖光武皇帝下 建武 24年(戊申, 48年)

1   春 正月 乙亥 赦天下.

2   匈奴八部大人共議立日逐王比爲呼韓邪單于 款五原塞 願

永爲藩蔽 扞禦北虜. 事下公卿 議者皆以爲"天下初定 中國空虛 夷狄情僞難知 不可許."五官中郎將耿國獨以爲"宜如孝宣故事 受之. 令東扞鮮卑 北拒匈奴 率厲四夷 完復邊郡."帝從之.

3　秋 七月 武陵蠻寇臨沅. 遣謁者李嵩·中山太守馬成討之 不克. 馬援請行 帝愍其老 未許 援曰"臣尙能被甲上馬."帝令試之. 援據鞍顧眄 以示可用 帝笑曰"矍鑠哉是翁！"遂遣援率中郎將馬武·耿舒等將四萬餘人 征五溪. 援謂友人杜愔曰"吾受厚恩 年迫日索 常恐不得死國事. 今獲所願 甘心瞑目 但畏長者家兒或在左右 或與從事 殊難得調 介介獨惡是耳！"

4　冬 十月 匈奴日逐王比自立爲南單于 遣使詣闕奉藩稱臣. 上以問朗陵侯臧宮. 宮曰"匈奴飢疫分爭 臣願得五千騎以立功."帝笑曰"常勝之家 難與慮敵 吾方自思之."

❖ 世祖光武皇帝下 建武 25年(己酉, 49年)

1　春 正月 遼東徼外貊人寇邊 太守祭肜招降之. 肜又以財利撫納鮮卑大都護偏何 使招致異種 駱驛款塞. 肜曰"審欲立功 當歸擊匈奴 斬送頭首 乃信耳."偏何等卽擊匈奴 斬首二千餘級 持頭詣郡. 其後歲歲相攻 輒送首級 受賞賜. 自是匈奴衰弱

邊無寇警　鮮卑・烏桓並入朝貢. 肜爲人質厚重毅　撫夷狄以恩信　故皆畏而愛之　得其死力.

2　南單于遣其弟左賢王莫將兵萬餘人擊北單于弟薁鞬左賢王　生獲之　北單于震怖　卻地千餘里. 北部薁鞬骨都侯與右骨都侯率衆三萬餘人歸南單于. 三月　南單于復遣使詣闕貢獻　求使者監護　遣侍子　修舊約.

3　戊申晦　日有食之.

4　馬援軍至臨鄕　擊破蠻兵　斬獲二千餘人.
　初　援嘗有疾　虎賁中郞將梁松來候之　獨拜牀下　援不答. 松去後　諸子問曰 "梁伯孫　帝壻　貴重朝庭　公卿已下莫不憚之　大人奈何獨不爲禮？" 援曰 "我乃松父友也　雖貴　何得失其序乎！"
　援兄子嚴・敦並喜譏議　通輕俠　援前在交趾　還書誡之曰 "吾欲汝曹聞人過失　如聞父母之名　耳可得聞　口不可得言也. 好論議人長短　妄是非政法　此吾所大惡也　寧死　不願聞子孫有此行也. 龍伯高敦厚周愼　口無擇言　謙約節儉　廉公有威　吾愛之重之　願汝曹效之. 杜季良豪俠好義　憂人之憂　樂人之樂　父喪致客　數郡畢至　吾愛之重之　不願汝曹效也. 效伯高不得　猶爲謹敕之士　所謂 '刻鵠不成尙類鶩' 者也　效季良不得　陷爲天下輕薄子　所謂 '畫虎不成反類狗' 者也." 伯高者　山都長龍述

也 季良者 越騎司馬杜保也 皆京兆人. 會保仇人上書 訟"保
爲行浮薄 亂羣惑衆 伏波將軍萬里還書以誡兄子 而梁松・竇
固與之交結 將扇其輕僞 敗亂諸夏."書奏 帝召責松・固 以訟
書及援誡書示之 松・固叩頭流血 而得不罪. 詔免保官 擢拜龍
述爲零陵太守. 松由是恨援.

及援討武陵蠻 軍次下雋 有兩道可入 從壺頭則路近而水嶮
從充則塗夷而運遠. 耿舒欲從充道 援以爲棄日費糧 不如進壺
頭 搤其喉咽 充賊自破. 以事上之 帝從援策. 進營壺頭 賊乘高
守隘 水疾 船不得上 會暑甚 士卒多疫死 援亦中病 乃穿岸爲
室以避炎氣. 賊每升險鼓噪 援輒曳足以觀之 左右哀其壯意 莫
不爲之流涕. 耿舒與兄好畤侯弇書曰"前舒上書當先擊充 糧
雖難運而兵馬得用 軍人數萬 爭欲先奮. 今壺頭竟不得進 大衆
怫鬱行死 誠可痛惜！前到臨鄉 賊無故自致 若夜擊之 即可殄
滅. 伏波類西域賈胡 到一處輒止 以是失利. 今果疾疫 皆如舒
言."弇得書奏之 帝乃使梁松乘驛責問援 因代監軍.

會援卒 松因是構陷援. 帝大怒 追收援新息侯印綬. 初 援在
交趾 常餌薏苡 實能輕身 勝障氣 軍還 載之一車. 及卒後 有
上書譖之者 以爲前所載還皆明珠文犀. 帝益怒.

援妻孥惶懼 不敢以喪還舊塋 槀葬城西 賓客故人 莫敢弔會.
嚴與援妻子草索相連 詣闕請罪. 帝乃出松書以示之 方知所坐
上書訴冤 前後六上 辭甚哀切.

前雲陽令扶風朱勃詣闕上書曰"竊見故伏波將軍馬援 拔自
西州 欽慕聖義 間關險難 觸冒萬死 經營隴・冀 謀如湧泉 勢

如轉規 兵動有功 師進輒克. 誅鋤先零 飛矢貫脛 出征交趾 與妻子生訣. 間復南討 立陷臨鄉 師已有業 未竟而死 吏士雖疫 援不獨存. 夫戰或以久而立功 或以速而致敗 深入未必爲得 不進未必爲非 人情豈樂久屯絕地不生歸哉！ 惟援得事朝廷二十二年 北出塞漠 南度江海 觸冒害氣 僵死軍事 名滅爵絕國土不傳 海內不知其過 眾遮未聞其毀 家屬杜門 葬不歸墓 怨隙並興 宗親怖慄 死者不能自列 生者莫爲之訟 臣竊傷之！ 夫明主醲於用賞 約於用刑 高祖嘗與陳平金四萬斤以間楚軍 不問出入所爲 豈復疑以錢穀間哉！ 願下公卿 平援功罪 宜絕宜續 以厭海內之望."帝意稍解.

初 勃年十二 能誦《詩》·《書》常候援兄況 辭言嫻雅 援裁知書 見之自失. 況知其意 乃自酌酒慰援曰"朱勃小器速成 智盡此耳 卒當從汝稟學 勿畏也."勃未二十 右扶風請試守渭城宰. 及援爲將軍封侯 而勃位不過縣令. 援後雖貴 常待以舊恩而卑侮之 勃愈身自親. 及援遇讒 唯勃能終焉.

謁者南陽宗均監援軍 援既卒 軍士疫死者太半 蠻亦飢困. 均乃與諸將議曰"今道遠士病 不可以戰 欲權承制降之 何如？"諸將皆伏地莫敢應. 均曰"夫忠臣出竟 有可以安國家 專之可也."乃矯制調伏波司馬呂种守沅陵長 命种奉詔書入虜營 告以恩信 因勒兵隨其後. 蠻夷震怖 冬十月 共斬其大帥而降. 於是均入賊營 散其眾 遣歸本郡 爲置長吏而還 羣蠻遂平. 均未至 先自劾矯制之罪. 上嘉其功 迎 賜以金帛 令過家上冢.

5 　是歲 遼西烏桓大人郝旦等率衆內屬 詔封烏桓渠帥爲侯·王·君長者八十一人 使居塞內 佈於緣邊諸郡 令招來種人 給其衣食 遂爲漢偵候 助擊匈奴·鮮卑. 時司徒掾班彪上言"烏桓天性輕黠 好爲寇賊 若久放縱而無總領者 必復掠居人 但委主降掾吏 恐非所能制. 臣愚以爲宜復置烏桓校尉 誠有益於附集 省國家之邊慮." 帝從之 於是始復置校尉於上谷甯城 開營府 幷領鮮卑賞賜·質子· 歲時互市焉.

❖ 世祖光武皇帝下 建武 26年(庚戌, 50年)

1 　正月 詔增百官奉 其千石已上 減於西京舊制 六百石已下 增於舊秩.

2 　初作壽陵. 帝曰"古者帝王之葬 皆陶人·瓦器·木車·茅馬 使後世之人不知其處. 太宗識終始之義 景帝能述遵孝道 遭天下反覆 而霸陵獨完受其福 豈不美哉！今所制地不過二三頃 無山陵陂池 裁令流水而已. 使迭興之後 與丘隴同體."

3 　詔遣中郎將段彬·副校尉王郁使南匈奴 立其庭 去五原西部塞八十里. 使者令單于伏拜受詔 單于顧望有頃 乃伏稱臣. 拜訖 令譯曉使者曰"單于新立 誠慙於左右 願使者衆中無相屈折也." 詔聽南單于入居雲中 始置使匈奴中郎將 將兵衛護

之.

4　夏　南單于所獲北虜薁鞬左賢王 將其衆及南部五骨都侯合
三萬餘人畔歸 去北庭三百餘里 自立爲單于. 月餘 日更相攻擊
五骨都侯皆死 左賢王自殺 諸骨都侯子各擁兵自守.

5　秋　南單于遣子入侍. 詔賜單于冠帶・璽綬・車馬・金
帛・甲兵・什器. 又轉河東米糒二萬五千斛 牛羊三萬六千頭
以贍給之. 令中郎將將弛刑五十人 隨單于所處 參辭訟 察動
靜. 單于歲盡輒遣奉奏 送侍子入朝 漢遣謁者送前侍子還單于
庭 賜單于及閼氏・左・右賢王以下繒彩合萬匹 歲以爲常. 於
是雲中・五原・朔方・北地・定襄・鴈門・上谷・代八郡民
歸於本土. 遣謁者分將弛刑 補治城郭 發遣邊民在中國者布還
諸縣 皆賜以裝錢 轉給糧食. 時城郭丘墟 掃地更爲 上乃悔前
徙之.

6　冬　南匈奴五骨都侯子復將其衆三千人歸南部 北單于使騎
追擊 悉獲其衆. 南單于遣兵拒之 逆戰不利 於是復詔單于徙
居西河美稷 因使段彬・王郁留西河擁護之 令西河長史歲將騎
二千・弛刑五百人助中郎將衛護單于 冬屯夏罷 自後以爲常.
南單于旣居西河 亦列置諸部王 助漢扞戍北地・朔方・五原・
雲中・定襄・鴈門・代郡 皆領部衆 爲郡縣偵邏耳目. 北單于
惶恐 頗還所略漢民以示善意 鈔兵每到南部下 還過亭候 輒謝

曰 "自擊亡虜薁鞬日逐耳 非敢犯漢民也."

❖ 世祖光武皇帝下 建武 27年(辛亥, 51年)

1　夏 四月 戊午 大司徒王況薨.

2　五月 丁丑 詔司徒·司空並去 "大" 名 改大司馬爲太尉.
驃騎大將軍行大司馬劉隆卽日罷 以太僕趙熹爲太尉 大司農馮
勤爲司徒.

3　北匈奴遣使詣武威求和親 帝召公卿廷議 不決. 皇太子言
曰 "南單于新附 北虜懼於見伐 故傾耳而聽 爭欲歸義耳. 今未
能出兵而反交通北虜 臣恐南單于將有二心 北虜降者且不復來
矣." 帝然之 告武威太守勿受其使.

4　朗陵侯臧宮·揚虛侯馬武上書曰 "匈奴貪利 無有禮信 窮
則稽首 安則侵盜. 虜今人畜疫死 旱蝗赤地 疲困乏力 不當中
國一郡 萬里死命 縣在陛下. 福不再來 時或易失 豈宜固守文
德而墮武事乎！ 今命將臨塞 厚縣購賞 喻告高句驪·烏桓·
鮮卑攻其左 發河西四郡·天水·隴西羌·胡擊其右 如此 北
虜之滅 不過數年. 臣恐陛下仁恩不忍 謀臣狐疑 令萬世刻石
之功不立於聖世！" 詔報曰《黃石公記》曰 '柔能制剛 弱能制

強. 舍近謀遠者 勞而無功 舍遠謀近者 逸而有終. 故曰 務廣
地者荒 務廣德者強 有其有者安 貪人有者殘. 殘滅之政 雖成
必敗.'今國無善政 災變不息 百姓驚惶 人不自保 而復欲遠事
邊外乎! 孔子曰'吾恐季孫之憂不在顓臾.'且北狄尙強 而屯
田警備 傳聞之事 恆多失實. 誠能舉下下之半以滅大寇 豈非至
願! 苟非其時 不如息民."自是諸將莫敢復言兵事者.

5　　上問趙熹以久長之計 熹請遣諸王就國. 冬 上始遣魯王
興・齊王石就國.

　　是歲 帝舅壽張恭侯樊宏薨. 宏爲人謙柔畏愼 每當朝會 輒迎
期先到 俯伏待事 所上便宜 手自書寫 毀削草本 公朝訪逮 不
敢衆對. 宗族染其化 未嘗犯法. 帝甚重之. 及病困 遺令薄葬
一無所用. 以爲棺柩一藏 不宜復見 如有腐敗 傷孝子之心 使
與夫人同墳異藏. 帝善其令 以書示百官 因曰"今不順壽張侯
意 無以彰其德 且吾萬歲之後 欲以爲式."

❖ 世祖光武皇帝下 建武 28年(壬子, 52年)

1　　春 正月 己巳 徙魯王興爲北海王 以魯益東海 帝以東海王
彊去就有禮 故優以大封 食二十九縣 賜虎賁・旄頭 設鐘虡之
樂 擬於乘輿.

2　　夏 六月 丁卯 沛太后郭后薨.

3　　初 馬援兄子壻王磐 平阿侯仁之子也. 王莽敗 磐擁富貲爲游俠 有名江·淮間. 後游京師 與諸貴戚友善 援謂姊子曹訓曰"王氏 廢姓也 子石當屏居自守 而反游京師長者 用氣自行 多所陵折 其敗必也." 後歲餘 磐坐事死 磐子肅復出入王侯邸第. 時禁罔尙疏 諸王皆在京師 競脩名譽 招游士馬. 援謂司馬呂种曰"建武之元 名爲天下重開 自今以往 海內日當安耳. 但憂國家諸子並壯而舊防未立 若多通賓客 則大獄起矣. 卿曹戒愼之!"至是 有上書告肅等受誅之家 爲諸王賓客 慮因事生亂. 會更始之子壽光侯鯉得幸於沛王 怨劉盆子 結客殺故式侯恭. 帝怒 沛王坐繫詔獄 三日乃得出. 因詔郡縣收捕諸王賓客 更相牽引 死者以千數 呂种亦與其禍 臨命歎曰"馬將軍誠神人也!"

4　　秋 八月 戊寅 東海王彊·沛王輔·楚王英·濟南王康·淮陽王延始就國.

5　　上大會羣臣 問"誰可傅太子者?"羣臣承望上意 皆言"太子舅執金吾原鹿侯陰識可."博士張佚正色曰"今陛下立太子 爲陰氏乎 爲天下乎? 卽爲陰氏 則陰侯可 爲天下 則固宜用天下之賢才!"帝稱善 曰"欲置傅者 以輔太子也 今博士不難正朕 況太子乎!"卽拜佚爲太子太傅 以博士桓榮爲少傅

賜以輜車・乘馬. 榮大會諸生 陳其車馬・印綬 曰"今日所蒙
稽古之力也 可不勉哉！"

6 　北匈奴遣使貢馬及裘 更乞和親 幷請音樂 又求率西域諸
國胡洛俱獻見. 帝下三府議酬答之宜 司徒掾班彪曰"臣聞孝
宣皇帝敕邊守尉曰‘匈奴大國 多變詐 交接得其情 則卻敵折衝
應對入其數 則反爲輕欺.’今北單于見南單于來附 懼謀其國
故數乞和親 又遠驅牛馬與漢合市 重遣名王 多所貢獻 斯皆外
示富強以相欺誕也. 臣見其獻益重 知其國益虛 歸親愈數 爲懼
愈多. 然今旣未獲助南 則亦不宜絶北 羈縻之義 禮無不答. 謂
可頗加賞賜 略與所獻相當 報答之辭 令必有適. 今立稾草幷上
曰‘單于不忘漢恩 追念先祖舊約 欲修和親 以輔身安國 計議
甚高 爲單于嘉之！ 往者匈奴數有乖亂 呼韓邪・郅支自相讎
隙 並蒙孝宣帝垂恩救護 故各遣侍子稱藩保塞. 其後郅支忿戾
自絶皇澤 而呼韓附親 忠孝彌著. 及漢滅郅支 遂保國傳嗣 子
孫相繼. 今南單于攜衆向南 款塞歸命 自以呼韓嫡長 次第當立
而侵奪失職 猜疑相背 數請兵將 歸掃北庭 策謀紛紜 無所不
至. 惟念斯言不可獨聽 又以北單于比年貢獻 欲脩和親 故拒而
未許 將以成單于忠孝之義. 漢秉威信 總率萬國 日月所照 皆
爲臣妾 殊俗百蠻 義無親疏 服順者襃賞 畔逆者誅罰 善惡之
效 呼韓・郅支是也. 今單于欲脩和親 款誠已達 何嫌而欲率西
域諸國俱來獻見！西域國屬匈奴與屬漢何異！ 單于數連兵亂
國內虛耗 貢物裁以通禮 何必獻馬裘！今齎雜繒五百匹 弓鞬

鞬九一 矢四發 遺單于 又賜獻馬左骨都侯·右谷蠡王雜繒各
四百匹 斬馬劍各一. 單于前言 "先帝時所賜呼韓邪竿·瑟·
空侯皆敗 願復裁賜." 念單于國尚未安 方厲武節 以戰攻爲務
竿·瑟之用 不如良弓·利劍 故未以寶. 朕不愛小物 於單于便
宜所欲遣驛以聞.'" 帝悉納從之.

❖ 世祖光武皇帝下 建武 29年(癸丑, 53年)

1 春 二月 丁巳朔 日有食之.

❖ 世祖光武皇帝下 建武 30年(甲寅, 54年)

1 春 二月 車駕東巡. 羣臣上言 "卽位三十年 宜封禪泰山."
詔曰 "卽位三十年 百姓怨氣滿腹 '吾誰欺 欺天乎!' '曾謂泰
山不如林放乎!' 何事汚七十二代之編錄! 若郡縣遠遣吏上
壽 盛稱虛美 必髡 令屯田." 於是羣臣不敢復言.
  甲子 上幸魯濟南 閏月 癸丑 還宮.

2 有星孛于紫宮.

3 夏 四月 戊子 徙左翊王焉爲中山王.

4 　五月 大水.

5 　秋 七月 丁酉 上行幸魯 冬 十一月 丁酉 還宮.

6 　膠東剛侯賈復薨. 復從征伐 未嘗喪敗 數與諸將潰圍解急
身被十二創. 帝以復敢深入 希令遠征 而壯其勇節 常自從之
故復少方面之勳. 諸將每論功伐 復未嘗有言. 帝輒曰"賈君之
功 我自知之."

❖ 世祖光武皇帝下 建武 31年(乙卯, 55年)

1 　夏 五月 大水.

2 　癸酉晦 日有食之.

3 　蝗.

4 　京兆掾第五倫領長安市 公平廉介 市無姦枉. 每讀詔書 常
歎息曰"此聖主也 一見決矣."等輩笑之曰"爾說將尙不能下
安能動萬乘乎!"倫曰"未遇知己 道不同故耳."後舉孝廉 補
淮陽王醫工長.

1　　春 正月 淮陽王入朝 倫隨官屬得會見. 帝問以政事 倫因
此酬對 帝大悅 明日 復特召入 與語至夕. 帝謂倫曰 "聞卿爲
吏 笞婦公 不過從兄飯 寧有之邪?" 對曰 "臣三娶妻 皆無父.
少遭饑亂 實不敢妄過人食. 衆人以臣愚蔽 故生是語耳." 帝大
笑. 以倫爲扶夷長 未到官 追拜會稽太守 爲政淸而有惠 百姓
愛之.

2　　上讀《河圖會昌符》曰 "赤劉之九 會命岱宗." 上感此文 乃
詔虎賁中郎將梁松等按察《河·雒讖文》言九世當封禪者凡
三十六事. 於是張純等復奏請封禪 上乃許焉. 詔有司求元封故
事 當用方石再累 玉檢·金泥. 上以石功難就 欲因孝武故封石
置玉牒其中. 梁松爭以爲不可 乃命石工取完靑石 無必五色.

丁卯 車駕東巡 二月 己卯 幸魯 進幸泰山. 辛卯 晨 燎 祭天
於泰山下南方 羣神皆從 用樂如南郊. 事畢 至食時 天子御輦
登山 日中後 到山上 更衣. 晡時 升壇北面 尙書令奉玉牒檢
天子以寸二分璽親封之 訖 太常命騶騎二千餘人發壇上方石
尙書令藏玉牒已 復石覆訖 尙書令以五寸印封石檢. 事畢 天子
再拜. 羣臣稱萬歲 乃復道下. 夜半後 上乃到山下 百官明旦乃
訖. 甲午 禪祭地於梁陰 以高后配 山川羣神從 如元始中北郊
故事.

3　三月 戊辰 司空張純薨.

4　夏 四月 癸酉 車駕還宮 己卯 赦天下 改元.

5　上行幸長安 五月 乙丑 還宮.

6　六月 辛卯 以太僕馮魴爲司空.

7　乙未 司徒馮勤薨.

8　京師醴泉湧出 又有赤草生於水崖 郡國頻上甘露. 羣臣奏
言"靈物仍降 宜令太史撰集 以傳來世."帝不納. 帝自謙無德
于郡國所上 輒抑而不當 故史官罕得記焉.

9　秋 郡國三蝗.

10　冬 十月 辛未 以司隷校尉東萊李訢爲司徒.

11　甲申 使司空告祠高廟 上薄太后尊號曰高皇后 配食地祇.
遷呂太后廟主于園 四時上祭.

12　十一月 甲子晦 日有食之.

13 　是歲 起明堂 · 靈臺 · 辟雍 宣佈圖讖於天下.

　初 上以《赤伏符》卽帝位 由是信用讖文 多以決定嫌疑. 給事中桓譚上疏諫曰 “凡人情忽於見事而貴於異聞. 觀先王之所記述 咸以仁義正道爲本 非有奇怪虛誕之事. 蓋天道性命 聖人所難言也 自子貢以下 不得而聞 況後世淺儒 能通之乎！今諸巧慧小才 · 伎數之人 增益圖書 矯稱讖記 以欺惑貪邪 詿誤人主 焉可不抑遠之哉！ 臣譚伏聞陛下窮折方士黃白之術 甚爲明矣 而乃欲聽納讖記 又何誤也！ 其事雖有時合 譬猶卜數隻偶之類. 陛下宜垂明聽 發聖意 屏羣小之曲說 述《五經》之正義.” 疏奏 帝不悅. 會議靈臺所處 帝謂譚曰 “吾以讖決之 何如？” 譚默然 良久曰 “臣不讀讖.” 帝問其故 譚復極言讖之非經. 帝大怒曰 “桓譚非聖無法 將下 斬之！” 譚叩頭流血 良久 乃得解. 出爲六安郡丞 道病卒.

　　❖ 范曄論曰

　　　桓譚以不善讖流亡 鄭興以遜辭僅免 賈逵能附會文致最差貴顯 世主以此論學 悲哉！

　逵 扶風人也.

14 　南單于比死 弟左賢王莫立 爲丘浮尤鞮單于. 帝遣使齎璽書拜授璽綬 賜以衣冠及繒彩 是後遂以爲常.

1 　春 正月 辛未 初立北郊 祀后土.

2 　二月 戊戌 帝崩於南宮前殿 年六十二. 帝每旦視朝 日昃
乃罷 數引公卿 · 郎將講論經理 夜分乃寐. 皇太子見帝勤勞不
怠 承間諫曰“陛下有禹 · 湯之明 而失黃 · 老養性之福 願頤
愛精神 優游自寧.”帝曰“我自樂此 不爲疲也!”雖以征伐濟
大業 及天下旣定 乃退功臣而進文吏 明愼政體 總攬權綱 量
時度力 擧無過事 故能恢復前烈 身致太平.
　太尉趙熹典喪事. 時經王莽之亂 舊典不存 皇太子與諸王雜
止同席 藩國官屬出入宮省 與百僚無別. 熹正色 橫劍殿階 扶
下諸王以明尊卑 奏遣謁者將護官屬分止他縣 諸王並令就邸
唯得朝晡入臨 整禮儀 嚴門衛 內外肅然.

3 　太子卽皇帝位 尊皇后曰皇太后.

4 　山陽王荊哭臨不哀 而作飛書 令蒼頭詐稱大鴻臚郭況書與
東海王彊 言其無罪被廢 及郭后黜辱 勸令東歸擧兵以取天下
且曰“高祖起亭長 陛下興白水 何況於王 陛下長子 · 故副主
哉! 當爲秋霜 無爲檻羊. 人主崩亡 閭閻之伍尙爲盜賊 欲有
所望 何況王邪!”彊得書惶怖 卽執其使 封書上之. 明帝以荊
母弟 秘其事 遣荊出止河南宮.

5   三月 丁卯 葬光武皇帝於原陵.

6   夏 四月 丙辰 詔曰 "方今上無天子 下無方伯 若涉淵水而
無舟楫. 夫萬乘至重而壯者慮輕 實賴有德左右小子. 高密侯禹
元功之首 東平王蒼 寬博有謀 有以禹爲太傅 蒼爲驃騎將軍."
蒼懇辭 帝不許. 又詔驃騎將軍置長史 · 掾史員四十人 位在三
公上. 蒼嘗薦西曹掾齊國吳良 帝曰 "薦賢助國 宰相之職也.
蕭何擧韓信 設壇而拜 不復考試 今以良爲議郎."

7   初 燒當羌豪滇良擊破先零 奪居其地 滇良卒 子滇吾立 附
落轉盛. 秋 滇吾與弟滇岸率衆寇隴西 敗太守劉盱於允街 於是
守塞諸羌皆叛. 詔謁者張鴻領諸郡兵擊之 戰於允吾 鴻軍敗沒.
冬 十一月 復遣中郎將竇固監捕虜將軍馬武等二將軍 · 四萬人
討之.

8   是歲 南單于莫死 弟汗立 爲伊伐於慮鞮單于.

❖ 顯宗孝明皇帝上 永平 元年(戊午, 58年)

1   春 正月 帝率公卿已下朝于原陵 如元會儀. 乘輿拜神坐
退 坐東廂 侍衛官皆在神坐後 太官上食 太常奏樂 郡國上計
吏以次前 當神軒占其郡穀價及民所疾苦. 是後遂以爲常.

2　　夏 五月 高密元侯鄧禹薨.

3　　東海恭王彊病 上遣使者太醫乘驛視疾 駱驛不絕. 詔沛王
輔・濟南王康・淮陽王延詣魯省疾. 戊寅 彊薨 臨終 上疏謝恩
言“身旣夭命 孤弱復爲皇太后・陛下憂慮 誠悲誠戚！息政
小人也 猥當襲臣後 必非所以全利之也 願還東海郡. 今天下新
罹大憂 惟陛下加供養皇太后 數進御餐. 臣彊困劣 言不能盡意
願並謝諸王 不意永不復相見也！”帝覽書悲慟 從太后出幸津
門亭發哀 使大司空持節護喪事 贈送以殊禮 詔楚王英・趙王
栩・北海王興及京師親戚皆會葬. 帝追惟彊深執謙儉 不欲厚
葬以違其意 於是特詔“遣送之物 務從約省 衣足斂形 茅車瓦
器 物減於制 以彰王卓爾獨行之志.”將作大匠留起陵廟.

4　　秋 七月 馬武等擊燒當羌 大破之 餘皆降散.

5　　山陽王荊私迎能爲星者 與謀議 冀天下有變 帝聞之 徙封
荊廣陵王 遣之國.

6　　遼東太守祭肜使偏何討赤山烏桓 大破之 斬其魁帥. 塞外
震讋 西自武威 東盡玄菟 皆來內附 野無風塵 乃悉罷緣邊屯
兵.

7　　東平王蒼以爲中興三十餘年 四方無虞 宜修禮樂 乃與公

卿共議定南北郊冠冕 · 車服制度及光武廟登歌 · 八佾舞數 上
之.

8   好畤愍侯耿弇薨.

❖ 顯宗孝明皇帝上 永平 2年(己未, 59年)

1   春 正月 辛未 宗祀光武皇帝於明堂 帝及公卿列侯 始服冠
冕 · 玉珮以行事. 禮畢 登靈臺 望雲物. 赦天下.

2   三月 臨辟雍 初行大射禮.
   冬 十月 壬子 上幸辟雍 初行養老禮 以李躬爲三老 桓榮爲
五更. 三老服都紵大袍 冠進賢 扶玉杖 五更亦如之 不杖. 乘
輿到辟雍禮殿 御坐東廂 遣使者安車迎三老 · 五更於太學講堂
天子迎於門屏 交禮 道自阼階 三老升自賓階 至階 天子揖如
禮. 三老升 東面 三公設几 九卿正履 天子親袒割牲 執醬而饋
執爵而酳 祝鯁在前 祝饐在後. 五更南面 三公進供 禮亦如之.
禮畢 引桓榮及弟子升堂 上自爲下說 諸儒執經問難於前 冠帶
縉紳之人圜橋門而觀聽者 蓋億萬計. 於是下詔賜榮爵關內侯
三老 · 五更皆以二千石祿養終厥身. 賜天下三老酒 人一石 肉
四十斤.

上自爲太子 受《尙書》於桓榮 及卽帝位 猶尊榮以師禮. 嘗幸太常府 令榮坐東面 設几杖 會百官及榮門生數百人 上親自執業 諸生或避位發難 上謙曰"太師在是." 旣罷 悉以太官供具賜太常家. 榮每疾病 帝輒遣使者存問 太官·太醫相望於道. 及篤 上疏謝恩 讓還爵土. 帝幸其家問起居 入街 下車 擁經而前 撫榮垂涕 賜以牀茵·帷帳·刀劍·衣被 良久乃去. 自是諸侯·將軍·大夫問疾者 不敢復乘車到門 皆拜牀下. 榮卒 帝親自變服臨喪送葬 賜冢塋于首山之陽. 子郁當嗣 讓其兄子汎 帝不許 郁乃受封 而悉以租入與之. 帝以郁爲侍中.

3　　上以中山王焉 郭太后少子 太后尤愛之 故獨留京師 至是始與諸王俱就國 賜以虎賁·官騎 恩寵尤厚 獨得往來京師. 帝禮待陰·郭 每事必均 數受賞賜 恩寵俱渥.

4　　甲子 上行幸長安. 十一月 甲申 遣使者以中牢祠蕭何·霍光. 帝過 式其墓. 進幸河東 癸卯 還宮.

5　　十二月 護羌校尉竇林坐欺罔及臧罪 下獄死. 林者 融之從兄子也. 於是竇氏一公·兩侯·三公主·四二千石相與並時 自祖及孫 官府邸第相望京邑 於親戚功臣中莫與爲比. 及林誅 帝數下詔切責融 融惶恐乞骸骨 詔令歸第養病.

6　　是歲 初迎氣於五郊.

7　　新陽侯陰就子豐尙酈邑公主. 公主驕妬 豐殺之 被誅 父母
皆自殺.

8　　南單于汗死 單于比之子適立 爲醢僮尸逐侯鞮單于.

❖ 顯宗孝明皇帝上 永平 3年(庚申, 60年)

1　　春 二月 甲寅 太尉趙憙 · 司徒李訢免.　丙辰 以左馮翊郭
丹爲司徒. 己未 以南陽太守虞延爲太尉.

2　　甲子 立貴人馬氏爲皇后 皇子炟爲太子.

　　后 援之女也 光武時 以選入太子宮 能奉承陰后 傍接同列
禮則脩備 上下安之 遂見寵異 及帝卽位 爲貴人. 時后前母姊
女賈氏亦以選入 生皇子炟. 帝以后無子 命養之 謂曰 "人未
必當自生子 但患愛養不至耳!"后於是盡心撫育 勞悴過於所
生. 太子亦孝性淳篤 母子慈愛 始終無纖介之間. 后常以皇嗣
未廣 薦達左右 若恐不及. 後宮有進見者 每加慰納 若數所寵
引 輒加隆遇.

　　及有司奏立長秋宮 帝未有所言 皇太后曰 "馬貴人德冠後宮
卽其人也." 后旣正位宮闈 愈自謙肅 好讀書. 常衣大練 裙不
加緣 朔望諸姬主朝請 望見后袍衣疏粗 以爲綺縠 就視 乃笑.
后曰 "此繒特宜染色 故用之耳." 羣臣奏事有難平者 帝數以試

后 后輒分解趣理 各得其情 然未嘗以家私干政事. 帝由是寵敬
始終無衰焉.

3　帝思中興功臣 乃圖畫二十八將於南宮雲臺 以鄧禹爲首
次馬成 · 吳漢 · 王梁 · 賈復 · 陳俊 · 耿弇 · 杜茂 · 寇恂 · 傅
俊 · 岑彭 · 堅鐔 · 馮異 · 王霸 · 朱祐 · 任光 · 祭遵 · 李忠 ·
景丹 · 萬脩 · 蓋延 · 邳肜 · 銚期 · 劉植 · 耿純 · 臧宮 · 馬
武 · 劉隆 又益以王常 · 李通 · 竇融 · 卓茂 合三十二人. 馬援
以椒房之親 獨不與焉.

4　夏 四月 辛酉 封皇子建爲千乘王 羨爲廣平王.

5　六月 丁卯 有星孛於天船北.

6　帝大起北宮. 時天旱 尚書僕射會稽鐘離意詣闕 免冠 上
疏曰 "昔成湯遭旱 以六事自責曰 '政不節邪？ 使民疾邪？ 宮
室榮邪？ 女謁盛邪？ 苞苴行邪？ 讒夫昌邪？' 竊見北宮大作
民失農時 自古非苦宮室小狹 但患民不安寧 宜且罷止 以應天
心." 帝策詔報曰 "湯引六事 咎在一人 其冠 · 履 勿謝！" 又
敕大匠止作諸宮 減省不急. 詔因謝公卿百僚 遂慶時澍雨.
　意薦全椒長劉平 詔徵拜議郎. 平在全椒 政有恩惠 民或增貲
就賦 或減年從役. 刺史 · 太守行部 獄無繫囚 人自以得所 不
知所問 唯班詔書而去.

帝性褊察 好以耳目隱發爲明 公卿大臣數被詆毀 近臣尙書以
下至見提曳. 常以事怒郎藥崧 以杖撞之 崧走入牀下 帝怒甚
疾言曰"郎出！"崧乃曰"天子穆穆 諸侯皇皇 未聞人君 自起
撞郎."帝乃赦之.

　　是時朝廷莫不悚慄 爭爲嚴切以避誅責 唯鍾離意獨敢諫爭
數封還詔書 臣下過失 輒救解之. 會連有變異 上疏曰"陛下敬
畏鬼神 憂恤黎元 而天氣未和 寒暑違節者 咎在羣臣不能宣化
治職 而以苛刻爲俗 百官無相親之心 吏民無雍雍之志 至於感
逆和氣 以致天災. 百姓可以德勝 難以力服《鹿鳴》之詩必言宴
樂者 以人神之心洽 然後天氣和也. 願陛下垂聖德 緩刑罰 順
時氣以調陰陽."帝雖不能時用 然知其至誠 終愛厚之.

7　　秋 八月 戊辰 詔改太樂官曰太予 用讖文也.

8　　壬申晦 日有食之. 詔曰"昔楚莊無災 以致戒懼 魯哀禍大
天不降譴. 今之動變 儻尙可救 有司勉思厥職 以匡無德."

9　　冬 十月 甲子 車駕從皇太后幸章陵. 荊州刺史郭賀 官有
殊政 上賜以三公之服 黼黻 冕旒 敕行部去襜帷 使百姓見其
容服 以章有德. 戊辰 還自章陵.

10　　是歲 京師及郡國七大水.

11   莎車王賢以兵威逼奪于窴‧大宛‧媯塞王國 使其將守之.
于窴人殺其將君德 立大人休莫霸爲王 賢率諸國兵數萬擊之
大爲休莫霸所敗 脫身走還. 休莫霸進圍莎車 中流矢死 于窴人
復立其兄子廣德爲王 廣德使其弟仁攻賢. 廣德父先拘在莎車
賢乃歸其父 以女妻之 與之和親. ✱

資治通鑑 卷045

【漢紀三十七】
起重光作噩(辛酉) 盡旃蒙大淵獻(乙亥) 凡十五年.

❖ 顯宗孝明皇帝下 永平 4年(辛酉, 61年)

1   春 帝近出觀覽城第 欲遂校獵河內 東平王蒼上書諫 帝覽
奏 卽還宮.

2   秋 九月 戊寅 千乘哀王建薨 無子 國除.

3   冬 十月 乙卯 司徒郭丹 · 司空馮魴免 以河南尹沛國范遷
爲司徒 太僕伏恭爲司空. 恭 湛之兄子也.

4   陵鄕侯梁松坐怨望 · 縣飛書誹謗 下獄死.
  初 上爲太子 太中大夫鄭興子衆以通經知名 太子及山陽王
荆因梁松以縑帛請之 衆曰 "太子儲君 無外交之義. 漢有舊防

蕃王不宜私通賓客." 松曰 "長者意 不可逆." 衆曰 "犯禁觸罪 不如守正而死." 遂不往. 及松敗 賓客多坐之 唯衆不染於辭.

5 于窴王廣德將諸國兵三萬人攻莎車 誘莎車王賢 殺之 幷其國. 匈奴發諸國兵圍于窴 廣德請降. 匈奴立賢質子不居徵爲莎車王 廣德又攻殺之 更立其弟齊黎爲莎車王.

6 東平王蒼自以至親輔政 聲望日重 意不自安 前後累上疏稱 "自漢興以來 宗室子弟無得在公卿位者 乞上驃騎將軍印綬 退就蕃國." 辭甚懇切 帝乃許蒼還國 而不聽上將軍印綬.

❖ 顯宗孝明皇帝下 永平 5年(壬戌, 62年)

1 春 二月 蒼罷歸藩 帝以驃騎長史爲東平太傅 掾爲中大夫 令史爲王家郎 加賜錢五千萬 布十萬匹.

2 冬 十月 上行幸鄴 是月還宮.

3 十一月 北匈奴寇五原 十二月 寇雲中. 南單于擊卻之.

4 是歲 發遣邊民在內郡者 賜裝錢 人二萬.

5   安豐戴侯竇融年老 子孫縱誕 多不法. 長子穆尙內黃公主
矯稱陰太后詔 令六安侯劉盱去婦 以女妻之. 盱婦家上書言狀
帝大怒 盡免穆等官. 諸竇爲郎吏者 皆將家屬歸故郡 獨留融京
師 融尋薨. 後數歲 穆等復坐事與子勳·宣皆下獄死. 久之 詔
還融夫人與小孫一人居雒陽.

❖ 顯宗孝明皇帝下 永平 6年(癸亥, 63年)

1   春 二月 王雒山出寶鼎 獻之. 夏 四月 甲子 詔曰"祥瑞之
降 以應有德 方今政化多僻 何以致茲!《易》曰 '鼎象三公' 豈
公卿奉職得其理邪！ 其賜三公帛五十匹 九卿·二千石半之.
先帝詔書 禁人上事言'聖' 而間者章奏頗多浮詞 自今若有過
稱虛譽 尙書皆宜抑而不省 示不爲諂子蚩也."

2   冬 十月 上行幸魯 十二月 還幸陽城 壬午 還宮.

3   是歲 南單于適死 單于莫之子蘇立 爲丘除車林鞮單于 數
月 復死 單于適之弟長立 爲湖邪尸逐侯鞮單于.

❖ 顯宗孝明皇帝下 永平 7年(甲子, 64年)

1   春 正月 癸卯 皇太后陰氏崩. 二月 庚申 葬光烈皇后.

2   北匈奴猶盛 數寇邊 遣使求合市 上冀其交通 不復爲寇 許之.

3   以東海相宗均爲尙書令. 初 均爲九江太守 五日一聽事 悉省掾・史 閉督郵府內 屬縣無事 百姓安業. 九江舊多虎暴 常募設檻穽 而猶多傷害. 均下記屬縣曰 "夫江・淮之有猛獸 猶北土之有雞豚也 今爲民害 咎在殘吏 而勞勤張捕 非憂恤之本也. 其務退姦貪 思進忠善 可一去檻穽 除削課制." 其後無復虎患. 帝聞均名 故任以樞機. 均謂人曰 "國家喜文法・廉吏以爲足止姦也 然文吏習爲欺謾 而廉吏清在一己 無益百姓流亡・盜賊爲害也. 均欲叩頭爭之 時未可改也 久將自苦之 乃可言耳!" 未及言 會遷司隷校尉. 後上聞其言 追善之.

❖ 顯宗孝明皇帝下 永平 8年(乙丑, 65年)

1   春 正月 己卯 司徒范遷薨.

2   三月 辛卯 以太尉虞延爲司徒 衛尉趙熹行太尉事.

3   越騎司馬鄭衆使北匈奴 單于欲令衆拜 衆不爲屈. 單于圍

守 閉之不與水火 衆拔刀自誓 單于恐而止 乃更發使 隨衆還京師.

初 大司農耿國上言"宜置度遼將軍屯五原 以防南匈奴逃亡."朝廷不從 南匈奴須卜骨都侯等知漢與北虜交使 內懷嫌怨 欲畔 密使人詣北虜 令遣兵迎之. 鄭衆出塞 疑有異 伺候果得須卜使人. 乃上言"宜更置大將 以防二虜交通."由是始置度遼營 以中郎將吳棠行度遼將軍事 將黎陽虎牙營士屯五原曼柏.

4　秋 郡國十四大水.

5　冬 十月 北宮成.

6　丙子 募死罪繫囚詣度遼營 有罪亡命者 令贖罪各有差. 楚王英奉黃縑‧白紈詣國相曰"託在藩輔 過惡累積 歡喜大恩奉送縑帛 以贖愆罪."國相以聞. 詔報曰"楚王誦黃‧老之微言 尙浮屠之仁慈 潔齊三月 與神爲誓 何嫌何疑 當有悔吝！其還贖 以助伊蒲塞‧桑門之盛饌."

初 帝聞西域有神 其名曰佛 因遣使之天竺求其道 得其書及沙門以來. 其書大抵以虛無爲宗 貴慈悲不殺 以爲人死 精神不滅 隨復受形 生時所行善惡 皆有報應 故所貴修練精神 以至爲佛 善爲宏闊勝大之言 以勸誘愚俗. 精於其道者 號曰沙門. 於是中國始傳其術 圖其形像 而王公貴人 獨楚王英最先好之.

7 壬寅晦 日有食之 既. 詔羣司勉脩職事 極言無諱. 於是在位者皆上封事 各言得失 帝覽章 深自引咎 以所上班示百官. 詔曰 "羣僚所言 皆朕之過. 民冤不能理 吏黠不能禁 而輕用民力 繕修宮宇 出入無節 喜怒過差. 永覽前戒 辣然兢懼 徒恐薄德 久而致怠耳！"

8 北匈奴雖遣使入貢 而寇鈔不息 邊城晝閉. 帝議遣使報其使者 鄭衆上疏諫曰 "臣聞北單于所以要致漢使者 欲以離南單于之衆 堅三十六國之心也 又當揚漢和親 誇示鄰敵 令西域欲歸化者局足狐疑 懷土之人絶望中國耳. 漢使既到 便偃蹇自信 若復遣之 虜必自謂得謀 其羣臣駁議者不敢復言. 如是 南庭動搖 烏桓有離心矣. 南單于久居漢地 具知形勢 萬分離析 旋爲邊害. 今幸有度遼之衆揚威北垂 雖勿報答 不敢爲患." 帝不從. 復遣衆往 衆因上言 "臣前奉使 不爲匈奴拜 單于恚恨. 遣兵圍臣 今復銜命 必見陵折 臣誠不忍持大漢節對氈裘獨拜. 如令匈奴遂能服臣 將有損大漢之強." 帝不聽. 衆不得已 既行 在路連上書固爭之 詔切責衆 追還 繫廷尉 會赦 歸家. 其後帝見匈奴來者 聞衆與單于爭禮之狀 乃復召衆爲軍司馬.

❖ 顯宗孝明皇帝下 永平 9年(丙寅, 66年)

1 夏 四月 甲辰 詔司隸校尉 · 部刺史歲上墨綬長吏視事三

歲已上·治狀尤異者各一人與計偕上 及尤不治者亦以聞.

2　　是歲 大有年.

3　　賜皇子恭號曰靈壽王 黨號曰重熹王 未有國邑.

4　　帝崇尙儒學 自皇太子·諸王侯及大臣子弟·功臣子孫 莫不受經. 又爲外戚樊氏·郭氏·陰氏·馬氏諸子立學於南宮 號"四姓小侯". 置《五經》師 搜選高能以授其業. 自期門·羽林之士 悉令通《孝經》章句. 匈奴亦遣子入學.

5　　廣陵王荊復呼相工謂曰"我貌類先帝 先帝三十得天下 我今亦三十 可起兵未?"相者詣吏告之 荊惶恐 自繫獄 帝加恩 不考極其事 詔不得臣屬吏民 唯食租如故 使相·中尉謹宿衞之. 荊又使巫祭祀·祝詛. 詔長水校尉樊鯈等雜治其獄 事竟奏請誅刑. 帝怒曰"諸卿以我弟故 欲誅之. 卽我子 卿等敢爾邪?"鯈對曰"天下者高帝天下 非陛下之天下也.《春秋》之義 君親無將 將而必誅. 臣等以荊屬託母弟 陛下留聖心 加惻隱 故敢請耳 如令陛下子 臣等專誅而已."帝歎息善之. 鯈 宏之子也.

1   春 二月 廣陵思王荊自殺 國除.

2   夏 四月 戊子 赦天下.

3   閏月 甲午 上幸南陽 召校官弟子作雅樂 奏《鹿鳴》帝自奏
塤篪和之 以娛嘉賓. 還 幸南頓. 冬 十二月 甲午 還宮.

4   初 陵陽侯丁綝卒 子鴻當襲封 上書稱病 讓國於弟盛 不
報. 旣葬 乃挂衰絰於冢廬而逃去. 友人九江鮑駿遇鴻於東海
讓之曰"昔伯夷・吳札 亂世權行 故得申其志耳.《春秋》之義
不以家事廢王事. 今子以兄弟私恩而絶父不滅之基 可乎？"
鴻感悟垂涕 乃還就國. 鮑駿因上書薦鴻經學至行 上徵鴻爲侍
中.

1   春 正月 東平王蒼與諸王俱來朝 月餘 還國. 帝臨送歸宮
凄然懷思 乃遣使手詔賜東平國中傅曰"辭別之後 獨坐不樂
因就車歸 伏軾而吟 瞻望永懷 實勞我心. 誦及《采菽》以增歎
息. 日者問東平王'處家何等最樂？'王言'爲善最樂.'其言

甚大 副是要腹矣. 今送列侯印十九枚 諸王子年五歲已上能趨
拜者 皆令帶之."

❖ 顯宗孝明皇帝下 永平 12年(己巳, 69年)

1   春 哀牢王柳貌率其民五萬餘戶內附 以其地置哀牢‧博南
二縣. 始通博南山 度蘭倉水 行者苦之 歌曰"漢德廣 開不賓
度蘭倉 爲他人."

2   初 平帝時 河‧汴決壞 久而不脩. 建武十年 光武欲脩之
浚儀令樂俊上言 民新被兵革 未宜興役 乃止. 其後汴渠東侵
日月彌廣 兗‧豫百姓怨歎 以爲縣官恆興他役 不先民急. 會有
薦樂浪王景能治水者 夏 四月 詔發卒數十萬 遣景與將作謁者
王吳脩汴渠隄 自滎陽東至千乘海口千餘里 十里立一水門 令
更相洄注 無復潰漏之患. 景雖簡省役費 然猶以百億計焉.

3   秋 七月 乙亥 司空伏恭罷 乙未 以大司農牟融爲司空.

4   是時 天下安平 人無徭役 歲比登稔 百姓殷富 粟斛三十
牛羊被野.

❖ 顯宗孝明皇帝下 永平 13年(庚午, 70年)

1 夏 四月 汴渠成 河 · 汴分流 復其舊迹. 辛巳 帝行幸滎陽
巡行河渠 遂渡河 登太行 幸上黨 壬寅 還宮.

2 冬 十月 壬辰晦 日有食之.

3 楚王英與方士作金龜 · 玉鶴 刻文字爲符瑞. 男子燕廣告
英與漁陽王平 · 顏忠等造作圖書 有逆謀 事下案驗. 有司奏
"英大逆不道 請誅之." 帝以親親不忍. 十一月 廢英 徙丹陽涇
縣 賜湯沐邑五百戶 男女爲侯 · 主者 食邑如故 許太后勿上璽
綬 留住楚宮. 先是有私以英謀告司徒虞延者 延以英藩戚至親
不然其言. 及英事覺 詔書切讓延.

❖ 顯宗孝明皇帝下 永平 14年(辛未, 71年)

1 春 三月 甲戌 延自殺. 以太常周澤行司徒事 頃之 復爲太
常. 夏 四月 丁巳 以鉅鹿太守南陽邢穆爲司徒.

2 楚王英至丹陽 自殺. 詔以諸侯禮葬於涇. 封燕廣爲折姦
侯.
是時 窮治楚獄 遂至累年. 其辭語相連 自京師親戚 · 諸侯 ·

州郡豪桀及考案吏 阿附坐死· 徙者以千數 而繫獄者尚數千人.

初 樊鯈弟鮪爲其子賞求楚王英女 鯈聞而止之曰"建武中吾家並受榮寵 一宗五侯. 時特進一言 女可以配王 男可以尙主但以貴寵過盛 卽爲禍患 故不爲也. 且爾一子 奈何棄之於楚乎!"鮪不從. 及楚事覺 鯈已卒 上追念鯈謹恪 故其諸子皆得不坐.

英陰疏天下名士 上得其錄 有吳郡太守尹興名 乃徵興及掾史五百餘人詣廷尉就考. 諸吏不勝掠治 死者太半 惟門下掾陸續· 主簿梁宏· 功曹史駟勳 備受五毒 肌肉消爛 終無異辭. 續母自吳來雒陽 作食以饋續. 續雖見考 辭色未嘗變 而對食悲泣不自勝. 治獄使者問其故 續曰"母來不得見 故悲耳."問"何以知之?"續曰"母截肉未嘗不方 斷葱以寸爲度 故知之."使者以狀聞 上乃赦興等 禁錮終身.

顔忠· 王平辭引隧鄉侯耿建· 朗陵侯臧信· 濩澤侯鄧鯉· 曲成侯劉建. 建等辭未嘗與忠· 平相見. 是時 上怒甚 吏皆惶恐 諸所連及 率一切陷入 無敢以情恕者. 侍御史寒朗心傷其冤 試以建等物色 獨問忠· 平 而二人錯愕不能對. 朗知其詐 乃上言"建等無姦 專爲忠· 平所誣 疑天下無辜 類多如此."帝曰"卽如是 忠· 平何故引之?"對曰"忠· 平自知所犯不道 故多有虛引 冀以自明."帝曰"卽如是 何不早奏?"對曰"臣恐海內別有發其姦者."帝怒曰"吏持兩端!"促提下捶之. 左右方引去 朗曰"願一言而死."帝曰"誰與共爲章?"對曰"臣獨

作之."上曰"何以不與三府議？"對曰"臣自知當必族滅 不敢多汙染人."上曰"何故族滅？"對曰"臣考事一年 不能窮盡姦狀 反爲罪人訟冤 故知當族滅. 然臣所以言者 誠冀陛下一覺悟而已. 臣見考囚在事者 咸共言妖惡大故 臣子所宜同疾 今出之不如入之 可無後責. 是以考一連十 考十連百. 又公卿朝會 陛下問以得失 皆長跪言 '舊制 大罪禍及九族 陛下大恩裁止於身 天下幸甚！'及其歸舍 口雖不言而仰屋竊歎 莫不知其多冤 無敢牾陛下言者. 臣今所陳 誠死無悔！"帝意解 詔遣朗出.

後二日 車駕自幸洛陽獄錄囚徒 理出千餘人. 時天旱 卽大雨. 馬后亦以楚獄多濫 乘間爲帝言之 帝惻然感悟 夜起彷徨 由是多所降宥.

任城令汝南袁安遷楚郡太守 到郡不入府 先往按楚王英獄事 理其無明驗者 條上出之. 府丞 · 掾史皆叩頭爭 以爲"阿附反虜 法與同罪 不可."安曰"如有不合 太守自當坐之 不以相及也."遂分別具奏. 帝感悟 卽報許 得出者四百餘家.

3   夏 五月 封故廣陵王荊子元壽爲廣陵侯 食六縣. 又封竇融孫嘉爲安豐侯.

4   初作壽陵 制"令流水而已 無得起墳. 萬年之後 掃地而祭杆水脯糒而已. 過百日 唯四時設奠. 置吏卒數人 供給灑掃. 敢有所興作者. 以擅議宗廟法從事."

1   春 二月 庚子 上東巡. 癸亥 耕于下邳. 三月 至魯 幸孔子
宅 親御講堂 命皇太子 · 諸王說《經》又幸東平 · 大梁. 夏 四
月 庚子 還宮.

2   封皇子恭爲鉅鹿王 黨爲樂成王 衍爲下邳王 暢爲汝南王
昞爲常山王 長爲濟陰王 帝親定其封域 裁令半楚 · 淮陽. 馬后
曰"諸子數縣 於制不已儉乎?"帝曰"我子豈宜與先帝子等
歲給二千萬足矣!"

3   乙巳 赦天下.

4   謁者僕射耿秉數上言請擊匈奴 上以顯親侯竇固嘗從其世
父融在河西 明習邊事 乃使秉 · 固與太僕祭肜 · 虎賁中郎將馬
廖 · 下博侯劉張 · 好畤侯耿忠等共議之. 耿秉曰"昔者匈奴援
引弓之類 幷左衽之屬 故不可得而制. 孝武旣得河西四郡及居
延 · 朔方 虜失其肥饒畜兵之地 羌 · 胡分離 唯有西域 俄復內
屬 故呼韓邪單于請事款塞 其勢易乘也. 今有南單于 形勢相似
然西域尚未內屬 北虜未有釁作. 臣愚以爲當先擊白山 得伊吾
破車師 通使烏孫諸國以斷其右臂 伊吾亦有匈奴南呼衍一部
破此 復爲折其左角 然後匈奴可擊也."上善其言. 議者或以爲
"今兵出白山 匈奴必幷兵相助 又當分其東以離其衆."上從之.

十二月 以秉爲駙馬都尉 固爲奉車都尉 以騎都尉秦彭爲秉副
耿忠爲固副 皆置從事·司馬 出屯涼州. 秉 國之子 忠 弇之子
廖 援之子也.

❖ 顯宗孝明皇帝下 永平 16年(癸酉, 73年)

1　　春 二月 遣肜與度遼將軍吳棠將河東·西河羌·胡及南單
于兵萬一千騎出高闕塞 竇固·耿忠率酒泉·敦煌·張掖甲卒
及盧水羌·胡萬二千騎出酒泉塞 耿秉·秦彭率武威·隴西·
天水募士及羌·胡萬騎出張掖居延塞 騎都尉來苗·護烏桓校
尉文穆將太原·鴈門·代郡·上谷·漁陽·右北平·定襄郡
兵及烏桓·鮮卑萬一千騎出平城塞 伐北匈奴. 竇固·耿忠至
天山 擊呼衍王 斬首千餘級 追至蒲類海 取伊吾盧地 置宜禾
都尉 留吏士屯田伊吾盧城. 耿秉·秦彭擊匈林王 絶幕六百餘
里 至三木樓山而還. 來苗·文穆至匈河水上 虜皆奔走 無所
獲. 祭肜與南匈奴左賢王信不相得 出高闕塞九百餘里 得小
山 信妄言以爲涿邪山 不見虜而還. 肜與吳棠坐逗留畏懦 下
獄 免. 肜自恨無功 出獄數日 歐血死 臨終 謂其子曰 "吾蒙國
厚恩 奉使不稱 身死誠慚恨 義不可以無功受賞. 死後 若悉簿
上所得物 身自詣兵屯 效死前行 以副吾心." 旣卒 其子逢上疏
具陳遺言. 帝雅重肜 方更任用 聞之 大驚 嗟歎良久. 烏桓·鮮
卑每朝賀京師 常過肜冢拜謁 仰天號泣. 遼東吏民爲立祠 四時

奉祭焉. 竇固獨有功 加位特進.

固使假司馬班超與從事郭恂俱使西域. 超行到鄯善 鄯善王廣奉超禮敬甚備 後忽更疏懈. 超謂其官屬曰"寧覺廣禮意薄乎？"官屬曰"胡人不能常久 無他故也." 超曰"此必有北虜使來 狐疑未知所從故也. 明者睹未萌 況已著邪！"乃召侍胡 詐之曰"匈奴使來數日 今安在乎？"侍胡惶恐曰"到已三日 去此三十里." 超乃閉侍胡 悉會其吏士三十六人 與共飲 酒酣 因激怒之曰"卿曹與我俱在絕域 今虜使到裁數日 而王廣禮敬卽廢. 如令鄯善收吾屬送匈奴 骸骨長爲豺狼食矣. 爲之奈何？"官屬皆曰"今在危亡之地 死生從司馬！"超曰"不入虎穴 不得虎子. 當今之計 獨有因夜以火攻虜 使彼不知我多少 必大震怖 可殄盡也. 滅此虜 則鄯善破膽 功成事立矣."衆曰"當與從事議之." 超怒曰"吉凶決於今日！ 從事文俗吏 聞此必恐而謀泄 死無所名 非壯士也."衆曰"善！" 初夜 超遂將吏士往奔虜營. 會天大風 超令十人持鼓藏虜舍後 約曰"見火然 皆當鳴鼓大呼." 餘人悉持兵弩 夾門而伏 超乃順風縱火. 前後鼓噪 虜衆驚亂 超手格殺三人 吏兵斬其使及從士三十餘級 餘衆百許人悉燒死. 明日乃還 告郭恂 恂大驚 既而色動 超知其意 舉手曰"掾雖不行 班超何心獨擅之乎！"恂乃悅. 超於是召鄯善王廣 以虜使首示之 一國震怖. 超告以漢威德"自今以後 勿復與北虜通."廣叩頭"願屬漢 無二心."遂納子爲質. 還白竇固 固大喜 具上超功効 幷求更選使使西域. 帝曰"吏如班超 何故不遣 而更選乎！今以超爲軍司馬 令遂前功."

固復使超使于窴 欲益其兵 超願但將本所從三十六人 曰
"于窴國大而遠 今將數百人 無益於強 如有不虞 多益爲累耳."
是時于窴王廣德雄張南道 而匈奴遣使監護其國. 超旣至于窴
廣德禮意甚疏. 且其俗信巫 巫言"神怒 何故欲向漢? 漢使有
騧馬 急求取以祠我!"廣德乃遣國相私來比就超請馬. 超密
知其狀 報許之 而令巫自來取馬. 有頃 巫至 超卽斬其首 收私
來比 鞭笞數百. 以巫首送廣德 因責讓之. 廣德素聞超在鄯善
誅滅虜使 大惶恐 卽殺匈奴使者而降. 超重賜其王以下 因鎮撫
焉. 於是諸國皆遣子入侍 西域與漢絶六十五載 至是乃復通焉.
超 彪之子也.

2　　淮陽王延 性驕奢 而遇下嚴烈. 有上書告"延與姬兄謝弇
及姊壻韓光招姦猾 作圖讖 祠祭祝詛."事下按驗. 五月 癸丑
弇‧光及司徒邢穆皆坐死 所連及死徙者甚衆.

3　　戊午晦 日有食之.

4　　六月 丙寅 以大司農西河王敏爲司徒.

5　　有司奏請誅淮陽王延 上以延罪薄於楚王英 秋 七月 徙延
爲阜陵王 食二縣.

6　　是歲 北匈奴大入雲中 雲中太守廉范拒之 吏以衆少 欲移

書傍郡求救 范不許. 會日暮 范令軍士各交縛兩炬 三頭熱火
營中星列. 虜謂漢兵救至 大驚 待旦將退. 范令軍中蓐食 晨 往
赴之 斬首數百級 虜自相轔藉 死者千餘人 由此不敢復向雲中.
范 丹之孫也.

1　　春 正月 上當謁原陵 夜 夢先帝·太后如平生歡 既寤 悲
不能寐 卽案曆 明旦日吉 遂率百官上陵. 其日 降甘露於陵樹
帝令百官采取以薦. 會畢 帝從席前伏御床 視太后鏡匳中物 感
動悲涕 令易脂澤裝具 左右皆泣 莫能仰視.

2　　北海敬王睦薨. 睦少好學 光武及上皆愛之. 嘗遣中大夫詣
京師朝賀 召而謂之曰 "朝廷設問寡人 大夫將何辭以對?" 使
者曰 "大王忠孝慈仁 敬賢樂士 臣敢不以實對!" 睦曰 "吁 子
危我哉! 此乃孤幼時進趣之行也. 大夫其對以孤襲爵以來 志
意衰惰 聲色是娛 犬馬是好 乃爲相愛耳." 其智慮畏愼如此.

3　　二月 乙巳 司徒王敏薨.

4　　三月 癸丑 以汝南太守鮑昱爲司徒. 昱 永之子也.

5 　益州刺史梁國朱輔宣示漢德 威懷遠夷 自汶山以西 前世所不至 正朔所未加 白狼・槃木等百餘國 皆舉種稱臣奉貢. 白狼王唐菆作詩三章 歌頌漢德 輔使犍爲郡掾由恭譯而獻之.

6 　初 龜茲王建爲匈奴所立 倚恃虜威 據有北道 攻殺疏勒王立其臣兜題爲疏勒王. 班超從間道至疏勒 去兜題所居槃橐城九十里 逆遣吏田慮先往降之 敕慮曰"兜題本非疏勒種 國人必不用命 若不卽降 便可執之."慮既到 兜題見慮輕弱 殊無降意. 慮因其無備 遂前劫縛兜題 左右出其不意 皆驚懼奔走. 慮馳報超 超卽赴之 悉召疏勒將吏 說以龜茲無道之狀 因立其故王兄子忠爲王 國人大悅. 超問忠及官屬"當殺兜題邪 生遣之邪？"咸曰"當殺之."超曰"殺之無益於事 當令龜茲知漢威德."遂解遣之.

7 　夏 五月 戊子 公卿百官以帝威德懷遠 祥物顯應 並集朝堂奉觴上壽. 制曰"天生神物 以應王者 遠人慕化 實由有德 朕以虛薄 何以享斯！ 唯高祖・光武聖德所被 不敢有辭 其敬舉觴 太常擇吉日策告宗廟."仍推恩賜民爵及粟有差.

8 　冬 十一月 遣奉車都尉竇固・駙馬都尉耿秉・騎都尉劉張出敦煌崑崙塞 擊西域 秉・張皆去符 傳以屬固 合兵萬四千騎擊破白山虜於蒲類海上 遂進擊車師. 車師前王 卽後王之子也其廷相去五百餘里. 固以後王道遠 山谷深 士卒寒苦 欲攻前王

秉以爲先赴後王 幷力根本 則前王自服. 固計未決 秉奮身而起曰 "請行前." 乃上馬引兵北入 衆軍不得已 並進 斬首數千級. 後王安得震怖 走出門迎秉 脫帽 抱馬足降 秉將以詣固 其前王亦歸命 遂定車師而還. 於是固奏復置西域都護及戊 · 己校尉. 以陳睦爲都護 司馬耿恭爲戊校尉 屯後王部金蒲城 謁者關寵爲己校尉 屯前王部柳中城 屯各置數百人. 恭 況之孫也.

❖ 顯宗孝明皇帝下 永平 18年(乙亥, 75年)

1   春 二月 詔竇固等罷兵還京師.

2   北單于遣左鹿蠡王率二萬騎擊車師 耿恭遣司馬將兵三百人救之 皆爲所沒 匈奴遂破殺車師後王安得而攻金蒲城. 恭以毒藥傅矢 語匈奴曰 "漢家箭神 其中瘡者必有異." 虜中矢者視瘡皆沸 大驚 會天暴風雨 隨雨擊之 殺傷甚衆 匈奴震怖 相謂曰 "漢兵神 眞可畏也!" 遂解去.

3   夏 六月 己未 有星孛於太微.

4   耿恭以疏勒城傍有澗水可固 引兵據之. 秋 七月 匈奴復來攻 擁絶澗水 恭於城中穿井十五丈 不得水 吏士渴乏 至笮馬糞汁而飲之. 恭身自率士挽籠 有頃 水泉奔出 衆皆稱萬歲. 乃

令吏士揚水以示虜 虜出不意 以爲神明 遂引去.

5　八月 壬子 帝崩於東宮前殿 年四十八. 遺詔"無起寢廟
藏主於光烈皇后更衣別室."

帝遵奉建武制度 無所變更 后妃之家不得封侯與政. 館陶公
主爲子求郎 不許 而賜錢千萬 謂羣臣曰"郎官上應列宿 出宰
百里 苟非其人 則民受其殃 是以難之."公車以反支日不受章
奏 帝聞而怪曰"民廢農桑 遠來詣闕 而復拘以禁忌 豈爲政之
意乎！"於是遂蠲其制. 尙書閻章二妹爲貴人 章精力曉舊典
久次當遷重職 帝爲後宮親屬 竟不用. 是以吏得其人 民樂其業
遠近畏服 戶口滋殖焉.

6　太子卽位 年十八. 尊皇后曰皇太后.

明帝初崩 馬氏兄弟爭欲入宮. 北宮衛士令楊仁被甲持戟 嚴
勒門衛 人莫敢輕進者. 諸馬乃共譖仁於章帝 言其峻刻. 帝知
其忠 愈善之 拜爲什邡令.

7　壬戌 葬孝明皇帝于顯節陵.

8　冬 十月 丁未 赦天下.

9　詔以行太尉事節鄕侯熹爲太傅 司空融爲太尉 並錄尙書
事.

10　十一月 戊戌 以蜀郡太守第五倫爲司空. 倫在郡公清 所擧吏多得其人 故帝自遠郡用之.

11　焉耆·龜茲攻沒都護陳睦 北匈奴圍關寵於柳中城. 會中國有大喪 救兵不至 車師復叛 與匈奴共攻耿恭. 恭率屬士衆禦之 數月 食盡窮困 乃煑鎧弩 食其筋革. 恭與士卒推誠同死生. 故皆無二心 而稍稍死亡 餘數十人. 單于知恭已困 欲必降之 遣使招恭曰 "若降者 當封爲白屋王. 妻以女子." 恭誘其使上城 手擊殺之 炙諸城上. 單于大怒 更益兵圍恭 不能下.

關寵上書求救 詔公卿會議 司空倫以爲不宜救 司徒鮑昱曰 "今使人於危難之地 急而棄之 外則縱蠻夷之暴 內則傷死難之臣 誠令權時 後無邊事可也. 匈奴如復犯塞爲寇 陛下將何以使將！ 又二部兵人裁各數十 匈奴圍之 歷旬不下 是其寡弱力盡之效也. 可令敦煌·酒泉太守各將精騎二千 多其幡幟 倍道兼行以赴其急 匈奴疲極之兵 必不敢當 四十日間足還入塞." 帝然之. 乃遣征西將軍耿秉屯酒泉 行太守事 遣酒泉太守段彭與謁者王蒙·皇甫援發張掖·酒泉·敦煌三郡及鄯善兵合七千餘人以救之.

12　甲辰晦 日有食之.

13　太后兄弟虎賁中郎廖及黃門郎防·光 終明帝世未嘗改官. 帝以廖爲衛尉 防爲中郎將 光爲越騎校尉. 廖等傾身交結 冠

蓋之士爭赴趣之. 第五倫上疏曰"臣聞《書》曰'臣無作威作福 其害于而家 凶于而國.'近世光烈皇后雖友愛天至 而抑損陰 氏 不假以權勢. 其後梁·竇之家 互有非法 明帝卽位 竟多誅 之. 自是洛中無復權戚 書記請託 一皆斷絶. 又諭諸外戚曰'苦 身待士 不如爲國. 戴盆望天 事不兩施.'今之議者 復以馬氏爲 言. 竊聞衛尉廖以布三千匹 城門校尉防以錢三百萬 私贍三輔 衣冠 知與不知 莫不畢給. 又聞臘日亦遺其在雒中者錢各五千. 越騎校尉光 臘用羊三百頭 米四百斛 肉五千斤. 臣愚以爲不應 經義 惶恐 不敢不以聞. 陛下情欲厚之 亦宜所以安之. 臣今言 此 誠欲上忠陛下 下全后後家也."

14　是歲 京師及兖·豫·徐州大旱. **＊**

資治通鑑 卷046

宋 司馬光撰 胡三省音註

【漢紀三十八】

起柔兆困敦(丙子) 盡閼逢涒灘(甲申) 凡九年

❖ 肅宗孝章皇帝上 建初 元年(丙子, 76年)

1　　春 正月 詔兗・豫・徐三州稟贍飢民. 上問司徒鮑昱 "何以消復旱災？" 對曰 "陛下始踐天位 雖有失得 未能致異. 臣前爲汝南太守 典治楚事 繫者千餘人 恐未能盡當其罪. 夫大獄一起 冤者過半. 又 諸徙者骨肉離分 孤魂不祀. 宜一切還諸徙家. 蠲除禁錮 使死生獲所 則和氣可致." 帝納其言.

校書郞楊終上疏曰 "間者北征匈奴 西開三十六國 百姓頻年服役 轉輸煩費 愁困之民足以感動天地. 陛下宜留念省察." 帝下其章 第五倫亦同終議. 牟融・鮑昱皆以爲 "孝子無改父之道. 征伐匈奴 屯戌西域 先帝所建 不宜回異." 終復上疏曰 "秦築長城 功役繁興 胡亥不革 卒亡四海. 故孝元棄珠厓之郡 光

武絶西域之國 不以介鱗易我衣裳. 魯文公毀泉臺《春秋》譏之
曰'先祖爲之而己毀之 不如勿居而已'以其無妨害於民也 襄
公作三軍 昭公舍之 君子大其復古 以爲不舍則有害於民也. 今
伊吾之役 樓蘭之屯兵久而未還 非天意也."帝從之.

2　丙寅 詔"二千石勉勸農桑. 罪非殊死 須秋案驗. 有司明
愼選擧 進柔良 退貪猾 順時令 理冤獄."是時承永平故事 吏
政尙嚴切 尙書決事 率近於重. 尙書沛國陳寵以帝新卽位 宜改
前世苛俗 乃上疏曰"臣聞先王之政 賞不僭 刑不濫. 與其不得
已 寧僭無濫. 往者斷獄嚴明 所以威懲姦慝 姦慝既平 必宜濟
之以寬. 陛下卽位 率由此義 數詔羣僚 弘崇晏晏 而有司未悉
奉承 猶尙深刻. 斷獄者急於篣格酷烈之痛 執憲者煩於詆欺放
濫之文 或因公行私 逞縱威福. 夫爲政猶張琴瑟 大弦急者小弦
絶. 陛下宜隆先王之道 蕩滌煩苛之法 輕薄箠楚以濟羣生 全廣
至德以奉天心."帝深納寵言 每事務於寬厚.

3　酒泉太守段彭等兵會柳中 擊車師 攻交河城 斬首
三千八百級 獲生口三千餘人. 北匈奴驚走 車師復降. 會關寵
已歿 謁者王蒙等欲引兵還 耿恭軍吏范羌 時在軍中 固請迎
恭. 諸將不敢前 乃分兵二千人與羌 從山北迎恭 遇大雪丈餘
軍僅能至. 城中夜聞兵馬聲 以爲虜來 大驚. 羌遙呼曰"我范
羌也 漢遣軍迎校尉耳."城中皆稱萬歲. 開門 共相持涕泣. 明
日 遂相隨俱歸. 虜兵追之 且戰且行 吏士素飢困 發疏勒時 尙

有二十六人 隨路死沒 三月至玉門 唯餘十三人 衣屨穿決 形
容枯槁. 中郎將鄭衆爲恭已下洗沐 易衣冠 上疏奏"恭以單兵
守孤城 當匈奴數萬之衆 連月踰年 心力困盡 鑿山爲井 煑弩
爲糧 前後殺傷醜虜數百千計 卒全忠勇 不爲大漢恥 宜蒙顯爵
以屬將帥." 恭至雒陽 拜騎都尉. 詔悉罷戊 · 己校尉及都護官
徵還班超.

超將發還 疏勒舉國憂恐 其都尉黎弇曰"漢使棄我 我必復
爲龜茲所滅耳 誠不忍見漢使去." 因以刀自剄. 超還至于寘 王
侯以下皆號泣 曰"依漢使如父母 誠不可去！" 互抱超馬腳不
得行. 超亦欲遂其本志 乃更還疏勒. 疏勒兩城已降龜茲 而與
尉頭連兵. 超捕斬反者 擊破尉頭 殺六百餘人 疏勒復安.

4　　甲寅 山陽 · 東平地震.

5　　東平王蒼上便宜三事. 帝報書曰"間吏民奏事亦有此言
但明智淺短 或謂儻是 復慮爲非 不知所定. 得王深策 恢然意
解 思惟嘉謀 以次奉行. 特賜王錢五百萬." 後帝欲爲原陵 · 顯
節陵起縣邑 蒼上疏諫曰"竊見光武皇帝躬履儉約之行 深睹
始終之分 勤勤懇懇 以葬制爲言 孝明皇帝大孝無違 承奉遵行
謙德之美 於斯爲盛. 臣愚以園邑之興 始自强秦. 古者丘隴且
不欲其著明 豈況築郭邑 · 建都郛哉！ 上違先帝聖心 下造無
益之功 虛費國用 動搖百姓 非所以致和氣 · 祈豐年也. 陛下履
有虞之至性 追祖禰之深思 臣蒼誠傷二帝純德之美不暢於無窮

也."帝乃止. 自是朝廷每有疑政 輒驛使諮問 蒼悉心以對 皆見納用.

6 秋 八月 庚寅 有星孛於天市.

7 初 益州西部都尉廣漢鄭純 爲政淸潔 化行夷貊 君長感慕 皆奉珍內附 明帝爲之置永昌郡 以純爲太守. 純在官十年而卒. 後人不能撫循夷人. 九月 哀牢王類牢殺守令反 攻博南.

8 阜陵王延數懷怨望 有告延與子男魴造逆謀者 上不忍誅 冬十一月 貶延爲阜陵侯 食一縣 不得與吏民通.

9 北匈奴皋林溫禺犢王將衆還居涿邪山 南單于與邊郡及烏桓共擊破之. 是歲 南部饑饑 詔稟給之.

❖ 肅宗孝章皇帝上 建初 2年(丁丑, 77年)

1 春 三月 甲辰 罷伊吾盧屯兵 匈奴復遣兵守其地.

2 永昌·越巂·益州三郡兵及昆明夷鹵承等 擊哀牢王類牢 於博南 大破 斬之.

3 夏 四月 戊子 詔還坐楚·淮陽事徙者四百餘家.

4 上欲封爵諸舅 太后不聽. 會大旱 言事者以爲不封外戚之
故 有司請依舊典. 太后詔曰"凡言事者 皆欲媚朕以要福耳.
昔王氏五侯同日俱封 黃霧四塞 不聞澍雨之應. 夫外戚貴盛 鮮
不傾覆 故先帝防愼舅氏 不令在樞機之位 又言'我子不當與先
帝子等'今有司奈何欲以馬氏比陰氏乎! 且陰衛尉 天下稱之
省中御者至門 出不及履 此蘧伯玉之敬也 新陽侯雖剛強 微失
理 然有方略 據地談論 一朝無雙 原鹿貞侯 勇猛誠信 此三人
者 天下選臣 豈可及哉! 馬氏不及陰氏遠矣. 吾不才 夙夜累
息 常恐虧先后之法 有毛髮之罪吾不釋 言之不捨晝夜 而親屬
犯之不止 治喪起墳 又不時覺 是吾言之不立而耳目之塞也.

吾爲天下母 而身服大練 食不求甘 左右但著帛布 無香薰之
飾者 欲身率下也. 以爲外親見之 當傷心自敕 但笑言'太后素
好儉.'前過濯龍門上 見外家問起居者 車如流水 馬如游龍 倉
頭衣綠褠 領袖正白 顧視御者 不及遠矣. 故不加譴怒 但絕歲
用而已 冀以默愧其心 猶懈怠無憂國忘家之慮. 知臣莫若君 況
親屬乎! 吾豈可上負先帝之旨 下虧先人之德 重襲西京敗亡
之禍哉!"固不許.

帝省詔悲歎 復重請曰"漢興 舅氏之封侯 猶皇子之爲王也.
太后誠存謙虛 奈何令臣獨不加恩三舅乎! 且衛尉年尊 兩校
尉有大病 如令不諱 使臣長抱刻骨之恨 宜及吉時 不可稽留."
太后報曰"吾反覆念之 思令兩善 豈徒欲獲謙讓之名而使帝受

不外施之嫌哉！ 昔竇太后欲封王皇后之兄 丞相條侯言'高祖約 無軍功不侯.'今馬氏無功於國 豈得與陰·郭中興之後等邪！ 常觀富貴之家 祿位重疊 猶再實之木 其根必傷. 且人所以願封侯者 欲上奉祭祀 不求溫飽耳 今祭祀則受太官之賜 衣食則蒙御府餘資 斯豈不可足 而必當得一縣乎！ 吾計之孰矣 勿有疑也.

夫至孝之行 安親爲上. 今數遭變異 穀價數倍 憂惶晝夜 不安坐臥 而欲先營外家之封 違慈母之拳拳乎！ 吾素剛急 有胸中氣 不可不順也. 子之未冠 由於父母 已冠成人 則行子之志. 念帝 人君也 吾以未蹸三年之故 自吾家族 故得專之. 若陰陽調和 邊境清靜 然後行子之志 吾但當含飴弄孫 不能復關政矣."上乃止.

太后嘗詔三輔 諸馬昏親有屬託郡縣·干亂吏治者 以法聞. 太夫人葬起墳微高 太后以爲言 兄衛尉廖等卽時減削. 其外親有謙素義行者 輒假借溫言 賞以財位 如有纖介 則先見嚴恪之色 然後加譴. 其美車服·不尊法度者 便絶屬籍 遣歸田里. 廣平·鉅鹿·樂成王 車騎朴素 無金銀之飾 帝以白太后 卽賜錢各五百萬. 於是內外從化 被服如一 諸家惶恐 倍於永平時. 置織室 蠶於濯龍中 數往觀視 以爲娛樂. 常與帝旦夕言道政事及教授小王《論語》經書 述敍平生 雍和終日.

馬廖慮美業難終 上疏勸成德政曰"昔元帝罷服官 成帝御浣衣 哀帝去樂府 然而侈費不息 至於衰亂者 百姓從行不從言也. 夫改政移風 必有其本.《傳》曰 吳王好劍客 百姓多創瘢 楚王

好細腰 宮中多餓死.' 長安語曰 '城中好高結 四方高一尺 城中好廣眉 四方且半額 城中好大袖 四方全匹帛.' 斯言如戲 有切事實. 前下制度未幾 後稍不行 雖或吏不奉法 良由慢起京師. 今陛下素簡所安 發自聖性 誠令斯事一竟 則四海誦德 聲薰天地 神明可通 況於行令乎!" 太后深納之.

5   初 安夷縣吏略妻卑湳種羌人婦 吏爲其夫所殺 安夷長宗延追之出塞. 種人恐見誅 遂共殺延而與勒姐・吾良二種相結爲寇. 於是燒當羌豪滇吾之子迷吾率諸種俱反 敗金城太守郝崇. 詔以武威太守北地傅育爲護羌校尉 自安夷徙居臨羌. 迷吾又與封養種豪布橋等五萬餘人共寇隴西・漢陽. 秋 八月 遣行車騎將軍馬防・長水校尉耿恭將北軍五校兵及諸郡射士三萬人擊之. 第五倫上疏曰 "臣愚以爲貴戚可封侯以富之 不當任以職事. 何者? 繩以法則傷恩 私以親則違憲. 伏聞馬防今當西征 臣以太后恩仁 陛下至孝 恐卒有纖介 難爲意愛." 帝不從.

馬防等軍到冀 布橋等圍南部都尉於臨洮 防進擊 破之 斬首虜四千餘人 遂解臨洮圍 其衆皆降 唯布橋等二萬餘人屯望曲谷不下.

6   十二月 戊寅 有星孛於紫宮.

7   帝納竇勳女爲貴人 有寵. 貴人母 卽東海恭王女沘陽公主

也.

8　第五倫上疏曰 "光武承王莽之餘 頗以嚴猛爲政 後代因之
遂成風化 郡國所擧 類多辦職俗吏 殊未有寬博之選以應上求
者也. 陳留令劉豫 冠軍令駟協 並以刻薄之姿 務爲嚴苦 吏民
愁怨 莫不疾之. 而今之議者反以爲能 違天心 失經義 非徒應
坐豫・協 亦宜譴擧者. 務進仁賢以任時政 不過數人 則風俗自
化矣. 臣嘗讀書記 知秦以酷急亡國 又目見王莽亦以苛法自滅
故勤勤懇懇 實在於此. 又聞諸王・主・貴戚 驕奢踰制 京師尙
然 何以示遠！ 故曰 '其身不正 雖令不行.' 以身敎者從 以言
敎者訟." 上善之. 倫雖天性峭直 然常疾俗吏苛刻 論議每依寬
厚云.

❖ 肅宗孝章皇帝上 建初 3年(戊寅, 78年)

1　春 正月 己酉 宗祀明堂 登靈臺 赦天下.

2　馬防擊布橋 大破之 布橋將種人萬餘降 詔徵防還. 留耿恭
擊諸未服者 斬首虜千餘人 勒姐・燒何等十三種數萬人 皆詣
恭降. 恭嘗以言事忤馬防 監營謁者承旨 奏恭不憂軍事 坐徵下
獄 免官.

3　三月 癸巳 立貴人竇氏爲皇后.

4　初 顯宗之世 治虖沱·石臼河 從都慮至羊腸倉 欲令通漕.
太原吏民苦役 連年無成 死者不可勝算. 帝以郞中鄧訓爲謁者
監領其事. 訓考量隱括 知其難成 具以上言. 夏 四月 己巳 詔
罷其役 更用驢輦 歲省費億萬計 全活徒士數千人. 訓 禹之子
也.

5　閏月 西域假司馬班超率疏勒·康居·于窴·拘彌兵一萬
人攻姑墨石城 破之 斬首七百級.

6　冬 十二月 丁酉 以馬防爲車騎將軍.

7　武陵漊中蠻反.

8　是歲 有司奏遣廣平王羨·鉅鹿王恭·樂成王黨俱就國 上
性篤愛 不忍與諸王乖離 遂皆留京師.

❖ 肅宗孝章皇帝上 建初 4年(己卯, 79年)

1　春 二月 庚寅 太尉牟融薨.

2 夏 四月 戊子 立皇子慶爲太子.

3 己丑 徙鉅鹿王恭爲江陵王 汝南王暢爲梁王 常山王昞爲
淮陽王.

4 辛卯 封皇子伉爲千乘王 全爲平春王.

5 有司連據舊典 請封諸舅 帝以天下豐稔 方垂無事 癸卯 遂
封衛尉廖爲順陽侯 車騎將軍防爲潁陽侯 執金吾光爲許侯. 太
后聞之曰“吾少壯時 但慕竹帛 志不顧命. 今雖已老 猶戒之在
得 故日夜惕厲 思自降損 冀乘此道 不負先帝. 所以化導兄弟
共同斯志 欲令瞑目之日 無所復恨 何意老志復不從哉！ 萬年
之日長恨矣！”廖等並辭讓 願就關內侯 帝不許. 廖等不得已
受封爵而上書辭位 帝許之. 五月 丙辰 防‧廖‧光皆以特進就
第.

6 甲戌 以司徒鮑昱爲太尉 南陽太守桓虞爲司徒.

7 六月 癸丑 皇太后馬氏崩. 帝旣爲太后所養 專以馬氏爲外
家 故賈貴人不登極位 賈氏親族無受寵榮者. 及太后崩 但加貴
人王赤綬 安車一駟 永巷宮人二百 御府雜帛二萬匹 大司農黃
金千斤 錢二千萬而已.

8　秋 七月 壬戌 葬明德皇后.

9　校書郎楊終建言"宣帝博徵羣儒 論定《五經》於石渠閣. 方今天下少事 學者得成其業 而章句之徒 破壞大體. 宜如石渠故事 永爲後世則."帝從之. 冬 十一月 壬戌 詔太常"將·大夫·博士·郎官及諸儒會白虎觀 議《五經》同異."使五官中郎將魏應承制問 侍中淳于恭奏 帝親稱制臨決 作《白虎議奏》名儒丁鴻·樓望·成封·桓郁·班固·賈逵及廣平王羨皆與焉. 固 超之兄也.

❖ 肅宗孝章皇帝上 建初 5年(庚辰, 80年)

1　春 二月 庚辰朔 日有食之. 詔擧直言極諫.

2　荊·豫諸郡兵討漊中蠻 破之.

3　夏 五月 辛亥 詔曰"朕思遲直士 側席異聞 其先至者 各已發憤吐懣 略聞子大夫之志矣. 皆欲置於左右 顧問省納. 建武詔書又曰'堯試臣以職 不直以言語筆札.'今外官多曠 並可以補任."

4　戊辰 太傅趙熹薨.

5　　班超欲遂平西域　上疏請兵曰"臣竊見先帝欲開西域　故北擊匈奴　西使外國　鄯善·于寘卽時向化　今拘彌·莎車·疏勒·月氏·烏孫·康居復願歸附　欲共幷力　破滅龜茲　平通漢道. 若得龜茲　則西域未服者百份之一耳. 前世議者皆曰'取三十六國　號爲斷匈奴右臂.'今西域諸國　自日之所入　莫不向化　大小欣欣　貢奉不絶　唯延焉耆·龜茲獨未服從. 臣前與官屬三十六人奉使絶域　備遭艱厄　自孤守疏勒　於今五載　胡夷情數臣頗識之　問其城郭小大　皆言倚漢與依天等. 以是效之　則葱領可通　龜茲可伐. 今宜拜龜茲侍子白霸爲其國王　以步騎數百送之　與諸國連兵　歲月之間　龜茲可禽. 以夷狄攻夷狄　計之善者也. 臣見莎車·疏勒田地肥廣　草故饒衍　不比敦煌·鄯善間也兵可不費中國而糧食自足. 且姑墨·溫宿二王　特爲龜茲所置旣非其種　更相厭苦　其勢必有降者　若二國來降　則龜茲自破. 願下臣章　參考行事　誠有萬分　死復何恨！臣超區區特蒙神靈竊冀未便僵仆　目見西域平定　陛下舉萬年之觴　薦勳祖廟　布大喜於天下."書奏　帝知其功可成　議欲給兵. 平陵徐幹上疏　願奮身佐超　帝以幹爲假司馬　將馳刑及義從千人就超.

先是莎車以爲漢兵不出　遂降於龜茲　而疏勒都尉番辰亦叛. 會徐幹適至　超遂與幹擊番辰　大破之　斬首千餘級. 欲進攻龜茲以烏孫兵強　宜因其力　乃上言"烏孫大國　控弦十萬. 故武帝妻以公主　至孝宣帝卒得其用. 今可遣使招慰　與共合力."帝納之.

❖ 肅宗孝章皇帝上 建初 6年(辛巳, 81年)

1 春. 二月 辛卯 琅邪孝王京薨.

2 夏 六月 丙辰 太尉鮑昱薨.

3 辛未晦 日有食之.

4 秋 七月 癸巳 以大司農鄧彪爲太尉.

5 武都太守廉范遷蜀郡太守. 成都民物豐盛 邑宇逼側 舊制禁民夜作以防火災 而更相隱蔽 燒者日屬. 范乃毁削先令 但嚴使儲水而已. 百姓以爲便 歌之曰"廉叔度 來何暮！ 不禁火 民安作. 昔無襦 今五袴."

6 帝以沛王等將入朝 遣謁者賜貂裘及太官食物·珍果 又使大鴻臚竇固持節郊迎. 帝親自循行邸第 豫設帷牀 其錢帛·器物無不充備.

❖ 肅宗孝章皇帝上 建初 7年(壬午, 82年)

1 春 正月 沛王輔·濟南王康·東平王蒼·中山王焉·東

海王政·琅邪王宇來朝. 詔沛·濟南·東平·中山王贊拜不名
升殿乃拜 上親答之 所以寵光榮顯 加於前古. 每入宮 輒以輦
迎 至省閤乃下 上爲之興席改容 皇后親拜於內 皆鞠躬辭謝不
自安. 三月 大鴻臚奏遣諸王歸國 帝特留東平王蒼於京師.

2　　初 明德太后爲帝納扶風宋楊二女爲貴人 大貴人生太子
慶. 梁松弟竦有二女 亦爲貴人 小貴人生皇子肇. 竇皇后無子
養肇爲子. 宋貴人有寵於馬太后 太后崩 竇皇后寵盛 與 母沘
陽公主謀陷宋氏 外令兄弟求其纖過 內使御者偵伺得失. 宋貴
人病 思生菟 令家求之 因誣言欲爲厭勝之術 由是太子出居承
祿觀. 夏 六月 甲寅 詔曰 "皇太子有失惑無常之性 不可以奉
宗廟. 大義滅親 況降退乎！今廢慶爲淸河王. 皇子肇 保育皇
后 承訓懷袵 今以肇爲皇太子." 遂出宋貴人姊妹置丙舍 使小
黃門蔡倫案之. 二貴人皆飮藥自殺 父議郎楊免歸本郡. 慶時雖
幼 亦知避嫌畏禍 言不敢及宋氏 帝更憐之 敕皇后令衣服與太
子齊等. 太子亦親愛慶 入則共室 出則同輿.

3　　己未 徙廣平王羨爲西平王.

4　　秋 八月 飮酎畢 有司復奏遣東平王蒼歸國 帝乃許之 手
詔賜蒼曰 "骨肉天性 誠不以遠近爲親疏 然數見顏色 情重昔
時. 念王久勞 思得還休 欲署大鴻臚奏 不忍下筆 顧授小黃門
中心戀戀 惻然不能言." 於是車駕祖送 流涕而訣 復賜乘輿服

御‧珍寶‧輿馬 錢布以億萬計.

5   九月 甲戌 帝幸偃師 東涉卷津 至河內 下詔曰 "車駕行秋
稼 觀收穫 因涉郡界 皆精騎輕行 無他輜重. 不得輒修道橋 遠
離城郭 遣吏逢迎 刺探起居 出入前後 以爲煩擾. 動務省約 但
患不能脫粟瓢飲耳." 己酉 進幸鄴. 辛卯 還宮.

6   冬 十月 癸丑 帝行幸長安 封蕭何末孫熊爲鄼侯. 進幸槐
里‧岐山 又幸長平 御池陽宮 東至高陵. 十二月 丁亥 還宮.

7   東平獻王蒼疾病 馳遣名醫‧小黃門侍疾 使者冠蓋不絕於
道. 又置驛馬 千里傳問起居.

❖ 肅宗孝章皇帝上 建初 8年(癸未, 83年)

1   春 正月 壬辰 王薨. 詔告中傅 "封上王自建武以來章奏
並集覽焉." 遣大鴻臚持節監喪 令四姓小侯‧諸國王‧主悉會
葬.

2   夏 六月 北匈奴三木樓訾大人稽留斯等率三萬餘人款五原
塞降.

3   冬 十二月 甲午 上行幸陳留・梁國・淮陽・潁陽 戊申 還
宮.

4   太子肇之立也 梁氏私相慶 諸竇聞而惡之. 皇后欲專名外
家 忌梁貴人姊妹 數譖之於帝 漸致疏嫌. 是歲 竇氏作飛書 陷
梁竦以惡逆 竦遂死獄中 家屬徙九眞 貴人姊妹以憂死. 辭語連
及梁松妻舞陰公主 坐徙新城.

5   順陽侯馬廖 謹篤自守 而性寬緩 不能教勒子弟 皆驕奢不
謹. 校書郎楊終與廖書 戒之曰 "君位地尊重 海內所望. 黃門
郎年幼 血氣方盛 既無長君退讓之風 而要結輕狡無行之客 縱
而莫誨 視成任性 覽念前往 可爲寒心！" 廖不能從. 防・光兄
弟資產巨億 大起第觀 彌亙街路 食客常數百人. 防又多牧馬畜
賦斂羌・胡. 帝不喜之 數加譴敕 所以禁遏甚備. 由是權勢稍
損 賓客亦衰.
    廖子豫爲步兵校尉 投書怨誹. 於是有司幷奏防・光兄弟奢
侈踰僭 濁亂聖化 悉免就國. 臨上路 詔曰 "舅氏一門俱就國封
四時陵廟無助祭先后者 朕甚傷之. 其令許侯思譽田廬 有司勿
復請 以慰朕渭陽之情." 光比防稍爲謹密 故帝特留之 後復位
特進. 豫隨廖歸國 考擊物故. 後復有詔還廖京師.
    諸馬既得罪 竇氏益貴盛. 皇后兄憲爲侍中・虎賁中郎將 弟
篤爲黃門侍郎 並侍宮省 賞賜累積 喜交通賓客. 司空第五倫上
疏曰 "臣伏見虎賁中郎將竇憲 椒房之親 典司禁兵 出入省闥

年盛志美 卑讓樂善 此誠其好士交結之方. 然諸出入貴戚者 類多瑕釁禁錮之人 尤少守約安貧之節 士大夫無志之徒 更相販賣 雲集其門 蓋驕佚所從生也. 三輔論議者至云'以貴戚廢錮 當復以貴戚浣濯之 猶解酲當以酒也.'詖險趣勢之徒 誠不可親近. 臣愚願陛下・中宮嚴敕憲等閉門自守 無妄交通士大夫 防其未萌 慮於無形 令憲永保福祿 君臣交歡 無纖介之隙 此臣之所至願也."

憲恃宮掖聲勢 自王・主及陰・馬諸家 莫不畏憚. 憲以賤直請奪沁水公主園田 主逼畏不敢計. 後帝出過園 指以問憲 憲陰喝不得對. 後發覺 帝大怒 召憲切責曰"深思前過奪主田園時 何用愈趙高指鹿爲馬! 久念使人驚怖. 昔永平中 常令陰黨・陰博・鄧疊三人更相糾察 故諸豪戚莫敢犯法者. 今貴主尙見枉奪 何況小民哉! 國家棄憲 如孤雛・腐鼠耳!"憲大懼 皇后爲毀服深謝 良久乃得解 使以田還主. 雖不繩其罪 然亦不授以重任.

❖ 臣光曰

人臣之罪 莫大於欺罔 是以明君疾之. 孝章謂竇憲何異指鹿爲馬 善矣 然卒不能罪憲 則姦臣安所懲哉! 夫人主之於臣下 患在不知其姦 苟或知之而復赦之 則不若不知之爲愈也. 何以言之?彼或爲姦而上不之知 猶有所畏 旣知而不能討 彼知其不足畏也 則放縱而無所顧矣!

是故知善而不能用 知惡而不能去 人主之深戒也.

6 　下邳周紆爲雒陽令 下車 先問大姓主名 吏數閭里豪強以
對數. 紆厲聲怒曰"本問貴戚若馬·竇等輩 豈能知此賣菜傭
乎！"於是部吏望風旨 爭以激切爲事 貴戚跼蹐 京師肅淸. 竇
篤夜至止姦亭 亭長霍延拔劍擬篤 肆詈恣口. 篤以表聞 詔召司
隸校尉·河南尹詣尙書譴問 遣劍戟士收紆 送廷尉詔獄 數日
貰出之.

7 　帝拜班超爲將兵長史 以徐幹爲軍司馬 別遣衛侯李邑護送
烏孫使者. 邑到于寘 値龜玆攻疏勒 恐懼不敢前 因上書陳西域
之功不可成 又盛毀超"擁愛妻 抱愛子 安樂外國 無內顧心."
超聞之歎曰"身非曾參而有三至之讒 恐見疑於當時矣！"遂
去其妻. 帝知超忠 乃切責邑曰"縱超擁愛妻 抱愛子 思歸之士
千餘人 何能盡與超同心乎！"令邑詣超受節度 詔"若邑任在
外者 便留與從事."超卽遣邑將烏孫侍子還京師. 徐幹謂超曰
"邑前親毀君 欲敗西域 今何不緣詔書留之 更遣他吏送侍子
乎？"超曰"是何言之陋也！ 以邑毀超 故今遣之. 內省不疚
何卹人言！ 快意留之 非忠臣也."

8 　帝以侍中會稽鄭弘爲大司農. 舊交趾七郡貢獻轉運 皆從
東冶汎海而至 風波艱阻 沉溺相係. 弘奏開零陵·桂陽嶠道 自
是夷通 遂爲常路. 在職二年 所息省以億萬計. 遭天下旱 邊方

有警 民食不足 而帑藏殷積. 弘又奏宜省貢獻 減徭費以利飢民
帝從之.

1   春 閏正月 辛丑 濟陰悼王長薨.

2   夏 四月 己卯 分東平國 封獻王子尙爲任城王.

3   六月 辛酉 沛獻王輔薨.

4   陳事者多言"郡國貢擧 率非功次 故守職益懈而吏事寖疏
咎在州郡." 有詔下公卿朝臣議. 大鴻臚韋彪上議曰"夫國以簡
賢爲務 賢以孝行爲首 是以求忠臣必於孝子之門. 夫人才行少
能相兼 是以孟公綽優於趙 · 魏老 不可以爲滕 · 薛大夫. 忠孝
之人 持心近厚 鍛練之吏 持心近薄. 士宜以才行爲先 不可純
以閥閱. 然其要歸 在於選二千石. 二千石賢 則貢擧皆得其人
矣." 彪又上疏曰"天下樞要 在於尙書 尙書之選 豈可不重!
而間者多從郞官超升此位 雖曉習文法 長於應對 然察察小慧
類無大能. 宜鑒嗇夫捷急之對 深思絳侯木訥之功也." 帝皆納
之. 彪 賢之玄孫也.

5 秋 七月 丁未 詔曰"律云'掠者唯得榜·笞·立' 又《令丙》箠長短有數. 自往者大獄已來 掠者多酷 鉆鑽之屬 慘苦無極. 念其痛毒 怵然動心. 宜及秋冬治獄 明爲其禁."

6 八月 甲子 太尉鄧彪罷 以大司農鄭弘爲太尉.

7 癸酉 詔改元. 丁酉 車駕南巡. 詔"所經道上州縣 無得設儲跱. 命司空自將徒支拄橋梁. 有遣使奉迎 探知起居 二千石當坐."

8 九月 辛丑 幸章陵 十月 己未 進幸江陵 還 幸宛. 召前臨淮太守宛人朱暉 拜尙書僕射. 暉在臨淮 有善政 民歌之曰"強直自遂 南陽朱季 吏畏其威 民懷其惠." 時坐法免 家居 故上召而用之. 十一月 己丑 車駕還宮. 尙書張林上言"縣官經用不足 宜自煮鹽 及復修武帝均輸之法." 朱暉固執以爲不可 曰"均輸之法 與賈販無異 鹽利歸官 則下民窮怨 誠非明主所宜行." 帝因發怒切責諸尙書 暉等皆自繫獄. 三日 詔敕出之 曰"國家樂聞駁議 黃髮無愆. 詔書過耳 何故自繫!" 暉因稱病篤 不肯復署議. 尙書令以下惶怖 謂暉曰"今臨得譴讓 奈何稱病 其禍不細!" 暉曰"行年八十 蒙恩得在機密 當以死報. 若心知不可 而順旨雷同 負臣子之義! 今耳目無所聞見 伏待死命." 遂閉口不復言. 諸尙書不知所爲 乃共劾奏暉. 帝意解 寢其事. 後數日 詔使直事郎問暉起居 太醫視疾 太官賜食 暉乃

起謝 復賜錢十萬 布百匹 衣十領.

9 　魯國孔僖·涿郡崔駰同遊太學 相與論"孝武皇帝 始爲天子 崇信聖道 五六年間 號勝文·景 及後恣己 忘其前善." 鄰房生梁郁上書 告"駰·僖誹謗先帝 刺譏當世"事下有司. 駰詣吏受訊. 僖以書自訟曰"凡言誹謗者 謂實無此事而虛加誣之也. 至如孝武皇帝 政之美惡 顯在漢史 坦如日月 是爲直說書傳實事 非虛謗也. 夫帝者 爲善爲惡 天下莫不知 斯皆有以致之 故不可以誅於人也. 且陛下卽位以來 政敎未過而德澤有加 天下所具知也 臣等獨何譏刺哉！假使所非實是 則固應悛改 儻其不當 亦宜含容 又何罪焉！陛下不推原大數 深自爲計 徒肆私忌以快其意 臣等受戮 死卽死耳 顧天下之人 必回視易慮 以此事關陛下心 自今以後 苟見不可之事 終莫復言者矣. 齊桓公親揚其先君之惡以唱管仲 然後羣臣得盡其心. 今陛下乃欲爲十世之武帝遠諱實事 豈不與桓公異哉！ 臣恐有司卒然見構 銜恨蒙枉 不得自敍 使後世論者擅以陛下有所比方 寧可復使子孫追掩之乎！ 謹詣闕伏待重誅."書奏 帝立詔勿問 拜僖蘭臺令史.

10 　十二月 壬子 詔"前以妖惡禁錮三屬者 一皆蠲除之 但不得在宿衛而已."

11 　廬江毛義 東平鄭均 皆以行義稱於鄉里. 南陽張奉慕義名

往候之 坐定而府檄適至 以義守安陽令 以捧檄而入 喜動顏色
奉心賤之 辭去. 後義母死 徵辟皆不至 奉乃歎曰"賢者固不可
測. 往日之喜 乃爲親屈也."均兄爲縣吏 頗受禮遺 均諫不聽
乃脫身爲傭 歲餘得錢帛 歸以與兄曰"物盡可復得 爲吏坐臧
終身捐棄."兄感其言 遂爲廉潔. 均仕爲尙書 免歸. 帝下詔褒
寵義·均 賜穀各千斛 常以八月長吏差問起居 加賜羊酒.

12　武威太守孟雲上言"北匈奴復願與吏民合市."詔許之. 北
匈奴大且渠伊莫訾王等驅牛馬萬餘頭來與漢交易 南單于遣輕
騎出上郡鈔之 大獲而還.

13　帝復遣假司馬和恭等將兵八百人詣班超 超因發疏勒·于
寘兵擊莎車. 莎車以賂誘疏勒王忠 忠遂反 從之 西保烏卽城.
超乃更立其府丞成大爲疏勒王 悉發其不反者以攻忠. 使人說
康居王執忠以歸其國 烏卽城遂降.✻

資治通鑑 卷047

【漢紀三十九】

起旃蒙作噩(乙酉) 盡重光單閼(辛卯) 凡七年.

❖ 肅宗孝章皇帝下 元和 2年(乙酉, 85年)

1　　春 正月 乙酉 詔曰 "今云 '民有產子者 復勿算三歲.' 今
諸懷妊者 賜胎養穀人三斛 復其夫勿算一歲. 著以爲令!" 又
詔三公曰 "安靜之吏 悃愊無華 日計不足 月計有餘. 如襄城令
劉方 吏民同聲謂之不煩 雖未有他異 斯亦殆近之矣! 夫以苛
爲察 以刻爲明 以輕爲德 以重爲威 四者或興 則下有怨心. 吾
詔書數下 冠蓋接道 而吏不加治 民或失職 其咎安在? 勉思舊
令 稱朕意焉!"

2　　北匈奴大人車利涿兵等亡來入塞 凡七十三輩. 時北虜衰
耗 黨衆離畔 南部攻其前 丁零寇其後 鮮卑擊其左 西域侵其
右 不復自立 乃遠引而去.

3   南單于長死 單于汗之子宣立 爲伊屠於閭鞮單于.

4   《太初曆》施行百餘年 曆稍後天. 上命治曆編訢·李梵等
綜校其狀 作《四分曆》二月 甲寅 始施行之.

5   帝之爲太子也 受《尙書》於東郡太守汝南張酺. 丙辰 帝東
巡 幸東郡 引酺及門生幷郡縣掾史並會庭中. 帝先備弟子之儀
使酺講《尙書》一篇 然後脩君臣之禮 賞賜殊特 莫不沾洽. 行過
任城 幸鄭均舍 賜尙書祿以終其身 時人號爲"白衣尙書."

6   乙丑 帝耕於定陶. 辛未 幸泰山 柴告岱宗 進幸奉高. 壬申
宗祀五帝于汶上明堂 丙子 赦天下. 進幸濟南. 三月 己丑 幸魯
庚寅 祠孔子於闕里 及七十二弟子 作六代之樂 大會孔氏男子
二十以上者六十二人. 帝謂孔僖曰"今日之會 寧於卿宗有光
榮乎?"對曰"臣聞明王聖主 莫不尊師貴道. 今陛下親屈萬乘
辱臨敝里 此乃崇禮先師 增輝聖德 至於光榮 非所敢承."帝大
笑曰"非聖者子孫焉有斯言乎!"拜僖郎中.

7   壬辰 帝幸東平 追念獻王 謂其諸子曰"思其人 至其鄉 其
處在 其人亡."因泣下沾襟. 遂幸獻王陵 祠以太牢 親拜祠坐
哭泣盡哀. 獻王之歸國也 驃騎府吏丁牧·周栩以王愛賢下士
不忍去之 遂爲王家大夫數十年 事祖及孫. 帝聞之 皆引見 旣
愍其淹滯 且欲揚獻王德美 卽皆擢爲議郎. 乙未 幸東阿 北登

太行山 至天井關. 夏 四月 乙卯 還宮. 庚申 假於祖禰.

8   五月 徙江陵王恭爲六安王.

9   秋 七月 庚子 詔曰 "《春秋》重三正 愼三微. 其定律無以
十一月·十二月報囚 止用冬初十月而已."

10   冬 南單于遣兵與北虜溫禺犢王戰於涿邪山 斬獲而還. 武
威太守孟雲上言 "北虜以前旣和親 而南部復往抄掠 北單于謂
漢欺之 謀欲犯塞 謂宜還南所掠生口以慰安其意." 詔百官議
於朝堂. 太尉鄭弘·司空第五倫以爲不可許 司徒桓虞及太僕
袁安以爲當與之. 弘因大言激厲虞曰 "諸言當還生口者 皆爲
不忠!" 虞廷叱之 倫及大鴻臚韋彪各作色變容. 司隸校尉擧
奏弘等 弘等皆上印綬謝. 詔報曰 "久議沈滯 各有所志 蓋事以
議從 策由衆定 闒闒衕衕 得禮之容 寢嘿抑心 更非朝廷之福.
君何尤而深謝! 其各冠覆!" 帝乃下詔曰 "江海所以長百川者
以其下之也. 少加屈下 尙何足病! 況今與匈奴君臣分定 辭順
約明 貢獻累至 豈宜違信 自受其曲! 其敕度遼及領中郎將龐
奮倍雇南部所得生口以還北虜 其南部斬首獲生 計功受賞 如
常科."

1　　春 正月 丙申 帝北巡 辛丑 耕于懷 二月 乙丑 敕侍御
史‧司空曰"方春所過 毋得有所伐殺 車可以引避 引避之 騑
馬可輟解 輟解之."戊辰 進幸中山 出長城 癸酉 還 幸元氏 三
月 己卯 進幸趙 辛卯 還宮.

2　　太尉鄭弘數陳侍中竇憲權勢太盛 言甚苦切 憲疾之. 會弘
奏憲黨尚書張林‧雒陽令楊光在官貪殘. 書奏 吏與光故舊 因
以告之 光報憲. 憲奏弘大臣 漏泄密事 帝詰讓弘. 夏 四月 丙
寅 收弘印綬. 弘自詣延尉 詔敕出之 因乞骸骨歸 未許. 病篤
上書陳謝曰"竇憲姦惡 貫天達地 海內疑惑 賢愚疾惡 謂'憲
何術以迷主上！ 近日王氏之禍 晒然可見.'陛下處天子之尊
保萬世之祚 而信讒佞之臣 不計存亡之機 臣雖命在晷刻 死不
忘忠 願陛下誅四凶之罪 以厭人鬼憤結之望！"帝省章 遣醫
視弘病 比至 已薨.

3　　以大司農宋由爲太尉.

4　　司空第五倫以老病乞身 五月 丙子 賜策罷 以二千石俸終
其身. 倫奉公盡節 言事無所依違. 性質愨 少文采 在位以貞白
稱. 或問倫曰"公有私乎？"對曰"昔人有與吾千里馬者 吾雖
不受 每三公有所選擧 心不能忘 亦終不用也. 若是者 豈可謂

無私乎！"

　以太僕袁安爲司空.

5　秋 八月 乙丑 帝幸安邑 觀鹽池. 九月 還宮.

6　燒當羌迷吾復與弟號吾及諸種反. 號吾先輕入 寇隴西界
督烽掾李章追之 生得號吾 將詣郡. 號吾曰"獨殺我 無損於羌
誠得生歸 必悉罷兵 不復犯塞." 隴西太守張紆放遣之 羌卽爲
解散 各歸故地. 迷吾退居河北歸義城.

7　疏勒王忠從康居王借兵 還據損中 遣使詐降於班超 超知
其姦而僞許之. 忠從輕騎詣超 超斬之 因擊破其衆 南道遂通.

8　楚許太后薨. 詔改葬楚王英 追爵諡曰楚厲侯.

9　帝以潁川郭躬爲廷尉. 決獄斷刑 多依矜恕 條諸重文可從
輕者四十一 奏之 事皆施行.

10　博士魯國曹褒上疏 以爲"宜定文制 著成漢禮"太常巢堪
以爲"一世大典 非褒所定 不可許." 帝知諸儒拘攣 難與圖始
朝廷禮憲 宜以時立 乃拜褒侍中. 玄武司馬班固以爲"宜廣集
諸儒 共議得失." 帝曰"諺言'作舍道邊 三年不成.' 會禮之家
名爲聚訟 互生疑異 筆不得下. 昔堯作《大章》一夔足矣."

1   春 正月 帝召褒 受以叔孫通《漢儀》十二篇曰 "此制散略
多不合經 今宜依禮條正 使可施行."

2   護羌校尉傅育欲伐燒當羌 爲其新降 不欲出兵 乃募人闕
諸羌·胡 羌·胡不肯 遂復叛出塞 更依迷吾. 育請發諸郡兵數
萬人共擊羌. 未及會 三月 育獨進軍. 迷吾聞之 徙廬落去. 育
遣精騎三千窮追之 夜 至三兜谷 不設備 迷吾襲擊 大破之 殺
育及吏士八百八十人. 及諸郡兵到 羌遂引去. 詔以隴西太守張
紆爲校尉 將萬人屯臨羌.

3   夏 六月 戊辰 司徒桓虞免. 癸卯 以司空袁安爲司徒 光祿
勳任隗爲司空. 隗 光之子也.

4   齊王晃及弟利侯剛 與母太姬更相誣告. 秋 七月 癸卯 詔
貶晃爵爲蕪湖侯 削剛戶三千 收太姬璽綬.

5   壬子 淮陽頃王昞薨.

6   鮮卑入左地 擊北匈奴 大破之 斬優留單于而還.

7   羌豪迷吾復與諸種寇金城塞 張紆遣從事河內司馬防 與戰

於木乘谷. 迷吾兵敗走 因譯使欲降 紆納之. 迷吾將人衆詣臨
羌 紆設兵大會 施毒酒中 伏兵殺其酋豪八百餘人 斬迷吾頭以
祭傅育冢 復放兵擊其餘衆 斬獲數千人. 迷吾子迷唐 與諸種解
仇 結婚交質 據大·小榆谷以叛 種衆熾盛 張紆不能制.

8　　王戌 詔以瑞物仍集 改元章和. 是時 京師四方屢有嘉瑞
前後數百千 言事者咸以爲美. 而太尉掾平陵何敞獨惡之 謂宋
由·袁安曰"夫瑞應依德而至 災異緣政而生. 今異鳥翔於殿
屋 怪草生於庭際 不可不察!"由·安懼不敢答.

9　　八月 癸酉 帝南巡. 戊子 幸梁 乙未晦 幸沛.

10　　日有食之.

11　　九月 庚子 帝幸彭城. 辛亥 幸壽春 復封阜陵侯延爲阜陵
王. 己未 幸汝陰.
　冬 十月 丙子 還宮.

12　　北匈奴大亂 屈蘭儲等五十八部·口二十八萬詣雲中·五
原·朔方·北地降.

13　　曹褒依準舊典 雜以《五經》·《讖記》之文 撰次天子至於庶
人冠·婚·吉·凶終始制度凡百五十篇 奏之. 帝以衆論難一

故但納之 不復令有司平奏.

14 是歲 班超發于寘諸國兵共二萬五千人擊莎車 龜茲王發溫宿・姑墨・尉頭兵合五萬人救之. 超召將校乃于寘王議曰"今兵少不敵 其計莫若各散去. 于寘從是而東 長史亦於此西歸 可須夜鼓聲而發."陰緩所得生口. 龜茲王聞之 大喜 自以萬騎於西界遮超 溫宿王將八千騎於東界徼于寘. 超知二虜已出 密召諸部勒兵鳴 馳赴莎車營. 胡大驚亂 奔走 追斬五千餘級 莎車遂降 龜茲等因各退散. 自是威震西域.

❖ 肅宗孝章皇帝下 章和 2年(戊子, 88年)

1 春 正月 濟南王康・阜陵王延・中山王焉來朝. 上性寬仁篤於親親 故叔父濟南・中山二王 每數入朝 特加恩寵 及諸昆弟並留京師 不遣就國. 又賞賜羣臣 過於制度 倉帑爲虛. 何敞奏記宋由曰"比年水旱 民不收穫. 涼州緣邊 家被凶害 中州內郡 公私屈竭. 此實損膳節用之時. 國恩覆載 賞賚過度 但聞臘賜 自郎官以上 公卿・王侯以下 至於空竭帑藏 損耗國資. 尋公家之用 皆百姓之力. 明君賜賚 宜有品制 忠臣受賞 亦應有度. 是以夏禹玄圭 周公束帛. 今明公位尊任重 責深負大 上當匡正綱紀 下當濟安元元 豈但空空無違而已哉！ 宜先正己以率羣下 還所得賜 因陳得失 奏王侯就國 除苑囿之禁 節省浮

費 賑卹窮孤 則恩澤下暢 黎庶悅豫矣."由不能用.

尚書南陽宋意上疏曰"陛下至孝烝烝 恩愛隆深 禮寵諸王
同之家人 車入殿門 卽席不拜 分甘損膳 賞賜優渥. 康·焉幸
以支庶 享食大國 陛下恩寵踰制 禮敬過度.《春秋》之義 諸
父·昆弟 無所不臣 所以尊尊卑卑 強幹弱枝者也. 陛下德業隆
盛 當爲萬世典法 不宜以私恩損上下之序 失君臣之正. 又西
平王羨等六王 皆妻子成家 官屬備具 當早就蕃國 爲子孫基阯
而室第相望 久磐京邑 驕奢僭擬 寵祿隆過. 宜割情不忍 以義
斷恩 發遣康·焉 各歸蕃國 令羨等速就便時 以塞衆望."帝未
及遣.

2 　壬辰 帝崩於章德前殿 年三十一. 遺詔"無起寢廟 一如先
帝法制."

　　❖ 范曄論曰

　　魏文帝稱明帝察察 章帝長者. 章帝素知人 厭明帝苛
切 事從寬厚 奉承明德太后 盡心孝道 平繇簡賦 而民賴
其慶 又體之以忠恕 文之以禮樂. 謂之長者 不亦宜乎！

3 　太子卽位 年十歲 尊皇后曰皇太后.

4 　三月 用遺詔徙西平王羨爲陳王 六安王恭爲彭城王.

5 　　癸卯 葬孝章皇帝於敬陵.

6 　　南單于宣死 單于長之弟屯屠何立 爲休蘭尸逐侯鞮單于.

7 　　太后臨朝 竇憲以侍中内幹機密 出宣誥命 弟篤爲虎賁中
郎將 篤弟景・瓌並爲中常侍 兄弟皆在親要之地. 憲客崔駰以
書戒憲曰"《傳》曰'生而富者驕 生而貴者傲.'生富貴而能不
驕傲者 未之有也. 今寵祿初隆 百僚觀行 豈可不'庶幾夙夜 以
永終譽'乎！ 昔馮野王以外戚居位 稱爲賢臣 近陰衛尉克己
復禮 終受多福. 外戚所以獲譏於時 垂愆於後者 蓋在滿而不挹
位有餘而仁不足也. 漢興以後 迄於哀・平 外家二十 保族全身
四人而已.《書》曰'鑒於有殷'可不愼哉！"

8 　　庚戌 皇太后詔"以故太尉鄧彪爲太傅 賜爵關内侯 錄尙
書事 百官總己以聽."竇憲以彪有義讓 先帝所敬 而仁厚委隨
故尊崇之. 其所施爲 輒外令彪奏 内白太后 事無不從. 彪在位
修身而已 不能有所匡正. 憲性果急 睚眦之怨 莫不報復. 永平
時 謁者韓紆考劾憲父勳獄 憲遂令客斬紆子 以首祭勳冢.

9 　　癸亥 陳王羨・彭城王恭・樂成王黨・下邳王衍・梁王暢
始就國.

10 　　夏 四月 戊寅 以遺詔罷郡國鹽鐵之禁 縱民賣鑄.

11   五月 京師旱.

12   北匈奴饑亂 降南部者歲數千人. 秋 七月 南單于上言"宜
及北虜分爭 出兵討伐 破北成南 共爲一國 今漢家長無北念.
臣等生長漢地 開口仰食 歲時賞賜 動輒億萬 雖垂拱安枕 慙
無報效之義 願發國中及諸郡故胡新降精兵 分道並出 期十二
月同會虜地. 臣兵衆單少 不足以防內外 願遣執金吾耿秉 · 度
遼將軍鄧鴻及西河 · 雲中 · 五原 · 朔方 · 上郡太守幷力而北
冀因聖帝威神 一擧平定. 臣國成敗 要在今年 已勅諸部嚴兵馬
唯裁哀省察！"太后以示耿秉. 秉上言"昔武帝單極天下 欲臣
虜匈奴 未遇天時 事遂無成. 今幸遭天授 北虜分爭 以夷伐夷
國家之利 宜可聽許."秉因自陳受恩 分當出命效用. 太后議欲
從之. 尙書宋意上書曰"夫戎狄簡賤禮義 無有上下 強者爲雄
弱卽屈服. 自漢興以來 征伐數矣 其所克獲 曾不補害. 光武皇
帝躬服金革之難 深昭天地之明 因其來降 羈縻畜養 邊民得生
勞役休息 於茲四十餘年矣. 今鮮卑奉順 斬獲萬數 中國坐享大
功 而百姓不知其勞 漢興功烈 於斯爲盛. 所以然者 夷虜相攻
無損漢兵者也. 臣察鮮卑侵伐匈奴 正是利其抄掠 及歸功聖朝
實由貪得重賞. 今若聽南虜還都北庭 則不得不禁制鮮卑. 鮮卑
外失暴掠之願 內無功勞之賞 豺狼貪婪 必爲邊患. 今北虜西遁
請求和親 宜因其歸附 以爲外扞 巍巍之業 無以過此. 若引兵
費賦 以順南虜 則坐失上略 去安卽危矣. 誠不可許."

會齊殤王子都鄉侯暢來弔國憂 太后數召見之 竇憲懼暢分宮省之權 遣客刺殺暢於屯衛之中 而歸罪於暢弟利侯剛 乃使侍御史與青州刺史雜考剛等. 尙書潁川韓棱以爲 "賊在京師 不宜捨近問遠 恐爲姦臣所笑." 太后怒 以切責棱 棱固執其議. 何敞說宋由曰 "暢宗室肺府 茅土藩臣 來弔大憂 上書須報 親在武衛 致此殘酷. 奉憲之吏 莫適討捕 蹤跡不顯 主名不立. 敞備數股肱 職典賊曹 欲親至發所以糾其變. 而二府執事 以爲三公不與賊盜. 公縱姦慝 莫以爲咎. 敞請獨奏案之." 由乃許焉. 二府聞敞行 皆遣主者隨之. 於是推舉 具得事實. 太后怒 閉憲於內宮. 憲懼誅 因自求擊匈奴以贖死.

冬 十月 乙亥 以憲爲車騎將軍 伐北匈奴 以執金吾耿秉爲副 發北軍五校‧黎陽‧雍營‧緣邊十二郡騎士及羌‧胡兵出塞.

13　公卿舉故張掖太守鄧訓代張紆爲護羌校尉. 迷唐率兵萬騎來至塞下 未敢攻訓 先欲脅小月氏胡. 訓擁衛小月氏胡 令不得戰. 議者咸以羌‧胡相攻 縣官之利 不宜禁護. 訓曰 "張紆失信 衆羌大動 涼州吏民 命縣絲髮. 原諸胡所以難得意者 皆恩信不厚耳. 今因其追急 以德懷之 庶能有用." 遂令開城及所居園門 悉驅羣胡妻子內之 嚴兵守衛. 羌掠無所得 又不敢逼諸胡 因卽解去. 由是湟中諸胡皆言 "漢家常欲鬪我曹 今鄧使君待我以恩信 開門內我妻子 乃是得父母也!" 咸歡喜叩頭曰 "唯使君所命!" 訓遂撫養敎諭 大小莫不感悅. 於是賞賂諸羌種 使相招誘 迷唐叔父號吾將其種人八百戶來降. 訓因發湟

中秦·胡·羌兵四千人出塞 掩擊迷唐於寫谷 破之 迷唐乃去
大·小榆 居頗巖谷 衆悉離散.

1   春 迷唐欲復歸故地 鄧訓發湟中六千人 令長史任尙將
之 縫革爲船 置於箅上以渡河 掩擊迷唐 大破之 斬首前後
一千八百餘級 獲生口二千人 馬牛羊三萬餘頭 一種殆盡. 迷唐
收其餘衆西徙千餘里 諸附落小種皆畔之. 燒當豪帥東號稽顙
歸死 餘皆款塞納質. 於是訓綏接歸附 威信大行 遂罷屯兵 各
令歸郡 唯置弛刑徒二千餘人 分以屯田·修理塢壁而已.

2   竇憲將征匈奴 三公·九卿詣朝堂上書諫 以爲"匈奴不犯
邊塞 而無故勞師遠涉 損費國用 徼功萬里 非社稷之計."書連
上 輒寢 宋由懼 遂不敢復署議 而諸卿稍自引止 唯袁安·任
隗守正不移 至免冠朝堂固爭 前後且十上 衆皆爲之危懼 安·
隗正色自若. 侍御史魯恭上疏曰"國家新遭大憂 陛下方在諒
闇 百姓闕然 三時不聞警蹕之音 莫不懷思皇皇 若有求而不得.
今乃以盛春之月興發軍役 擾動天下以事戎夷 誠非所以垂恩中
國 改元正時 由內及外也. 萬民者 天之所生 天愛其所生 猶父
母愛其子 一物有不得其所 則正氣爲之舛錯 況於人乎！故愛
民者必有天報. 夫戎狄者 四方之異氣 與鳥獸無別 若雜居中

國 則錯亂天氣 汙辱善人 是以聖王之制 羈縻不絶而已. 今匈
奴爲鮮卑所破 遠藏於史侯河西 去塞數千里 而欲乘其虛耗 利
其微弱 是非義之所出也. 今始徵發 而大司農調度不足 上下相
迫 民間之急 亦已甚矣. 羣僚百姓咸曰不可 陛下奈何以一人之
計 棄萬人之命 不卹其言乎！上觀天心 下察人志 足以知事之
得失. 臣恐中國不爲中國 豈徒匈奴而已哉！”尚書令韓稜·
騎都尉朱暉·議郎京兆樂恢 皆上疏諫 太后不聽.

又詔使者爲憲弟篤·景並起邸第 勞役百姓. 侍御史何敞上
疏曰“臣聞匈奴之爲桀逆久矣 平城之圍 慢書之恥 此二辱者
臣子所謂捐軀而必死 高祖·呂后忍怒還忿 舍而不誅. 今匈奴
無逆節之罪 漢朝無可慙之恥 而盛春東作 興動大役 元元怨
恨 咸懷不悅. 又猥爲衛尉篤·奉車都尉景繕脩館第 彌街絶里.
篤·景親近貴臣 當爲百僚表儀. 今衆軍在道 朝廷焦脣 百姓愁
苦 縣官無用 而遽起大第 崇飾玩好 非所以垂令德·示無窮也.
宜且罷工匠 專憂北邊 卹民之困.”書奏 不省.

竇憲嘗使門生齎書詣尚書僕射郅壽 有所請託 壽卽送詔獄
前後上書 陳憲驕恣 引王莽以誡國家 又因朝會 刺譏憲等以伐
匈奴·起第宅事 厲音正色 辭旨甚切. 憲怒 陷壽以買公田·誹
謗 下吏 當誅 何敞上疏曰“壽機密近臣 匡救爲職 若懷默不言
其罪當誅. 今壽違衆正議以安宗廟 豈其私邪！臣所以觸死瞽
言 非爲壽也. 忠臣盡節 以死爲歸 臣雖不知壽 度其甘心安之.
誠不欲聖朝行誹謗之誅 以傷晏晏之化 杜塞忠直 垂譏無窮. 臣
敞謬與機密 言所不宜 罪名明白 當塡牢獄 先壽僵仆 萬死有

餘." 書奏 壽得減死論 徙合浦 未行 自殺. 壽 憚之子也.

夏 六月 竇憲 · 耿秉出朔方雞鹿塞 南單于出滿夷谷 度遼將軍鄧鴻出稒陽塞 皆會涿邪山. 憲分遣副校尉閻盤 · 司馬耿夔 · 耿譚將南匈奴精騎萬餘 與北單于戰於稽洛山 大破之 單于遁走 追擊諸部 遂臨私渠北鞮海 斬名王以下萬三千級 獲生口甚衆 雜畜百餘萬頭 諸裨小王率衆降者 前後八十一部二十餘萬人. 憲 · 秉出塞三千餘里 登燕然山 命中護軍班固刻石勒功 紀漢威德而還. 遣軍司馬吳汜 · 梁諷奉金帛遺北單于 時虜中乖亂 汜 · 諷及單于於西海上 宣國威信 以詔致賜 單于稽首拜受. 諷因說令脩呼韓邪故事 單于喜悅 卽將其衆與諷俱還 到私渠海 聞漢軍已入塞 乃遣弟右溫禺鞮王奉貢入侍 隨諷詣闕. 憲以單于不自身到 奏還其侍弟.

3   秋 七月 乙未 會稽山崩.

4   九月 庚申 以竇憲爲大將軍 中郎將劉尙爲車騎將軍 封憲武陽侯 食邑二萬戶 憲固辭封爵 詔許之. 舊 大將軍位在三公下 至是 詔憲位次太傅下 · 三公上 長史 · 司馬秩中二千石. 封耿秉爲美陽侯.

竇氏兄弟驕縱 而執金吾景尤甚 奴客緹騎強奪人財貨 篡取罪人 妻略婦女 商賈閉塞 如避寇仇 又擅發緣邊諸郡突騎有才力者. 有司莫敢舉奏 袁安劾景"擅發邊民 驚惑吏民 二千石不待符信而輒承景檄 當伏顯誅." 又奏"司隸校尉河南尹阿附貴

戚 不擧劾 請免官案罪." 並寢不報. 駙馬都尉瓌 獨好經書 節
約自脩.

尙書何敞上封事曰"昔鄭武姜之幸叔段 衛莊公之寵州吁 愛
而不敎 終至凶戾. 由是觀之 愛子若此 猶飢而食之以毒 適所
以害之也. 伏見大將軍憲 始遭大憂 公卿比奏 欲令典幹國事
憲深執謙退 固辭盛位 懇懇勤勤 言之深至 天下聞之 莫不悅
喜. 今踰年未幾 大禮未終 卒然中改 兄弟專朝 憲秉三軍之重
篤・景總宮衛之權 而虐用百姓 奢侈僭逼 誅戮無罪 肆心自快.
今者論議諰諰 咸謂叔段・州吁復生於漢. 臣觀公卿懷持兩端
不肯極言者 以爲憲等若有匡懈之志 則已受吉甫褒申伯之功
如憲等陷於罪辜 則自取陳平・周勃順呂后之權 終不以憲等吉
凶爲憂也！臣敞區區誠欲計策兩安 絕其緜緜 塞其涓涓 上不
欲令皇太后損文母之號・陛下有誓泉之譏 下使憲等得長保其
福祐也. 駙馬都尉瓌 比請退身 願抑家權 可與參謀 聽順其意
誠宗廟至計 竇氏之福！"時濟南王康尊貴驕甚 憲乃白出敞爲
濟南太傅. 康有違失 敞輒諫爭 康雖不能從 然素敬重敞 無所
嫌忤焉.

5　　冬 十月 庚子 阜陵質王延薨.

6　　是歲 郡國九大水.

1   春 正月 丁丑 赦天下.

2   二月 壬午 日有食之.

3   夏 五月 丙辰 封皇弟壽爲濟北王 開爲河間王 淑爲城陽王
紹封故淮南頃王子側爲常山王.

4   竇憲遣副校尉閻礱將二千餘騎掩擊北匈奴之守伊吾者 復
取其地. 車師震慴 前·後王各遣子入侍.

5   月氏求尙公主 班超拒還其使 由是怨恨 遣其副王謝將兵
七萬攻超. 超衆少 皆大恐 超譬軍士曰"月氏兵雖多 然數千
里踰葱嶺來 非有運輸 何足憂邪! 但當收穀堅守 彼飢窮自降
不過數十日決矣!"謝遂前攻超 不下 又鈔掠無所得. 超度其
糧將盡 必從龜茲求食 乃遣兵數百於東界要之. 謝果遣騎齎金
銀珠玉以賂龜茲 超伏兵遮擊 盡殺之 持其使首以示謝. 謝大驚
卽遣使請罪 願得生歸 超縱遣之. 月氏由是大震 歲奉貢獻.

6   初 北海哀王無後 肅宗以齊武王首創大業而後嗣廢絶 心
常愍之 遺詔令復齊·北海二國. 丁卯 封蕪湖侯無忌爲齊王 北
海敬王庶子威爲北海王.

7　六月 辛卯 中山簡王焉薨. 焉 東海恭王之母弟 而竇太后恭王之甥也 故加賻錢一億 大爲脩冢塋 平夷吏民冢墓以千數 作者萬餘人 凡徵發搖動六州十八郡.

8　詔封竇憲爲冠軍侯 篤爲郾侯 瓌爲夏陽侯 憲獨不受封.

9　秋 七月 乙卯 竇憲出屯涼州 以侍中鄧疊行征西將軍事爲副.

10　北單于以漢還其侍弟 九月 復遣使款塞稱臣 欲入朝見. 冬十月 竇憲遣班固 · 梁諷迎之. 會南單于復上書求滅北庭 於是遣左谷蠡王師子等將左右部八千騎出雞鹿塞 中郎將耿譚遣從事將護之 襲擊北單于. 夜至 圍之 北單于被創 僅而得免 獲閼氏及男女五人 斬首八千級 生虜數千口. 班固至私渠海而還. 是時 南部黨衆益盛 領戶三萬四千 勝兵五萬.

❖ 孝和皇帝上 永元 3年(辛卯, 91年)

1　春 正月 甲子 帝用曹褒新禮 加元服 擢褒監羽林左騎.

2　竇憲以北匈奴微弱 欲遂滅之 二月 遣左校尉耿夔 · 司馬任尙出居延塞 圍北單于於金微山 大破之 獲其母閼氏 名王以

下五千餘級 北單于逃走 不知所在. 出塞五千餘里而還 自漢出師所未嘗至也. 封夔爲粟邑侯.

3 竇憲旣立大功 威名益盛 以耿夔·任尙等爲爪牙 鄧疊·郭璜爲心腹 班固·傅毅之徒典文章 刺史·守·令 多出其門 賦斂吏民 共爲賂遺. 司徒袁安·司空任隗擧奏諸二千石幷所連及 貶秩免官四十餘人 竇氏大恨 但安·隗素行高 亦未有以害之. 尙書僕射樂恢 刺擧無所迴避 憲等疾之. 恢上疏曰"陛下富於春秋 纂承大業 諸舅不宜幹正王室 以示天下之私. 方今之宜 上以義自割 下以謙自引 四舅可長保爵土之榮 皇太后永無慙負宗廟之憂 誠策之上者也."書奏 不省. 恢稱疾乞骸骨 歸長陵 憲風厲州郡 迫脅恢飮藥死. 於是朝臣震慴 望風承旨 無敢違者. 袁安以天子幼弱 外戚擅權 每朝會進見及與公卿言國家事 未嘗不喑嗚流涕 自天子及大臣 皆恃賴之.

4 冬 十月 癸未 上行幸長安 詔求蕭·曹近親宜爲嗣者 紹其封邑.

5 詔竇憲與車駕會長安. 憲至 尙書以下議欲拜之 伏稱萬歲 尙書韓稜正色曰"夫上交不諂 下交不瀆 禮無人臣稱萬歲之制！"議者皆慙而止. 尙書左丞王龍私奏記·上牛酒於憲 稜擧奏龍 論爲城旦.

6 　龜茲·姑墨·溫宿諸國皆降. 十二月 復置西域都護騎都
尉·戊己校尉官. 以班超爲都護 徐幹爲長史. 拜龜茲侍子白霸
爲龜茲王 遣司馬姚光送之. 超與光共脅龜茲 廢其王尤利多而
立白霸 使光將尤利多還詣京師. 超居龜茲它乾城 徐幹屯疏勒
惟焉耆·危須·尉犁以前沒都護 猶懷二心 其餘悉定.

7 　初 北單于既亡 其弟右谷蠡王於除鞬自立爲單于 將衆數
千人止蒲類海 遣使款塞. 竇憲請遣使立於除鞬爲單于 置中郎
將領護 如南單于故事. 事下公卿議 宋由等以爲可許 袁安·任
隗奏以爲 "光武招懷南虜 非謂可永安內地 正以權時之算 可
得扞禦北狄故也. 今朔漠既定 宜令南單于反其北庭 幷領降衆
無緣更立於除鞬以增國費." 事奏 未以時定. 安懼憲計遂行 乃
獨上封事曰 "南單于屯先父擧衆歸德 自蒙恩以來四十餘年 三
帝積累以遺陛下 陛下深宜遵述先志 成就其業 況屯首唱大謀
空盡北虜 輒而弗圖 更立新降 以一朝之計 違三世之規 失信
於所養 建立於無功.《論語》曰 '言忠信 行篤敬 雖蠻貊行焉.'
今若失信於一屯 則百蠻不敢復保誓矣. 又 烏桓·鮮卑新殺北
單于 凡人之情 咸畏仇讎 今立其弟 則二虜懷怨. 且漢故事 供
給南單于 費直歲一億九十餘萬 西域歲七千四百八十萬 今北
庭彌遠 其費過倍 是乃空盡天下而非建策之要也." 詔下其議
安又與憲更相難折. 憲險急負執 言辭驕許 至詆毀安 稱光武誅
韓歆·戴涉故事 安終不移 然上竟從憲策. ＊

資治通鑑　卷048

【漢紀四十】

起玄黓執徐(壬辰)　盡旃蒙大荒落(乙巳)　凡十四年.

❖ 孝和皇帝下 永元 4年(壬辰, 92年)

1　　春 正月 遣大將軍左校尉耿夔 授於除鞬印綬 使中郎將任
尙 持節衛護屯伊吾 如南單于故事.

初 廬江周榮辟袁安府 安舉奏竇·景及爭立北單于事 皆榮
所具草 竇氏客太尉掾徐齮深惡之 脅榮曰"子爲袁公腹心之謀
排奏竇氏 竇氏悍士·刺客滿城中 謹備之矣!"榮曰"榮 江淮
孤生 得備宰士 縱爲竇氏所害 誠所甘心!"因敕妻子"若卒遇
飛禍 無得殯斂 冀以區區腐身覺悟朝廷."

2　　三月 癸丑 司徒袁安薨.

3　　閏月 丁丑 以太常丁鴻爲司徒.

4　夏 四月 丙辰 竇憲還至京師.

5　六月 戊戌朔 日有食之. 丁鴻上疏曰"昔諸呂擅權 統嗣幾
移 哀·平之末 廟不血食. 故雖有周公之親而無其德 不得行其
勢也. 今大將軍雖欲救身自約 不敢僭差 然而天下遠近 皆惶怖
承旨. 刺史·二千石初除 謁辭·求通待報 雖奉符璽 受臺敕
不敢便去 久者至數十日 背王室 向私門 此乃上威損 下權盛
也. 人道悖於下 效驗見於天 雖有隱謀 神照其情 垂象見戒 以
告人君. 禁微則易 救末者難 人莫不忽於微細以致其大 恩不忍
誨 義不忍割 去事之後 未然之明鏡也. 夫天不可以不彊 不彊
則三光不明 王不可以不強 不強則宰牧從橫. 宜因大變 改政匡
失 以塞天意."

6　丙辰 郡國十三地震.

7　旱 蝗.

8　竇氏父子兄弟並爲卿·校 充滿朝廷 穰侯鄧疊·疊弟步兵
校尉磊及母元·憲女壻射聲校尉郭舉·舉父長樂少府璜共相
交結 元·舉並出入禁中 舉得幸太后 遂共圖爲殺害 帝陰知其
謀. 是時 憲兄弟專權 帝與內外臣僚莫由親接 所與居者閹宦而
已. 帝以朝臣上下莫不附憲 獨中常侍鉤盾令鄭衆 謹敏有心幾
不事豪黨 遂與衆定議誅憲 以憲在外 慮其爲亂 忍而未發 會

憲與鄧疊皆還京師. 時清河王慶 恩遇尤渥 常入省宿止 帝將發
其謀 欲得《外戚傳》懼左右 不敢使 令慶私從千乘王求 夜 獨
內之 又令慶傳語鄭眾 求索故事. 庚申 帝幸北宮 詔執金吾‧
五校尉勒兵屯衛南‧北宮 閉城門 收捕郭璜‧郭舉‧鄧疊‧鄧
磊 皆下獄死. 遣謁者僕射收憲大將軍印綬 更封爲冠軍侯 與
篤‧景‧瓌皆就國. 帝以太后故 不欲名誅憲 爲選嚴能相督察
之. 憲‧篤‧景到國 皆迫令自殺.

初 河南尹張酺 數以正法繩治竇景 及竇氏敗 酺上疏曰 "方
憲等寵貴 羣臣阿附唯恐不及 皆言憲受顧命之託 懷伊‧呂之
忠 至乃復比鄧夫人於文母 今嚴威既行 皆言當死 不顧其前後
考折厥衷. 臣伏見夏陽侯瓌每存忠善 前與臣言 常有盡節之心
檢敕賓客 未嘗犯法. 臣聞王政骨肉之刑 有三宥之義 過厚不過
薄. 今議者欲爲瓌選嚴能相 恐其迫切 必不完免 宜裁加貸宥
以崇厚德." 帝感其言 由是瓌獨得全. 竇氏宗族賓客以憲爲官
者 皆免歸故郡.

初 班固奴嘗醉罵洛陽令种兢 兢因逮考竇氏賓客 收捕固 死
獄中. 固嘗著《漢書》尚未就 詔固女弟曹壽妻昭踵而成之.

❖ 華嶠論曰

　　固之序事 不激詭 不抑抗 贍而不穢 詳而有體 使讀之
者亹亹而不厭 信哉其能成名也！ 固譏司馬遷是非頗謬
於聖人 然其論議 常排死節 否正直 而不敍殺身成仁之

爲美 則輕仁義 賤守節甚矣！

9   初 竇憲納妻 天下郡國皆有禮慶. 漢中郡亦當遣吏 戶曹李
郃諫曰“竇將軍椒房之親 不修德禮而專權驕恣 危亡之禍 可
翹足而待 願明府一心王室 勿與交通.”太守固遣之 郃不能止
請求自行 許之. 郃遂所在遲留以觀其變 行至扶風而憲就國.
凡交通者皆坐免官 漢中太守獨不與焉.
　帝賜清河王慶奴婢・輿馬・錢帛・珍寶 充牣其第. 慶或時
不安 帝朝夕問訊 進膳藥 所以垂意甚備. 慶亦小心恭孝 自以
廢黜 尤畏事慎法 故能保其寵祿焉.

10   帝除袁安子賞爲郎 任隗子屯爲步兵校尉 鄭衆遷大長秋.
帝策勳班賞 衆每辭多受少 帝由是賢之 常與之議論政事 宦官
用權自此始矣.

11   秋 七月 己丑 太尉宋由以竇氏黨策免 自殺.

12   八月 辛亥 司空任隗薨.

13   癸丑 以大司農尹睦爲太尉. 太傅鄧彪以老病上還樞機職
詔許焉 以睦代彪錄尚書事.

14   冬 十月 以宗正劉方爲司空.

15   武陵 · 零陵 · 澧中蠻叛.

16   護羌校尉鄧訓卒 吏 · 民 · 羌 · 胡旦夕臨者日數千人.
羌 · 胡或以刀自割 又刺殺其犬馬牛羊 曰"鄧使君已死 我曹
亦俱死耳!"前烏桓吏士皆奔走道路 至空城郭 吏執 不聽 以
狀白校尉徐儁 儁歎息曰"此爲義也!"乃釋之. 遂家家爲訓立
祠 每有疾病 輒請禱求福.
　蜀郡太守聶尙代訓爲護羌校尉 欲以恩懷諸羌 乃遣譯使招呼
迷唐 使還居大 · 小楡谷. 迷唐旣還 遣祖母卑缺詣尙 尙自送至
塞下 爲設祖道 令譯田汜等五人護送至廬落. 迷唐遂反 與諸種
共生屠裂汜等 以血盟詛 復寇金城塞. 尙坐免.

❖ 孝和皇帝下 永元 5年(癸巳. 93年)

1   春 正月 乙亥 宗祀明堂 登靈臺 赦天下.

2   戊子 千乘貞王优薨.

3   辛卯 封皇弟萬歲爲廣宗王.

4   甲寅 太傅鄧彪薨.

5 　戊午 隴西地震.

6 　夏 四月 壬子 詔封阜陵殤王兄魴爲阜陵王.

7 　九月 辛酉 廣宗殤王萬歲薨 無子 國除.

8 　初 竇憲旣立於除鞬爲此單于 欲輔歸北庭 會憲誅而止. 於除鞬自畔還北 詔遣將兵長史王輔以千餘騎與任尙共追討 斬之 破滅其衆.

9 　耿夔之破北匈奴也 鮮卑因此轉徙據其地. 匈奴餘種留者尙有十餘萬落 皆自號鮮卑 鮮卑就此漸盛.

10 　冬 十月 辛未 太尉尹睦薨.

11 　十一月 乙丑 太僕張酺爲太尉. 酺與尙書張敏等奏 "射聲校尉曹褒 擅制漢禮 破亂聖術 宜加刑誅." 書凡五奏. 帝知酺守學不通 雖寢其奏 而漢禮遂不行.

12 　是歲 武陵郡兵破叛蠻 降之.

13 　梁王暢與從官卜忌祠祭求福 忌等諂媚云 "神言王當爲天子." 暢與相應答 爲有司所奏 請徵詣詔獄. 帝不許 但削成

武 · 單父二縣. 暢憅懼 上疏深自刻責曰"臣天性狂愚 不知防
禁 自陷死罪 分伏顯誅. 陛下聖德 枉法曲平 橫赦貸臣 爲臣受
汙. 臣知大貸不可再得 自誓束身約妻子 不敢復出入失繩墨 不
敢復有所橫費 租入有餘 乞裁食睢陽 · 穀熟 · 虞 · 蒙 · 寧陵五
縣 還餘所食四縣. 臣暢小妻三十七人 其無子者 願還本家 自
選擇謹敕奴婢二百人 其餘所受虎賁 · 官騎及諸工技 · 鼓吹 ·
倉頭 · 奴婢 · 兵弩 · 廐馬 皆上還本署. 臣暢以骨肉近親 亂聖
化 汙清流 旣得生活 誠無心面目以凶惡復居大宮 食大國 張
官屬 藏雜物 願陛下加恩開許."上優詔不聽.

14 　護羌校尉貫友遣譯使構離諸羌 誘以財貨 由是解散. 乃遣
兵出塞 攻迷唐於大 · 小榆谷 獲首虜八百餘人 收麥數萬斛 遂
夾逢留大河築城塢 作大航 造河橋 欲度兵擊迷唐. 迷唐率部落
遠徙 依賜支河曲.

15 　單于屯屠何死 單于宣弟安國立. 安國初爲左賢王 無稱譽
及爲單于 單于適之子右谷蠡王師子以次轉爲左賢王. 師子素
勇黠多知 前單于宣及屯屠何皆愛其氣決 數遣將兵出塞 掩擊
北庭 還 受賞賜 天子亦加殊異. 由是國中盡敬師子而不附安國
安國欲殺之 諸新降胡 初在塞外數爲師子所驅掠 多怨之. 安國
委計降者 與同謀議. 師子覺其謀 乃別居五原界 每龍庭會議
師子輒稱病不往. 度遼將軍皇甫稜知之 亦擁護不遣 單于懷憤
益甚.

1 　春 正月 皇甫稜免 以執金吾朱徽行度遼將軍. 時單于與中
郎將杜崇不相平 乃上書告崇 崇諷西河太守令斷單于章 單于
無由自聞. 崇因與朱徽上言"南單于安國 疏遠故胡 親近新降
欲殺左賢王師子及左臺且渠劉利等 又 右部降者 謀共迫脅安
國起兵背畔 請西河·上郡·安定爲之儆備."帝下公卿議 皆
以爲"蠻夷反覆 雖難測知 然大兵聚會 必未敢動搖. 今宜遣有
方略使者之單于庭 與杜崇·朱徽及西河太守幷力 觀其動靜.
如無他變 可令崇等就安國會其左右大臣 責其部衆橫暴爲邊害
者 共平罪誅. 若不從命 令爲權時方略 事畢之後. 裁行賞賜 亦
足以威示百蠻."於是徽·崇遂發兵造其庭. 安國夜聞漢軍至
大驚 棄帳而去. 因擧兵欲誅師子. 師子先知 乃悉將廬落入曼
柏城 安國追到城下 門閉 不得入. 朱徽遣吏曉譬和之 安國不
聽 城旣不下 乃引兵屯五原. 崇·徽因發諸郡騎追赴之急 衆皆
大恐 安國舅骨都侯喜爲等慮幷被誅 乃格殺安國 立師子爲亭
獨尸逐侯鞮單于.

2 　己卯 司徒丁鴻薨.

3 　二月 丁未 以司空劉方爲司徒 太常張奮爲司空.

4 　夏 五月 城陽懷王淑薨 無子 國除.

5 秋 七月 京師旱.

6 西域都護班超發龜茲·鄯善等八國兵合七萬餘人討焉耆 到其城下 誘焉耆王廣·尉犂王汎等於陳睦故城 斬之 傳首京師 因縱兵鈔掠 斬首五千餘級 獲生口萬五千人 更立焉耆左侯元孟爲焉耆王. 超留焉耆半歲 慰撫之. 於是西域五十餘國悉納質內屬 至於海濱 四萬里外 皆重譯貢獻.

7 南單于師子立 降胡五六百人夜襲師子 安集掾王恬將衛護士與戰 破之. 於是降胡遂相驚動 十五部二十餘萬人皆反 脅立前單于屯屠何子薁鞬日逐王逢侯爲單于 遂殺略吏民 燔燒郵亭·廬帳 將車重向朔方 欲度幕北. 九月 癸丑 以光祿勳鄧鴻行車騎將軍事 與越騎校尉馮柱·行度遼將軍朱徽將左右羽林·北軍五校士及郡國跡射·緣邊兵 烏桓校尉任尙將烏桓·鮮卑 合四萬人討之. 時南單于及中郎將杜崇屯牧師城 逢侯將萬餘騎攻圍之. 冬 十一月 鄧鴻等至美稷 逢侯乃解圍去 向滿夷谷. 南單于遣子將萬騎及杜崇所領四千騎 與鄧鴻等追擊逢侯於大城塞 斬首四千餘級. 任尙率鮮卑·烏桓要擊逢侯於滿夷谷 復大破之 前後凡斬萬七千餘級. 逢侯遂率衆出塞 漢兵不能追而還.

8 以大司農陳寵爲廷尉. 寵性仁矜 數議疑獄 每附經典 務從寬恕 刻敝之風 於此少衰.

9　帝以尙書令江夏黃香爲東郡太守 香辭以 "典郡從政 才非
所宜 乞留備宂官 賜以督責小職 任之宮臺煩事." 帝乃復留香
爲尙書令 增秩二千石 甚見親重. 香亦祗勤物務 憂公如家.

❖ 孝和皇帝下 永元 7年(乙未, 95年)

1　春 正月 鄧鴻等軍還 馮柱將虎牙營留屯五原. 鴻坐逗留失
利 下獄死. 後帝知朱徽‧杜崇失胡和 又禁其上書 以致胡反
皆徵 下獄死.

2　夏 四月 辛亥朔 日有食之.

3　秋 七月 乙巳 易陽地裂.

4　九月 癸卯 京師地震.

5　樂成王黨坐賊殺人 削東光‧鄡二縣.

❖ 孝和皇帝下 永元 8年(丙申, 96年)

1　春 二月 立貴人陰氏爲皇后. 后 識之曾孫也.

2 夏 四月 樂成靖王黨薨. 子哀王崇立 尋死 無子 國除.

3 五月 河內 · 陳留蝗.

4 南匈奴右溫禺犢王烏居戰畔出塞. 秋 七月 度遼將軍龐
奮 · 越騎校尉馮柱追擊破之 徙其餘衆及諸降胡二萬餘人於安
定 · 北地.

5 車師後部王涿鞮反 擊前王尉畢大 獲其妻子.

6 九月 京師蝗.

7 冬 十月 乙丑 北海王威以非敬王子 又坐誹謗 自殺.

8 十二月 辛亥 陳敬王羨薨.

9 丁巳 南宮宣室殿火.

10 護羌校尉貫友卒 以漢陽太守史充代之. 充至 遂發湟中
羌 · 胡出塞擊迷唐. 迷唐迎敗充兵 殺數百人. 充坐徵 以代郡
太守吳祉代之.

1 春 三月 庚辰 隴西地震.

2 癸巳 濟南安王康薨.

3 西域長史王林擊車師後王 斬之.

4 夏 四月 丁卯 封樂成王黨子巡爲樂成王.

5 五月 封皇后父屯騎校尉陰綱爲吳防侯 以特進就第.

6 六月 旱 蝗.

7 秋 八月 鮮卑寇肥如 遼東太守祭參坐沮敗 下獄死.

8 閏月 辛巳 皇太后竇氏崩. 初 梁貴人旣死 宮省事秘 莫有知帝爲梁氏出者. 舞陰公主子梁扈遣從兄禮奏記三府 以爲 "漢家舊典 崇貴母氏 而梁貴人親育聖躬 不蒙尊號 求得申議." 太尉張酺言狀 帝感慟良久 曰 "於君意若何?" 酺請追上尊號 存錄諸舅. 帝從之. 會貴人姊南陽樊調妻嬺上書自訟曰 "妾父竦冤死牢獄 骸骨不掩 母氏年踰七十 及弟棠等遠在絶域 不知死生. 願乞收竦朽骨 使母·弟得歸本郡." 帝引見嬺 乃知貴人

枉歿之狀. 三公上奏 "請依光武黜呂太后故事 貶竇太后尊號 不宜合葬先帝" 百官亦多上言者. 帝手詔曰 "竇氏雖不遵法度 而太后常自減損. 朕奉事十年 深惟大義 禮 臣子無貶尊上之文 恩不忍離 義不忍虧. 案前世 上官太后亦無降黜 其勿復議." 丙申 葬章德皇后.

9　燒當羌迷唐率衆八千人寇隴西 殤塞內諸種羌合步騎三萬 人擊破隴西兵 殺大夏長. 詔遣行征西將軍劉尚・越騎校尉趙 世副之 將漢兵・羌・胡共三萬人討之. 尚屯狄道 世屯枹罕 尚 遣司馬寇盰監諸郡兵 四面並會. 迷唐懼 充老弱 奔入臨洮南. 尚等追至高山 大破之 斬虜千餘人 迷唐引去 漢兵死傷亦多 不能復追 乃還.

10　九月 庚申 司徒劉方策免 自殺.

11　甲子 追尊梁貴人爲皇太后 諡曰恭懷 追服喪制. 冬 十月 乙酉 改葬梁太后及其姊大貴人于西陵. 擢樊調爲羽林左監. 追 封諡皇太后父竦爲褒親愍侯 遣使迎其喪 葬於恭懷皇后陵傍. 徵還竦妻子 封子棠爲樂平侯 棠弟雍爲乘氏侯 雍弟翟爲單父 侯 位皆特進 賞賜以巨萬計 寵遇光於當世 梁氏自此盛矣.
　清河王慶始敢求上母宋貴人冢 帝許之 詔太官四時給祭具. 慶垂涕曰 "生雖不獲供養 終得奉祭祀 私願足矣!" 欲求作祠 堂 恐有自同恭懷梁後之嫌 遂不敢言 常泣向左右 以爲沒齒之

恨. 後上言"外祖母王年老 乞詣雒陽療疾." 於是詔宋氏悉歸京師 除慶舅衍·俊·蓋·暹等皆爲郎.

12   十一月 癸卯 以光祿勳河南呂蓋爲司徒.

13   十二月 丙寅 司空張奮罷. 壬申 以太僕韓稜爲司空.

14   西域都護定遠侯班超遣掾甘英使大秦·條支 窮西海 皆前世所不至 莫不備其風土 傳其珍怪焉. 及安息西界 臨大海 欲渡 船人謂英曰"海水廣大 往來者逢善風 三月乃得渡 若遇遲風 亦有二歲者. 故入海 人皆齎三歲糧 海中善使人思土戀慕 數有死亡者." 英乃止.

❖ 孝和皇帝下 永元 10年(戊戌, 98年)

1   夏 五月 京師大水.

2   秋 七月 己巳 司空韓稜薨. 八月 丙子 以太常太山巢堪爲司空.

3   冬 十月 五州雨水.

4　行征西將軍劉尙·越騎校尉趙世坐畏懦徵 下獄 免. 謁者
王信領尙營屯枹罕 謁者耿譚領世營屯白石. 譚乃設購賞 諸種
頗來內附. 迷唐恐 乃請降 信·譚遂受降罷兵. 十二月 迷唐等
帥種人詣闕貢獻.

5　戊寅 梁節王暢薨.

6　初 居巢侯劉般薨 子愷當嗣 稱父遺意 讓其弟憲 遁逃久之
有司奏請絶愷國. 肅宗美其義 特優假之 愷猶不出. 積十餘歲
有司復奏之 侍中賈逵上書曰"孔子稱'能以禮讓爲國乎何有.'
有司不原樂善之心 而繩以循常之法 懼非長克讓之風 成含弘
之化也."帝納之 下詔曰"王法崇善 成人之美 其聽憲嗣爵 遭
事之宜 後不得以爲比."乃徵愷 拜爲郎.

7　南單于師子死 單于長之子檀立 爲萬氏尸逐鞮單于.

❖ 孝和皇帝下 永元 11年(己亥, 99年)

1　夏 四月 丙寅 赦天下.

2　帝因朝會 召見諸儒 使中大夫魯丕與侍中賈逵·尙書令黃
香等相難數事 帝善丕說 罷朝 特賜衣冠. 丕因上疏曰"臣聞說

經者 傳先師之言 非從己出 不得相讓 相讓則道不明 若規矩
權衡之不可枉也. 難者必明其據 說者務立其義 浮華無用之言
不陳於前 故精思不勞而道術愈章. 法異者各令自說師法 博觀
其義 無令劬藞以言得罪 幽遠獨有遺失也."

❖ 孝和皇帝下 永元 12年(庚子, 100年)

1   夏 四月 戊辰 秭歸山崩.

2   秋 七月 辛亥朔 日有食之.

3   九月 戊午 太尉張酺免. 丙寅 以大司農張禹爲太尉.

4   燒當羌豪迷唐旣入朝 其餘種人不滿二千 飢窘不立 入居
金城. 帝令迷唐將其種人還大·小榆谷 迷唐以漢作河橋 兵來
無常 故地不可復居 辭以種人飢餓 不肯遠出. 護羌校尉吳祉等
多賜迷唐金帛 令糴谷市畜 促使出塞 種人更懷猜驚. 是歲 迷
唐復叛 脅將湟中諸胡寇鈔而去 王信·耿譚·吳祉皆坐徵.

❖ 孝和皇帝下 永元 13年(辛丑, 101年)

1 秋 八月 己亥 北宮盛饌門閣火.

2 迷唐復還賜支河曲 將兵向塞. 護羌校尉周鮪與金城太守
侯霸及諸郡兵 · 屬國羌 · 胡合三萬人至允川. 侯霸擊破迷唐
種人瓦解 降者六千餘口 分徙漢陽 · 安定 · 隴西. 迷唐遂弱 遠
踰賜支河首 依發羌居. 久之 病死 其子來降 戶不滿數十.

3 荊州雨水.

4 冬 十一月 丙辰 詔曰"幽 · 幷 · 涼州戶口率少 邊役衆劇
束脩良吏進仕路狹. 撫接夷狄 以人爲本 其令緣邊郡口十萬以
上 歲擧孝廉一人 不滿十萬 二歲擧一人 五萬以下 三歲擧一
人."

5 鮮卑寇右北平 遂入漁陽 漁陽太守擊破之.

6 戊辰 司徒呂蓋以老病致仕.

7 巫蠻許聖以郡收稅不均 怨恨 遂反 辛卯 寇南郡.

❖ 孝和皇帝下 永元 14年(壬寅, 102年)

1　　春 安定降羌燒何種反 郡兵擊滅之. 時西海及大・小楡谷左右無復羌寇 隃麋相曹鳳上言"自建武以來 西羌犯法者 常從燒當種起 所以然者 以其居大・小楡谷 土地肥美 有西海魚鹽之利 阻大河以爲固. 又 近塞內諸種 易以爲非 難以攻伐 故能強大 常雄諸種 恃其拳勇 招誘羌・胡. 今者衰困 黨援壞沮 亡逃棲竄 遠依發羌. 臣愚以爲宜及此時建復西海郡縣 規固二楡 廣設屯田 隔塞羌・胡交關之路 遏絶狂狡窺欲之源. 又殖穀富邊 省委輸之役 國家可以無西方之憂."上從之 繕修故西海郡 徒金城西部都尉以戍之 拜鳳爲金城西部都尉 屯龍耆. 後增廣屯田 列屯夾河 合三十四部. 其功垂立 會永初中 諸羌叛 乃罷.

2　　三月 戊辰 臨辟雍饗射 赦天下.

3　　夏 四月 遣使者督荊州兵萬餘人 分道討巫蠻許聖等 大破之. 聖等乞降 悉徙置江夏.

4　　陰皇后多妬忌 寵遇浸衰 數懷恚恨. 后外祖母鄧朱 出入宮掖 有言后與朱共挾巫蠱道者 帝使中常侍張愼與尙書陳褒案之 劾以大逆無道 朱二子奉・毅 后弟輔皆考死獄中. 六月 辛卯 后坐廢 遷于桐宮 以憂死. 父特進綱自殺 后弟軼・敞及朱家屬徙日南比景.

5 秋 七月 王子 常山殤王側薨 無子 立其兄防子侯章爲常山王.

6 三州大水.

7 班超久在絶域 年老思土 上書乞歸曰 "臣不敢望到酒泉郡 但願生入玉門關. 謹遣子勇隨安息獻物入塞 及臣生在 令勇目見中土." 朝廷久之未報 超妹曹大家上書曰 "蠻夷之性 悖逆侮老 而超旦暮入地 久不見代 恐開姦宄之原 生逆亂之心. 而卿大夫咸懷一切 莫肯遠慮 如有卒暴 超之氣力不能從心 便爲上損國家累世之功 下棄忠臣竭力之用 誠可痛也！ 故超萬里歸誠 自陳苦急 延頸踰望 三年於今 未蒙省錄. 妾竊聞古者十五受兵 六十還之 亦有休息 不任職也. 故妾敢觸死爲超求哀 匄超餘年 一得生還 復見闕庭 使國家無勞遠之慮 西域無倉卒之憂 超得長蒙文王葬骨之恩 子方哀老之惠." 帝感其言 乃徵超還. 八月 超至雒陽 拜爲射聲校尉 九月 卒.

超之被徵 以戊己校尉任尙代爲都護. 尙謂超曰 "君侯在外國三十餘年 而小人猥承君後 任重慮淺 宜有以誨之！" 超曰 "年老失智. 君數當大位 豈班超所能及哉！ 必不得已 願進愚言 塞外吏士 本非孝子順孫 皆以罪過徙補邊屯 而蠻夷懷鳥獸之心 難養易敗. 今君性嚴急 水清無大魚 察政不得下和 宜蕩佚簡易 寬小過 總大綱而已." 超去 尙私謂所親曰 "我以班君當有奇策 今所言 平平耳." 尙後竟失邊和 如超所言.

8　　初　太傅鄧禹嘗謂人曰"吾將百萬之衆　未嘗妄殺一人　後世必有興者."其子護羌校尉訓　有女曰綏　性孝友　好書傳　常晝修婦業　暮誦經典　家人號曰"諸生."叔父陔曰"嘗聞活千人者子孫有封　兄訓爲謁者　使修石臼河　歲活數千人　天道可信　家必蒙福."綏後選入宮爲貴人　恭肅小心　動有法度　承事陰后　接撫同列　常克己以下之　雖宮人隸役　皆加恩借　帝深嘉焉. 嘗有疾　帝特令其母·兄弟入親醫藥　不限以日數　貴人辭曰"宮禁至重　而使外舍久在內省　上令陛下有私幸之譏　下使賤妾獲不知足之謗　上下交損　誠不願也！"帝曰"人皆以數入爲榮　貴人反以爲憂邪！"每有讌會　諸姬競自修飾　貴人獨尚質素　其衣有與陰后同色者　卽時解易　若並時進見　則不敢正坐離立　行則傴身自卑　帝每有所問　常逡巡後對　不敢先后言. 陰后短小　擧指時失儀　左右掩口而笑　貴人獨愴然不樂　爲之隱諱　若己之失. 帝知貴人勞心曲體　歎曰"修德之勞　乃如是乎！"後陰后寵衰　貴人每當御見　輒辭以疾. 時帝數失皇子　貴人憂繼嗣不廣　數選進才人以博帝意. 陰后見貴人德稱日盛　深疾之. 帝嘗寢病　危甚　陰后密言"我得意　不令鄧氏復有遺類！"貴人聞之　流涕言曰"我竭誠盡心以事皇后　竟不爲所祐. 今我當從死　上以報帝之恩　中以解宗族之禍　下不令陰氏有人豕之譏."卽欲飲藥. 宮人趙玉者固禁之　因詐言"屬有使來　上疾已愈"貴人乃止. 明日　上果瘳. 及陰后之廢　貴人請救　不能得　帝欲以貴人爲皇后　貴人愈稱疾篤　深自閉絕. 冬　十月　辛卯　詔立貴人鄧氏爲皇后　后辭讓　不得已　然後卽位. 郡國貢獻　悉令禁絕　歲時但供紙墨

而已. 帝每欲官爵鄧氏 后輒哀請謙讓 故兄騭終帝世不過虎賁
中郎將.

9　　丁酉 司空巢堪罷.

10　　十一月 癸卯 以大司農沛國徐防爲司空. 防上疏 以爲"漢
立博士十有四家 設甲乙之科以勉勸學者. 伏見太學試博士弟
子 皆以意說 不修家法 私相容隱 開生姦路. 每有策試 輒興諍
訟 論議紛錯 互相是非. 孔子稱'述而不作'又曰'吾猶及史之
闕文.'今不依章句 妄生穿鑿 以遵師爲非義 意說爲得理 輕侮
道術 浸以成俗 誠非詔書實選本意. 改薄從忠 三代常道 專精
務本 儒學所先. 臣以爲博士及甲乙策試 宜從其家章句 開五十
難以試之 解釋多者爲上第 引文明者爲高說. 若不依先師 義有
相伐 皆正以爲非."上從之.

11　　是歲 初封大長秋鄭衆爲鄛鄉侯.

❖ 孝和皇帝下 永元 15年(癸卯, 103年)

1　　夏 四月 甲子晦 日有食之. 時帝遵肅宗故事 兄弟皆留京
師 有司以日食陰盛 奏遣諸王就國. 詔曰"甲子之異 責由一
人. 諸王幼穉 早離顧復 弱冠相育 常有《蓼莪》·《凱風》之哀.

選懦之恩 知非國典 且復宿留."

2 　秋 九月 壬午 車駕南巡 清河·濟北·河間三王並從.

3 　四州雨水.

4 　冬 十月 戊申 帝幸章陵 戊午 進幸雲夢. 時太尉張禹留守
聞車駕當幸江陵 以爲不宜冒險遠遊 驛馬上諫. 詔報曰"祠謁
旣訖 當南禮大江 會得君奏 臨漢回輿而旋."十一月 甲申 還
宮.

5 　嶺南舊獻生龍眼·荔枝 十里一置 五里一候 晝夜傳送. 臨
武長汝南唐羌上書曰"臣聞上不以滋味爲德 下不以貢膳爲功.
伏見交趾七郡獻生龍眼等 鳥驚風發 南州土地炎熱 惡蟲猛獸
不絕於路 至於觸犯死亡之害. 死者不可復生 來者猶可救也.
此二物升殿 未必延年益壽."帝下詔曰"遠國珍羞 本以薦奉宗
廟 苟有傷害 豈愛民之本 其敕太官勿復受獻！"

6 　是歲 初令郡國以日北至按薄刑.

❖ 孝和皇帝下 永元 16年(甲辰, 104年)

1   秋 七月 旱.

2   辛酉 司徒魯恭免.

3   庚午 以光祿勳張酺爲司徒 八月 己酉 酺薨. 冬 十月 辛卯
以司空徐防爲司徒 大鴻臚陳寵爲司空.

4   十一月 己丑 帝行幸緱氏 登百岯山.

5   北匈奴遣使稱臣貢獻 願和親 修呼韓邪故約. 帝以其舊禮
不備 未許 而厚加賞賜 不答其使.

❖ 孝和皇帝下 元興 元年(乙巳, 105年)

1   春 高句驪王宮入遼東塞 寇略六縣.

2   夏 四月 庚午 赦天下 改元.

3   秋 九月 遼東太守耿夔擊高句驪 破之.

4   冬 十二月 辛未 帝崩于章德前殿. 初 帝失皇子 前後十數
後生者輒隱秘養於民間 羣臣無知者. 及帝崩 鄧皇后乃收皇子

於民間. 長子勝 有痼疾 少子隆 生始百餘日 迎立以爲皇太子
是夜 卽皇帝位. 尊皇后曰皇太后 太后臨朝. 是時新遭大憂 法
禁未設 宮中亡大珠一篋 太后念欲考問 必有不辜 乃親閱宮人
觀察顏色 卽時首服. 又 和帝幸人吉成 御者共枉吉成以巫蠱事
下掖庭考訊 辭證明白. 太后以吉成先帝左右 待之有恩 平日尙
無惡言 今反若此 不合人情 更自呼見實覈 果御者所爲 莫不
歎服以爲聖明.

5 　北匈奴重遣使詣敦煌貢獻 辭以國貧未能備禮 願請大使
當遣子入侍. 太后亦不答其使 加賜而已.

6 　雒陽令廣漢王渙 居身平正 能以明察發擿姦伏 外行猛政
內懷慈仁. 凡所平斷 人莫不悅服 京師以爲有神. 是歲卒官 百
姓市道 莫不咨嗟流涕. 渙喪西歸 道經弘農 民庶皆設槃案於路
吏問其故 咸言 "平常持米到雒 爲吏卒所鈔 恆亡其半 自王君
在事 不見侵枉 故來報恩." 雒陽民爲立祠 · 作詩 每祭 輒弦歌
而薦之. 太后詔曰 "夫忠良之吏 國家之所以爲治也 求之甚勤
得之至寡 今以渙子石爲郎中 以勸勞勤." *